全国高职高专规划教材·秘书系列

秘书职业基础

主　编　李云芬
副主编　刘红松　姬兴华
参　编　朱俊侠　关海博
　　　　李　滢　王　军
主　审　金常德

北京大学出版社
PEKING UNIVERSITY PRESS

内 容 简 介

本教材瞄准高职层次，参照国家最新的职业标准，以人才市场的需求为导向，以发展学生的秘书综合素质为核心，注重实用性和时代性，重点梳理了秘书职业的实践面貌。它整合了秘书理论知识，合理地分布了各个知识点及其相应的能力点，并借助丰富生动的案例、材料，体现了秘书职业发展的新动态。同时还注重职业领悟能力的培养，通过强化秘书职业认知教育来提高学生的职业意识。

图书在版编目(CIP)数据

秘书职业基础/李云芬主编．—北京：北京大学出版社，2011.7
（全国高职高专规划教材·秘书系列）
ISBN 978-7-301-18613-8

Ⅰ.①秘⋯ Ⅱ.①李⋯ Ⅲ.①秘书学—高等职业教育—教材 Ⅳ.①C931.46

中国版本图书馆CIP数据核字（2011）第035338号

书　　　名：	秘书职业基础
著作责任者：	李云芬　主编
策 划 编 辑：	温丹丹
责 任 编 辑：	栾　鸥
标 准 书 号：	ISBN 978-7-301-18613-8/G·3083
出　版　者：	北京大学出版社
地　　　址：	北京市海淀区成府路205号　100871
网　　　址：	http://www.pup.cn
电　　　话：	邮购部 62752015　发行部 62750672　编辑部 62765126　出版部 62754962
电 子 信 箱：	zyjy@pup.cn
印　刷　者：	河北滦县鑫华书刊印刷厂
发　行　者：	北京大学出版社
经　销　者：	新华书店
	787毫米×1092毫米　16开本　15.5印张　387千字
	2011年7月第1版　2011年7月第1次印刷
定　　　价：	31.00元

未经许可，不得以任何方式复制或抄袭本书之部分或全部内容。
版权所有，侵权必究
举报电话：010-62752024；电子信箱：fd@pup.pku.edu.cn

目 录

第一章 秘书与秘书职业角色 1
- 第一节 秘书概说 2
- 第二节 秘书的职业角色 8
- 本章知识归综 20

第二章 秘书的综合素质 21
- 第一节 心理素质 22
- 第二节 文化素质 40
- 第三节 言语素质 47
- 第四节 礼仪素质 57
- 第五节 道德素质 64
- 第六节 法律素质 68
- 第七节 财经素质 92
- 第八节 审美素质 101
- 本章知识归综 112

第三章 秘书的能力结构 114
- 第一节 表达能力 115
- 第二节 人际沟通能力 119
- 第三节 社会调查研究能力 130
- 第四节 信息处理能力 134
- 第五节 自动化办公设备使用能力 142
- 本章知识归综 154

第四章 秘书工作 155
- 第一节 秘书工作的内容与原则 156
- 第二节 秘书工作的性质 163
- 第三节 秘书的工作方法 166
- 本章知识归综 175

第五章 秘书工作环境 176
- 第一节 秘书工作环境的含义 177
- 第二节 秘书工作的社会环境 180
- 第三节 秘书工作的组织环境 183

第四节　秘书工作的人际关系环境 …………………………………………188
　　第五节　秘书工作的办公环境 ……………………………………………… 193
　　本章知识归综 ………………………………………………………………… 201

第六章　秘书职业生涯规划 …………………………………………………… 202
　　第一节　秘书职业生涯规划 ………………………………………………… 203
　　第二节　秘书的发展前景 …………………………………………………… 208
　　本章知识归综 ………………………………………………………………… 213

第七章　秘书的培训和资格认定 ……………………………………………… 214
　　第一节　我国的秘书教育与培训 …………………………………………… 215
　　第二节　我国的秘书职业资格考试 ………………………………………… 218
　　本章知识归综 ………………………………………………………………… 242

参考文献 …………………………………………………………………………… 243

第一章　秘书与秘书职业角色

 学习目标

通过对本章内容的学习，了解秘书与秘书职业的内含，建立起对秘书与秘书职业相关基本概念的认识；理解秘书职业角色构成的要素及其相互关系，为以后开展秘书工作奠定基本理论基础。

 知 识 点

★了解秘书的定义、秘书的类别和层次。
★了解秘书职业化及其发展前景。
★了解秘书的多重角色的特点。
★了解秘书的角色条件。

 能 力 点

★能够明确秘书工作的特征。
★能够明确秘书的角色定位。
★能够主动养成秘书的角色意识。
★具有辨别秘书工作正误的能力。

 导入案例

我和微软的成功因为有露宝

微软的总裁比尔·盖茨曾说过："我和微软的成功因为有露宝。"露宝正是他的秘书。

创业时微软里都是年轻人，做软件、搞开发都是能手，但内务却一团糟。微软的第一任秘书是个年轻漂亮的女大学生，除了自己分内的事，对任何事情都是一副不闻不问的冷漠劲儿。没过多久，比尔·盖茨就要求总经理伍德给他换一个秘书。

一天，伍德一连交上几个年轻女性的应聘资料，盖茨看后就连连摇头："难道就没有比她们更合适的人选了？"盖茨理想中的女秘书应该干练、稳重、能干，而不是花瓶式的摆设。伍德犹犹豫豫地拿出一份资料递到盖茨面前，"这位女士做过文秘、档案管理、会计员等不少后勤工作，只是她年纪太大，又有家庭拖累，恐怕……"盖茨一目十行地看完了这份应聘资料，表示："只要她能胜任公司的各种杂务而不厌其烦就行。"

这样，42岁的露宝上任了。事实证明比尔·盖茨的选择是正确的。她进入公司后，就像母亲一样关怀各位软件高手的衣食起居，减少了他们因远离家庭而带来的种种不适。露宝把微软公司看成一个大家庭，里里外外打理得妥妥帖帖。她一直自觉地以一个成熟女性特有的缜密与周到，考虑着自己应该在"娃娃公司"负起的责任与义务。她真心关爱每一位员工,对工作也有一份很深的感情。很自然,她成了微软的后勤总管,负责发放工资、记账、接订单、采购、打印文件等,远远超出了一位总裁秘书的职能。盖茨和其他员工对露宝都有很强的依赖心理。

当微软决定迁往西雅图,露宝因为自己的丈夫在亚帕克基有自己的事业不能走时,盖茨依依不舍、留恋不已。盖茨和公司高层联名写了一封推荐信,信中对露宝的工作能力给予很高的评价,临别时盖茨仍握住露宝的手动情地说:"微软留着空位子,随时欢迎你。你快点过来吧!"

三年后,1980年冬季一个寒夜,在比尔·盖茨西雅图的办公室一个熟悉的声音响起,"嗨,我回来了!"——正是露宝!她先是一个人从亚帕克基来到西雅图,后又说服丈夫举家迁来。

(资料来源:http://queyp.bokee.com/5500194.html)

分析

从职业角度来看,秘书应该是上司的一位特殊助手,他掌握办公室工作的技巧,能在没有上司过问的情况下,表现出自己的责任感,以实际行动显示出主动性和正确的判断能力,并且在所给予的权力范围内作出决定。露宝的成功在于她准确地把握了秘书角色的杂色,明白自己在公司应该负起的责任与义务。其实,一个秘书永远也不知道他的工作从哪里开始,又将在哪里结束,他们知道的是,必须有很好的素养、开朗的性格、足够的耐心和机敏的反应,以应付办公室中纷乱的工作。

思考

1. 秘书的工作职责是什么?
2. 现代秘书更注重的能力是什么?

第一节 秘书概说

一、必备知识

(一)秘书的定义

秘书在世界范围内是最广泛的社会职业之一,属于第三产业体系,也被誉为世界上常青的职业。我国秘书的历史源远流长,但是,秘书作为一种社会职业仅是近30年的事情。

"秘书"一词,由来已久,据史籍记载在我国最早出现于汉代。其含义几经变化,主要有官禁藏书、谶纬图录、官职名称、官署名称等,与今天所说的现代意义上的"秘书"含义有很大区别。

我国现代意义上的秘书始于孙中山先生领导的南京临时政府,当时仿照欧美等国的政治体制,实行总统制,在总统府设立了秘书处,有秘书长一人,秘书若干;政府各部局也设立秘书室、秘书科和秘书官;各省都督府也设立秘书。这时的秘书才真正指称现代意义的秘书职务。

在国外,"秘书"一词源于拉丁文的"secretarius",意思是"可靠的职员"。英语中的秘书(secretar)与秘密(secret)有着密切的联系。现代西方国家的秘书概念形成于资产阶级工业革命时期,是工业社会的产物,主要指一种职位或者职业及具有此职位的职员或者从事此职业的人员。

由于历史发展进程不同,各国国情各异,尤其是秘书工作随着时代的发展而不断演进并发生着深刻的变革，人们对秘书含义的界定呈现出许多差异。表 1-1 是从职业的角度列出的一些有代表性的解释或者描述。

表1-1　从职业的角度解释或者描述秘书

来　源	解　释
国家劳动和社会保障部《秘书国家职业标准》（2006年）	秘书是从事办公室程序性工作、协助上司处理政务及日常事务并为决策及其实施提供服务的人员
国际职业秘书协会	秘书应是主管人员的一位特殊的助手，她（他）掌握办公室工作的技巧，能在没有上司过问的情况下，表现出自己的责任感，以实际行动显示出主动性和正确的判断能力，并且在所给予的权力范围内作出决定
欧洲专业秘书协会	秘书对其上司的活动和工作范围有足够的了解，能够替上司分担很多工作。能在一定的范围内作出决定和发出指示，并在做生意的场合代表上司
美国《韦氏秘书手册》	今天的秘书绝不再是单纯的接待员兼打字员，因为越来越多的经理希望自己的秘书成为行政管理的助手，以便自己有可能从烦琐的日常事务及专门事务中解脱出来……秘书已经成为决策者和执行者之间的一座桥梁，一个精干而可靠的秘书不仅是经理和工作人员之间的桥梁，而且还应当是协助经理的左右手
美国赖特《秘书工作手册》	一位秘书，常常被认为是一位"万能博士"，是一位心理学家、政治家、外交家、研究专家，一位饱学之士作家，业务律师，机械师，上司的私人财务出纳，跑街女郎与办公桌的清理人
中国劳动部国家职业技能鉴定专家委员会组织编写的《秘书工作概要》	位居领导人身边或领导机构中枢，从事办公室事务，办理文书，联系各方。保证领导工作正常运转，直接为领导工作服务并为各方面服务的事务与信息助手
中国秘书学会常崇宜	秘书，是从事信息性、事务性、技术性工作，近距离综合辅助领导决策与管理的职员
中国秘书学者杨树森	秘书就是直接为领导、主管或雇主提供辅助管理、综合服务，并以脑力劳动为主的工作人员
中国秘书学者谭一平	秘书就是为了给上司创造最佳决策环境的人

我国的秘书学界从学科角度对秘书的定义进行了广泛、深入的研究与争鸣。据统计，秘书学界对秘书的定义多达百种以上。

其实，对秘书的含义试图做出统一的界定是很难的。明确秘书的基本职责是辅助领导开展工作、发挥辅助管理作用，是明确秘书含义的关键所在。一般认为，秘书就是直接服务于领导者，处理事务和信息，综合辅助领导决策与管理的社会专业人员。作为人类社会生活中的一种特有的职业，秘书广泛存在于社会各层次各类型的组织之中，有其特殊的服务对象、工作内容、工作性质，对整个社会管理具有不可低估的影响。

（二）秘书的分类

作为一种现代的社会职业，秘书的种类越来越多，横向分类也越分越细，我国对秘书的分类主要有如下三种。

1. 按照秘书服务的对象划分

按照秘书服务的对象划分，可以分为公务秘书和非公务秘书（或称民间秘书）两类。

（1）公务秘书是指在国家机关、团体、部队、国有企事业单位中，由组织或者人事部门选派的承担秘书工作的人员，在编制上属于该单位干部。他们在工作制度和工作方式上，必须严格遵守国家的有关法律和执行国家机关公务人员的工作规范。目前我国党政机关的秘书均属于此类。在部分高级领导人或者高级专家身边服务的秘书，是由相应的组织部门选派并经领导人本人同意后担任的，其职务同样纳入干部编制，也属于公务秘书。

（2）非公务秘书（或称民间秘书）是指由私人、私人企业、民办企业等出资聘请并为私人服务的秘书。他们在遵守国家法律的前提下，向自己的雇佣者负责。他们的工作制度和工作方式具有比较大的灵活性和多样性。随着秘书职业化进程的加快，特别是我国加入WTO之后，社会分工中的非公务秘书队伍正在逐渐扩大。

2. 按照秘书工作的性质划分

按照秘书工作的性质划分，可以分为党政秘书、企业秘书、商务秘书等。

（1）党政秘书是指辅助党政机关领导人和领导集体实施决策与管理，保障机关各项工作正常运转的秘书。现在我国通用的秘书工作的各项原则规范，主要是针对党政秘书制定的。

（2）企业秘书是指在企业中专门为企业领导统筹公司的各项事务而服务的秘书。在私有企业工作的属于私人秘书性质，在国有企业工作的属于公务秘书性质。

（3）商务秘书是指在企业的经营活动中，专门辅助领导处理商业性事务的秘书。目前在我国企业中，纯粹的商务秘书还不多。随着人们对商务秘书在商务运作中重要性的更进一步地了解和认识，商务秘书会不断壮大。

3. 按照秘书业务的内容划分

按照秘书业务的内容划分，可以分为行政秘书、机要秘书、文字秘书、事务秘书、会议秘书、公关秘书等。

（1）行政秘书是协助领导处理公务、实施管理的秘书。他们可以随领导列席某些会议、参与某些决策等，一般具有较强的协调能力和组织能力，是领导的重要助手。

（2）机要秘书是处理机关机密文件的秘书。主要负责领导办公处的保密工作和管理领导的文电材料，并承担领导交办的其他工作，为领导工作服务。

（3）文字秘书是专职从事以撰拟、处理文稿为主要工作的秘书。具有较强的口头与文字表达能力，俗称"笔杆子"。

（4）事务秘书是负责总务、后勤等事务性工作或者负责照顾高层领导、专家生活的秘书。一般只有高级领导人、高级专家或者重大机关才设置这一类秘书。

（5）会议秘书是专门从事会议策划、组织、安排、协调等工作的秘书。当前由于会展业发展迅速，懂专业的会议秘书成为紧缺急需人才。

（6）公关秘书是能够协助领导协调关系、处理矛盾、树立和维护组织良好形象的秘书。他们一般要具有较好的性格修养和很强的社交能力。

（三）秘书的层次

秘书除了横向分类外，一般通行的纵向分法是将秘书从低到高分为初级、中级和高级秘书。

1. 初级秘书

初级秘书主要从事操作性工作，帮助领导处理一些日常程序性的琐事和杂务，如核对打印文稿、整理保管资料、操作电脑、接听电话等。这些都是日常事务中大量的、经常的、必不可少的工作，虽然简单，但却很费时间和精力，秘书处理这些工作能够使领导从琐碎的事务中解脱出来，还可以避免或者减少办理具体事务过程中的许多漏洞。

2. 中级秘书

中级秘书主要从事辅助管理事务和部分操作性事务，为领导在决策与管理过程中提供各种支持，如筹办会议、安排日程、撰拟文稿、协调关系等。在协助领导办文、办会、办事的过程中，协助领导协调组织各种内外关系，注意从全局利益出发，在领导活动中积极发挥拾遗补缺的职能。

3. 高级秘书

高级秘书是指秘书部门的负责人、助理、首脑机关的专职秘书等，他们主要是在高层领导身边从事高级参谋和助手的工作，主要在智能上辅助领导，如分析研究信息、提供决策方案、拟定重要文件、参与对外谈判等。在高级政府机关、规模较大的企业和社会团体内部等，一般都配备高级秘书。高级秘书需要具备很高的综合素质，精通秘书业务，具有综合指挥、协调的才干和独当一面的管理能力。

在社会实践中，对于初级、中级和高级秘书的划分方法及相应要求，由于各国国情和管理体制等不同而各有差异。同时，三级的界限也不是截然分割的，因为秘书工作整体上存在着内在联系和层次间的发展关系。

1999年国家劳动和社会保障部试行的《国家职业标准（秘书）》中，将秘书在职业等级上分为初级秘书、中级秘书和高级秘书；在2003年修订并颁布的《秘书国家职业标准》中，将秘书的职业等级分为五级秘书（国家职业资格五级）、四级秘书（国家职业资格四级）、三级秘书（国家职业资格三级）和二级秘书（国家职业资格二级），并提出了相应的工作要求。

五级秘书：主要是公司前台、接待岗位上的办公管理人员。

四级秘书：侧重于办公室内的管理事务。

三级秘书：相当于办公室主任的角色，在管理人事、管理财物、管理事务中实现办文、办事、办会的要求，协调作用明显增强。

二级秘书：相当于总经理助理或是公司总监职位的工作岗位，其主要工作是综合事务管理，参与一定的工作决策和办公室资源的配置，包括人员、财物、设施等的配置。这个层次主要是为了与NVQ职业企业行政管理师接轨而设置的。

另外，在商务秘书中，还有根据其承担责任的大小和能力素质的高低，将秘书分为助理级秘书、文书级秘书、执行级秘书、行政级秘书等。

（四）秘书的职责

由于秘书工作的发展变化、中外秘书工作的差异等原因，人们对秘书工作内容的概括也不可能完全一样。但是，秘书的基本职责和工作要求大体是一致的。

1. 秘书工作的内容

国家人事和社会保障部颁布的《秘书国家职业标准》（2006年版）中，列出了秘书工作的五大方面的内容：商务沟通、办公室事务管理、常用事务文书的拟写与处理、会议与商务活动、信息与档案。

2. 对秘书工作的要求

（1）准确。秘书工作直接对领导工作负责，秘书工作质量的优劣，与领导工作息息相关。衡量秘书工作质量的首要标准就是准确无误，也就是没有差错和疏漏。秘书工作的准确性，涉及秘书工作的方方面面，如办文要准确，办事要稳妥，情况要属实，主意要慎重等。因此，秘书必须具有严谨认真的工作态度和扎实细致的工作作风，使工作的各项内容和工作过程始终处于最佳运行状态，避免和减少出现差错和疏漏。

（2）迅速。秘书工作大都具有较强的时效性，务必在规定的时间内完成各项事务，不能积压，不能拖延，不能扯皮。尤其在市场经济条件下，竞争形势瞬息万变，时间就是效益。因此，秘书必须具有强烈的责任心和极强的效率意识，遵循迅速原则，以快节奏的工作状态，力争以最小的投入取得最好的效果。当然，迅速的前提还是准确，秘书工作不可一味追求速度，以适时为本，该快则快，该慢则慢，快慢适中，以求适合领导工作的需要。

（3）保密。保密既是对秘书的要求，也是秘书工作必须坚持的基本原则。国际形势的复杂变化，市场竞争的日趋激烈，使得窃密与反窃密的斗争更加严峻。任何一个组织都有与其利益息息相关的秘密事项，影响着组织的正常运转乃至兴衰存亡。秘书工作与组织的秘密密切关联，稍有疏忽大意，发生机密泄露，都会给组织带来严重的甚至是不可想象的损失。因此，秘书工作中必须遵守保密制度，知密不泄密。

（4）务实。实事求是是一切工作的基本原则，秘书工作同样必须认真坚持，秘书工作必须尊重客观事实，无论是向领导提供信息，提出建议，还是转达领导的指示和意图，都要说真话、说实话、办实事，一切从实际出发，不可见风转舵，尤其不能为了个人利益而弄虚作假，否则就会给领导工作造成失误甚至错误，损害组织的利益。因此，秘书工作要做到不夸大、不缩小、不主观臆断、不谎报信息，既报喜、也报忧等。

（五）秘书的职业

在当今世界范围内，秘书已成为最广泛的社会职业之一。秘书职业是指秘书人员服务社会所从事的相对稳定的并以此作为主要谋生手段的工作。秘书工作职业化对秘书职业的社会认同有着重要意义。首先，认同秘书工作所特有的职业特征、专业化范畴和独立的研究对象等；其次，为此建立完备的职业法规制度，确定秘书职业分类体系、完善职业考核标准等；最后，形成独特的职业理论体系及其职业运行机制等，为秘书的职业化发展提供系统的理论支持。

1. 秘书是一种社会职业

在人类社会中，各种各样相互关联的社会分工及从事这些社会分工的人群，按照一定的任务与规范，形成了不同的职业，实现着不同的社会功能，去满足人类社会的需要。没有社会的分工，社会生产力就不能发展，就没有人类的进步。职业一词，职，指职守、职务；业，指从事的分工工作性质，如工、农、兵、商或教师、工程师、司机等。每一种社会职业，诸如教师、医生、会计、厨师等，都各有其职业的共同特征与规范要求。近年来，秘书职业化的特征也越来越明显，"官职"的特征有所淡化。这些都说明了秘书的社会职业化进展远比人们想象的迅速。今天我国秘书正在逐渐演变成为一种无处不在、渗透于官方、民间及各行各业的社会职业。

2. 秘书职业是现代社会中前景广阔的现代服务业

秘书这一职业不是直接生产或加工物质财富的第一、第二产业，而是以为领导服务为主要任务的职业，秘书的劳动价值正是通过为领导工作的服务而反映出来的。所以，秘书职业属于现代社会中前景广阔的现代服务业。对于现代服务业，我们不能仅仅狭隘地将其理解为商业和生活服务业，它还包括各种智力服务，如教师、医生、律师、咨询师等。秘书则是以其处理文书、事务、信息咨询的知识与能力以及管理能力为社会服务的。专业化、规模化的秘书服务公司开始出现在北京、上海等大城市，并日渐成熟。秘书服务作为一个新兴行业，其兴起有其必然的社会和历史因素。

（1）现代社会专业化分工越来越细，现代人时间越来越宝贵，有些日常工作需要委托给别人去做，促使了秘书服务公司的诞生。随着社会发展，一个人不可能什么都会，什么都能做，即使能做会做，也有熟练程度高低、效率大小之分。时间不等人，人们必须把自己最擅长做的也是最核心的事情先做，而把不擅长的、非核心业务委托他人来做。秘书服务正是这种专业化分工的结果。

（2）现代生活的节奏越来越快，人们在最短时间内完成大量综合工作的矛盾推动了秘书服务业的兴起。现代社会是一个以速度求胜的时代，面对复杂工作，人们只能是最大限度地利用社会资源，把社会最有效的资源在最短的时间内以最快的速度进行有机整合。生产者只是起一个组织社会资源的作用，最多也只是做所谓的核心业务，而其他业务只能是外包给专业化公司或专业技术人员来做，这里面自然包括秘书工作。

（3）中国加入世界贸易组织后，服务贸易市场将逐步放开，这也迫使国内服务贸易市场逐步建立、发展和完善。因此，有识之士已意识到秘书服务行业的商业价值，积极抢占服务市场。

（4）现代科技的发展和通信以及互联网络的广泛应用，为秘书服务行业的发展奠定了基础。中国自古就有替人写状纸和抄写文书的职业，这是很原始的秘书服务。新世纪科技的进步使现代通信设备越来越专业化，并在商业服务领域广泛应用，互联网络的迅猛发展

使秘书服务工作日趋现代化、专业化、规模化、虚拟化，并逐步实现了传统和现代的有机结合。

二、相关链接

厂商会秘书服务有限公司

本公司为香港中华厂商联合会（"厂商会"）附属公司，致力为中小企业及内地民企提供专业及优质的秘书及商业一站式服务。我们的专业秘书及顾问会悉心了解各客户的不同需求，以便提供合适的办公室解决方案，包括成立公司、秘书服务、虚拟办公室、会计及核数等一站式多元化服务。在中环、旺角及观塘办事处均设有商业服务中心，提供代收邮件服务。

（资料来源：http://www.cmassl.com.hk）

三、课堂内外

（一）堂堂练

讨论

1. 结合当今社会现实，谈谈你是如何看待秘书职业的？
2. 作为即将进入秘书职场的大学生，请你为自己设计几个个人的常用职业形象方案。

（二）堂外练

1. 某高层领导机关，既有机关办公厅群体秘书，又有领导人的专职秘书，还有秘书机构内的秘书处、文书处、信息处、会务处、督促检查室、调研处等下设机构和政治秘书、文化秘书、机要秘书等秘书分类。这样分工细化的主要原因是什么？

2. 1962年，陈毅在一次讲话中谈到解放初他在上海当市长时的工作，大体可分为两个阶段：一段工作较差，一段工作较好。究其原因，他认为是听、还是不听不同意见的因素。前一段，他身边的两个秘书在他批文件、做决策时，总对他说：你这个决定太英明了，你这个批示太正确了。起初他并未在意，可事后检查起来这段时间他办了不少蠢事，渐渐感到这种赞美诗不是滋味。他说，秘书恭维我虽然不是坏心，更不是有意害我，但因为听不到不同意见，更听不到反对意见，就免不了要犯错误了。后来，陈毅换了秘书，并鼓励他们对他的工作提不同意见，甚至是反对意见，这样，后一段蠢事就办得少些，错误就少些了。

陈毅为什么要换秘书？本案例说明秘书的工作作风、职业道德对领导水平与决策质量会产生何种影响？

3. 通过文学作品或网络搜索等方式，找到十个秘书，展开班级研讨，交流其工作得失，总结秘书成功的秘诀。

第二节 秘书的职业角色

一、必备知识

（一）秘书角色

在社会生活中，每个人都承担着一定的社会角色，履行着相应的社会职责，只有这样，他才能够在社会生活中施展自己的才华，发挥自己的潜能。作为辅助管理的秘书同样要明确并扮演好自己的职业角色，才能够最大限度地辅助好领导，实现自己的职业价值。那么，究竟秘书在职场上扮演着怎样的角色，秘书应该如何正确定位自身的职业角色呢？

1. 角色

（1）角色。角色这个概念，最早是戏剧中的一个专门用语，指演员在表演中依据剧本所扮演的某一特定的人物。如在戏剧中有生、旦、净、末、丑等基本类型的角色之分。在社会大舞台上，也正像在剧本中一样，每个人物，都在扮演着不同的角色，完成不同的活动。所以，在社会的任何一个岗位上，都需要有相应的人物，来完成社会成员所期望的行为。这些各种各样岗位上的人物，便称为不同的社会角色。

角色包含社会地位、身份、行为模式、人物等含义。所谓社会角色，是指在一定的社会关系中占有某一社会地位或具有某种身份并遵守相应的行为规范的一类人物。对角色内涵的理解和把握，既包括社会、他人对占有一定社会地位或者具有某种身份的人的行为期望，也包括占有一定社会地位或者具有某种身份的人根据自己对社会期望的认识而具有的外部行为模式。由于处在复杂社会关系中的每一个人往往同时占据多个社会位置，可以说一个人在社会关系中是多个角色的集合体。所以这就要求生活在社会关系中的每一个人都必须具有很大的适应性，必须能够根据具体的情境条件来调节自己的行为。如果一个人只按照一种角色模式去支配自己的行为，不考虑在特定场合下自己身份、地位的变化，那么就有可能处理不好各种复杂的社会关系，到处碰壁。

（2）角色行为。角色行为是指担任某一社会角色的人根据社会成员或者团体成员的期望，按照角色的特定要求所表现出来的实际行为。如担当秘书角色的人，就应该按照秘书角色的要求去支配自己的行为，积极有效地做好辅助管理工作。

角色行为存在差异性，即担当同一角色的不同的人所表现出来的角色行为会有所不同。如秘书，女性秘书与男性秘书的角色行为存在差异，青年秘书与中年秘书的角色行为存在差异，高层级秘书与低层级秘书的角色行为存在差异等，造成这种差异的原因是多种多样的。在社会活动中，行使同样的角色权利与义务的不同的人的行为是具体的，这里面既有个性特色，又具共性特征，角色行为则是其共性的体现，是对占有一定社会地位或者具有某种身份的人的行为的一种抽象和概括。

角色行为离不开社会成员或者团体成员的期望。每个人在特定的社会关系中担当一定的角色，周围的人总要对他的态度、行为提出种种合乎身份的要求并寄予期望，即"角色期望"。如果一个人的态度、行为偏离了角色期望，就会引起周围人的异议或者反对。角色期望的前提则是个体必须先意识到他人对自己的期望，认知自己所扮演的角色，即具有角色的知觉。

（3）角色扮演。角色扮演是实现角色行为的关键环节，个体的角色行为就是通过他人的角色期望、自己的角色认知和角色扮演而最终实现的。角色扮演即个人在角色知觉的基础上，按照社会和他人的期望所完成的角色行为。

影响角色扮演的因素主要有：角色的清晰程度、角色扮演者的个性特征、角色期望和角色规范。

（4）角色规范。角色规范是指一定组织期望其成员在工作中所遵循的行为模式，是对成员行为的规定。此规范是评价角色行为的标准，是一种特殊的团体规范。角色规范具有两种不同的形态：一种是有明文规定的、条文化的；一种是没有明文规定但是客观存在着的。由于它是在长期的社会实践活动中形成的，又随着社会发展和时代变迁而发展变化，所以它必须与时俱进。

2. 秘书的角色定位

秘书的角色定位，是指秘书对自己在社会组织中所扮演的角色、所处的地位的衡量和确定。准确理解和把握秘书工作的特征是秘书进行角色定位的前提。

(1) 秘书工作的特征。传统观点认为秘书工作具有辅助性、从属性、被动性、潜隐性等特征，无疑都是正确的。但是，我们不能不注意到，这些认识多是站在领导角度来分析而得出的结论，忽略了秘书自身地位，把秘书视做领导的附属物，所以并不能完全揭示秘书工作的特征。立足于秘书工作本身，对其进行深入的分析，我们可以得出秘书工作具有主动性、集体性、专业性、灵活性和超前性的特征。

① 主动性。传统观点认为秘书工作具有被动性的特征，很显然，这是以领导工作为绝对参照物的结果。与领导工作相比，秘书工作确实处于被动的从属地位，但是从秘书的工作方法来看则具有明确的主动性，秘书对领导辅助必须具有鲜明的积极主动性。秘书工作中的任何一项工作、任何一个环节，如果秘书一味地被动服务，没有应有的主动性，那么领导工作就不能有效地进行，领导职能就不能有效地发挥，甚至会造成关系失调、决策失误等严重后果，秘书工作本身也毫无生气，秘书工作就失去了价值。所以，正确认识秘书工作的主动性特征，对于提高秘书工作的质量和效率，实践秘书工作的作用和价值，进而保障领导工作的正常实施有着重要的意义。

② 集体性。秘书工作的集体性特征是历史发展的结果，也是时代发展的要求。科技的进步，社会分工的细化，现代办公设备的运用，使工作效率得以提高，使工作压力得以减轻。但是专业化又要求秘书以集体形式存在下去，反之就会使组织管理陷于混乱，各自为政，关系失调，扯皮推诿，效率低下。这种集体性体现在：一是秘书工作主体的集体性，一个社会组织内的秘书队伍一般是以群体方式出现，共同办理事务；二是秘书工作过程的集体性，秘书工作的各项内容在实施中都需要有分工更要有合作，需要秘书群体的相互沟通与密切配合；三是秘书工作成果的集体性，如秘书工作的每一个环节的运行都由专人负责，协调完成，劳动成果的集体性不言而喻。

③ 专业性。秘书工作的专业性是指在行业专门知识、专门技能等方面所体现出来的特征。秘书工作是具有专业化素质的秘书队伍进行的活动，其专业化特征十分显著。秘书要履行自己的职责，高质量、高效率地完成各项工作任务，必须具备本行业的专门知识和专业技能。由于秘书工作具有综合性，我们常常要求秘书成为"杂家"，但是"杂"与专业化并不是矛盾的，从某种意义上讲，"杂"恰恰是其专业化特征的形象反映。科技的飞速发展，办公自动化的实现，客观上使得秘书必须向专业化转变和发展，这样才能够适应时代的要求。缺乏专业性，秘书工作就失去了个性。深刻认识秘书工作的专业性特征并付诸实践，秘书工作就会充满活力。

④ 灵活性。从事秘书工作，必须遵循基本的原则和要求，使之不偏离、不背离职业方向。但是在坚持原则的前提下必须讲求灵活性，这是决定工作质量和效率高低的重要因素，甚至在某些条件下决定工作的成败。灵活性是秘书工作的特征，更是一个优秀秘书从业者

应当具备的品质。突出灵活性会强调组织内部的凝聚力，有利于实现组织的整体目标。这种灵活性要求如下：一是思考问题的角度要灵活，如处理具有非常规特征的突发事件，墨守成规只能贻误时机，造成损失；二是工作方法的采用要灵活，秘书工作内容繁杂，必须具体问题具体对待，适时变换工作方法；三是工作方式的选择要灵活，如解决某一问题，是直截了当还是含蓄委婉，是正面进攻还是旁敲侧击，都需要灵活把握。

⑤ 超前性。秘书应当具有超前思维和见微知著的预测能力，要以预见的眼力和预测的本领，多考虑未来的需要，多提供未来的信息，发挥超前服务的作用。也唯其如此，秘书才能够自如应对工作范围大、内容杂的难度，才能够机智应对各种突发事件的发生，才能够创造性地开展工作。这种超前性要求秘书首先要有超前的意识，能够敏锐地捕捉现实和预见未来，积极主动地辅助领导；然后要用超前的行动，尤其像辅助领导决策这样的工作，应当先于领导提出决策课题，先于决策制定提供科学依据，先于决策实施拿出防范措施，使决策的风险性降到最低，提高决策的可靠性。

（2）秘书的角色定位。秘书的角色定位是一个动态的、循环往复的过程，一般要经过角色知觉、角色初始定位、角色期望、角色冲突、角色互动与调整和角色再定位六个环节。秘书必须按照客观规律对自身角色进行正确的定位，以提高工作效率，促进自身进步。

① 角色知觉。秘书角色知觉就是指秘书对自己所担任角色的活动或者具有的某种身份地位及由此所规定的职责和他人对自己的期望等问题的认识和判断。秘书在进入某一组织担任角色时，不能不想这样的问题：我的角色是什么，我应当做什么和怎么做，组织要求我做什么，我在组织中的地位和身份如何等。这便构成了秘书对自身角色的知觉，它具有鲜明的主动性，直接影响秘书在社会组织中的角色定位。

② 角色初始定位。秘书以自己对秘书角色的认知、理解为基础，并将自身实际情况和组织实际情况相结合，初步明确自己的职能，对自己在组织中的角色进行初步定位，并以此为基础开展工作，在特定的范围内发挥特定的作用。如相对于领导而言，秘书在社会活动中所扮演的是配角，以辅助管理为其职业工作的根本特征，其劳动成果也往往体现在领导的工作成效和组织的综合效益中。但是秘书在处理一些具体业务中又必须唱主角，其主体作用十分明显。另外，秘书在进行角色定位时还涉及具体的专业领域或者服务取向，必须根据服务组织、服务对象的具体情况，正确评价自身的知识与技能水平，决定自己的从业方向。如秘书是将自己定位为参谋型秘书，还是将自己定位为事务型秘书等。秘书不是"万金油"，任何人都不可能无所不知。

很显然，秘书角色定位是由角色知觉、自身实际、组织实际等因素共同决定的。

③ 角色期望。秘书的角色知觉中实际上已经包含了个体对自己的角色行为的期望，除此之外，社会成员或者组织内部成员也对秘书个体的角色行为寄予各种各样的期望，对秘书角色的合理定位和具体角色行为有着重要影响。社会成员对秘书角色的期望比较复杂，在人们对秘书五花八门的或褒或贬的称谓上就能有一定程度的反映，这与我国秘书职业化的成熟度和秘书职业评价体系不高有密切的关系。社会成员对秘书职业的期望形成了社会秘书观，对秘书的价值观产生深层次的影响。组织内部成员如各层级领导、普通员工、其他秘书等对秘书有着更直接、更具体的期望，即秘书所要面对的角色群期望。如各单位招聘秘书时的不同的条件要求就充分反映了对这一类角色期望。角色期望往往具有一定的导

向性，给秘书的职业道德、职业行为、职业习惯乃至职业技能带来直接的约束和规范。

④ 角色冲突。秘书的自我角色定位与各种角色期望是相互作用的，当两者出现矛盾时就会产生角色冲突。主要表现在以下3点。

- 自我角色定位与面对的角色期望发生冲突。如初入职场的秘书往往年轻气盛，渴望成就一番事业，可是领导可能安排他们从事一些日常琐事，很多人就会感到心灰意冷。这种角色冲突是非常普遍的。
- 自我角色定位与自身能力发生冲突。如有的秘书对自己的期望较高甚至过高，而自身的能力又无法满足这种期望的实现，使自己实际扮演的角色不能如己所愿，便引起角色冲突。
- 多种身份关系失调引起角色冲突。一个人在社会生活中往往同时占据多个社会位置，是多个角色的集合体。秘书也同样被赋予多种角色身份，如果处理不好其中的关系，自然会引起角色冲突。

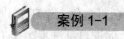

案例 1-1

一封电子邮件

一天晚上，某公司总裁到办公室取东西，到门口发现没带钥匙。此时他的私人秘书李某已经下班。总裁联系未果。数小时后，总裁还是难抑怒火，便在凌晨二时通过内部电子邮件给自己的秘书发了一封措辞严厉且语气生硬的"谴责信"。内容如下。

李某：我曾告诉过你，想东西、做事情不要想当然！结果今天晚上你就把我锁在门外，我要取的东西都还在办公室里。问题在于你自以为地认为我随身带了钥匙。从现在起，无论是午餐时还是晚上下班后，你要跟你服务的每一名经理都确认无事后才能离开办公室，明白吗？

讨论

如果你是李某，你会怎么处理这封措辞严厉且语气生硬的"谴责信"？

分析

秘书最重要的工作就是做好上司与外部世界的"过滤器"。这一特点赋予了秘书很高的权力，同时也要求秘书知道如何与形形色色的人打交道。从某种意义上来说，秘书是上司的"形象代言人"，上司不在时又是上司的"发言人"。秘书的任何一个不恰当的举动、做法都会给他所代表的上司造成损害。上司与秘书之间是一种"共生关系"。荷兰心理学家克特斯·德弗里斯指出："上司的个性对包括秘书在内的下属的行为方式会产生重要的影响。如果老板自己是个完美主义者，那他就需要一个像他一样的秘书——对所有的细节都非常关注。如果老板的个性咄咄逼人，具有很强的支配欲，那他肯定就需要一个很听话的秘书。"

秘书必须树立和培养鲜明的服务意识，明确自己的角色定位。领导的需要就是自己的工作，领导的要求就是秘书的职责。正确认清自己的配角地位和树立服务意识，摆正自己的工作位置，做与秘书身份和职权相符的事，说与秘书身份和职权相称的话。

（资料来源：http://wenwen.soso.com/z/q2124218.htm）

⑤ 角色的互动与调整。角色冲突是不可避免的。当秘书的角色定位与角色期望发生冲突后，秘书在角色期望的压力下，与期望发出者之间就要通过各种方式进行必要的角色定

位与角色期望的相互调整与适应。这是一个角色互动的过程：由角色期望者发出的信息影响角色期望对象，对其形成压力；而角色期望对象的反应又影响到角色期望发出者对期望对象最初的期望及未来的期望。

如领导希望秘书成为组织对外接待工作中的"一面手"，而秘书却不擅长迎来送往的工作，反而长于内部事务工作的安排，这就会导致角色冲突的产生。在这个过程中，秘书认识并感受到来自领导期望而形成的压力，从而努力提高自己在对外接待工作中的能力；领导也认识到秘书能力与其期望存在差异，进而可能考虑调整秘书的工作岗位。这就是角色的互动与调整。

⑥ 角色再定位。经过角色的互动与调整，秘书重新找准了自己在组织中的合适位置，并被组织认可，这就意味着角色再定位的完成。

秘书角色再定位完成主要有两种途径：一个是秘书主动调整自身的角色认知并通过学习提高自身能力来填补能力空缺，使自己能够胜任岗位要求并得到领导的肯定；另一个是组织根据秘书的实际能力调整其工作岗位，秘书相对而言被动地完成角色再定位。对于秘书而言，当然应该以第一种途径作为角色再定位的主要途径。

秘书的角色定位过程告诉我们，秘书应当善于适应角色期望，能够站在角色期望发出者的角度进行换位思考，并自觉地发现自身与角色期望之间的差距，积极地提高自身素质以弥补差距，主动实现对自身职业角色的科学定位。秘书应当积极培养自身良好的职业意识，尤其注意以服务为本的责任意识，努力将职业角色与非职业角色有机结合起来，努力调节好多种角色集合体的内在关系，增强角色对于不断变化的工作环境的适应，使多个角色职能得以充分体现，进而实现秘书的角色价值。

3. 秘书的多重角色

（1）秘书的角色具有两面性。秘书的角色既有配角的一面，又有主角的一面。秘书的基本角色是辅助管理者，是领导的近身助手，是配角。但是在特定的时间、地点和场合，秘书又可以由配角转化为主角，由被动转变为主动，发挥主观能动性。当然，这不意味着秘书可以反客为主，自以为是，而是必须深刻认识秘书的角色内涵，摆正自身位置，恪守职场规则，扮演好自己的职业角色。

（2）秘书的职业角色具有多样性。这是由秘书职责的多样性决定的。秘书应当具有角色转换的思维方式，从实际需要出发，自觉地转换好不断变化的角色，更好地发挥角色职能，胜任秘书工作。

秘书的主要职业角色有以下四种。

① 助手角色。秘书工作的性质，决定了秘书首先是组织或者领导的助手，承上启下，沟通左右，衔接内外，联系各方，起着不可或缺的纽带作用。

② 写手角色。写作是秘书工作的一项极其重要的内容，写作能力也往往被视为秘书的看家本领，写作各类讲话稿、草拟各种文书甚至撰写新闻稿件，这都是秘书的"家常便饭"。

③ 公关角色。秘书在组织中扮演着重要的公共关系职业者的角色。秘书形象不仅仅代表个人，还代表领导的形象和整个组织的形象，工作中应该努力为本组织广结良缘，以形成有利于组织发展的广泛的社会关系网络和环境。

④ 保密角色。秘书处于组织的中枢位置，由于知密早、涉密多、交际广，保密就成了秘书的天职。秘书必须具备高度的保密意识，严守保密纪律，自觉履行保密的职责，做一

个特殊的保密员。

(二) 秘书的角色条件

秘书的角色条件是由秘书工作的特点决定的，从大的方面可以包括生理条件、心理条件和社会条件，其中生理条件是心理条件的必要前提，而心理条件的产生还取决于角色个体的社会条件。这里就谈谈秘书角色的年龄、性别、健康、文化程度等一般条件。

1. 年龄条件

社会角色不同，对年龄条件的要求也不同。我国对秘书从业者的年龄并没有明确的规定，但是从职业化的趋势来看，整体上呈现年轻化的特征。但是，目前在我国对秘书年轻化的要求存在着追求偏低化的误区，如大量的招聘启事中标明的秘书年龄要求不符合职业需要的实际，有的要求应聘者年龄在24岁以下甚至更小，同时又要求有若干年工作经验，这是矛盾的，从某种角度也反映了社会对秘书角色认识的偏颇。所以，我们不能绝对地说秘书就是年轻人的职业，具体情况还是要结合具体的岗位要求来定。这也给年轻秘书以有益的启示，提高自身素质才是关键所在，所谓秘书吃的是青春饭的观点只是一种狭隘的认识。在美国，秘书愈老愈吃香。

2. 性别条件

社会角色不同，对性别条件的要求也不一样，有些社会角色对性别的要求规定得比较明确，有些社会角色对性别的要求规定得就不十分明确。从职业化的角度考察，秘书职业呈现女性化的特征，在许多国家和地区，秘书职业就被公认为是"女性的一统天下"。

女性从事秘书职业有其自身优势。一是思维能力优势。女性由于有较强的形象记忆和机械记忆的能力而更善于形象思维，更富于想象力，做事大多谨慎仔细，思考问题的细致周到程度普遍优于男性，更利于处理繁杂的事务。二是交际能力优势。女性温和、文雅、富有同情心，更宽容、更善于理解他人，更能体谅别人，能为领导和同事着想，能拉近与领导的距离，而且知觉速度快，所以更利于沟通，表现出较强的人际交往能力。三是语言能力优势。女性善于发挥口语表达技巧，能在说话中灵活运用温和、欢乐、惊讶等不同口吻，而且自然地配合以微笑、愉快、忧愁等不同神情，所以谈话的方式较男性生动活泼，易于与对方融洽交流。四是操作能力优势。女性普遍心灵手巧，而且有耐性，适于操作现代的办公设备。五是审美愉悦优势。男性有阳刚之美，女性有阴柔之美，刚柔相济才能产生审美愉悦。有温柔的女性存在于办公室中，能够调节环境气氛，使之明快轻松。即使在办公自动化高度发达的今天，由女性秘书来操作这些设备也多了一些温情的色彩。女性秘书已经成为我国秘书职业阶层的主体。

3. 健康条件

各种社会角色对角色健康的要求基本上是一致的，即要求身心健康。秘书角色的健康条件也不例外，一要生理健康，二要心理健康。两者相互联系又相互制约，生理健康是心理健康的自然条件，而心理健康又影响着生理健康。一个人如果只有生理健康，而缺乏心理健康的条件，也很难胜任角色任务。秘书工作比较辛苦，生活规律常常被打破，如加班加点赶任务就需要有旺盛的精力和体力。秘书处于组织的枢纽位置，地位特殊，事务繁重，角色复杂，常常使其心理处于紧张状态，心理承受的压力较大。若不能及时调整心态就很容易出现心理疾病，尤其是秘书处于一个较为复杂的人际关系网中，若不善于处理各种关系，就很容易形成不健康的心理。所以，秘书的生理健康条件应该是身体发育正常，体质强健，没有疾病，精力旺盛，头脑灵活，能够担负比较艰苦繁杂的任务。这个条件标准比较容易把握。秘书的心理健康条件应当是智力水平正常，情绪稳定，心态平和，具有较强的环境适应性，具有良好的人际关系。因此，秘书要树立正确的人生观、价值观，要正确认识和评价自己，努力创造良好的人际环境，积极参加有益的公益、文体活动，并能及时发现和自觉调整自己的不良心理，以便担当好秘书这种比较复杂的社会角色。

4. 文化程度

文化程度即受教育程度，是秘书角色条件中不可或缺的条件之一。秘书要从事文字性、智能性工作，没有一定的受教育程度是难以胜任秘书工作的。文化程度可以从两个方面来理解，一是从学历层次的高低作为评判标准，二是以知识结构是否合理作为评判标准。

一般情况下，一个人的学历与其文化程度成正比关系。担任秘书角色的学历一般要根据所任职位的职级而定，所任秘书职位的职级越高，对任职者的学历要求也就越高。因为职位的职级越高，其处理工作事务就越复杂，就要其具备相应的学历。在我国的《秘书国家职业标准》中，在四级、三级、二级秘书资格考试的申报条件中，虽然未将学历作为必要条件，但也分别提出了中专及本科的充分条件选项。从理想的角度看，秘书合理的知识结构应该包括基础知识、专业知识和辅助知识三个部分。知识结构与学历层次相比，前者更应当受到重视，秘书要使自己的知识结构不断得到优化。

（三）秘书的角色意识

角色意识是指一个人在社会群体中对自己所处的地位以及由地位所规定的社会职责的感知与认识、自己对周围人的种种角色关系的理解与协调。秘书的角色意识是指秘书对所担任角色的社会地位及由地位所规定的职责的知觉、理解和体验。秘书的角色意识是做好秘书工作的关键所在，秘书能否形成鲜明强烈的角色意识，是其能否干好工作并且发挥主观能动性的基础；不能形成正确的角色意识，就很难成为优秀的秘书。

1. 秘书角色知觉的误区

角色知觉是角色定位的前提和基础。秘书的角色知觉是秘书对自己所担任的角色的社会地位、身份及行为规范的认识和判断。一个秘书只有形成正确的角色知觉，才有能力评估自己的行为，并由此推断自己是否是一个合格的秘书。

影响秘书角色知觉的因素主要有两大类：一是客观因素，如社会政治经济条件、社会文化发展水平以及社会角色特征差异等；二是主观因素，如个体的社会经验、行为动机等。秘书的角色知觉进入误区，就会导致秘书的角色错位，必然给秘书工作带来不良影响乃至损失，应当引以为戒。常见的秘书角色错位表现为：关系越位、工作越位、表态越位和社交越位。

（1）关系越位。秘书与领导的关系在组织上是一种上下级关系，在工作上是一种主辅关系。工作中有的秘书不能把握这种关系，以领导的角色或者假借领导名义越俎代庖，发号施令，甚至以"领导"自居，颐指气使，造成关系越位。

（2）工作越位。秘书和领导在工作中必须各司其职，各负其责，在各自的职责范围内开展工作,不能相互代替。工作中有的秘书出于把工作做好之心,抢着去做本应由领导出面处理的事,结果给领导帮倒忙,造成工作越位。也有的秘书为出风头而造成工作越位。

(3) 表态越位。表态与个人的身份或者权力有着直接的关系。有些秘书在未经领导授权或者授意的情况下,就对某些问题进行决定性表态,给领导工作带来被动甚至不良的影响,造成表态越位。

(4) 社交越位。秘书经常陪同领导参加一些社交活动,如迎来送往、宴请舞会、录像合影等,有些秘书不能够自觉地甘当配角,不注意突出领导,造成社交越位。

秘书角色错位的表现还有许多。应该说,造成秘书角色错位的原因还是在于对秘书角色的认识与理解不正确,对秘书角色与领导角色的关系把握不准确,再加之一些人从业动机不纯,个人主义意识强烈,过分地看重自己的利益,给秘书角色人为地赋予了某种以权谋私的色彩,其消极影响不可低估,对组织、对领导、对自身都会带来损害。

2. 秘书角色意识的培养

鲜明而正确的角色意识是从事秘书职业的灵魂所在,没有正确的角色意识,秘书就不能在工作中积极发挥主观能动性,就不会形成敬业、乐业的精神,甚至还会偏离职业轨道。要想成为一名合格的、优秀的秘书,就必须培养自己树立正确的角色意识。

(1) 责任意识。秘书身处领导身边,直接为领导服务,在生活中负有重要责任。秘书必须培养高度的责任意识,培养强烈的社会责任感,这样才能在为领导服务中实现自己的角色价值。责任意识是秘书角色意识之本。

(2) 服务意识。秘书必须把服务作为基本职能,认识到服务是秘书的本色,理解服务的崇高,树立自觉服务的意识,甘当配角,乐于奉献。

(3) 服从意识。服从是秘书最起码的角色意识,也是一种基本的职业道德品质。秘书必须坚定不移地、毫不走样地贯彻领导的决策,执行领导的决定,并学会对不同领导的适应和心理调节,保持心态的稳定和平衡。

(4) 主体意识。秘书的基本角色是配角,但是秘书作为秘书职业活动的主体在处理具体业务工作中又必须唱主角,必须积极主动地完成好本职工作,这是由秘书角色的双重性决定的。

(5) 公关意识。秘书的特殊位置,需要处理好上下、左右、内外等各种关系,要有很强的公关意识。秘书应当全面培养自己的学识、技能,学会和善于处理各种复杂关系和突如其来的紧急情况,为领导分忧。

(6) 形象意识。秘书的一言一行,代表着个人形象、领导形象、组织形象,是三者三位一体的综合形象塑造。秘书要讲究仪表美、心灵美,并以外在美与内在美的和谐统一彰显职业形象。

(7) 纪律意识。秘书在领导身边,这样一个特殊位置,有许多便利条件,所以必须做到遵纪守法,遵章守规,具有鲜明的纪律意识,用来指导自己和约束自己的社会行为,尤其在保守秘密方面,应将之视为铁的纪律。

总之,深刻理解这些基本的秘书角色意识并努力培养自己的角色意识,对于个体的职业生涯意义深远。

二、相关链接

到位而不越位 换位还要归位

凡事皆需有度，秘书工作更是如此。在领导身边工作，要面对相对复杂的环境，为人处世的方方面面都要注意把握分寸。我们常说，为领导服务必须到位，必须学会换位思考，这是非常有道理的。但这里也有一个"度"的问题。身为秘书，做事要到位，但不可越位；思考要换位，但一定要归位。

要做到不越位，找准坐标、摆正位置非常重要。时时刻刻都要牢记，自己的工作就是为领导服务，自己的角色是从属性、辅助性的，必须要自觉地适应和服从领导。即便工作非常出色，即便与领导私交甚好，也不能有一点点得意忘形、忘乎所以的心态。要明白，越位乃是秘书之大忌，是不可碰触的"高压线"。经常越位，做秘书的就失去了根本。

具体说来，首先要防止行为越位。在各种场合，如参加宴会、应酬接待等，应突出领导，不应过于靠前，有意显示自己。还要防止言语越位。传达领导指示和要求，要如实准确、掌握分寸、注意语气。不可超越自己的身份，以领导的语气指手画脚、颐指气使。更要防止权力越位。你的职责是服务领导，绝不是代替领导行使权力，有意无意地假借领导的名义办私事都是不应该的，打着领导的旗号去从事作奸犯科的事情更是绝对不能允许。

具有换位思考的能力对秘书而言极为重要，但也千万要注意及时"归位"。不懂得换位思考当不了秘书，不能够及时归位也会让自己"走火入魔"，对工作和生活产生不良影响。秘书要善于进行这种角色转换，就像孙悟空会"七十二变"，无论变做什么，还都能够很快变回来。以下两点要特别注意。

一是要避免产生角色错觉。秘书在为领导起草文稿时，自然而然地会换位思考，模拟和揣摩领导的工作意图、讲话风格、语言习惯等，这是秘书学习与提高的必然要求，但若将这种文稿中才应有的领导者的习惯无意识地在言行上显露出来，那就与秘书的身份很不相符了。另外，由于经常被授权工作，有些秘书渐渐不能正确地认识和评价自己，产生一种与领导享有同等职权的错觉，这也是秘书成长道路上的一个陷阱。因此，秘书必须时刻牢记：自己并不是真正的主角，文章中、工作中我有时代表领导，而现实中我是秘书。若不能及时角色归位，就会给人一种狐假虎威的印象。

二是要防止角色功能遗失。长期的配角地位容易造成秘书人格的变化，形成凡事唯唯诺诺的毛病。这对于秘书的成长非常不利。要把工作和生活分开，把实践和思考分开，时不时地"拉"自己一把，不让秘书的从属性、被动性成为笼罩自己生活的"阴影"。我们既要做好本职的工作，也不能在工作中迷失自我，忽略自身的价值。凡是优秀的秘书，后来成了大器的秘书，都一定是善于归位的秘书。

（资料来源：http://www.bzjtj.gov.cn/ShowArticle.asp? ArticleID=7211）

三、课堂内外

（一）堂堂练

钱某错在哪里？

武汉某公司与某德资企业的经理正在谈一个合作项目，在提到货运问题时，负责此项业务的赵经理对相关技术问题回答含糊，秘书钱某在旁边以纯熟的德语具体而详尽地说清了从吴淞口到本港的各个段位的季节水位情况以及承载能力，德商非常满意，双方当场签订了购货协议。

事后有人大肆渲染钱秘书的能力，说她是谈判成功的关键，甚至说她超过了领导。钱某听了面上虽不无得意但口中却说："区区小事，何足挂齿？我不过是一个小秘书，只能是为他人作嫁衣而已！"

这话很快传到了赵经理的耳中，加之钱秘书日常工作中流露的表情，赵经理开始冷落钱秘书。

1. 试用秘书角色理论分析钱某的错误。
2. 秘书应该具有怎样的角色意识？

（二）堂外练

1. 假设你是一位刚刚走上秘书岗位的职场新人，你将如何定位好自己的职业角色？
2. 对照秘书的一般角色条件，看看自己还有哪些差距以及如何缩短这些差距？
3. 通过案例《花开花落　五色杂陈》分析秘书的角色意识。

花开花落　五色杂陈——由孙茂才的成败谈秘书的职业素养

随着电视剧《乔家大院》的热播人们领略了晋商的风采，惊叹于他们的胆识和富有。然而，当人们把注意力都集中在男主人公富有传奇色彩的经历时，笔者的目光却紧紧盯着乔致庸身边的那个孙茂才。不为别的，只因为他是幕僚，用今天的话说就是秘书。在清代，官员和商贾聘请幕僚蔚然成风，晋商的杰出代表乔致庸也不例外，他的成功有幕僚孙茂才的一半功劳，但是孙茂才却最终被乔致庸扫地出门，这到底是什么原因呢？以下想就孙茂才的成败谈谈秘书的职业素养。

大小格局与抵押借款——智谋，秘书之特色

孙茂才出场于乔致庸四面楚歌之际。当时，乔的大哥去世、恋人生离、银库亏空、生意告急，乔自己又是从未涉足商海的一介书生，突降的重担就要把他的脊梁压弯了。在此危难之际，孙茂才叩开了乔家的大门，他对乔致庸说："人生有大格局，有小格局，致庸兄这些日子，是不是太把自个儿限在小格局里，走不出来了？"乔大惊，问他何谓大格局、小格局。孙道："大小之别，在于人的内心，你如果身在泥潭心也在泥潭，就只能看到泥潭；若是身在泥潭心却如鲲如鹏，看到的就是双翼下九万里的天地。"乔如醍醐灌顶，幡然大悟。他听从孙的指点，利用达庆和达盛昌的关系，以老宅为抵押，从自己的对手那儿借回三万两银子。

如果说这一番"格局"论，使乔致庸跳出了自我的小天地，挣脱了思想的枷锁，摆脱了视阈的束缚；而抵押借款的主张，则使乔致庸获得翻身的资本和腾飞的翅膀，让奄奄一息的乔家人大大地喘了一口气，为日后的重新崛起创造了良好的条件，也奠定了孙茂才在乔致庸心中的特殊地位。此时的孙茂才无疑是一个优秀的幕僚。因此，智谋，乃秘书素养之特色。

以牙还牙与诚信规则——远见，秘书之亮色

秘书如何把自己的想法渗透给辅主，实是一门艺术，如时间的选择、地点的确定、情绪的把握、长短的斟酌以及次序的安排都需要用心思，把握得好，领导听；把握得不好，领导不听。孙茂才深谙其中奥妙。如乔家复字号在与邱家达盛昌高梁霸盘之战中大获全胜，乔致庸及其手下顺大掌柜，无不想乘机出一口恶气，好让邱家死无葬身之地，以报邱家害兄之仇，但是孙茂才巧妙地劝阻了乔的冲动。第一步，创设良好的进谏情境，即把顺大掌柜从乔致庸身边支走。这样做的妙处之一是让他冷静下来，之二是创造一个安静的环境，之三是制造一个单独交谈的机会。"支走"动作虽小，却显示了孙茂才的练达，这是成功进谏的前提。第二步，抓住辅主心理。孙茂才很了解乔致庸的抱负，清楚他不是一个注重蝇头小利的普通商人，而是心怀天下欲以商富国的鲲鹏，所以他说："眼下包头商界乃至整个山西商圈最大的危险不在于有一个达盛昌，而在于需要重建秩序，再立诚信第一的商规。我希望这样一件大事，由东家来做！"这番话让报仇心切的乔致庸，含泪捐弃前嫌，和仇家一起重建商界新秩序——诚信。这次劝谏成功意义深远，对于乔致庸而言，避免了因犯低级错误而使商路更加崎岖；对于整个商界而言，走上了良性循环的康庄大道。所以说，远见卓识乃秘书之亮色！

武夷山与恰克图——吃苦，秘书之底色

一个优秀的秘书若要辅助好领导，必须具备吃苦耐劳的品质。领导加班和领导一起加班，领导奔波时和领导一起奔波，压力一起扛，艰苦一起受，这一切孙茂才都做到了。包头一役告捷后，乔转移了经商重点，

这导源于一张《大清皇舆览图》,那是平遥大商家王肋老先生留下的,那张图片升腾出他的一个梦想——货通天下,即"我这一生也要像王老先生一样,北上大漠南到海,东到极边西到蛮荒之地,实现晋商前辈没有实现的梦想",为万民生利。

在那个年代,农民运动风起云涌,国家凋敝,民不聊生,"货通天下"无异于拿性命开玩笑。此时孙茂才犯不着陪他一起跳火坑,也有充足的理由拒绝。但是,孙茂才没有退缩,反而义无反顾地与乔致庸同行,这正是他超出一般幕僚的过人之处,那不仅仅是忠诚,是坚韧,是吃苦的精神所能解释明白的,而是一种近乎悲壮的舍生相伴的英雄行为。在共同理想的激励下,孙茂才和乔致庸过黄河,越长江,渡湘江,南下武夷山,穿戈壁,征草原,北上恰克图,历经一年多的时间,行程上万里,饱受沙漠、狂风和蒙古匪帮的袭击,九死一生,终于疏通了被堵塞四年的南北茶路,主辅二人共同书写了晋商的辉煌。

票号与行贿——越位,秘书之杂色

包头归来,平遥成青崖的票号让乔致庸敏锐地意识到,这种新兴的只做银子生意的行业,将对中国商业的经营模式产生革命性的影响,他决定一试身手。但洞若观火的孙茂才深知,个体办票号是在和朝廷争利,尽管惠及天下,但是朝廷绝对不会让它存在,因此"看到了你将来会有杀身之祸"。在多次劝谏无效的情况下,孙决定到武夷山经营乔家的茶庄,以避开乔致庸。这是乔孙二人第一次严重分歧,孙茂才采取了回避的策略,不失为一个好办法。此时的孙茂才依然是一个严守秘书职业道德的好幕僚。

令乔致庸对孙怀疑甚至反感的是孙茂才的越位行为。所谓越位是指实施了超越自己职业角色规范的行为。秘书如果有了这种行为,如决策越位、表态越位、场合越位等,对工作对领导对秘书本人都会带来负面影响甚至严重后果。

当初乔致庸在北京办票号时巧遇张之洞,在张的举荐下,南下粤桂湘赣四省设庄,为朝廷也为天下重开银路。但是广州大德兴茶票庄分号开张之时,乔致庸意外得知,孙茂才瞒着他做主:大德兴江南四省分号与哈大人合股经营官银汇兑,三分其利,大德兴得一,哈大人得二。不管孙茂才是不是真的为生意着想,其结果是乔致庸觉得"从现在起就不会再觉得自个儿是干净的了!我乔致庸也成了一个和贪官污吏同流合污的人!"票号开了,银子有了,关系远了,原因何在?孙越位了!所以说,越位乃秘书之杂色!

霸财恋情与扫地出门——欺主,秘书之乱色

拿破仑的名言:不想当将军的士兵不是好士兵。但是如果把这句话套用到秘书职业上,说"不想当领导的秘书不是好秘书",却是大错特错。秘书是一种很特殊的职业,它是以领导者和领导活动为工作对象的,越位越权已经埋下了种种隐患,再觊觎领导的位子和权势,想架空甚至替代领导,那无疑是引火烧身。孙茂才的结局正是绝好的例证。

人到中年一身风尘的孙茂才,为什么放弃在广州哈芬大人府上做幕僚的美差回到乔家呢?目的有二:一是将乔家的庞大产业弄到自己的手中;二是娶乔的大嫂为妻。他孙茂才哪里来的胆子敢狮子大开口?其一,真情使然。孙茂才暗恋乔的大嫂多年,却有严重的自卑心理,因为孙茂才出身低微,用他自己充满辛酸的话说:"不就是个卖花生米的吗?"但胸中奇才又使他自负;加之乔家大奶奶出于种种原因,对孙茂才不仅没有低看,反而给予了很多关爱,这让孙茂才想入非非,并且痴情不改,终身未娶。其二,主弱使然。从天牢释放出来的乔致庸,身体极度虚弱;又被朝廷圈禁在山西,不能到外面做生意,犹如笼中困兽,纵有天大的本事也无力施展拳脚;而且每年要向朝廷缴付一百万两赎罪银。因此,孙茂才敢向乔致庸索要权力,取而代之。其三,私欲使然。"多年经商改变了他的心,他现在不但垂涎乔家的银子,还垂涎乔家的全部家业。"其四,了解使然。合作多年,孙茂才对于乔致庸的秉性了如指掌:"货通天下,汇通天下"高于一切,以商富国、以商利民才是他的真正追求。所以,他敢肯定如果他能帮乔致庸实现梦想,即使让乔致庸交出全部家业,他也会答应的。事实也正如孙茂才所料,他"答应茂才,只要他肯将这件大事业做下去,他随时可以将乔家全部托付于他"。

但是人心不足蛇吞象,孙茂才不但要财要权还要乔的大嫂,这让视嫂为母的乔致庸怒不可遏,正所谓

是可忍，孰不可忍，便把孙耄出了大门！孙茂才的梦就此破灭，孙茂才的幕僚生涯画上了一个灰色的句号。所以，欺主乃秘书之乱色。

任何职业都有它的职业素养要求，古今中外概莫能外，谁遵从了它谁就会成功，谁违背了它谁注定要失败。

（资料来源：吴欢章. 秘书素养[M]. 上海：上海文化出版社，2007）

本章知识归综

表 1-2　秘书与秘书职业角色

秘书与秘书工作	秘书的定义	秘书就是直接服务于领导者，处理事务和信息，综合辅助领导决策与管理的社会专业人员
	秘书的分类	按照秘书服务的对象划分：公务秘书和非公务秘书（或称民间秘书）
		按照秘书工作的性质划分：党政秘书、企业秘书、商务秘书等
		按照秘书业务的内容划分：行政秘书、机要秘书、文字秘书、事务秘书、会议秘书、公关秘书等
	秘书的层次	初级秘书、中级秘书、高级秘书
		五级秘书、四秘书级、三级秘书、二级秘书
	秘书的职责	秘书工作的内容
		秘书工作的要求：准确、迅速、保密、务实
	秘书职业	秘书是一种社会职业
		秘书职业是现代社会中前景广阔的现代服务业
秘书的职业角色	秘书角色	角色、角色行为、角色扮演、角色规范
		秘书工作的特征：主动性、集体性、专业性、灵活性、超前性
		秘书的角色定位：角色知觉、角色初始定位、角色期望、角色冲突、角色的互动与调整、角色再定位
		秘书的多重角色：秘书的角色具有两面性
		秘书的职业角色具有多样性：助手角色、写手角色、公关角色、保密角色
	秘书的角色条件	年龄条件、性别条件、健康条件、文化程度
	秘书的角色意识	秘书角色知觉的误区：关系越位、工作越位、表态越位、社交越位
		秘书角色意识的培养：责任意识、服务意识、服从意识、主体意识、公关意识、形象意识、纪律意识

第二章 秘书的综合素质

 学习目标

通过本章学习，能够理解秘书必备的综合素养的内容；了解秘书必备的综合素养的养成途径；并能够对照自己的现状，有针对性地提高自己的综合素质。

 知 识 点

★了解秘书必备的综合素养的内容。
★了解自己的优势与不足。
★了解秘书必备的条件。

 能 力 点

★能够明确秘书职业综合素养的特殊性。
★能够明确秘书必备的综合素养的养成途径。
★能够主动培养提高自己的综合素养。

 导入案例

秘书必须具备的条件

美国全美秘书协会章程规定，作为秘书必须具备以下条件：
1. 像心理学家一样善于观察和理解他人；
2. 像政治家一样有灵敏的头脑；
3. 像外交官一样有潇洒的风度；
4. 有调查各种棘手问题的丰富经验；
5. 有良好的速记能力和文字功夫；
6. 熟谙各种商业往来中的法律关系；
7. 能熟练地使用各种自动化办公机器；
8. 具备相当的金融和税务方面的知识；
9. 能够熟练对各种文件资料进行整理归类。

（资料来源：http://www.hunansuji.com/list.asp?id=1383）

分析

秘书是一种很特殊的职业，它是以领导者和领导活动为工作对象的，是领导的参谋助手和智囊、管家，一个优秀的秘书若要辅助好领导，不仅必须具备吃苦耐劳的品质与领导一起加班、一起奔波，还要有默默无闻、埋头苦干的奉献精神。同时还必须是一个杂家、通才，兼容并蓄各种知识，随时应对复杂的瞬息万变的环境，这些都对秘书的综合素质提出了极高的要求。美国全美秘书协会章程规定的作为秘书必须具备的条件，足以揭示这一规律。

美国进行的一项研究显示，1972年时，每5位担任领导职位的人就需要一名秘书，1995年时下降到8位领导需要一名秘书，目前已经下降到12位领导需要一名秘书。在美国，现在只有那些"超级执行官"才需要私人助理。此外，秘书承担的任务在不断增多，对其组织能力、交流能力、信息搜索能力、处理突发问题的能力甚至管理能力都提出了更高的要求。网页设计、信息搜索和收集以及调研能力，将是未来的秘书所必需的能力和素质。

思考

对照以上9个条件，为自己制订一个提高综合素质的计划。

第一节　心理素质

一、必备知识

（一）性格和气质

1. 性格

性格是指一个人在个体生活过程中所形成的对现实稳固的态度以及与之相适应的习惯了的行为方式，是一个人表现在态度和行为上比较稳定的心理特征。人在实践活动中，总要对客观世界的各种刺激产生一定的反应，久而久之，这种反应就会出现稳定化的倾向，成为一个人重要的心理特征，这便是性格。

人的性格主要表现在对现实的态度上，包括对社会、对他人、对周围事物以及对工作等各方面的态度。有的人待人谦虚、礼貌、老实厚道，可以急人所难，慷慨大度；有的人则是奸诈狡猾，时时暗算，斤斤计较，两面三刀；有的人对工作认真负责，一丝不苟；有的人则敷衍了事，弄虚作假。这些都是性格的不同表现，形成不同的性格类型。性格的类型是指在一个人身上所共有的性格诸特征的独特结合，它反映了一个人性格的主导倾向。性格的类型，如表2-1所示。

表2-1　性格的类型

划 分 标 准	类　　型
理智、情绪、意志在性格结构中占优势的情况	理智型、情绪型、意志型
人的社会意识形态倾向	理论（或追求知识）型、经济（或实际）型、审美型、社会（或同情）型、政治（或管理）型、宗教型
个体的心理活动倾向	外倾型、内倾型、中间型（最多）

2. 气质

（1）气质概念。人们通常所说的气质是指一个人的风格或气度。心理学上所说的气质，其含义却与此不同，可理解为人的脾气、秉性或性情。在我们与周围人交往的日常生活中，我们总喜欢根据与别人的交往经验对别人的脾气和性情加以评断：某人说话像放机关枪、动作麻利、性子特别急；某人说话慢声细语、做事稳稳当当、性子慢。这些便是指一个人的气质。

确切地说，气质是人的高级神经活动类型特点在行动方式上的表现，是一个人比较典型的、稳定的心理活动的动力特征，也是人在心理活动和外部动作的进程中表现出来的某些关于速度、强度、稳定性、灵活性等方面心理特征的综合。

气质对于人的心理活动具有重要影响，对于人个性的形成具有较大的制约作用。研究气质对于了解人的个性具有重要意义。

（2）气质的特点。人的气质既受遗传因素的影响，又是个体社会活动的结果。它主要具有三个特点。

① 遗传性。气质带有明显的遗传特点。生理学的研究表明，影响气质的生理基础主要是人的神经活动类型，具有不同高级神经活动类型的人便表现出不同的气质特点。人的高级神经系统具有先天遗传性，在人的行为没有社会化之前便带有不同的反应特点。

② 稳定性。人的气质由于受到神经活动类型的影响而变化比较缓慢。在人的自然生长发育过程中，它还具有向固定化形态发展的趋向。一个人一旦具有某种气质特点，这种特点便会经常渗透到他的情绪和活动中去，影响着其他活动的速度、强度及稳定性等，以致直接影响着活动的效率。

③ 可变性。人的气质虽然具有上述遗传、稳定等特点，但是随着年龄、生活条件及教育条件的变化，它也发生着变化。如老年人行动较之青年人就显得迟缓，而青年人比儿童活动的强度又要大得多。因此，一个人的气质随着年龄、生活条件而发生着变化。气质还受到人的意志的控制：一个人平时容易激动，行为急躁，但如果有意加以控制便可以克制这种脾气。有的人虽然平时稳稳当当，但在某些特定的场合可能会暴跳如雷，一反常态。由此可见，人的气质并不是唯一影响人的行为特征的因素，人的行为是一种受多种因素综合影响的复合体。

正确认识气质的上述这些特点，对秘书加强自身的气质修养，培养良好的气质品质具有重要意义。

（3）气质的基本类型。气质类型的分类依据是俄国生理学家巴甫洛夫的高级神经活动类型学说，由此划分的四种气质类型及其心理特征，如表2-2所示。

表2-2 四种气质类型及其典型心理特征

气质类型	典型心理特征	特点	优势	劣势
胆汁质	以强而不平衡的神经活动类型为基础的气质类型	直率，热情，精力旺盛，脾气暴躁，情绪兴奋性高，易冲动，抑制能力差，反应迅速但不灵活，心境变幻剧烈，具明显的外倾性	能以极大的热情投身于自己所从事的活动中去，开始时能够埋头于工作并能克服工作中的困难	一旦精力耗尽，往往变得情绪低落，失去信心
多血质	以强而平衡灵活的神经活动类型为基础的气质类型	活泼，好动，敏捷，反应迅速，喜欢与人交往，注意力容易转移，兴趣和情绪容易变换，外部表露明显，具有可塑性和外倾性	容易适应环境，善于交际，在生疏的环境中不感到拘束，精神愉快，比较适应各种社会活动	对需要付出艰苦努力的事情缺少热情和恒心

(续表)

气质类型	典型心理特征	特点	优势	劣势
黏液质	以强而平衡,但灵活性较低的神经活动类型为基础的气质类型	安静,稳重,反应缓慢,沉默寡言,情绪不容易外露,注意稳定但难以转移,善于忍耐,具有明显的内倾性	善于克制自己,较循规蹈矩,能够较有条理地处理各种事情,态度持重,交际适度,少空谈,从容不迫而又严肃认真的品格	因缺乏灵活性而不适于应付多变的环境
抑郁质	以弱的神经活动类型为基础的气质类型	情绪体验深刻,感受性较高,容易觉察他人不易觉察的细节,行动较迟缓,而且不强烈,较孤僻	具有较强的坚定性,能够克服困难,内心情感丰富,具有幻想力	常有挫折感,易动感情而爆发性差,较刻板,缺少激情,不善与人交往

这四种典型的气质类型只是理论上分类的需要,事实上只有极少数人是四种气质类型的典型代表,不是所有的人都可以按照这四种气质类型来划分的。多数人是介于各类型之间的中间型,只不过是有的人这一种类型稍占优势,有的人则是那一种气质类型稍微突出些。在判断一个人的气质类型时,不能生搬硬套,更不能仅以一时一地的行为表现作为依据。

3. 性格与气质的关系

性格与气质都是在人的社会化过程中逐渐发展起来的,它们有着极密切的联系。

(1) 气质可以使人的性格带上一种独特的色彩。即使是同一种性格的人,由于气质的不同,在行为举止方面也会表现出明显的差异。

(2) 气质对性格的形成和发展有较大的影响,而性格对人的气质又具有改造作用。由于气质本身带有先天的遗传特点,这些特点在人的性格发展中具有重大的影响。另一方面,性格一旦形成,又可以改造本身的气质特点,良好的性格倾向可以克服气质中某些不良的或消极的方面。如具有自觉参与意识的秘书,可以不断地克服抑郁质特点带来的不善交际的消极因素,在与各种人打交道的过程中养成与人交往的良好特征。

同一种气质类型的人可以形成截然不同的性格,也可以形成相同的性格。由于气质具有两面性,它既可以使性格向良好的方面强化,也可以使性格向不良的方面强化。人的气质无好坏之分,人的性格却有好坏之分。

4. 对秘书人员影响较大的性格

(1) 自信。自信就是自己相信自己,深信自己有能力去完成自己所承担的各种任务。秘书工作者的自信主要表现在对工作的积极性和主动性上。一个自信心较强的秘书,不仅会具有较高的工作热情,而且也会产生战胜困难的巨大勇气。缺乏自信是一个人性格软弱的表现,不仅会因缩手缩脚,犹豫不决而影响到工作的正常开展,且还会因带有严重的自卑而丧失进取的勇气。

当然,自信是有分寸的,它与自负是有区别的。自信反映的是人们在自己所从事的各项活动中有着充分的才智、有着旺盛的精力,是一种进取的人生态度,是对困难的蔑视。自负是一种骄傲自大,是对自己不恰当的过度估计,自负的人常常表现为盛气凌人、不屑一顾。自信与自负是两种截然相反的性格。秘书人员在工作中应做到自信之心不可缺，自负之心不应有。即使自己的能力在他人之上，也不可妄自尊大。

（2）诚实。秘书人员诚实的性格体现在两个方面：一是讲真话，忠诚老实，不弄虚作假，不阳奉阴违；二是要诚实地对待自己，如实反映自己的优缺点，不夸大，不隐瞒。

（3）谦虚。谦虚是人们所公认的一种美德，是一种良好而重要的性格品质。

① 秘书人员只有谦虚，才能做到尊重他人。作为领导的助手，秘书人员必须严格按照领导的意图办事。一个秘书如果妄自尊大，感到自己比领导还强，就不可能尊重领导的意见，更不会把其他人放在眼里。秘书人员不论能力大小，都应遵循自己的角色规范，能力越强越表现得谦虚、越尊重他人，才能显示出秘书人员的修养水平。

② 秘书人员只有谦虚，才能不居功自傲。谦虚的性格品质可以使人看到自己的不足，不满足于现状，接受他人的意见，保持积极的进取精神。如果因为一点成绩而沾沾自喜，居功自傲，就可能丧失上进的热情。

（4）宽容。所谓宽容，是指能容忍，有气量，不过分计较和追究，能够体谅别人。秘书工作者的宽容应该做到以下几点。一是能以大局为重，不计较小事，在非原则性问题上能忍让。在工作中，人们相互之间的摩擦是不可避免的，但秘书人员应该表现出一种宽大的胸怀，不斤斤计较个人得失，这样才能利于工作的开展。二是团结与自己意见不同甚至相反的人一道共事。"人非圣贤，孰能无过"，不能要求别人不犯错误，不存在缺点，对待人应该不计前嫌，更不能耿耿于怀，应保持良好的人际关系。三不嫉贤妒能。人们在工作中的能力是不同的，秘书人员对待那些比自己有才能的人应该取人之长，补己之短，绝不可心胸狭窄、故意刁难。

宽容是一种重要的性格品质，是化解矛盾的有效方法。

（5）幽默。幽默是一个人智慧、机灵、学识、风趣的综合表现，是一种积极乐观的人生态度，它反映了一个人在待人接物活动中所达到的一种内在的精神自由状态。幽默是一种善意的微笑，这种微笑是一种高雅的会意过程，以使人达到一种高层次的审美境界。秘书人员应该积极培养这种优秀的性格品质，这不仅是因为幽默体现着一个人的处世哲学，机智聪敏，而且还因为幽默具有强大的感染影响力，能够创造轻松自由的环境气氛，能够成为人际交往的润滑剂。

小资料 2-1

美国著名精神病学家韦恩．W．戴埃曾专就幽默问题谈到："笑吧，为笑而笑，这是笑的理由。其实，你并不需要为笑寻找理由。只要笑，这就足够了。冷静地观察生活在这个世界上的各种人——包括你自己，然后再决定选择愤怒还是幽默。请记住幽默感会使你和其他人都得到生活中最为珍贵的礼物——笑。笑吧，它会使生活充满阳光。"

（资料来源：http://wenku.baidu.com/view/9901f22f0066f5335a8121dc.html）

丘吉尔曾这样说："我认为，除非你理解世上最令人发笑的趣事，否则你便不能解决最为棘手的难题。"

（资料来源：http://wenwen.soso.com/z/q105247940.htm）

卡耐基也说过:"微笑能照亮所有看到他的人,像是穿过乌云的太阳,带给人们温暖。"
(资料来源:http://www.ceconlinebbs.com/FORUM_POST_900001_900004_946746_0.HTM)

5. 秘书性格品质的培养

性格作为后天形成的个性品质之一,是可塑的。秘书人员要培养自己良好的性格品质,应注意从以下几方面要求自己。

(1)必须培养积极的人生态度。积极的人生态度是人进取的原动力,它可以使秘书增强战胜困难挫折的信心和勇气,使秘书能面带微笑地去生活、去工作,从而更深刻地体验生活之美、人之美,塑造出乐观、开朗的性格品质。

(2)要善于解剖自己,正视自己的性格缺陷。秘书人员应该善于分析解剖自己。对待自己性格中那些不适应工作的缺点应加以改正,不能听之任之,更不能有意培养不良性格。不愿交往的秘书人员应该多注意那些使人高兴的事,多参加那些自己感兴趣的交往活动,以逐步克服性格中的不足。

(3)要给自己树立一种榜样,自觉地加以模仿。在我们的周围有许多具有良好性格修养的人,秘书人员应善于汲取他们的长处。秘书人员还可以广泛阅读名人传记,看电影、小说,利用这种潜移默化的方式来不断加强性格品质的修养。

6. 秘书的气质修养

气质只能影响人们智力活动的方式,并不能决定人们智力发展的水平,不能决定一个人活动的社会价值和成就的高低。人的气质类型本身并无好坏之分。每一种气质既有积极的一面,也有消极的一面。秘书应该根据自己的工作特点,不断加强气质修养,不断增强自己对工作的适应性,培养出良好的气质品质。

(1)秘书必须了解自己的气质类型,认识自己气质的优缺点。只有正确地了解自己的气质类型,才能做到心中有数,有针对性地培养优良的气质品质,克服不良的气质影响。既不能因为自己具有某种气质而沾沾自喜,也不能因为自己是某种气质而懊丧。只有清楚地认识自己的气质类型,才能辨别出哪些是自己的优势所在,哪些是自己必须克服的,从而自觉地加强气质修养。

(2)要以积极的态度去培养自己的良好的气质品质。人的气质虽然带有生而有之的特点,但在后天的社会化过程中,还是能够被意志所控制的。秘书工作者加强气质修养,就是要通过培养各种能力来弥补自己的气质缺陷,同时能充分发挥自己的气质优势,更积极主动地去开展工作。所谓"江山易改,本性难移",并不是一种科学结论,而只是一种夸张,人的气质是可以逐步发生变化的。只要秘书工作者具有明确的意识,有坚强的意志,是一定能够克服各种不良的气质倾向的。

(二)意志品质

意志是自觉地确定目的、并支配行动、以实现预定目的的心理活动。意志有自觉性、坚韧性、果断性、顽强性等积极品质;也有盲目性、脆弱性、优柔性、顽固性等消极品质。秘书要积极培养自己坚定的意志,在确定目标和接受任务时,要加强自觉性,克服盲目性;

在遇到困难和挫折时，要坚忍不拔，勇往直前，不要意志脆弱，半途而废；在复杂的情况下办事，协助领导处理问题，多出主意，充满自信，当发现问题时要及时上报，做错了要及时改正。

远大的目标，坚韧的意志是秘书人员心灵的护卫和保障。那种披荆斩棘、破釜沉舟、不惜任何代价、任何牺牲都要达到其目标的决心、恒心、信心，就是坚韧的中心意志。它是秘书用以克服一切困难的钥匙。具有坚韧的意志，不但是一切成就大事业的人们的心理特征，而且也是平凡岗位上默默无闻、不是"红花"甘为"绿叶"者的一种典型心理特征。做一件事，完成某项工作，能否有不达目的绝不放手的劲头和毅力，则是评判一个秘书是否具备坚韧意志力的标准。一般情况下，许多人都能随众而向前，顺利时也肯努力奋斗。可是，在别人都已退出，或者都已向后转的情况下，对于一个既要参与政务，又要管理事务的秘书，如果不具有这种始终如一的中心意志，他的工作就会虎头蛇尾，有始无终，难以令人满意。有了这种贯穿始终的中心意志，他就能兢兢业业，满怀信心，创造性地完成自己的任务。

1. 良好的意志品质

秘书良好的意志品质就是具有自觉性、坚韧性、果断性、顽强性等积极性的品质。要有消除盲目性、脆弱性、优柔性、顽固性等消极性的品质，以积极、主动、顽强的精神投身于生活，对人生抱有积极向上的进取精神和乐观态度。秘书要想顺利地完成工作任务，不仅需要掌握各种知识技能，而且必须具有坚强的意志品质，才能不断克服工作中出现的困难，始终保持积极进取的态度去迎接挑战。

在秘书工作活动中，困难、挫折总是不可避免的。如自己加班加点整理出的稿子让领导一句话给否定了；自己辛辛苦苦地工作了几年甚至十几年，生活待遇还不高；自己身体欠佳但仍要为会议准备材料等。在这些困难、挫折面前，一个秘书如果没有良好的意志品质，就可能产生消极的情绪，就不能够正确对待这些问题，从而克服它们。由于秘书工作具有被动性的特点，要想迅速、及时地完成领导交办的工作任务，没有一种拼搏精神、没有顽强的毅力都是不可能的。

良好的意志品质不仅可以鼓舞人们战胜困难的勇气和力量，而且能够帮助秘书克服一些不良的习惯和缺点。在社会生活中，每个人都可能有这样那样的缺点，如果没有良好的意志品质，即使了解自己的一些不良习惯也可能听之任之、放任自流，而不采用束缚的办法，或虽采用一定的措施但却不能坚持下去。

良好的意志品质不仅在日常生活中能够体现出来，如刻苦拼搏的精神、克服不良情绪影响的能力等，在关键的时刻更能充分体现出来。历史上多少人物在正常的环境中都被认为是优秀之才，但一到关键的时刻却因为意志薄弱而变节失足。秘书工作者具备良好的意志品质不仅对完成日常工作具有意义，在关键时刻能否显露出英雄本色更是至关重要。

2. 秘书良好意志品质的基本要求

秘书为顺利完成自己的工作任务，必须具备以下几种意志品质，即自觉性、果断性、顽强性、自制力等。

（1）自觉性。所谓自觉性，是指一个人在行动中具有明确的目的性，并能充分认识行动的社会意义，使自己的行动服从于社会所要求的品质。这种品质反映着一个人的坚定立场和信仰，它贯穿于意志行动的始终，也是产生坚强意志的源泉。具有自觉性意志品质的人能够始终把自己的行为置于目标系统之中，减少随意行为，克服工作中的鲁莽行为，能够独立地支配自己的行为，克服各种因素的干扰，坚持自己所确定的目标的正确性，不为环境所左右。

高度的自觉性首先体现在确定行为目标上。伟大而切实可行的目标是人们前进的巨大动力，缺少抱负的人注定不可能成就伟大的事业。其次，秘书人员的高度自觉性还表现在一旦自己的目标确立之后，就能毫不犹豫地将自己置身其中，不见异思迁。如果只有远大的目标，而无切实的行动，只能成为"理想的巨人，行动的矮子"，那将一事无成。

（2）果断性。所谓果断性，是指一个人具有当机立断，能及时地下定决心做出决断的能力。秘书的果断性意志品质主要表现在以下三个方面：一是善于把握时机，不放过任何有利的机会；二是具有较强的应激水平，能在突发事件面前镇静自若；三是能审时度势，及时根据情况的变化调节自己的行为。

果断性是与寡断性和武断性相对立的意志。寡断性是指遇事缺少主见，犹豫不断，观望徘徊，怕担风险，不能及时拿定主意。武断性则是遇事急躁，不能深思熟虑，听不进忠告意见，一意孤行，盲目决策，行为草率。寡断和武断都对工作有极大危害，秘书人员应力求避免。历史上因寡断、武断而出现的失误和悔恨举不胜举。

秘书人员虽无决策大权，但在处理日常事务性工作时必须能掌握时机，果断地处理各种复杂的问题，以提高工作效率。

（3）顽强性。所谓顽强性，是指坚持不懈地克服困难、完成艰巨任务的能力。秘书工作者的顽强性主要表现在遇到挫折失败时不被吓倒，不沮丧，始终保持旺盛的精力去积极主动地战胜困难。在这一点上，世界上有许多著名的人物为我们树立了榜样。第一个发现美洲大陆的哥伦布，为了实现他的航海理想百折不挠，到处游说，终于获取西班牙国王的赞助，实现了自己的愿望。第一个开始铺设大西洋海底电缆的开尔芬，先后4次实验，历时10年时间才获成功。他们在为事业而奋斗中，都具备了不达目的决不罢休的顽强意志品质。

（4）自制力。所谓自制力，是指一个人善于自我支配和自我调节的能力。秘书人员的自制力品质要求做到：在物质利诱面前不动心，在阿谀奉承面前不自喜，在讽刺打击面前能镇静，在蒙冤受屈之时能忍耐。

良好的自制能力可以帮助秘书克服自身的缺点，提高自己的修养水平。人们在生活中可能养成了一些不良的习惯，如言谈举止比较随便，不拘小节，这对于参与各种交往活动是不利的，容易给人一种缺少教养的印象，使人产生反感，影响交往活动的顺利进行。如果秘书人员不断加强自身修养，注意克服各种不良习惯，举止文雅，谈吐风趣，就会使人感到可亲可敬。

良好的自制力还可以使秘书人员控制自己的情绪，缓解已经出现的矛盾。如在工作中与别人发生矛盾的情况下，一个自制力较强的秘书可以平心静气地与对方交换意见，取得相互谅解；如果不善于控制自己的情绪，一遇到和自己相对立的事就火冒三丈，甚至采取过激措施，只能使矛盾更加激化，使工作无法正常进行。这不仅会使相互间的人际关系变得紧张，而且也会耽误工作。因此，秘书要善于自我控制。

3. 秘书意志品质的培养

一个人的意志品质是在生活实践中发展起来的，它受多种因素的影响和制约。秘书工作者要培养自己的意志品质，必须从以下几方面着手。

（1）必须提高自己的抱负水准。伟大的目标可以激发出巨大的热情，可以提高我们战胜困难的自觉性。对于秘书人员来说，也必须有自己较高的目标定位，只有心中有崇高的使命感，才能不断激发出战胜困难挫折的勇气和信心。

（2）必须扩大自己的活动范围。只有在实践活动中才可能遇到困难挫折，只有在与困难挫折作斗争的过程中才能锻炼一个人的意志。如果离开实践活动，离开了同困难的较量，一个人就不可能发展自己的意志品质。当一个秘书的活动范围越广时，他可能遇到的困难就越多，他的意志力品质就可以得到更多的锻炼。如果一个秘书怕担风险、怕出现失误、怕遇到挫折，只想安安稳稳，就不能培养良好的意志品质，因此也就很难经得起各种艰巨环境的考验。

（3）必须不断强化，自我激励。自我激励是自己推动自己的振奋剂，是自己超越环境的灵丹妙药。要超越环境的束缚，必须有坚强的意志品质，必须运用自我激励进行意志锻炼。据有关资料介绍，日本在锻炼经理人员时十分注意意志力的培养，它不仅依靠外界的条件，而且还专门有自我激励的训练。如让每一个人反复背诵一条做生意守则：不论遇到多大困难，我决不放弃目标，即使通宵达旦，也要毫不气馁地尽我的最大努力来实现我的目标。自我激励是我们在生活和工作中随时可以运用的一种培养意志力的方法，秘书人员一定要不断强化这种训练，遇到任何困难时，说一句：我决不退让！

（三）健康的职业心理

1. 研究秘书心理健康的意义

秘书心理健康就是指秘书能够领悟社会对秘书的角色期待，具有良好的职业操守。秘书应该通过自我培养，将社会对秘书的角色期待内化为自己的需要，形成信念，进入角色，从而形成良好的职业心理品质。

社会上流行过这样一种说法："秘书人员政治上是红人，工作上是忙人，生活上是穷人，身体上是病人。"这种总结虽然带有片面性，但我们从中可以得到这样的启示：秘书人员由于工作的繁忙劳累，容易因疲劳过度而出现各种疾病。面对各种繁杂的工作和各种敏感的人际关系，一个秘书人员如果以乐观进取的精神，以宽容谦让的态度去对待，就可以从容以待，消除内心的紧张，减轻心理压力，从而保证自己的身心健康。研究秘书人员的心理卫生，就是要培养秘书人员的健康的情感、健康的意识、健全的性格，提高秘书人员战胜困难挫折的信心，增强适应性。这不仅对于秘书正确地处理各种复杂的人际关系，而且对于秘书提高工作效率、保证身心健康，都是极为重要的。

2. 秘书常见的心理问题

在秘书活动中，有以下常见的心理问题，应该及时觉察和调节。

（1）嫉妒。秘书的嫉妒具有指向性和对等性，大都是对同事发生的。引发嫉妒的条件有：各方面条件与自己相似或不如自己的人居于优越位置；自己所厌恶而轻视的人居于优越位置；与自己同性别或年龄的人居于优越位置；比自己高明并有意无意去炫耀的人居于优越位置。嫉妒的中心往往是对方的地位、荣誉、权利和业绩。嫉妒往往使人变得偏激，带有心理紧张和攻击性意欲，甚至做出违反道德规范的事情。

嫉妒既然是一种不健康的心理，就应该注意防范和加以消除。为了摆脱嫉妒这种恶劣情绪，可以首先停止自己和别人的较量，正视自己的差距，然后扬长避短，去发现和开拓自己的潜能，不断充实和提高自己，改变现状。要有"你强我要通过努力比你更强"的积极心态，切忌"我不强也不能让你强"的消极情感。

以冷静、达观的心态对待事态的发展，从病态的自尊或自卑中解放出来，认识到每个人都会自得其所、各有归宿，甚至承认对方确比自己高明。这样就能达到一个新的思想境界，不当情感的俘虏，从嫉妒的恶劣泥沼中自拔出来。

（2）焦虑。焦虑是个体对环境即将出现的变故或需要作出的努力，在主观上引起一种紧张和不愉快的期待情绪，包括自尊心的损伤、自信心的丧失、失败感、愧疚感以及相互交织的不安、忧虑甚至惊慌的情绪状态。正常的焦虑是一种心理紧张状态，它能引起足够的注意，增强觉醒的强度，因而在生活和工作中是必要的。如果不能及时恢复到正常状态，则可能导致心理和行为上的失常，甚至引起精神上的疾病。

秘书人员尤其是青年秘书往往由于工作压力过重，遇到挫折，或自己的成就动机得不到及时满足而产生焦急。其表现为：经常疑惑忧虑，惶然有如大难将至；经常怨天尤人，无缘由地自忧自叹；微不足道的小事都足以引起他的不安；遇到紧张的心理压力时，便会慌张不知所措，丧失应付事变的能力。在生理上则表现为常常长吁短叹，甚至有胸闷、心悸、头昏、呼吸困难等异常感觉。

秘书应如何克服焦虑的心理障碍呢？首先，要敢于面对焦虑，增强自信，对未来充满信心。可以冷静地问自己："这件事最坏又会坏到什么程度呢？"勇敢地回答这个问题，焦虑也就消失了。其次，培养"处之泰然，安之若素"的襟怀，不为一时一事所困扰，不为小小的得失而耿耿于怀。这样，焦虑心理自然就消失了。最后，可以制订一个行动计划来代替你的焦虑。当你拿出一个有意义的工作目标并全力以赴地去实现它时，也就无暇去焦虑了。

（3）厌烦。厌烦是心理疲劳的一种情绪表现。心理健康学认为：厌烦是腐蚀心灵的蛀虫，一个人如果长期地恹恹无生气，没完没了地感到精神疲倦、兴味索然、精疲力竭，最终会导致生命活力的丧失，严重者甚至会轻生。秘书若为厌烦所困，就会缺乏工作热情，注意力分散，工作效率降低，虽无全力劳动之负担，却老是感到疲惫不堪，虽悉心休息补养，却总不见起色。

要消除厌烦，最重要的是树立正确的理想和信念，确立工作目标，充实生活内容，在丰富多彩的心灵世界里，不给厌烦留下存在的空间角落。还要有正确的思维方法，懂得厌烦本身是无济于事的。法国作家大仲马说得好："人生是一串无数的小烦恼组成的念珠，达观的人总是笑着数完这串念珠。"秘书就是要做这种达观的人。

(4) 盲从。秘书受领导支配，工作上处于被动状态，于是，久而久之，养成了随风就俗的习惯，对领导一味的赞同、遵从，使自己的意向朝着对方的意向靠拢，毫无主见。这种秘书需要明白，秘书还是领导的参谋，必要时辅助决策，过于呆板的秘书是没有建设性意见的，要摒弃这种盲从心理，勇于大胆建议，创造性地工作。

(5) 优越。一些秘书恃"权"而傲，认为自己是领导的化身，于是以官自居，工作越位，擅自做主，甚至以权谋私，居高临下，欺压群众。然而，这种心理是在领导的背后秘密地进行的，一旦被揭发，前功尽弃。因此，秘书要时刻自我警惕，阻止这种心理的滋生、蔓延，彻底扬弃这种不正确的职业心理。

(6) 自卑。自卑是秘书人员常见的心理障碍。由于秘书处于从属地位，受上级的支配，与领导的一言九鼎形成鲜明对比；再加上秘书工作虽辛苦，繁、杂、细，但仍常受到批评责怪；秘书还常因工资有限而囊中羞涩，这一切，便容易使一些秘书滋生自卑的心理，工作上压抑，缺乏热情。为此，秘书应确实认识秘书的职业特点，即并非地位卑微，担当被支配的角色，只是社会劳动分工的不同，地位上实质是人人平等的。有了这种认知，秘书才能从根本上铲除低人一等的心理，为气质修养的提高打好心理基础。

当然，秘书的心理问题还有许多，在工作活动中一定要给予充分注意，及时调整，这样才能保持心理健康。

3. 实现秘书心理健康的方法

(1) 树立正确的人生观。人生观处于人的心理现象的最高层次，对人的心理活动具有重要的指导和调节作用，是个体行为的最高调节者。一个人只有树立了正确的人生观，才能正确对待工作与生活中出现的各种矛盾、困难和挫折，才能对外界环境产生适当的行为反应，保持良好的心理状态。秘书人员树立正确的人生观，不仅是心理健康的要求，也是政治思想素质的要求。只有加强自己的思想修养水平，提高自己的思想觉悟，才能真正树立起正确的人生观，才能始终保持积极的、健康向上的情绪状态，避免各种不良心理因素的干扰。反之，缺乏正确的人生观，就等于失去了对自己行为的正确而有效的控制，就容易被各种不健康的心理因素所影响和困扰，从而影响到个人的身心健康的发展。

(2) 确定适度的抱负水准。秘书人员应该在充分认识自己的基础上，将自己的抱负理想同自己所从事的工作结合起来，争取在追求组织所确定的工作目标的活动过程中去实现自己的理想抱负。如果自己的理想抱负与所从事的秘书工作不能结合起来，那么在追求理想抱负时也会产生各种挫折体验。所以，秘书人员不仅应确立适当的抱负水平，使自己有能力去实现它，还应尽量与自己所从事的工作结合起来，使自己能够有条件去追求它。只有这样，才能减少工作与生活中出现的挫折，始终保持积极的、健康的心理状态。

(3) 克服各种不良心理的影响。一些不良的心理因素对心理健康的影响是非常大的，如自卑、自大、多疑、嫉妒等都是产生心理挫折、出现人际关系紧张的原因。作为秘书人员，既不能自高自大、目中无人，也不能一遇困难挫折就自暴自弃，产生严重自卑心理。只有消除、克服了这些不良心理因素的影响，在处理人际关系时才能掌握正确的原则和方法，才能形成正确适度的行为反应，避免出现人际关系的紧张状况。

(4)学会调节心理压力,培养健康的情绪、情感。良好的情绪状态的一个突出标志是心情愉快。要保持心情愉快,则应具有积极乐观的生活态度,遇事能容、能忍,能泰然处之。同时,还要培养幽默感。幽默是人机警的一种表现,是一种精神上的放松,它能解除人的精神紧张状态。如果一个人在生活中缺乏幽默,就容易出现严肃有余而活泼不足的沉闷现象,生活就会像是缺少了调味剂一样显得平淡呆滞。当然,工作生活中没有压力,就缺少动力。但是,如果压力长期过度将会严重损害人的身心健康。秘书人员应善于调节工作、生活节奏,化解工作中的压力,保持心情的愉快状态。

(5)积极参加各种有益的活动,培养健康的兴趣和爱好。积极参加各种有益的活动,可以避免产生孤独、恐惧等不良的心理反应。特别是秘书人员,积极参加各种有益的活动,既是人际交往的需要,有利于开展各项工作,同时也有利于维护身心健康。如经常去参加一些社交性的晚会、舞会,可以广交朋友,联络感情,开阔视野,调节工作与生活,保持良好的情绪状态。培养健康的生活情趣,丰富自己的业余生活,也是维护心理健康的重要方法。如对文学、书法、摄影等的兴趣和爱好,不仅可以起到陶冶情操、丰富内心情感、促进心理健康的作用,而且有助于工作能力的提高。

(6)克服不良的嗜好,养成良好的生活习惯。每个人在生活中都有自己的嗜好,这是无可非议的。但是,如果这种嗜好影响了工作、危害了健康,就应该注意加以克服了。秘书人员要促进自己的心理健康发展,必须克服过量吸烟、酗酒、赌博等不良的生活习惯。另外,努力做到使工作与生活有规律、有节奏。

(7)积极参加各种形式的体育锻炼活动。体育锻炼不仅能锻炼人的体魄,而且能锻炼人的意志,调节人的心理状态,对促进人的身心健康大有好处。秘书人员虽然工作比较繁忙紧张,但还是应该想办法挤时间坚持体育锻炼。体育锻炼的方式方法很多,如跑步、散步、打拳、练气功等,不管采用什么方式,一定要有恒心和毅力,才能收到较好的效果。

(8)学习和了解有关心理卫生的知识。秘书人员应该学习和了解有关心理卫生的基本常识,对于如何对待工作的紧张压力、如何对待生活中的挫折、如何克服不良心理现象、如何科学用脑、怎样保持良好的心理状态等问题,都应该有所了解和掌握,这样才能学会在工作和生活中进行自我调节,保持心理健康。

(四)情绪控制

1. 情绪和情感

情绪是指伴随着认知和意识过程产生的对外界事物的态度,是对客观事物和主体需求之间关系的反应,是以个体的愿望和需要为中介的一种心理活动。情绪是身体对行为成功的可能性乃至必然性,在生理反应上的评价和体验,包括喜、怒、忧、思、悲、恐、惊七种。行为在身体动作上表现得越强就说明其情绪越强,如"喜"会手舞足蹈、"怒"会咬牙切齿、"忧"会茶饭不思、"悲"会痛心疾首等,就是情绪在身体动作上的反应。实际上情绪就是个体受到某种刺激后所产生的一种身心激动状态。情绪状态的发生每个人都能够体验,但是对其所引起的生理变化与行为却较难加以控制。人们处于某种情绪状态时,个人是可以感觉得到的,而且这种情绪状态是主观的。因为喜、怒、哀、乐等不同的情绪体验,只有当事人才能真正地感受到,别人固然可以通过察言观色去揣摩当事人的情绪,但并不能直接地了解和感受。情绪经验的产生,虽然与个人的认知有关,但是在情绪状态下所伴随的生理变化与行为反应，却是当事人无法控制的。情绪每个人都会有，情绪就像"神奇果"，会对人产生神奇的作用。有时，它会使人精神焕发，干劲倍增；有时，它也会使人无精打采，萎靡不振。情绪上的长期紧张和焦虑往往会降低人体抵抗细菌和其他引发疾病因素的能力。尤其是气愤和懊恼的情绪是引起许多心身性疾病的主要原因。"笑一笑，十年少；愁一愁，白了头"，形象生动地说明了情绪与健康的关系。

情感是人的一种特殊的心理活动过程，它是人的一种主观体验，它与人的需要状态有直接关系。根据人的需要的不同可将人的情感进行分类。由人的生理需要（如吃、穿、住、行等）所引起的人的情感是低级的情感，这种情感带有比较原始的特征，主要表现为人的情绪反应。人的情绪主要有三种基本的表现形态，包括心境、激情和应激。由人的社会需要（如智力、道德、审美等方面）所产生的人的情感是高级的情感，主要包括道德感、理智感和美感，这些又称为人的情操。人的情感品质就是指人的情操水平和人的情绪状态。

情绪和情感都是复杂的心理现象，它们之间既有区别，又有联系。情绪和情感有一个共同的特征，即它们都具有两极性。人的多种多样的情绪和情感都可以按照对比的性质配合成对，如喜悦——悲哀、满意——不满意等。情绪和情感的两极性除了从性质上分为肯定和否定之外，还可以从情绪和情感所起的作用分为积极和消极两种。积极的情绪和情感，可以明显地提高人的活动能力，起着"增力"作用。消极的情绪和情感，会削弱人的活动能力，起着"减力"作用。从情绪和情感的紧张度上可分为紧张和轻松的两极状态。从情绪和情感的强度上可以分为弱和强的两极状态。情绪和情感的强弱取决于引起情绪和情感的事件对人的意义是否重大以及个人的目的和动机的实现与否。

2. 情绪的表现形态

（1）心境。心境是一种比较持久、微弱、弥散地影响人的整个精神活动的情绪状态。心境不是关于某一事物的特定的体验，它具有渲染、弥散的特点。它使人的一切其他体验和活动都感染上由特定心境而形成的情绪色彩。当一个人心情愉快时，能够感到"风含情，水含笑"；但当一个人处于不良的心境状态时，往往感到烦闷枯燥，容易为一点小事而心烦意乱。心境所带来的愉快或不愉快会保持一个较长的时段，并且把这种情绪带入工作、学习和生活中，影响人的感知、思维和记忆。愉快的心境让人精神抖擞，感知敏锐，思维活跃，待人宽容；而不愉快的心境让人萎靡不振，感知和思维麻木。如多疑的人看到的、听到的全都是不如意、不顺心的事物。

某种心境的形成是由许多对人具有重要意义的事情引起的，如工作情况、人际关系情况、健康状况、事业的进展情况以至自然环境都可影响人的心境。但是，更为重要的还是人的主观意识、立场观点、生活态度。处于同样的困境中，有的人可能垂头丧气，心情败坏；有的人可能不被暂时的困境所压倒，仍能从容应对。如果一个人能够保持积极的心境，则可以感到精神振奋、朝气蓬勃，具有强烈的进取心；反之，消极的心境会使人心灰意冷、消极沉闷。因此，一个秘书工作者应该培养和激发积极的心境，克服和摆脱消极的情绪影响，形成进取、乐观、积极向上的创造性精神。

秘书保持良好的心境有助于激发工作热情。积极的心境能够迁移到工作中去，从而激发出秘书的工作热情和强烈的参与意识，使自己的思路清晰、思维敏捷、动作迅速，显示出一股创造的朝气。处在良好的心境下，能够促进秘书克服工作中出现的困难，乐于接受工作任务，积极主动地去开拓各项工作。

保持良好的心境有助于秘书人员处理人际关系。人的情绪不仅具有自身的弥散性，而且还具有对周围人的感染性。秘书在人际交往中，如果心情愉快，则会热情主动，礼貌待人，不仅愿意积极参与交往，而且还会乐于为别人排忧解难，容易与周围人和谐相处；如果一个秘书心境不佳，就会厌烦别人的打扰，甚至连电话也不愿接，容易变得急躁草率，影响人际交往的正常进行。由此可见，克服消极的情绪，培养积极的心境，对于改善人际关系有着重要的作用。

（2）激情。激情是一种强烈的、短暂的、爆发式的情绪状态。激情是由某个事件或原因引起的当场发作。它产生得快，消失得也快。它主要表现为激愤、暴怒、恐惧、狂喜、剧烈的悲痛、绝望等状态。激情具有十分明显的外部行为表现。如狂喜时，手舞足蹈，捧腹大笑；暴怒时，吹胡子瞪眼、咬牙切齿；极度悲痛时，嚎啕大哭、泪如泉涌、捶胸顿足；恐惧时，目瞪口呆、脸色煞白等。激情通过激烈的言语爆发出来，是一种心理能量的宣泄。从一个较长的时段来看，对人的身心健康的平衡有益。但过激的情绪也会使当时的失衡产生可能的危险。特别是当激情表现为惊恐、狂怒而又爆发不出来的时候。处在激情状态下的人，自我控制力减弱，往往不能约束自己的行动，很少考虑自己行为的后果。激情的控制必须具有坚强的意志和正确的思想意识。因此，培养积极的激情、克服消极的激情对于秘书工作者来说具有很重要的意义。积极的激情可以成为强大的工作动力，激发出人体的大量能量去战胜困难，成为奋力进取的动力。消极的激情是一种不受理智制约的情绪，处在这种情况下，往往头脑发热，不计后果，贸然行动。平时我们说的感情冲动就是指的这种消极的激情。秘书人员在工作中，特别是在与别人交往中有时会出现感情冲动，这对于工作是不利的。因此，秘书应有意识地控制自己的激情，使之有利于工作的顺利进行。

（3）应激。应激是在出乎意料的紧急情况下所引起的情绪状态。处在应激状态可以改变有机体的激活水平，使心率、血压、肌紧度发生显著改变，引起情绪的高度应激化。在这种情况下人们可能有两种表现：一种是使认识狭窄或紊乱，做出一些不符合目的的行动，出现不适当的反应；另一种是使人激发出更大的能量，做出平时不能做出的大胆勇敢的行为，或使人们的意识更加清晰，极大地提高处理问题的能力。

应激是在没有准备、没有料到的情况下的情绪反应，因此一个人的应激能力如何，便成了评价其心理品质的重要依据。秘书应该具有优良的应激水平，这对于处理那些突发的意想不到的变故具有重要意义。秘书在应激状态下应该能够保持镇静、从容，避免慌乱和无所适从。在应付紧急情况时如果能够反应敏捷、行动果断、急中生智，便可以化险为夷。因此，秘书工作者在日常的活动中应该自觉地培养迅速处理各种棘手问题的能力，应该有一种无畏的精神。

3. 积极情绪与消极情绪

情绪按照产生的影响还可以分为积极情绪和消极情绪两大类。如七种主要的积极情绪为：爱、性、希望、信心、同情、乐观、忠诚。七种主要的消极情绪为：恐惧、仇恨、愤怒、贪婪、嫉妒、报复、迷信。根据美国密歇根大学心理学家南迪·内森的一项研究发现，一般人的一生平均有十分之三的时间处于情绪不佳的状态，因此，人们常常需要与那些消极的情绪作斗争。

积极情绪对健康有益，消极情绪对我们的健康有害。科学家们已经发现，经常发怒和充满敌意的人很可能患有心脏病。哈佛大学曾调查了 1 600 名心脏病患者,发现他们中经常焦虑、抑郁和脾气暴躁者比普通人高三倍。因此,可以毫不夸张地说,学会控制情绪不仅是职业和事业的需要,也是生活中一件生死攸关的大事。消极情绪会影响身心健康。我国自古就有"喜伤心、怒伤肝、思伤脾、忧伤肺、恐伤肾"之说,可见祖国医学非常重视人的情绪与健康的关系。当人情绪变化时,往往伴随着生理变化。如人在恐怖时,会出现瞳孔变大、口渴、出汗、脸色发白等一系列变化。这些生理变化在正常的情况下具有积极的作用,可以使身体各部分积极地动员起来,以适应外界环境变化的需要。

过度的消极情绪,长期不愉快、恐惧、失望,会抑制胃肠运动,从而影响消化机能。情绪消极、低落或过于紧张的人,往往容易患各种疾病。因此,只有保持乐观的情绪,才有利于身体健康。

每个人的情绪,都是会有波动的,应该主动摆脱不良情绪。

4. 情绪控制方法

(1)改变处理信息的方法。情绪可以说是像天气一样的短暂性的表现。这种状态的产生,我们暂时可以通过产生当下情绪的因和果来改变我们的情绪。产生此种情绪的原因是我们接受了外部的信息,对这种信息的处理产生了当下的情绪,所以,如果出现的是非期望性的情绪,可以说是处理这种信息的方法不正确。

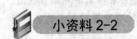

小资料 2-2

情绪调节的 ABC 理论

情绪调节的 ABC 理论是由美国心理学家阿尔伯特·艾利斯(A.Ellis)于 20 世纪 50 年代首创的一种情绪调节法,又称 ABC 性格理论。这种理论认为人的情绪的产生是一个被称作 ABC 的过程。A 是指诱发性事件(Activating Events),B 是指个体在遇到诱发性事件后产生的信念(Beliefs),即他对这一事件的看法、解释和评价;C 是指特定情景下,个体的情绪及行为的后果(Consequence)。通常观点认为是 A 引起了 C,而艾利斯则认为 A 是引起 C 的间接原因,更直接的原因是 B。也就是说,人们对事物的看法不同,会引起行为和情绪的不同。因此,在受到情绪困扰的时候,我们可以通过调节自己认识的方式来调节情绪,通过改变对事物的看法,来达到调节情绪的作用。

(资料来源:http://www.xinli110.com/mainsite/alk/rzxw/200707/37017.html)

(2)改变身体内外感受。情绪的产生伴随着身体的表现,它们之间是有连接关系的。所以,改变身体内外的表现也可以对情绪产生作用。如运动跑步,食疗养生。在跑步的时候可以带动身体内外的状态,而那种状态是可以使人充满力量和气势的,从而覆盖、替代负面情绪。通过食疗养生方式在内部改变情绪的方法其实应该属于改变人的情感,如同吃到喜欢的食物会使人觉得幸福高兴一样。

(3)改变时间空间。既然周围的信息使我们产生了情绪,那么可以通过改变周围的信息来改变我们的情绪。如换个城市工作,去公园感受花等。因为情绪是相对情感而言的短暂性的表现,所以,一般通过当时的一些改变是可以变换情绪的。但如果一个人总体来看的情感态度属于消极性和负面性的,那么还是要从根本上、从长期性上来改变。这就如同治标治本的概念一样，仅仅懂得改变情绪是不会改变人生的，如果能够从根本上改变情感态度，那么，情绪就会得到很大的改善。

二、相关链接

情绪调节技巧

1. 乐观的人生态度

其实，由情绪带来的烦恼可以说是"庸人自扰"或自寻烦恼。人越是悲观的时候，越是爱钻牛角尖。本来遇到的芝麻小事，可能使一个悲观的人整天愁眉不展，好像天就要塌下来似的；而一个乐观的人会从光明面来看问题，认为世界上没有什么解决不了的事情，所以就不容易受到情绪的困扰。

2. 享受愉快的生活体验

人的情绪受环境的影响，所以选择及接近有益心理健康的环境很重要。如要享受与朋友相处时的愉快心情，就应多安排与朋友的聚会，从朋友那里获得支持与关怀。喜欢户外活动，就多抽时间出去和亲朋好友一起去登山、旅游。总之，就是常常使自己处于喜欢的环境之中。

3. 宣泄情绪

不能尽情地发泄情绪，会使一个人郁郁寡欢，闷闷不乐。如果情绪适度地得到宣泄，能够促进个人的心理健康。如当人们感到生活、工作压力太大，内心产生激烈冲突时，不如找一、两位知心好友谈谈，将心中的烦闷说出来，也可以同时听取好友的意见。

4. 培养幽默感

幽默感使人能够自我调节，并且也是调节人际关系、避免冲突的好办法。英国著名作家萨克雷曾说过："一个有幽默感的文人肯定性格仁慈，十分敏感，容易产生痛苦和欢乐，能敏锐地观察周围人们的各种情绪，同情他们的欢笑、爱恋、乐趣和悲哀。"可以说，幽默是一种待人的风度，一种处世的智慧，是一种健康、积极的心理素质。

5. 改变认知

人们对事情的看法依赖自己惯有的认识方式，应尝试着去改变自己不好的认知，确立好的认知方向。如只从表面或一个角度去观察一件事，可能使人不满意或者失望，但如果从另外一个角度去观察，可能意义就完全不同了。

总之，如果一个人能控制自己的认知和情绪，就能避免很多生理或心理上的困惑与疾病。

（资料来源：http://zhidao.baidu.com/question/165628188.html）

三、课堂内外

（一）堂堂练

求和不求气

三月某日　　离夏天还早着，可今天的天气很热。似乎是因为气温骤升，一些人的脾气也大起来了。早晨一上班，研发部的鲁天明来找我。他怒气冲冲地对我说："我们部与美国吉姆公司合作项目的批文怎么还下不来？你们当秘书的办事，怎么这样拖拖拉拉？这个项目要是黄了，你来负这个责？！""行，我帮你催催！"我和颜悦色地说。

其实这个报告早就送给孙总了，但这几天孙总天天开会，根本没时间看。看着鲁天明怒气冲冲的背影，玛丽有些幸灾乐祸地说："什么项目黄了？就是怕夜长梦多，自己去不了美国！一天到晚都这么牛皮哄哄的，于姐，再晾他几天，让他着着急！"

"玛丽，你肚子里怎么那么多坏水？"我笑着问玛丽。玛丽是比我晚一届的师妹，所以说话比较随便。

"我们也得替鲁天明想想。到美国去的报告老是批不下来，让他一直悬着，别说护照签证这些事不好办，就是项目本身的许多前期准备工作，他也不知该不该做，所以，他发火也能理解。"由于要保证公司领导有足够的时间和精力来处理公司的一些战略问题或核心问题，秘书有一项重要的日常工作，就是像块纱布，过滤一些来找公司领导的电话、客人或文件。因此秘书就变成了一座各科室与公司领导之间的桥梁。正因为是桥梁，宽度有限，偶尔出现拥挤堵塞现象就是难免的。这样，那些暂时被堵塞的人不可能个个都能理解，于是，有人要找个地方撒气。在大多数情况下，必然会把怨气发泄到秘书身上。也许是最近有关慈禧太后的电视剧太多了，许多人把李莲英当作老佛爷的秘书看待，所以在他们的印象中，秘书都有李莲英那样的本事，事情办不办得成，全在于秘书肯不肯帮自己的忙。不说外来的客人，即使是在公司内部，许多人也不一定了解秘书部门的工作，以为各种报告批不批，领导想见谁不想见谁，都是秘书部门说了算。所以像鲁天明这样，文件批不下去，就朝秘书部门发火。当然，也有人知道这并不是秘书部门的责任，但是他们又不好直接朝公司领导发火，所以只好把秘书部门当作出气筒。可以说，当出气筒似乎也成了秘书工作的一大特色。

由于看问题的角度不同，秘书部门与科室发生一些矛盾，造成一些误会是正常的。比方研发部门觉得某项新产品必须尽快研发，不然就会被竞争对手超过，所以打报告给公司领导，要求尽快上马开始研发；而秘书部门可能从销售部门的报告中了解到，这种产品市场还没有成熟，用不着那么急，所以没有把研发部的报告优先送给领导。因此，秘书部门与各科室出现一些矛盾和分歧是正常的。只要加强沟通，是完全可以消除的。

但是，秘书如果一听到别人讲你一两句气话，你就针锋相对，在桥梁本来不畅通的情况下，凭个人意气办事，再设一个卡，摆出一夫当关，万夫莫开的架势，把人家堵在桥头，将正常的工作矛盾转化为个人恩怨，人事纠纷，就会使事情越来越复杂，最后有可能变成死疙瘩。由于你是领导的秘书，在别人的眼里，不管是做什么，你都是替领导在办事，有人甚至还以为是领导有意让你这么做的，所以，只要你愿意，你就有很多机会和办法，像只砂轮一样把对方磨得一点脾气也没有。但是，当你像只砂轮强行把对方磨平的同时，它肯定会给你带来隐患。人家口服心不服，今天斗不过你明天还会跟你斗；明里斗不过你暗里可以给你使绊；一有机会，人家又会把你当出气筒。所以秘书最忌采取"道高一尺，魔高一丈"的态度跟人家治气。因为，你把人家的路堵死了，实际也就把自己的路给堵死了。对于秘书来说，有被人求的时候，肯定就有求人的时候，而且求人的时候还很多，比方领导跟秘书要个资料，这就需要有关科室提供素材；领导外出办事，也需要各科室配合；秘书的工作都比较烦琐，就像胡雪岩说的八个壶七个盖，你要同时保证每个茶壶上都有盖，没有别人的帮忙很难做到。即使你百事不求人，你也会事倍功半……要做好秘书工作，不仅要得到领导的信赖，还要得到各科室的信赖，而且是长期的信赖，所以秘书必须知道自己的位置，为人宽容和坦诚。

（资料来源：谭一平．一个外企女秘书的日记[M]．北京：学苑出版社，2003）

讨论
1. 为何别人情绪发作时，秘书应该理智地面对？
2. 你从中受到了哪些启发？

（二）堂外练
1. 谈谈秘书良好意志品质的特点。
2. 你曾经自觉地调节过自己的情绪吗？说说自己的体会。
3. 测测你的心理素质。

心理素质自测自查

这是欧洲流行的测试题，也是世界500强企业对员工心理素质测试的标准试题，测试不但帮助你了解自己的心理素质如何,而且能测查出你是否存在心理障碍,以及存在何种障碍。

测试由一系列陈述句组成,请仔细阅读,在你认为与自己最接近的状况下打"√"。测试时请不要过多思考,凭自己的第一印象回答即可。

1. 我认为自己太大众化了。
2. 当我注意自己的照片时,总觉得很不满意。
3. 有时我怕别人嘲笑或批评而隐瞒自己的意见。
4. 我觉得自己不可能赢得别人的关注。
5. 获取称赞是非常困难的事。
6. 与身边的人相比,我觉得自己不够好。
7. 在社交场合中我感到害羞,并且自己意识到这种害羞。
8. 我常常把自己设想得比实际更好。
9. 直到现在我认为自己没有成功过。
10. 我常常觉得自己是失败者。
11. 总的来说,我认为自己自信心不够。
12. 近来,我感到情绪低落。
13. 我时常无缘无故地觉得自己很悲惨。
14. 以前感兴趣的事情,我现在一点兴趣也没有。
15. 我现在比以前更容易生气激动。
16. 一切事情我很难做出决定。
17. 无缘无故感到疲乏。
18. 一个人的时候想哭泣或有哭泣的冲动。
19. 觉得自己是个多余的人,没有人需要我。
20. 近来,感到做任何事情都很费力。
21. 我时常有无能为力的感觉。
22. 我担心会随时丢掉自己的工作。
23. 我做任何事都不想承担责任。
24. 做任何决定,都令我内心十分痛苦。
25. 我为自己的健康而担心。
26. 有时我担心会失去自己心爱的人。
27. 我恐惧与陌生人相处。
28. 我常关心别人对我的印象。
29. 我对具有威慑力的人物总是感到害怕与苦恼。
30. 我对无害的动物也感到恐惧。
31. 我比一般人更容易脸红。
32. 为了一些事情我经常失眠。
33. 我觉得自己有许多无法克服的困难。
34. 我总是感到生活非常紧张。
35. 面对艰难的任务,心中充满担心。
36. 我常无缘无故地为一些不现实的东西而担心。
37. 如果事情没有按照原计划进行,我常感到手足无措。
38. 当我和别人谈话时,并特别想给人留下深刻印象时,我的声音常会变得颤抖。
39. 公共场合说错了话,会使我很长时间不敢与人接触。

40. 我经常服用镇静剂。
41. 有时一个念头总在脑中反复出现,我想打消它,但怎么也办不到。
42. 我时常为了一些细枝末节的小事而烦恼。
43. 我常担心抽屉、窗户、门是否锁好。
44. 我会为东西放错了地方而烦燥难受。
45. 如果我的生活被一些预料外的事打乱,我感到非常不快。
46. 我常把自己描述成一个完美的人。
47. 做事必须做得很慢以保证正确。
48. 做事必须反复检查。
49. 我是一个万事不求人的人。
50. 我常花大量时间整理自己的东西,这样我可以在需要的时候找到它们。
51. 我认为很多人的心理都不正常,只是他们不愿意承认而已。
52. 我常常怀疑那些出乎我意料的、对我过于友善的人的诚实动机。
53. 我认为有人会幸灾乐祸希望我遇到困难。
54. 我总担心与我一起工作的同事会把工作搞砸。
55. 我有忽冷忽热的感觉。
56. 我常感到心悸。
57. 我感到别人想占我的便宜。
58. 身体一有不适,我就担心自己是否有病。
59. 我无法影响和我一起工作的同事,使他们能协助我实现我所计划的目标。
60. 我认为很少有人值得我信赖。

计分评估

以上60题,每打一个"√"得1分,请将得分按以下6类分别计算:

第1—10题,计_____分。
第11—20题,计_____分。
第21—30题,计_____分。
第31—40题,计_____分。
第41—50题,计_____分。
第51—60题,计_____分。

专家点评

以上测试针对性很强,每项得分都代表了你的一种心理状况:

自卑:第1—10题,如果你的得分在5分以上,说明你陷入了自卑的泥沼,你总认为自己事事不如人,自惭形秽,丧失信心,进而悲观失望,不思进取。

忧郁:第11—20题,如果你的得分在5分以上,说明你在一定程度上受到忧郁的困扰,常常表现为兴趣减退、情绪低沉、自我谴责、睡眠差,而且缺乏食欲。

恐惧:第21—30题,如果你的得分在5分以上,说明你时常具有恐惧感,可以说你有点懦弱,常常过多地自寻烦恼,杞人忧天,其实怕祸害比祸害本身更可怕,有时你明知恐惧没有必要,可你就是无法控制自己。

焦虑:第31—40题,如果你的得分在5分以上,说明你受到焦虑的困扰,表现常常为出汗、心悸、总是担心某事发生,甚至伴有尿急头痛等症状。

强迫:第41—50题,如果你的得分在5分以上,说明你具有一定程度的强迫症,你总想不该想或不愿想的事,或者控制不住做无意义的动作,如每次出门后总是反复回来检查门是否锁好。更为严重的是,这些想法或动作已影响了你的正常工作、生活。

怀疑：第51—60题，如果你的得分在5分以上，你的怀疑心较重，不信任别人，与别人相处常常斤斤计较，不顾别人的利益。

以上这些表现，是心理障碍的常见类型，如果你发现自己在某一方面或几个方面存在问题，你必须立即寻找心理医生咨询，有针对性地进行治疗。如果你不存在以上任何障碍，那么恭喜你，你的心理很正常，如果整个60题，你打"√"的题目在5题以下，说明你的心理素质较好，你有较强的适应性、承受能力、自信心和意志力，你是你人生的"骑师"，你会拥有奋进、快乐、幸福的人生。

（资料来源：http://www.bjxljy.cn/xinlixunlian/04-02-07.php）

第二节 文 化 素 质

一、必备知识

秘书工作综合性强，涉及面广，事情繁杂，头绪众多，良好的文化素质是秘书做好工作的基本要求。

（一）基础文化

基础文化是秘书胜任本职工作所必须具备的基本的知识文化体系，包括基础知识、专业知识和辅助知识。

秘书工作的综合性和专业性很强，一方面随着整个国家政治、经济、科学技术、文化教育、外交活动的日益发展，秘书部门所涉及的非专业知识越来越多，秘书人员必须尽可能地扩展自己的知识面。另一方面，随着社会的进步和科学技术的发展，社会分工越来越细，秘书部门所需要的专业知识又越来越深，秘书人员必须尽可能地具备较深的专业知识。因此，秘书人员为适应工作的需要，必须使自己的知识结构相对完美，像"通才"、"杂家"那样，广博与精深相统一。

1. 广博的非专业知识

秘书人员应该博学多才、见多识广。在非专业知识方面，尽可能地掌握一定的社会科学和自然科学知识，像文、史、哲、数、理、化等；尽可能掌握各种社会生活常识。同时，还要掌握相邻学科的有关知识，如国民经济管理学、统计学、心理学、教育学、伦理学、法学、美学、情报学、逻辑学及信息论、控制论、系统论等。

拥有广博的知识，这是其赖以工作、学习的基础，是吸收其他专业知识、相关知识和发挥各种能力的前提条件。也只有这样，才会使秘书成为活的"百科全书"，能够创造性地搞好本职工作，事无巨细，都能沉着冷静、镇定自若、应付裕如，并取得理想的结果。

2. 精深的专业知识

专业知识是秘书知识结构的核心部分，也是区别于其他专业人才知识结构的主要部分，它决定和反映了一个秘书的素质水平和工作能力。秘书人员需要掌握的专业性知识主要有三个方面。

（1）常规型专业知识。秘书学、文书学、档案学、应用写作、秘书写作、秘书实用技术技能知识，如驾驶、摄影、秘书实践经验等。

（2）工作范围内的专业知识。秘书是在特定专业工作的，只有成为行家里手方能辅助上司管理。如果是商务秘书，就必须掌握诸如行政管理学、商业企业管理学、企业市场营销学、物价学、统计学等方面的知识。

（3）现代型专业知识。它是在常规型专业性知识的基础上，根据新时期科学技术的发展而提出来的。如办公自动化知识、外语知识、信息综合处理知识、科学化管理知识、现代科学技术知识、WTO知识等。

3. 知识的广博与精深的统一

广博和精深是知识结构完美性的两种不同的表现形态，它们具有各自的特点而不能互相取代。但又互相交叉，不能机械地截然分开。广博是精深的基础，精深是广博的提高。它们和谐地共存于一个统一体中，都是知识结构统一体中不可缺少的方面。

（1）以专业知识为主，非专业知识辅助。专业知识是秘书人员的立身之本。没有过硬的专业知识，任何丰富的非专业知识都无用武之地。可以说，非专业知识在实际运用中要服务于专业知识。没有非专业知识辅助，任何专业知识都将会失去生命力。如秘书人员在起草市场调查报告时，产品的规格和质量是专业知识，但人们的需求、市场的竞争、国家的法律又属于非专业知识，没有了后者，前者就失去了存在的价值。

（2）非专业知识作为衬托，需要专业知识引领。非专业知识的运用，要始终围绕专业知识进行，有了专业知识的引领，非专业知识的内容会更集中、方向会更明确、效果会更突出。秘书人员在起草廉洁自律规定时，相关的心理学知识、交际学知识、经济学知识等都要突出这一主题，使之更鲜明、更实际。

对于秘书人员的知识结构而言，无论知识的积累，还是知识的运用，始终离不开广博与精深的完美结合。二者互相依赖，互相促进，互为存在条件。没有广博的精深会是无源之水，没有精深的广博则是无头之鸟。二者缺少任何一方面，都不可能形成完美的知识结构。

4. 知识层次间的比例及相互联系

（1）秘书人员知识的知识构成类型和知识结构层次，如表2-3所示。

表2-3 秘书人员知识结构中的知识层次

知 识 层 次	知 识 类 型	
4	专业性知识	现代型专业知识
3		常规型专业知识	工作范围内的专业性知识
2	非专业性知识	辅助知识
1		基础知识

第一层为非专业性知识中的基础知识，包含的内容为一定的社会科学知识和自然科学知识以及各种社会生活常识等。第二层为非专业性知识中的辅助知识，即与秘书专业相邻学科的基本知识。以上两个层次构成非专业知识层次。第三层为专业性知识中的常规型专业知识和工作范围内的专业性知识。第四层为专业性知识中的现代型专业知识。这两个层次构成专业知识层次。

（2）知识层次之间的比例与联系。各层次之间的比例为，从下向上逐渐递减，呈金字塔形，给人以稳重、平衡之美感。它们之间的联系是高层次以低层次为基础，低层次为高层次提供赖以存在发展、提高和深化的条件。一般来说，这种联系还表现为，越往高层次发展，难度越大，水平就越高，应用时所取得的成绩就越显著。

（3）知识层次的不同功用和知识结构的整体功能。秘书人员知识结构的整体功用适应于秘书整体工作的需要，不同的层次又有不同的功能，起着不同的作用。如所在单位的生产（工作）专业性知识适用于协调本单位各部门之间的工作，基础性非专业知识适用于交际联络需要，而辅助性非专业知识的功用却二者兼而有之。不过，各层次之间的功用很难有一个具体的界线，在实际工作中往往错综交织。

5. 知识结构的具体形态丰富多样

在实际工作中，秘书人员既有服务单位的不同，也有秘书部门内部分工的不同，因而，其知识结构的具体形态也不同。大致可分为：参谋智囊型秘书、秀才文字型秘书、办事型秘书、技术型秘书、交际型秘书、财经型秘书、综合型秘书等。他们的知识结构各具特色。秘书人员个体知识结构的差异性和多样性，不可能用同一个模式来固定。秘书所追求的知识结构决不应当处于僵化状态，而必须是能够不断进行自我调节的动态结构。这是为适应科技发展、知识更新、研究探索新的课题和领域、职业和工作变动等因素的需要，不然就跟不上飞速发展的时代步伐。每个秘书都应该根据自己的工作需要去建立自己完美的知识结构，并向最优化的符合审美理想的方向努力奋斗。

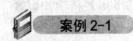

田家英当秘书

田家英是毛泽东任用过的秘书中才华出众的一位。他学历不高却知识渊博，达到了相当的理论水平和文字水平。掌握丰富的知识，他主要是靠广泛阅读各种书籍。毛泽东常常要他查找某首古诗或某一句诗句的出处，他都能很快查出来。如 1964 年 12 月 29 日，毛泽东让他查清诗人严遂成的《三垂冈》一诗的年代和作者，他不一会儿就查出来了。1961 年 4 月 24 日，毛泽东要他将自己在 1929 年前后写的六首词填上词牌并查出"共工怒触不周山"的典故，他也很快完成了任务。田家英的女儿回忆说，他深知没有丰富的知识，不详细地占有历史的和现实的资料，是无法完成为主席服务的艰巨任务的。因此，他把买书藏书重点放在马列著作、毛泽东著作、政治理论书籍和古今中外历史书方面，并随着工作面的拓展，分门别类有系统地收集经济、哲学、文艺理论、各国有关宪法等方面的书。

（资料来源：http://www.examda.com/ms/congye/20081118/092729685.html）

讨论

（1）田家英在阅读学习、积累知识方面成功的经验是什么？
（2）你从中得到了哪些启发？

（二）本土文化

本土文化是本土人民在自己长期的生活和历史发展过程中自主生产、享用和传递的知识体系。本土文化蕴涵着千百年来本土人民世代积累的智慧，是本土人民日常生活合法化的基础，凝聚本土社会的力量源泉，反映了本土的经济水平、科技成就、价值观念、宗教信仰、文化修养、艺术水平、社会风俗、生活方式、社会行为准则等社会生活的各个层面。

本土文化是深深根植于生活的知识，是切实体验到的知识，对于理解系统的科学知识，更好适应本土社会生活，服务和建设本土社会是极其重要的。对于解决本土问题来说，本土文化是一种极为有效的知识，是本土社会实现可持续发展和独立自主发展的重要条件。因而，本土文化在秘书文化素质中占有重要的位置。

本土文化是一个相对的概念，其内涵可以概括为三个层次。

第一，相对于全球文化而言，本土文化是指一个国家的民族文化，如英国文化、法国文化、意大利文化、德国文化等。中国本土文化博大精深，许多观念、思想、方法和成果都曾经或正在影响、引领人类文化的发展。中国本土文化强调"仁"、"义"、"礼"、"乐"、"道"、"正心"、"诚意"、"修身"、"齐家"、"治国平天下"、"天人合一"、"物我一体"、"物极必反"等。以"仁"为最高的道德原则，崇尚"人道主义"伦理价值，追求理想人格形成，这些就是中华民族的"做人"之道、"待人"之道、"做事"之道和"生活"之道，它们铸就了中华民族的个性。

第二，在一个国家的民族文化内部，不同种族之间在种族信仰、价值观念等方面又有明显的差异性，所以本土文化也指具有相对独立性的种族文化，如东巴文化是纳西族的传统文化。

第三，在一个国家的民族文化内部，不同区域之间又形成不同的相对稳定的文化特征，从这个意义上讲，本土文化也可以指一个国家的民族文化内部具有相对稳定性的区域文化。我国疆域辽阔，南北的气候差异，土质的差异，形成了南北人民不同的生活习惯和信仰，形成了自己的文化特色。不仅南北之间、东西之间存在着文化差异，且各省之间以及各省内部的不同地区之间的文化差异也是非常突出的，通常有三秦文化、齐鲁文化、吴越文化、岭南文化、湖湘文化等区分。

本土文化是人文素养的重要内容，对本土文化的无知是文化营养的缺失，人的成长不能没有本土文化的熏陶，人的发展需要本土文化这个根本。新的文化往往与本土文化有着密切的联系。麦当劳、肯德基的饮食文化在全世界无处不见，但其土生土长的文化内涵或多或少正在被消解。麦当劳、肯德基以"快"著称，服务快，用餐快。但在中国的麦当劳、肯德基快餐店里，人们依旧是慢条斯理地吃着喝着，那里依旧是家人带孩子消费的好去处，同样是年轻人，特别是中学生聚会的首选之一，也是小朋友过生日的首选去处。在肯德基快餐店，客人还可以打电话订餐。尽管店里客人多得排队，但仍会有空桌在静候姗姗来迟的订餐者。在那里有"老北京鸡肉卷"——薄饼卷鸡肉、黄瓜、甜面酱，这是典型的中国餐；有"中国结"——中国的传统装饰，这时的麦当劳、肯德基文化已是一种混合文化，这一混合物就是本土文化对西方文化的消解和重构的结果。

在后现代背景下，秘书不仅应具有丰富的基础知识储备，还应走出本专业的狭隘视域，了解世界科技、社会、文化发展的最新动态，特别是认识我国本土科技、社会、文化的现状和发展前景，培养迅速有效地获取信息和运用整体性方法整合信息的能力，及时把所学、所思、所想表达出来或付诸本土化实践。

（三）历史文化

"治天下者以史为鉴，治郡国者以志为鉴"。自古以来，历史知识、历史智慧和历史经验像一盏盏灯塔，照亮了人们前进的道路，造就了无数英才俊杰。了解历史，学习历史，研究历史，是为了更好地认识现实世界，推进实践活动。作为秘书，应该具有良好的历史文化，了解世界史、中国史、秘书史，只有这样才能更好地认识现实，构筑现实文化。

历史记录和积淀着人类的知识和经验，承载着人类文化的进步与发展，是人类文明得以不断前进的起点。每个人都生存于先人创造的既成世界里，他的思想、意识、信仰、知识、技能、生活方式等，首先来源于对先人的继承和思考，然后才会有发展、创新，创造与发明。无论是伟大的政治家、军事家、实业家还是各个领域的杰出人才，都是以继承过去作为工作基础的，都对历史无论是宏观上或微观上有着自己深邃的理解。即便是一般的工人、农民，他们的生产能力、生活方式，也无一不受到历史的制约。他们的发展同样需要对历史的认知、明了过去生产的经验和误区。否则，很难突破以往的陈旧经验，使自己的生产和生活有大的进步。秘书工作同样如此，如秘书文书档案工作制度，它就是历代秘书机构与成员、各类幕僚与文人，通过有意识的创造性秘书劳动，逐步积累和保存下来的维系和促进秘书事业延续和发展的物质和精神文化财富。中国上下五千年，每次改朝换代后，新王朝都继承了前朝的文书档案工作制度，加以增补，使文书拟制、运转、监督、催办、保密，档案的收集、整理、鉴定、保管、利用等各个环节逐步健全，发展完备，构成秘书文化中制度要素的一个组成部分。西周产生的副本制度；秦朝的避讳、校勘制度；汉代的发文、收文登记、转发制度；魏晋南北朝的文书勾检、骑缝、押缝、卷轴制度；唐代的一文一事、签押、判署、誊录、催办、折叠、装封、编号、移交、传递期限、贴黄制度；宋代的实封、批答、进草、录白、录黄、引黄等制度；元代创设了照刷、磨勘、朱销文簿、缮写翻译、当面交卷、周年交案等制度；明代产生了票拟、贴黄、行移勘合制度；清代创设了实封进奏、廷寄的保密制度等，具有深厚的历史渊源，具有历史的承递性，构筑了今天的秘书文化，渗透在各行各业的秘书工作实践中，并以其独特的优势与无可替代的时空内涵和认知维度，给人以心智的陶冶、思维的启迪、能力的训练和情操的薰陶，使人获得一种深厚的人文素养，同时又成为明日秘书文化的母体。

历史文化的习得主要是通过对具体的历史知识学习，综合各种相关信息和学习方式，运用当前社会普遍认同的较为公正的社会价值观、道德准则来认识历史人物、历史事件和历史活动，在学习认识的过程中，被历史人物的品格、行为所吸引，并在思想上吸收，形成自己的道德观念。秘书通过学习中国和外国通史，了解中外基本的历史文化知识，进行中外历史比较，了解中华民族成长、发展艰难而又光荣的历程，以及中华民族百年来为追求民族独立和国家富强所做的富有成效的努力，增强历史责任感、使命感，积极投身于人类的文明建设和改造。通过对中国秘书史的研究，把握我国秘书工作的发展变迁，了解各个朝代的秘书工作体制、秘书工作机构、秘书职官制度、秘书工作程式和秘书工作的发展及其沿革等，总结秘书工作丰富而宝贵的历史经验，探索秘书工作的发展规律，建立起认识社会、评价事物的标准，进而去分析、处理、解决现实中存在的复杂的现象和问题。通过解剖历史上不同时期一些典型秘书在个人成长方面的经验教训，思考并建立自己的秘书观念，明确如何做事，如何成功，树立正确的名利观、事业观或政绩观。历史上的先进人物没有不受前人前事影响的，有许多甚至把历史人物作为终身学习的榜样。我国古代秘书，处于行政中心的边缘地带，是国家机器的重要零件，因此不少秘书，尤其是处于国家核心部门或中央秘书官，都拥有大小不等的实权、特权。可是古代的秘书们常常以奢侈为耻辱，表现出清贫守道的风范。南北朝时的裴子野（469—530年），一生中历任参军、录事参军、记室参军、左常侍、尚书兵部郎、中书舍人、中书侍郎等职,皆属秘书官衔。裴子野居上述职位时,极工于制、诏、章、奏、表类文书,写时不打草稿,独成于心,落笔似有神助。所拟公文语意贯通,首尾相应,却文辞朴实,有天然去雕饰之功。裴子野虽屡居秘书高位,却为官清廉,鄙视钱财,生活俭朴,自己终身"麦饭食蔬",而妻室家人也过的是"恒苦饥寒"的日子。临终还嘱子女须"俭约,务在节制"。梁武帝对裴子野赞赏有加,闻其死而落泪,亲自下诏"即日举哀",给其评价是"文史足用,廉法自居",加赐谥号"贞子"。裴子野为中国秘书树立了一个风范楷模。

"前事不忘,后事之师"。历史文化为人们提供了丰富的、无与伦比的知识和经验,政治、经济、军事、科技、教育、文艺等从各个领域为现今的人提供了为人处世的道理和楷模,提供了处理社会方方面面问题的借鉴。透过历史这面镜子,可以反观过去,看到现在,还可以折射未来。聪明的秘书总是善于汲取历史的经验和教训,澄清错误的观念,分析比较目前所处的环境,使自己在成长的道路上避免走过去错误的道路,不走或者少走弯路。以古鉴今,以往知来,以见知隐,逐步形成科学的人生观、世界观、价值观和健全的人格。

(四)组织文化

组织文化(Organizational Culture),又称企业文化(Corporate Culture),它是在长期的社会实践中形成并为组织成员普遍认可和遵循的具有本组织特色的价值观念、共同意识、职业道德、行为规范和思维模式的总和。

组织文化是本组织区别于其他组织的根本标志。如海尔集团、联想集团、蒙牛集团等都有各自独特的组织文化体系。良好的组织文化能够激发员工产生自觉的内驱力,主动完善自我,充分发挥潜能;能够创造出一种和谐的氛围,增强员工间的信任与理解,形成巨大的凝聚力、向心力、合作力,为组织注入勃勃的生机和活力,提升组织的社会形象。

组织文化的内容主要包括四个层次。

第一层是物质文化。它是组织文化的最外层,包括组织的产品和提供的服务,生产环境、组织建筑等。如安静、舒适的办公场所,有利于发挥员工的创造力;构建娱乐场所反映出组织对员工生活的关心,以及对员工健康的重视。

第二层是行为文化。指组织员工在生产经营、学习娱乐中产生的活动文化。对内组织行为文化直接反映出一个组织的成员素质、管理水平、文化优劣;对外则通过成员的行为反映出一个组织的形象,包括组织运行、教育宣传、人际关系活动、文娱体育活动中产生的文化现象。组织行为文化是组织运行作风、精神面貌、人际关系的动态体现,也是组织精神、组织价值观的折射。组织文化对于组织成员的影响往往就是通过行为表现出来。组织英雄人物的行为是组织行为文化的突出表现点,通过对组织英雄人物的观察,可以看到组织文化的倾向和价值取向。耐克公司的创立者(同时也是俄勒冈田径教练)之一比尔·鲍曼为了制造更优质的跑鞋,亲自进入工作间往他太太的华夫饼干模具里灌橡胶,这个英雄故事的传播,实际是在向耐克员工传递着耐克的创新精神。诸如松下电器公司的松下幸之助、微软公司的比尔·盖茨等,他们都能够使组织获得成功,能够建立行为规范,给组织提供个体角色的示范,调动员工的积极性,给组织提供黏合剂,并向组织外部展示组织的光辉形象并保证组织独具的特色。

第三层是制度文化。这是组织为实现自身目标对员工的行为给予一定限制的文化,包括组织中的习俗、习惯和礼仪以及成文的或约定俗成的制度等。组织制度文化是保证组织正常秩序的基础,为整个组织文化服务,是组织全体成员共同认可并自觉遵守的行为规范。沃尔玛公司的创始人山姆·沃顿从开始就把公司司歌作为一种激励和团结员工队伍的方式:"给我一个W,给我一个A,给我一个L,给我一个波浪线,给我一个MART。"这已经成为公司的一种仪式,把沃尔玛的员工紧紧联系起来,并强化着山姆·沃顿的信念——员工对于公司的成功十分重要。IBM、爱立信、德意志银行等也有类似的公司司歌。

第四层是精神文化。它是组织员工共同的意识活动,是组织文化的核心、源泉,包括组织精神、生产经营哲学、组织价值观念、组织风貌等。组织精神文化的最高层次是组织价值观和凝聚力的形成。组织核心价值观可以促进员工主动求知、自主发展。迪斯尼"想象力和有益身心"的核心价值观创业之初就已经确定了。诺德斯特龙公司的"服务顾客"核心价值观早就进入员工守则,即使谦卑也要让顾客满意。

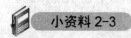

小资料 2-3

日事日毕　日清日高

海尔集团 16 年来,以平均每年 82.8%的高速稳定增长,由一个濒临倒闭的小厂跃升为中国家电业的名牌,并在国际市场上享有较高声誉,其成功经验被美国哈佛大学列为成功管理的范例。"日事日毕　日清日高"就是海尔 OEC 管理法即英文 Overall Every Control and Clear 的缩写,即全面质量管理法。O——Overall(全方位);E——Every(每人)、Everyday(每天)、Everything(每件事);C——Control(控制)、Clear(清理)。"OEC"管理法由三个体系构成:目标体系→日清体系→激励机制。首先确立目标;日清是完成目标的基础工作;日清的结果必须与正负激励挂钩才有效。

(资料来源:http://bokoo.blogbus.com/logs/5213586.html)

秘书只有从内心认可组织文化、融入组织文化,才能为组织的发展尽心尽力,与组织同命运共患难,也才会感到满足和快乐,逐渐体现出成为组织人的调整性、参与性、自豪感、挫折感的"性感"特征,真正成为组织的一员。如果无法适应组织文化,无法调整心态,就很难成为组织的一员,迟早会辞职走人。

二、相关链接

理想的知识结构

秘书要达到理想的知识结构,必须对自己现有的知识结构特点有一个清醒的认识。如果你的知识面偏窄,就要在扩大知识范围上多下工夫;如果你知识面较广,就要在专业知识的精通方面多作努力。秘书走上工作岗位后,要根据单位性质和自己的具体分工有针对性地补充相关知识,以适应工作需要为准则。知识有"死"、"活"之分,秘书在积累知识和调整知识结构时,应该避免把精力过多地用在死知识的记忆上,而应该重视知识的灵活应用。据统计,一位化学家要读完现在一年内发表的化学文献,若每天读 8 小时,共需 48 年。爱因斯坦曾说,他不知道声音在空气中传播速度是多少,但这没关系,他可以在任何一本物理教科书上找到答案。一个参观美国学校的中国教师对美国学生不注重记忆知识产生疑虑时,美国教师招手叫来一个男孩,让他坐在电脑旁,然后对中国教师说:"你可以对他提任何一个你想了解的题目。"

这位中国教师想了想说:"中国算盘。"这个孩子驱动电脑,只十几秒钟,就打印出长长的一页纸,上面记载着算盘的起源、制造、计算法则、与计算机的比较和未来的发展等,内容十分全面。因此对一个人来讲,重要的是要有一个比较理想的知识结构,以及即刻获得所需知识的能力。

(资料来源:杨树森.秘书学概论[M].安徽:安徽人民出版社,2007)

三、课堂内外

(一)堂堂练

在海尔流传这样一个故事:在海尔的一个洗衣机分厂,有一个19岁的姑娘走进了海尔集团,并接受了三年海尔文化的洗礼,三年之后被诊断为得了白血病,就在她将要离开人世的时候,她向她的亲人提出了最后一个愿望:我要最后再看一眼我所工作的海尔。

(资料来源:http://wenku.baidu.com/view/0c321a030740be1e650e9a31.html)

讨论
1. 姑娘最后一个愿望为什么是最后再看一眼所工作的海尔?这说明了什么?
2. 你所在的学校文化是什么?你是怎样很好地融入到这种学校文化中的?

(二)堂外练

1. 了解一下你所在的本土文化,你将如何为所在地贡献自己的力量?
2. 想一想:你在知识上有何长处和不足?你在大学期间打算如何完善自己的知识结构?

第三节 言语素质

一、必备知识

(一)口语表达

在人们的观念中,秘书都是能说会道的人,而且现实中由于秘书角色的多维性,使得秘书必须具有很好的口才方能处理好方方面面的关系。秘书的口语表达能力体现在以下两方面。

1. 充分了解交际的对方

交际活动的参与者就是交际的主体,包括说者与听者,在一轮又一轮的交流过程中,说者与听者的身份不断发生转换,其中任何一方对另一方来说,就是交际的主体。交际双方进入交际情景之后,各自充当着一定的角色,而且,这种角色身份不是固定的,在这种场合下是主要角色,在另一种场合可能就成为配角。具体表现为秘书人员在预期的交际之前,应当充分了解对方的个体特征,包括对方的身份、年龄、性别、职业、素养、性格、兴趣爱好、处境心情、文化背景以及人生经历等的差别,做到知己知彼,百战不殆。

2. 准确地把握秘书语言具有角色化的特征

秘书人员使用语言的角色化是指秘书人员在工作状态中运用语言进行交际时,要有明确的角色意识,对外交往时以一个组织机构代表的形象出现,而与领导人交往时自觉充当配角。

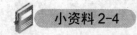

美国前国务卿鲍威尔谈话的艺术

着急的事要慢慢地说；大事要事要想清楚了再说；小事琐事要幽默地说；没把握的事要小心地说；做不到的事就不要随便说；伤害别人的事要坚决不说；该做的事就做好了再说；没有的事就不要胡说；别人的事要谨慎地说；自己的事要坦诚直说；将来的事将来再说。

（资料来源：http://club.tom.com/item_198_2128_0_1.html?2208275712=1751970659）

3. 掌握秘书语言具有表达准确、文雅、幽默、谦和、委婉的特征

所谓准确，就是要求秘书能够将自己的意图明确清晰地、恰如其分地用语言表达出来。要做到这一点，秘书需要在两个大的方面下工夫：一个是注意读音规范，使之符合普通话的要求，以保证对方能够听清楚你所说的话；另一方面，就是注意遣词造句的规范问题，汉语的词汇非常丰富，同义词语的差异往往是很微妙的，只有选择恰当的词语才能准确地表达自己的意图。在"准确"这个问题上，对秘书人员的具体要求是必须让对方能够听得懂、正确理解，而不至于产生歧义，引起不必要的误解。

文雅的含义是文明雅致。秘书人员的语言要文明、礼貌、雅致得体。不说脏话，不带口头语，没有语病；多用尊称、敬语，使之合乎礼貌、礼节规范。

秘书的语言应该富有感染力，借助于幽默是实现此途径的方法之一。话语幽默的妙处在于既风趣而又意味深长。借助幽默，可以缓和紧张气氛，调解尴尬的场面，化解疑虑和矛盾，缩短人与人之间的距离。秘书在工作中难免会遇到一些难缠的人、一些尴尬的场面，要想表示自己的友善、化干戈为玉帛，使用幽默的语言是一种不错的选择。

谦和实际上指的是说话时的态度。谦和的态度是建立在尊重别人的基础之上的。秘书在交际时应始终保持谦和的态度，给人诚恳谦逊的印象，使人觉得其值得信赖，可以合作。在言语交际中，秘书的谦和表现在说话时，礼让于人；如果对方急于表达，秘书可以示意请对方先讲；认真聆听对方的话语，用眼睛注视着对方，并不时地点头或用简短的话语表示理解。

作为一个组织机构代表的秘书应该是一个有亲和力的人，在交际中需要以友善、谦和的态度对人，即使拒绝别人，也要委婉地表示出自己的意图，话语说得直白、生硬，容易损伤对方的自尊心，使人难堪、令人不快。这是秘书所不能为的。秘书要讲究说话的艺术，以不损伤对方的自尊心为准则，选择最恰当的词语，委婉而不失准确地表达出自己的意图。那么，在具体的操作中，秘书如何才能把话说得委婉呢？首先，汉语的词汇丰富，同义词语很多，秘书要善于辨析其中的细微差异，为了不使对方难堪，可以换个词语、换句话来表示自己的意图；为了不使人反感，在句式上也可以加以选择，说话时少用祈使句和反问句，多用陈述句和疑问句，这样语气就会缓和、委婉些。如果想询问一个问题，还可以先用一句"我冒昧地问您个问题，行吗？"这样说，就不会显得那么唐突，对方也容易配合。委婉的目的是为了避免言语生硬，使人容易接受。因此，委婉必须得体有度，而不是拐弯抹角，故作斯文。

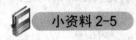

秘书谈吐十忌

一忌出言不逊，二忌信口开河，三忌人云亦云，四忌唯唯诺诺，五忌花言巧语，六忌装腔作势，七忌晦涩难懂，八忌模棱两可，九忌手舞足蹈，十忌冗繁啰嗦。

（资料来源：http://www.job985.com/nnew/Article/news_view.asp?newsid=13667）

4. 掌握交谈礼仪

在人际交往和社交活动中，交谈是秘书交流思想、沟通感情、协调关系的一个重要渠道。一个称职的秘书要想发挥好自身的沟通、协调作用，在交谈时应该有良好的表现。要想在交谈中有良好的表现，有必要了解交谈方面的知识、礼仪，掌握交谈的技巧。交谈往往体现一个人的修养，愉快顺畅地交谈不仅是语言的流露，也是礼节的显现。因此，秘书与人交谈时应注意交谈的礼仪，做到以下三个方面。

（1）态度端正。态度是指人心理上对其接触的客观事物、对象所持有的看法。由于人们在对某一事物做出赞成或反对、肯定或否定的评价时会表现出某种反应的倾向性，即心理学上所说的定式作用，所以，一个人的态度不同，就会影响到其所看到、听到、想到、做到的事，从而产生明显的个体差异。交谈是一个信息交流与感情沟通的过程。在交谈的过程中，为了使交谈对象在与你交谈的过程中感到愉悦，明白无误地理解、接受你发出的信息，首先需要端正态度。对交谈有一个正确的态度，有诚意，才能保证交谈的成功。端正态度应从两个方面来努力。一是要有诚意。秘书在与人交谈时要显示出自己的诚意，以诚相待、推心置腹。绝对不能逢场作戏、虚情假意或应付了事。与人交谈，只有自己首先投入真感情，倾心相见，真诚地与人交流，才有可能听到对方的心声。二是要平等。秘书在与人交谈时要有平等的谈话态度，要尊重交谈对象。在现实生活中，人与人之间在驾驭语言的能力方面是有差别的，如有的人健谈，口若悬河；有的人木讷，不善言谈。秘书，尤其是在口头语言表达能力方面强于交谈对象的秘书，在与人交谈时要考虑到这种差别，要注意给交谈对象说话的机会。因为，既然是交谈，就不能一个人唱独角戏，只管自己说得痛快，别人插不上嘴。当自己谈了对某一问题的看法后，就要有意识地停下来请对方谈谈有什么想法。这样做既有利于深入地讨论问题，也是对交谈对象的尊重。秘书要切记，在与人交谈时要有平等的谈话态度，即使自己对某一问题掌握了权威的材料，或者有精辟的见解，也不能以居高临下、毋庸置疑的口吻说话，那样只会给人留下自以为是、高人一等的印象，从而妨碍了正常的交流与沟通。交谈是一种双方互动的行为，有说有听。如果对方不愿意听、不愿意说，也就失去了交谈的意义。

（2）用语礼貌。交谈往往体现出个人的修养。秘书的交谈用语要注意文明礼貌，避免粗鲁与庸俗。文明礼貌用语的特征是温和、文雅、谦逊。要做到这些，需要在以下四个方面进行努力。一是在交谈的过程中，尽量使用文明礼貌的称谓语、问候语、请指语、致谢语、告别语等，以表示客气、谦恭及对交谈对象的尊敬与友好。二是在交谈过程中，尽量使用委婉语，避免使用一些令人难堪，别人不易接受或忌讳的言辞。三是在交谈过程中，要注意控制说话的音量，声音要轻柔，对方听到、听清即可，不要旁若无人地高谈阔论，大声说笑。四是在交谈过程中，尽量避免与交谈对象发生争执，凡有可能伤害对方感情的话，原则上不说。如果双方不是十分熟悉，也不要涉及对方的个人隐私，如年龄、收入等。另外，要注意男女有别，如果是异性之间的交谈，更要注意说话的文明，对不熟悉的异性不能开过分的玩笑，也不能幽默过度，令人难堪。

（3）举止文雅。交谈时举止要文雅，人们在交谈时往往会伴随着有声语言做出一些有意无意地动作举止。这些动作举止又被语言学家称作体态语。体态语运用得当，有助于表情达意，增强谈话的效果。如尼克松在他的回忆录中曾这样描写过与周恩来总理交谈时的姿势："他经常靠在椅背上，用富有表现力的手势来增强谈话的效果，当要扩大谈话范围，或是从中得出一般性结论时，他经常用手在面前一挥，在搁浅的争论有了结论时，他又会把两手放在一起，十指相对。"可见，周恩来总理富有表现力的体态语给交谈对象——尼克松留下了深刻的印象，文雅、适度的举止为周恩来总理增加了魅力。

体态语通常是自身对谈话内容和谈话对象的真实态度的反应。因此，秘书在交谈时要注意控制、规范自己的体态语，举手投足间要显得文雅、得体，不要因为动作不当而失礼于人。

5. 把握交谈的程序与语言运用技巧

交谈是口语交际活动的一项重要内容，是人们彼此传递信息、增进了解和友谊的主要方式。但是，交谈要谈得情投意合却不是一件轻而易举的事。秘书必须了解交谈的程序，掌握交谈的技巧。如果对交谈的自然过程加以分析的话，不难看出一个完整的交谈由开场白、交谈主题和结束语三个阶段组成。它们之间既相互衔接、密不可分，又各有侧重，各个阶段有各个阶段不同的任务。分析交谈程序的目的是为了使秘书有备而谈，针对交谈的不同阶段，根据交谈对象的具体情况做到有的放矢、因人施语，从而确保谈话的质量。秘书在交谈时要想达到预想的效果，除了要对交谈的自然过程有所了解外，还需要懂得一些交谈的技巧，知道怎样巧妙而富有成效地运用语音，把话说得适时、得体，使交谈变得更加顺畅。

（1）开场白。交谈时，总会有一方最先打破沉默首先发话，这就是开场白。如果拿写文章作比喻的话，一个漂亮的开场白就像一篇文章的开头一样，既要给人引人入胜的感觉，还要便于主题内容的展开。从交谈的实践来看，要想使交谈获得成功，使双方都满意，首先需要创造一个融洽的谈话氛围，因此，按照惯例，绝大多数的交谈不是直奔主题，而是要先以主题以外的寒暄或共同感兴趣的话题来拉近彼此心理距离，创造和谐的谈话气氛。

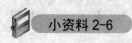

小资料2-6

法拉奇的开场白

1980年8月21日，意大利女记者奥琳埃娜·法拉奇采访邓小平。法拉奇对自己的这次采访非常得意，她认为采访邓小平对她来说是一次独一无二的、不会再有的经历，她认为邓小平是一位出类拔萃的人。法拉奇采访邓小平时，就是采用类似套近乎的方式，用颇带人情化的口吻先聊对方的生日，又顺势接过话题，谈自己的父亲与邓小平先生同岁……这些话意在反馈给对方一个信息，即把对方当做父亲般尊重。这个以颇为轻松的生活话题作为交谈开场白的一席话营造了融洽和谐的谈话氛围，拉近了双方在感情上的距离，为双方接下来的交流奠定了良好的基础。

法拉奇的开场白给我们的启示在于：一个漂亮的开场白是以选择适宜的话题为契机的。

① 寻找适宜话题的艺术。如果对方是一位陌生人，由于某种原因，又不便公开打听对方是谁，就可先从周围的环境及自身的感受谈起，以此打破沉默，使交谈得以进行。如果对对方的身份有所了解，可以就他的姓名、工作单位、专业特点等情况作为谈话话题；还可以针对对方谈话的口音，询问他家乡的情况，谈你对他家乡的了解及关于他家乡的趣闻，以此为契机与对方攀谈。如果你遇到的是一个沉默寡言的人或你想说服对方接受你的建议，而对方却是个固执己见的人，这时，打开僵局的唯一办法就是设法让对方开口说话。让对方开口说话的有效方法是寻找对方的兴趣点，促使他开口。这可以尝试从下面三个方面进行操作。第一，可以以对方的兴趣作为开始谈话的引子。这样做起码会传达给对方两个方面的信息，一方面你对他很重视，而对方也会因为你对他的重视，对你产生良好的印象；另一方面，表示你在意他的感受，对他感兴趣，这会让他感到轻松、自在。主动打破沉默，谈论对方所熟悉的话题会使他如释重负，谈兴高昂。第二，把称赞对方作为谈话的开场白。称赞对方，可以表示你对他的关心，你深入观察过对方。真诚地称赞对方，让对方不再有压力，人在放松的情况下更容易打开话匣子。第三，放低姿态，佯装糊涂，让对方感觉到你是外行，需要他的点拨。当对方有了一种此事有必要向你解释清楚的冲动时，他自然会开口说话。一旦对方开口，可能会是侃侃而谈、滔滔不绝。这样一来，你要想了解对方的真实想法就变得异常简单。

② 寻找谈话契机的关键。寻找谈话契机的关键在于能够审时度势，看准火候，把握时机。什么时候该说，说什么，这很重要。要做到这一点就需要在交谈前做好准备谈话题材的工作。准备好谈话的题材是控制谈话过程、避免交谈双方无话可说从而陷入僵局的基本条件。谈话题材的准备从三个方面做起。一是在交谈前进行必要的业务材料的准备，如与业务相关的资料文件；谈话的中心；谈话过程中各个阶段的时间分配；估计交谈过程中可能出现的困难，并决定应付的对策等。二是准备一些与工作无关的话题，作为开场白或谈话陷入僵局需要转换话题时使用。这类材料的准备工夫要下在平时，要学会在阅读时收集保存你所需要的资料。如专业知识方面的、大多数人关心的话题、你熟悉的人、你的工作伙伴感兴趣的话题等。如果你保存了足够的资料，当需要时调出来复习一下，交谈时就能派上用场。三是了解交谈对方的背景资料，准备对方熟悉或感兴趣的话题。见什么人说什么话是交谈顺畅的秘诀。要想使交谈成功，有必要了解对方的职业、文化水准、个人经历，了解对方的兴趣爱好、心理需求，了解对方的言语表达能力和思维方式。秘书交谈的目的在于使对方接受和理解，而对方能否接受和理解，受其文化程度、工作生活经历、思想水平等多种因素的制约。掌握交谈对象的背景资料越充足，越有利于寻找到最适宜的交谈话题，以满足交谈对象的心理需求。

(2) 交谈主题。有了一个好的开始，接下来的工作是如何使谈话继续进行下去。交谈是一种有目的的行为，当然这种目的性可以十分广泛。如交流思想、沟通感情、建立联系、消除隔阂、协调关系、促成合作等都可以成为交谈的目的。交谈的第二个阶段是实现其目的关键性步骤，需要秘书谨慎对待。在这个阶段需要掌握的技巧有以下四个方面。

① 善于察言观色。"察言观色"在一般情况下是个带有贬义的成语，常被用来形容那些见风使舵的人。而在秘书工作中，却赋予了"察言观色"积极的感情色彩。秘书职业是一种与人打交道的职业，秘书处在人际关系稠密的领域，要想使自己的服务工作细致、周到、妥帖、及时，要想出色地完成工作任务，需要"察言观色"。同样，秘书在与人交谈时也需要"察言观色"。设法从对方的语言信息和表情信息中了解他的真实意图，感知对方对自己所说的话题的反应，是否愿意听或乐意接受。并根据对方的面部表情、姿态神色的变化及所透露出的心理语言，及时地调整、转换话题，以保证交谈的效果。如果在交谈过程上不懂得"察言观色"，无视对方的心情，会导致"话不投机半句多"的结果。在交谈过程中，秘书的察言观色应从两个方面进行。一是对交谈对象的语言信息做具体分析。从对方谈话时词语的选择、声音的高低变化、音调的粗细、语气的停顿、说话的方式等细节处入手，对其进行系统分析、综合，进而判断出对方在谈话时的心境、真实意图，以便有的放矢，采取针对性的谈话，保证交谈的效果。如在交谈过程中，对方拐弯抹角地说话，忽然停留在某一点上，很可能这一点就是他的真实意思。如果对方不厌其烦地解释某件事，很可能这件事是他心虚的地方。二是观察交谈对象的表情信息。在交谈过程中，对方的面部表情、姿态神色、肢体动作会透露出他内心的真实意图，捕捉对方表露出的心理语言，可以帮助秘书及时调整或转换话题，掌控谈话过程。因此，秘书在交谈开始及整个过程中要保持冷静，仔细观察对方的面部表情，分析其当时的心境，并话随境移，使交谈始终处于和谐、融洽的气氛中。

② 扣紧对方谈话的思路。交谈是一种双向的交流，有说有听，但要使别人喜欢听自己说的话、能听进去，最好能在交谈的过程中始终抓住对方谈话的思路，顺着对方的思路说话，在说话的过程中顺势加以引导，使对方在不知不觉中向自己说话的思路上靠拢，最终接受自己的观点。要达到此效果，需要掌握以下两种操作技巧。

首先是认真耐心地倾听。在交谈的过程中，作为交谈的参与者要善于主动积极地聆听、倾听，让自己了解、明白对方的意图和要求。准确理解对方的意图是引导对方向己方观点靠拢的基础。在交谈过程中，认真耐心地倾听对方的谈话，能增进相互之间的了解，及时发现双方对问题认识、了解上的分歧，然后，就分歧及时的调整交谈的重心，使交谈能顺畅地进行。在交谈过程中，认真耐心地倾听对方的谈话，有助于弄清对方的观点或提议的依据，寻找和抓住机会，恰当地引用对方提出的标准来达成己方的意愿，而对方也会因感到自己的观点和提议得到了重视而满意。

其次是善于提问。秘书在与人交谈的过程中，需要向交谈对象提出一些问题，以便澄清某种事实或获取所需的信息，同时，在交谈的过程中为了控制谈话过程，提高交谈的效率，也需要提问。提问需要讲究语言方式与技巧。

③ 适可而止。适可而止用在交谈中，是指话说到恰到好处时立即停止。秘书在交谈中要懂得适可而止。在批评、说服、劝告别人或与人争辩时，在宣传介绍自己所在的组织机构的优势时，在推销企业的产品时，要能克制自己，说话时给别人留点面子，给别人一个接受建议的缓冲时间，不要抓住不放，没完没了，滔滔不绝。言多必失，过犹不及。话说得太多，反复解释，无休止地追问，有时反而会弄巧成拙。

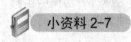小资料 2-7

适 可 而 止

　　王小姐逛街时在某时装店发现了一款时尚的上衣，她很喜欢衣服的款式、颜色、尺寸大小也正合适，价钱也符合她的心理价位，于是她决定购买。没有费多少口舌就做成了生意，导购小姐很兴奋，脸上笑开了一朵花，她一边叠衣服，一边忍不住地夸奖："美女，你可真有眼光，这款式的服装可是我们店里的主打款式，只有你这样优雅的人才适合穿它，它的优点是……"导购小姐还在说，王小姐有点不耐烦了，想交钱走人。导购小姐在准备接钱时又说了一句："等两天，我们的春季新款服装就到了，到时你再来看，肯定会有更漂亮的款式！"王小姐犹豫了一下，缩回了交钱的手。她想，现在是春初，反正衣服买回去还要再放一段儿才能穿，干脆等几天再来看看，说不定还有比这件更适合的款式呢！于是，她说："算了，我今天先不买了，等过几天再来看看，比较一下再说吧！"导购小姐脸上的笑容僵住了，没有料到顾客会反悔，一笔即将做成的生意告吹了。

　　④ 灵活应对。在交谈中，还常常碰到双方无话可说的情形，也就是常说的冷场。这种情况常发生在一个话题谈完，或交谈的双方对问题的看法不一致，又不知如何有效地说服对方时。双方都默不作声，如不继续进行话题会很尴尬，交谈的目的也很难达到。如果你不想前功尽弃、无功而返，那么，最好的办法就是转换话题，换一个轻松些的话题，待双方都冷静或兴奋起来后，再回到预定的交谈主题上来，使谈话继续进行。还可以转换气氛。如果一时还找不到合适的话题，或不知道说什么好，可采取转换气氛的方式，站起来给对方添些茶水或递上一支烟，然后找些无关的寒暄话题。到合适的时候，再接着交谈的主题继续谈下去。也可以换一种表达方式。当交谈的双方因各自的利益对某个话题产生分歧，使交谈陷入僵局时，秘书可根据具体情况，灵活变通，换一种既有助于解决眼前的问题，使对方认可，同时又能回避自己不想讲的话的表达方式，从而皆大欢喜，使问题得到解决。

　　（3）结束语。交谈不可能无休无止地进行。秘书要充分地利用时间，提高交谈的效率。经过交谈和沟通，双方已经达成了共识，交谈的目的业已达到，这时交谈就应该转入收尾阶段。按照礼仪的要求，结束谈话应由客人先提出，主人一般不先提出结束谈话的要求。尽管如此，秘书仍需要掌握巧妙结尾的技巧。因为，在一些场合秘书虽是主人，但由于时间有限，却需要礼貌地提示客人结束交谈。那么秘书在实际操作中怎样才能做到既能提高交谈的效率，惜时如金，又让客人没有怨言，不感到秘书有失礼的行为呢？操作的方法是，用暗示的方法，说一些感谢的话或以客套的方式给对方一个面谈结束的信息，暗示对方交谈该结束了；或者是以总结的方式，简单地回顾归纳一下双方交谈的要点有哪些，对其所提出的要求，能满足的有哪些，然后结束谈话。结束交谈话时，结束语要礼貌，如用商量或询问的语气对交谈对象说："咱们是不是就谈到这里？""还有其他的事情吗？如果没有，咱们是不是就此结束？"如果对方意犹未尽或纠缠不休，秘书可以明确地告诉对方："今天只能谈到这里了，如果方便，我们改天再聊"、"不好意思，我还有急事，今天我们就到此结束"。

　　6. 懂得演讲技巧

　　演讲是指演讲者面对听众，阐述事理、抒发感情、传递信息、表达思想、激励听众的一种语言表达方式。演讲包括"讲"和"演"两个方面，以"讲"为主，以"演"为辅。

"讲"所凭借的工具是口头语言,它作用于人的听觉,启迪人的心灵。"演"所凭借的工具是面目表情、手势、体态等无声的态势语,它作用于人的视觉,是一种辅助手段。两者又紧密配合,缺一不可。

秘书除了日常使用普通话口语的表达能力之外,还应该了解相关的行业术语,同时还应该注意一些典型方言,并掌握简单的外语日常口语能力的培养。

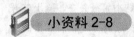
小资料2-8

正视"口才"

据说,在美国,口才、金钱和原子弹被称为人类生存的三大武器。也有人说,是人才未必有口才而有口才者必定是人才。纵观古今中外成功的事业巨子,大多是善于谈吐、讲演的语言大师。会说话,已成为现代办事主体,尤其是创造型、开拓型实业家的必备素质及其走向成功的先决条件。

(资料来源:http://www.examda.com/ms/)

(二)书面表达

"秘书"职业自古就有"刀笔吏"、"秀才"、"笔杆子"之称,不少人认为秘书的工作就是"抄抄写写"。作为秘书,是需要时时与文字工作打交道,秘书以"书"为本,撰写文稿是秘书活动最基本的专项实务。秘书的书面表达主要是指公文撰写的能力。具备相当的书面语言的表达能力对秘书来说非常重要。书面表达是秘书的基本功和看家本领。秘书不仅要懂得语法、逻辑、修辞和一般的写作理论以及各种文体的写作技巧,而且还需要具备一定的理论修养、政策水平、业务知识和思维能力以及领会领导人意图和获取信息的能力。秘书必须具备相当的书面语言的写作能力,有浓厚的文字功底,方能圆满地完成撰写文稿的任务。公文撰写主要是运用逻辑思维的方式,侧重于逻辑性极强的叙事、议论、说明,极少使用文学创作中的描写、抒情、夸张手法,而且还必须遵守一定的规范。公文写作是一个独立的体系,它在实用目的上、表达内容上、文体格式乃至语言运用及风格上都有自己的许多特殊要求。因此,秘书的书面语言表达能力不同于一般意义上的写作能力,而具备这种不同于一般的书面语言的写作能力,既是领导人对秘书的期待与要求,也是社会各界对秘书的普遍要求,古今中外都不例外。而且,越是发达的国家和地区,对秘书的写作能力要求越是严格。在西方发达国家,如美国,为了提高公职人员的写作水平常常会举办应用文的学习班,倡导应用文写作要简洁明了、开门见山、直截了当、讲求实效。在香港,会不会写应用文不仅是衡量一个人有无学问的标尺,而且是谋职竞争成败的关键。在国内,在秘书学方面的著作中,绝大多数都把公文作为重要的章节做重点介绍。这也从一个侧面反映出社会对秘书写作能力的重视程度。

因此,强调秘书人员的书面语言的使用能力是完全必要的,既合情合理,也符合秘书工作实际。

(三)秘书的口语与书面语

秘书的书面语是指秘书的书面语言的表达能力,主要是指公文撰写的能力。口头语言的表达能力说得通俗一些就是说话的本领。口头语言的表达是一种思想感情的传递与沟通,从高一层次上讲，它又是一种交际艺术，在它充分展示自身的魅力、功能时，既可以给人以认识和美感，又可以获得明显的社会效益。就秘书工作的实际情况来看，秘书语言既包括书面语言，同时也包括口头语言。过去对秘书的要求更多的是强调秘书的书面语言的表达能力。但是也应该看到，秘书工作繁琐复杂，撰写文稿只是秘书工作的一部分内容。要想做好秘书工作，仅仅凭借良好的书面语言的写作能力还远远不够，秘书的大部分工作内容面对的是具体的人，需要用口语与人直接沟通，所以，秘书同样需要具备良好的口头语言的表达能力。

如今，人们已经逐渐意识到口头语言表达能力在秘书工作中所发挥的巨大作用，一些研究者已经开始把目光投向对秘书言语交际的研究，出现了一些专门研究秘书口语的著作，如欧阳周主编的《实用文秘语言艺术》、徐秋英编著的《秘书的说话艺术》等。

如果要把秘书口语与书面语作比较的话，就重要性而言，如若与秘书的其他技能比较，两者在地位上同等重要。在秘书工作中，若论两者的使用频率，秘书口语的使用频率要多于书面语言。书面语是一种经过修饰的语言，而口语在与人交流时虽然有着直接、及时、经济、高效的特点，但多是脱口而出，一言既出，驷马难追。如果说错了，有时即使花费大量的口舌解释也收效甚微。因此，提高秘书的口头语言的表达能力尤其重要。

秘书的口头语言的表达能力是多种能力的综合体现。其中包括思维能力、修辞能力、表演能力、交际能力、语言应变能力等。口头语言的表达能力是可以在训练中提高的，只要经过有针对性的训练，说话时就能出口成章且条理清楚，用词准确、应对敏捷、语气得体，将不再是难事。

（四）态势语的运用

态势语，就是以用表情、动作或体态等来表情达意，所以有人又称它为"动作语言"、"体态语"。

人们在说话时，除了运用有声语言以外，还需要借助于面部表情、手势动作、身体姿势等无声语言的手段来补充和加强言语沟通的效果。如果说，在人类的语言中，有声语言是最基本、最重要的交际工具，那么态势语言则是辅助性的交际工具。作为一种信息载体，态势语言有着极其丰富和微妙的表意功能，这是有声语言所不能替代的。它与有声语言默契配合，可以获得最佳的交际效果。在特定的场合，它甚至可以暂时离开有声语言，仅靠自身的表意功能来传递信息、交流情感。

小资料 2-9

功能强大的态势语

在人与人的交流中，我们所传递的信号主要有三种，加利福尼亚大学洛杉矶分校的阿尔伯特·马哈宾博士称之为"3V"：视觉（Visual）信号、声音（Voice）信号和语言（Vocal）信号。这三者共同构成了职业形象的要素，也就是我们通常所说的仪表。视觉信号是指我们能看得见的东西：衣服、形体语言、面部表情等；声音信号指的是人怎样运用他的声音；而语言信号则是指我们的遣词造句。在人际交往中人们获得的 7% 的信息来自于语言信号（即文字），38% 来自于声音信号（即语调），而面部表情与动作等视觉信号（即态势语）则高达 55%！

（资料来源：张玲莉. 公共关系原理与实务[M]. 北京：高等教育出版社，2007）

二、相关链接

交谈艺术

俗话说："良好的开端是成功的一半。"因此,交谈前要做好情感的沟通,缩小双方的心理距离。彼此见面后热情握手,入座,可先不切入正题,而是先寒暄一番:可做自我介绍或引见介绍;可谈论一些与交谈无关的话题,如询问对方的身体状况,相识的人还可回顾以往的友好交往等,使双方在轻松、友好的气氛中进入正题。

在交谈过程中,要始终注意交谈的礼节:阐述自己的观点时,态度要谦虚平和;对方讲述时,要认真、耐心地倾听,不要随意插话,以免打断其思路;向别人提问时,语气要委婉,且不要一味地提对方难于回答的问题;请求对方帮助时,态度要诚恳;规劝对方时,多用征询和协商的口吻,而不用命令式的口吻;遇到需要双方都聆听的情况更是一个积极思考的过程,要边听边想,努力体察对方的心理变化,敏锐把握对方话语里的深层含意,做个善解人意的人,这样会赢得对方的尊敬并使之乐于与你交谈。对需解决的问题,应彼此坦诚地交换意见。

思考:

要使自己在交谈中表达顺畅、表现优雅应该事先做好哪些准备?

三、课堂内外

(一)堂堂练

1. 讨论:李瑞环在全国党委秘书长座谈会上要求"当说的说,不当说的不说,说晚了,说早了,说多了,说少了,都会出问题"。由此谈谈秘书的口才艺术的特点。
2. 口才小训练:做个一分钟的自我介绍。

(二)堂外练

请你分析下面案例中李秘书语言使用的失当之处。

受到责备以后

年轻的李秘书刚从大学毕业,干工作充满活力,加上他好学上进,多次受到领导表扬,在人们的记忆中,似乎他从未受过任何批评。可是有一天上午,公司的王经理急着去市里开会,需要的材料一直未拿到手,急得他团团转。有人说,材料是李秘书整理的,而李秘书刚好去了业务部。小车的喇叭声又不停地催王经理上车,于是,性急的王经理大声吼叫起来,要人立即找回李秘书。李秘书后脚跟还未进门,就听到王经理劈头盖面地吼声:"你干什么去了?要的材料为什么不按时拿出来?叫我拿什么去开会?你这个秘书怎么当的?"

从未受到过批评的李秘书,被无辜地责骂立即涨红了脸,三步并作两步,在王经理办公桌下的文件堆里翻出一份材料,甩在了他的面前:"材料是徐秘书整理的,昨天下午就给了你,你这当领导的记性哪里去了?"这时,办公室主任赶紧催王经理上车。可是,王经理出门时回过头来说?"等我开完会回来,再和你算账!"

(资料来源:孟庆荣. 秘书综合素质案例[M]. 北京:清华大学出版社,2007)

第四节 礼仪素质

一、必备知识

（一）仪表礼仪

"人无礼则不生，事无礼则不成，国无礼则不宁。"礼仪是人们在社会交往活动中形成的应共同遵守的行为规范和准则，是一个国家和民族文明程度的重要标志。现代社会，礼仪已被视为个人素质和社会观的外在表现，也是组织形象的具体表现。秘书作为组织中对外交往的窗口，连接上下左右的枢纽，更应具备良好的礼仪修养。"诚于中而行于外，慧于心而秀于言。"

仪表是一个人外表形象的综合表现，同时也是一个人内在素质的外在反映。优秀的秘书追求的是优雅得体的仪表，注重内心美和外在美的和谐统一。

1. 仪容礼仪

仪容即人的容貌，包括面容、头发、口腔、手部等。头发是他人第一眼关注的地方。健康、秀美、干净、清爽、整齐是对头发最基本的要求。

男士发型要求前不覆领，侧不掩耳，后不及领，面不留须。头发要梳理整齐，胡须要每天刮剃。头发蓬乱，胡子拉碴，会给人留下疲惫不堪，不尊重他人，缺乏严谨认真态度的印象。

女士的发型最好是短发，以自然、轻松、不夸张为主。头发的长度不宜超过肩部，在工作岗位上不允许一头秀发随意披散开来，更不允许染成彩发。

秘书要时刻保持面部的干净清洁，不能留有汗渍、油污等不洁之物。特别注意耳朵、鼻孔、脖子、指甲缝等易疏忽的部位。保持口腔卫生，在工作中尽量忌食葱、蒜、韭菜等有异味的食物。

2. 服饰礼仪

服饰是一个人穿着的服装和佩戴的饰物，它反映了一个人的精神面貌和文化素质。秘书的服饰要求整齐、清洁、大方。

（1）男士着装。男士理想的着装是西装。西装的颜色首推藏蓝，其次灰色或棕色。黑色的西装庄严肃穆，一般在非常隆重的场合穿着。配西装的衬衣颜色应与西服颜色协调，白色衬衣可和各种颜色的西装相搭配。穿西装打领带时衬衣领口扣子必须系好，不打领带应把衬衣领口扣子解开。领带的颜色、图案应与西装相协调，系好的领带长度以触及皮带扣为宜。西装纽扣有单排、双排之分，系法有所讲究：双排扣西装应把扣子都扣好。单排扣西装，如果是一粒扣的，系上端庄，敞开潇洒；两粒扣的，只系上面一粒扣，是洋气、正统，只系下面一粒是流气，全扣上是土气，都不系敞开是潇洒；三粒扣的，系上面两粒或只系中间一粒都合规范要求。西装外侧的口袋不宜放东西，最好放在西装上衣内侧的口袋里，且东西不宜太多。袜长要高及小腿中部，颜色和西装的颜色相近或一致，除非穿着白色西装，切忌穿白色的袜子。在一切正式场合只宜穿黑色或棕色皮鞋，淡色皮鞋通常在娱乐场合穿。

（2）女士着装。套裙被国际公认为最佳的职业女性服装，大方、简洁、素雅的套裙最能体现女性秘书的气质、魅力，也更能代表着一个组织形象。套裙的最佳颜色是黑色、藏青色、灰褐色、灰色和暗红色，精致的方格、印花和条纹也可以。穿着套裙时，上衣最短可以齐腰，裙子最长可以达到小腿的中部。上衣的袖长以恰恰盖住手腕为好，领子要完全翻好，裙子要穿得端正、整齐。按照规矩，套裙上衣的衣扣必须全部系上。穿套裙必须穿高统袜或连裤袜，袜子颜色以素净的肉色、浅灰色等为宜。鞋子应为半高跟或高跟，最好是黑色牛皮鞋。

（3）首饰佩带。佩带首饰，以少为佳，原则上全身佩戴的首饰不能超过三种。而且要同质同色，不能既是钻戒黄金，又是玛瑙玉石，颜色太多，质地太杂，反倒画蛇添足。

首饰佩带要因人而异，要与自己的身材、脸色、衣服颜色等相适应。如项链，体形较胖、脖子较短的人，宜选用较长的项链。而身材修长、脖子细长的人则最好选佩宽粗一些的短项链。胸针，最常见的是戴在左胸部位，如穿西装，胸针一般戴在左侧领上或左胸上方。个子高大一些的可选用大一些的胸针、佩戴位置稍低一些。相反，个子矮小一些的可选用小一点的胸针、佩戴位置稍高一些。

佩带首饰要注意其特殊的含义。如戒指，一般戴在左手，且戴在不同的手指上有不同的暗示意义：戴在无名指上，表明结婚；戴在小指上，表示独身；戴在中指上，表明已订婚或正在热恋中；戴在食指上，意味着等待求爱。

3. 仪态礼仪

"站如松，坐如钟，行如风"，这是对仪态美的形象概括。行为学家研究表明，优美的体态有时比语言更易使交往对象产生好感，使双方的沟通顺利进行。

正确的站姿会给人挺拔、舒展、优美的感觉，使人感受到一种蓬勃向上的朝气。其基本要求是：头正，下颌微收，双目平视前方，面带微笑。两臂放松，自然下垂于体侧，挺胸收腹。两腿并拢，两脚跟相靠、两脚尖打开，身体重心放于脚掌。

良好的坐姿传递的是一种自信练达、友好诚挚、积极热情的信息，展示的是高雅庄重、尊敬他人的良好风范。其基本要求是上身端正挺直，两腿并拢，两手自然放在膝上或椅扶手上。

规范的走姿要求在行走时头部抬起，目光平视，双肩平稳，以肩关节为轴，双臂前后自然摆动。上身挺拔，腿部伸直，腰部放松，脚尖略开，脚跟先接触地面，依靠后腿将身体重心送到前脚掌，使身体前移。男士的走姿重稳健、力度，女士的走姿重弹性、轻盈。

（二）日常交际礼仪

秘书几乎每天都要与各种各样的人打交道。与人交往时的礼节往往关系到交往对象对自己印象的好坏，从而影响对方进一步交往和沟通的意向，因此掌握一些日常交际基本礼仪是非常必要的。

1. 介绍

介绍是在社交场合使双方建立关系的一种礼节。通过介绍，可以缩短人与人之间的心理距离，由隔阂而变得亲近，更好地沟通、交流。

（1）自我介绍。成功的自我介绍会给对方留下主动、热情、大方的印象，为进一步交往创造一个良好的开端。自我介绍时，可以介绍自己的姓名、身份、单位。介绍姓名一定要把姓报清楚，以便对方恰当地称呼。如果看到对方流露出有结识你的热情和兴趣，可视情况介绍一下对方关心的问题，如你的原籍、兴趣爱好等。自我介绍，举止要大方，充满自信，不要慌慌张张，手足无措。眼睛应注视着对方，要善于用眼神、微笑和自然亲切的面部表情来传达对对方的友谊之情。

（2）介绍他人。为他人介绍一定要征询双方的意愿。得到允许后再按照基本规矩进行介绍：将男性介绍给女性；将年轻者介绍给年长者；将职位低的介绍给职位高的；将客人介绍给主人。介绍时手势动作应该文雅，手心朝上，手背朝下，五指自然并拢，指向被介绍的一方，并向另一方点头微笑。被介绍者应面向对方站立，以示对结识对方的诚意。在介绍人介绍完后，被介绍双方应面带微笑，握手问好。

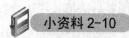
小资料 2-10

拿破仑是这样记住别人的姓名的

法国皇帝拿破仑三世，就是拿破仑的侄儿，曾经自夸说：虽然他国事很忙，可是他能记住他所见过的每一个人的姓名。他的技巧很简单，如果他没有听清楚，他就说："对不起，我没有听清楚。"如果是他不常见到的姓名，他就这么问："对不起，这字如何拼？"在谈话中，他会不厌其烦地把对方姓名反复地记忆数次。同时把这人的姓名和他的面孔、神态、外形联系起来。如果这个人对他是重要的，他会把这人的姓名写在纸上，仔细地看着、记住，然后把纸撕了。这样一来，他眼睛看到的印象，就跟他耳朵听到的一样了。

（资料来源：http://lz.book.sohu.com/chapter-19381-114814402.html）

2．握手

握手，是当今世界运用得最广泛的日常见面礼节。深情文雅而得体的握手可以加深双方的感情、缩短双方的心理距离，体现出一个人的情感和意向。

握手的顺序，应遵循"尊者决定"的原则，即行礼双方，先确定彼此之间身份的尊卑，然后由位尊者先行伸手，位卑者只能立即响应，决不可贸然抢先伸手，否则就是失礼的举动。具体来说就是：年长者、长辈、上级、女士先伸手；年幼者、晚辈、下级、男士应先问候，待对方伸手后再握。接待客人时，通常应由主人首先伸出手来与客人相握，表示欢迎，而在客人告辞时主人不可先伸出手，否则有赶客之嫌。

行握手礼要起身站立，面含笑意，目视对方，将右手向自己的正前方伸出，四指并拢，拇指张开，手掌与地面垂直，与对方右手相握，口道问候后松开，恢复原状。握手时神态要专注，不可三心二意，敷衍了事，傲慢冷淡。

3．名片

互相交换名片是现代社交场合中建立相互联系的一个重要步骤。一般情况下，希望认识对方或者自己被介绍给对方的时候需要递交名片。

向对方递送名片，要郑重其事，起身站立，面带微笑，注视对方，用双手或右手的拇指和食指捏住名片的两角或一角，递给对方。递交的时候要将名片正面对着对方，字体要正面朝向对方,便于对方直接读。递送时口头要有所表示,"这是我的名片,请多关照"、"请多指教"、"我的名片,请您收下"。

当对方表示要递名片给自己时,应起身站立,面带微笑,用双手拇指和食指接住名片下方的两角,并说"谢谢"、"请多关照"等。接到名片首先要看,用30秒钟的时间,将名片的内容默读一遍,有时也可以重复一下名片上的姓名和职称,以示尊重,同时也便于在交流中恰当地称呼对方。

索取对方的名片,应用请求的口吻,"如果没有什么不方便的话,能否给我留一张名片",或"今后如何向您请教",这种表达适于向年长者索要名片,或询问对方"今后怎么与您联系?"适合向平辈或晚辈索要名片。

4. 电话

人们在通话过程中的语言、声调、内容、表情、态度、时间等,能够真实地体现出一个人的素质、待人接物的态度以及通话者所在单位的整体水平。正确、礼貌地使用电话已成为现代秘书必备的礼仪修养。

(1)打电话。除紧急事件外,打电话的时间一般不宜在早上七点以前、用餐时间和晚上十点以后,以免影响对方休息和进餐。打电话前要明确通话后该说些什么内容,先打个腹稿,尤其在拨打陌生者或名人、要人、上司的电话时,要给对方以沉着、思路清晰的感觉,最好是把要点记在电话记录本上,以免通话中有遗漏。无论是主叫方还是被叫方,都应准备好纸、笔等用具,以便随时记录下对方的意见和重要信息。尤其是五个"W",即谁(who)、什么事情(what)、什么地点(where)、什么时间(when)、因为什么(why),摘清楚重要细节,防止因出现记忆性错误而贻误工作。在确认自己接通的电话号准确无误时,应立即通报自己的单位或姓名,切忌一开口就打听自己需要了解的事情,咄咄逼人的态度是令人反感的。一般由打电话的一方提出结束谈话。如果对方是长辈、上级或女性,则应在听到对方挂完电话后方可挂机。

(2)接电话。接电话中有条原则"铃响不过三",即在听到完整的三次电话铃响后就应立即接听电话,不要让铃响很长时间。接听电话首先要向对方问候,然后自报家门和受话人姓名。接电话时应当认真听对方说话,而且不时有所表示,"是"、"对"、"好"、"请讲"、"不客气"、"我明白了"等,或用语气词"唔"、"嗯"、"嗨"等,让对方感到你是在认真听。如果接收了误打进来的电话,不要冷冷地说"打错了"就把电话挂断,不要责怪对方,而要耐心地告诉对方可能拨错了电话。

无论是主叫方还是被叫方,都要十分注意语言文明,要正确使用"请稍等"、"对不起"、"谢谢"、"再见"等敬语、谦语、委婉用语、祝贺用语等,增强语言的亲和力和感染力。通话时,声音要柔和悦耳,语速要适中,控制说话的音量和音调,给人以亲切、友好和自信的印象。切忌在通话时嘴里叼着香烟,或喝着饮料,看着报纸等,也不能用趴在桌子上或瘫坐在椅子上等不良姿势接打电话。

(三)接待礼仪

接待来客是秘书最频繁的日常事务之一。秘书是代表单位接待来客,所以,接待态度如何,直接影响着单位的形象,决定了来客对单位的印象,关系着业务能否顺利进行。秘书应当尽量做到让每一位来客高兴而来，满意而归，这就得掌握接待的基本礼节。

1. 室外迎接礼仪

对远道而来访问、洽谈业务、参加会议的客人，秘书若要去机场、车站迎接应先了解对方抵达的车次、航班，提前到车站、机场等候客人的到来，避免客人因久等而心生不悦。接到客人，要对客人的到来表示欢迎和问候。

迎接客人事先要准备好待客用的交通工具。按照国际惯例，轿车的座位是有主次尊卑之分。以二排五人小轿车为例，在有司机开车的情况下，后排右座是第一上座，第二上座是后排左座，第三上座是后排中间的座位，最后的座位是前排右座。秘书开车时的座次等同于司机开车时的情形。如果领导亲自开车迎接客人，上座位置要发生变化，第一上座为前排右座，通常要把最重要的位置安排在领导的右侧，后排座次不变。驱车前往目的地途中，秘书应与客人热情交谈，谈话内容要轻松愉悦，如客人参与活动的背景材料、当地风土人情、自然景观等。对远方的客人，秘书还应提前为客人准备好住宿，帮助客人办理好入住手续并将其送进房间，同时将活动的计划、日程安排交给客人，考虑到客人一路旅途劳累，秘书稍作停留后就要离开，让客人早些休息。

2. 办公室接待礼仪

秘书经常要在办公室接待来客，衣着打扮得体、精神饱满，办公室和办公桌整理得整整齐齐，会给客人井然有序的良好感觉。对待任何来客秘书都应热情有礼，不管是上级的领导，政府部门的公务员，还是协作单位的经理、业务员、推销员，还是投诉者、询问者等，秘书都应一视同仁，给予同等的尊重和礼遇。当客人来时，秘书应马上停下手头的工作，起身欢迎，与客人行握手礼，请客人坐下，或是带领客人到会客室。引领来访者时，要配合对方的步幅，走在客人左侧前一米处。视与客人熟识程度进行寒暄、交谈，以示友好、热情。凡遇楼梯、拐弯处，秘书要伸手示意，引领客人。到达会客室前要指明"这是会客室"，如果门是向外开的，用手按住门，让客人先进入；如果门往内开，自己先进入，按住门后再请客人进入，即"外开门客先入，内开门己先入"。如果来客是初次来访的，秘书还要为客人和上司作介绍。首先介绍上司，介绍时要自然，说清双方姓氏、职务等。如果上司尚未到，秘书应说"请坐，经理马上就到，请稍候"，并将来客引至上座入坐，以示尊重和主人的欢迎之意。引导客人就座后，秘书要为其上茶倒水。俗话说：浅茶满酒，茶不要太满，以七八分满为宜。水温不宜太烫，以免客人不小心被烫伤。上茶时应以右手端茶，从客人的右方奉上，面带微笑，眼睛注视对方，说声"请用茶"、"请慢用"，然后行点头礼面对客人倒走一二步，再转身离开，将门轻轻带上。

对于预约的来访者，秘书事先应记住对方的姓名。当来访者应约而来时，要热情地将其引入会客室，并立即向上司通报。对于提前到达的来客或上司有要事一时脱不了身，秘书应请他们稍等，并简要说明原因。如需较长时间等待，还可给客人拿一些报纸、杂志，以免无聊。如果因意外原因而需要来客久等，应向他说明大概需要等多少时间，以便客人自己决定推迟或更改约见时间。

对于事先并未预约的来访者，秘书也应热情友好，探知客人的来意。如果是上司熟识的上级、客户、亲属、朋友，秘书应请他们就座，并立即告诉上司，按上司的指示接待。对于本单位的中层管理人员，如部门经理等有急事要见上司，秘书也应立即通报上司。对于陌生的不速之客，秘书宜等对方自报姓名、单位、职务和说明来意，微笑着表示欢迎，并向上司请示，由上司决定是否会见。要注意对对方的来意应询问得尽可能具体、确切，不能仅得到含混的回答就去请示上司。如果上司正在开会或正在会客，并同意见客，可以对临时来访者说："抱歉，经理正在开会，您可等一会儿。"如果上司没时间接待，秘书要记下对方的要求，日后予以答复，不能推诿、拖延或敷衍了事。如果上司不愿会见突然来访者，需要找借口打发，这时秘书的应对方式可以有两种情形。一种是请示上司可否派人代理接见来客，如果上司同意派人代理，秘书可以告诉来访者"不巧，经理正在会客，我请X科长来与你谈，好吗？"另一种是以既热情又坚定的态度回答上司确实无法接待，帮助上司挡驾。

3. 送客礼仪

"出迎三步，身送七步"，是迎送宾客最基本的礼仪。通常当客人起身告辞时，秘书应马上站起来，热情与客人握手告别，同时口中有所表示，"希望下次再来"、"慢走"、"再见"等。上司和来客洽谈结束，一般的来客告辞离去，走过秘书面前时，秘书可坐着或起身向客人点点头，说声再见就可以了。如果上司让秘书代为送行，秘书则应视需要，将来客送至电梯上、大门口或上车地点，挥手告别，直至对方消失在视野中才可转身返回，切忌不耐烦，急于要脱身的神态，以免给客人匆忙打发他走的感觉。

（四）会议礼仪

举办会议，是秘书的常务工作。秘书几乎每天都要与各种会议打交道，从几个人的核心会议到成百上千人参加的大型会议，都是秘书所操办、所参与的。

1. 会议环境礼仪的布置

即使是一般的常规小型会议，如每周一次的经理办公会议、部门负责人碰头会议、中层干部例会等，会场也应布置得井井有条，干净明亮，从而使与会者精神振奋，情绪饱满，保证会议的顺利进行。

（1）会场布置。一般的小型会议，常规例会，会议室只要清洁、明亮，有足够的桌椅，能让与会者方便地看文件，作记录，讨论发言就行了。大型会议应保持会场的整洁，设施完好，用品齐全。主席台的正上方悬挂会标，主席台上和会场内外悬挂旗帜，张贴标语，摆放花卉。

（2）主席台布置。主席台是会议的中心，也是会场礼仪的主要表现。主席台布置应与整个会场布置相协调，并强调突出。主席台座位若有多排，则以第一排为尊贵。第一排的座位以中间为贵，依我国传统，一般由中间按左高右低顺序往两边排开，即第二领导坐在最高领导左侧，第三领导坐在最高领导右侧，以此类推。若人数正好成双，则最高领导在中间左侧，第二领导在中间右侧，以此类推。目前国际流行右高左低，因此安排涉外会议时，要灵活使用有关规矩。每个座位的桌前要安放好姓名牌，既方便入座，也便于台下与会者和新闻采访人员辨认、熟悉有关人士。主席台的讲台，设于主席台前排右侧台口。讲台上主要放话筒，也可放上一盆花卉。讲台桌面要便于发言者打开讲话稿或摆放相关材料。

（3）会议其他用品。为方便会议进行，秘书应为会议准备各种工作文具用品，如纸、笔、投影仪、指示棒、黑白板、复印机、电脑数据库等，满足不同会议的不同需求。

2. 会议服务礼仪

常规小型会议，秘书的服务也简单，而大型会议，会期长的会议，秘书的服务就是方方面面的，从政治到生活都要妥善、到位，软件工作做好了，会议的成功率才高。

会议召开阶段如下。

（1）组织签到工作。秘书通常要和礼仪小姐一起做好签到工作，以掌握与会人员的到会情况。在会议正式开始之前，要将结果向会议主持人汇报。

（2）引导座位、维护秩序。会场较大，秘书可以引导与会者入座。为了保持会场的秩序，秘书还应积极维护。

（3）提供通讯保障。做好会议值班、热线电话接听工作，及时传递信息。

（4）检查、督促相关人员做好会场的清洁卫生、开水供应、灯光照明、扩音设施等各项服务工作服务。

（5）协助领导掌握情况，控制会议进程。对会议中的动态、与会者的建议和反应、出现的苗头和倾向，秘书都要心中有数，并及时向会议领导报告。

（6）做好会议记录。秘书在会议上通常会担任记录员的角色，应如实地记录会议进程和与会人员的言谈、主张，以便为会议纪要、决议的形成提供文字材料。

（7）做好会议的宣传、公关工作。秘书人员要及时联络媒体与记者，撰写新闻稿和各种消息稿，为记者的采访和报道工作提供方便。

（8）秘书应根据会议的日程，本着劳逸结合的原则，安排适量的文娱活动，看电影、电视，戏剧和体育表演等，调剂与会人员的会余生活。

（9）处理临时性事务工作。在开会过程中，秘书要负责处理与会领导临时交办的各项事宜，做好内外联系、传递信息的工作。会议期间，秘书还应保持高度警惕，以应付各种突发性事件。

会议结束时，会议举办方可以举行与会人员的合影留念，向与会人员赠送有地方特色和纪念意义的礼品等，安排欢送宴会。秘书要尽力为与会人员提供帮助。会议结束后，秘书要继续同与会人员保持联系，将会议相关的文字材料及时送到与会人员手中，把会议决议、精神的执行情况反馈给与会人员，和与会人员保持联系，以便更好地开展工作，并为下次会议的顺利召开奠定基础。

二、相关链接

着装 TPO 原则

TPO 是英文 time、place 和 object 三个词首字母的缩写。T 代表时间、季节、时令、时代；P 代表地点、场合、职位；O 代表目的、对象。着装的 TPO 原则是世界通行的最基本的着装原则。它要求人们的服饰应力求和谐，以和谐为美。着装要与时间、季节相吻合，符合时令；要与所处场合环境，与不同国家、区域、民族的不同习俗相吻合；符合着装人的身份；要根据不同的交往目的，交往对象选择服饰，给人留下良好的印象。总之，着装的最基本的原则是体现"和谐美"，上下装呼应和谐，饰物与服装色彩相配和谐，与身份、年龄、职业、肤色、体形和谐，与时令、季节环境和谐等。

（资料来源：http://zhidao.baidu.com/question/165524805.html）

三、课堂内外

（一）堂堂练

日本东京一家贸易公司有一位秘书小姐专门负责为客商购买车票。客商中有一位德国人，是一家大公司的商务经理，经常请她购买来往于东京和大阪之间的火车票。不久，这位经理发现：每次去大阪时，座位总在右窗口，返回东京时又总在左窗边。这位经理问小姐什么缘故，秘书小姐笑着回答："车去大阪时，富士山在您的右边；返回东京时，山又到了您的左边。我想，外国人都喜欢日本富士山的壮丽景色，所以我替您买了不同位置的车票。"德国人听了大受感动，他想："对这么微不足道的小事，这家公司的职员都能想得这么周到，那么，跟他们做生意还有什么不放心的呢？"于是，他决定把同这家日本公司的贸易额由原来的400万马克提高到了1200万马克。

（资料来源：国英. 公共关系与现代礼仪案例[M]. 北京：机械工业出版社，2004）

讨论

1. 日本公司女秘书订票的细小行为说明了什么？德国经理增加贸易额的回报与女秘书的接待工作有什么内在联系？你做过接待工作吗？有什么经验教训，说一件最令你难忘的事情。
2. 全班同学分成若干小组，模拟在接待处接待外宾，体验秘书在接待工作中应该怎么做。

（二）堂外练

1. 设计一个会议活动，并说明在会议进行到不同阶段时，秘书应注意的事项。
2. 你觉得自己的日常行为符合秘书基本的礼仪要求吗？请对照秘书的礼仪要求校正自己的日常行为规范，从现在起养成一个良好的行为习惯。

第五节　道德素质

一、必备知识

（一）社会公德

1. 社会公德的含义和特点

社会公德有广义和狭义的理解。广义的社会公德是指：反映阶级、民族或社会共同利益的道德。它包括一定社会、一定国家特别提倡和实行的道德要求，甚至还以法律规定的形式，使之得以重视和推行。狭义的社会公德是特指人类在长期社会生活实践中逐渐积累起来的、为社会公共生活所必需的、最简单、最起码的公共生活准则。它一般指影响着公共生活的公共秩序、文明礼貌、清洁卫生以及其他影响社会生活的行为规范。社会公德是人类社会生活最基本、最广泛、最一般关系的反映。在阶级社会中，尽管存在各种不同阶级的划分，存在着各种不同的分工，但处于同一时代的同一社会环境里的全体社会成员，为了彼此的交往，为了维持社会的起码生活秩序，都必须遵守为这个时代和这个社会所必需的起码的简单生活规则。社会公德是人类社会文明成果的一种沉淀和积累。它具有以下几个特点：基础性、全民性和相对稳定性。

2. 社会公德的内容与要求

社会公德的内容是对公共生活中的方方面面提出的基本规范和要求。在我国现代社会中，社会公德的主要内容包括文明礼貌、诚实守信、助人为乐、见义勇为、爱护公物、保护环境、遵纪守法等。

3. 自觉遵守社会公德

社会公德作为人类社会生活中最起码、最简单的行为准则，是和广大人民群众的切身利益密切相关的，是适应社会和人的需要而产生的。它对人们的社会生活具有特殊且广泛的社会作用。每个社会成员都应该自觉遵守社会公德。

（1）遵守社会公德是维护社会公共生活正常秩序的必要条件。社会公德是维护公共场所正常秩序和安定环境、维护现实社会生活的最低准则，是人们现实社会生活稳定发展的基本条件。

（2）遵守社会公德是成为一个有道德的人的最基本要求。社会公德发挥着维护现实的稳定、公道、扬善惩恶的功能，在社会生产和生活中起着强大的舆论监督作用和精神感召作用。社会公德的这种作用体现在：一方面肯定、维护和促进一切有利于或有助于社会和个人生存、发展和完善的思想和行为；另一方面否定、抑制和阻止一切有碍于或有害于社会和个人生存、发展和完善的思想和行为。这主要是通过社会公德的规范方式来促进社会和个人弃恶扬善，扶正祛邪，从而指导人们的思想和行为，非强制性地调节和规范着社会生活中人们的言论和行动，维护社会公共生活秩序，有效地为满足社会与社会成员的需要服务。

（3）社会公德建设是精神文明建设的基础性工程，也是精神文明程度的"窗口"。社会公德是社会道德的基石和支柱之一，社会公德对社会道德风尚的影响稳定而深刻、广泛而持久。社会道德又是社会精神文明的重要组成部分，所以从人们实践社会公德的自觉程度和普及程度，可以看出整个社会精神文明建设的状况。因此，如果社会公德遭到了践踏和破坏，整个社会的道德体系就可能会瓦解，整个社会的安定团结也将被破坏，社会主义精神文明建设也就不可能真正搞好。社会的精神文明当然包括多方面的内容，但在一定的历史发展阶段，社会的道德风尚通常是衡量一个社会的精神文明发展水平的重要标志，是整个人类社会精神文明发展的一种反映和体现。因为，一个地区或一个国家的精神面貌总是先从社会风尚中表现出来。总之，在一定意义上说，社会主义社会的社会公德是社会主义进行的基础，是现代社会必须高扬的基本道德。每个社会成员都应该增强社会公德意识，自觉地以社会责任感考虑自己的行动，遵循体现社会群体利益和他人利益的公共规范。

（二）秘书职业道德

秘书作为社会职业的一种，首先要遵守每个社会职业都要遵守的社会公德，其次就要遵守秘书特定职业的职业道德。综合各种各类秘书职业，其职业道德大致包括以下内容。

1. 忠于职守，自觉履行各项职责

各行各业的工作人员，都要忠于职守，热爱本职。这是职业道德的一条主要规范。作为秘书忠于职守就是要忠于秘书这个特定的工作岗位，自觉履行秘书的各项职责，认真辅

助领导做好各项工作。同时要有强烈的事业心和责任感，不擅权越位，不掺杂私念，不渎职。

2. 服从领导，当好参谋

服从领导，这是秘书的职业性质所决定的。作为领导工作的参谋和助手，应当严格按照领导的指示和意图办事，离开领导自行其是，别出心裁，都是职业道德所不允许的。个人的积极性、创造性只能在服从领导的前提下发挥（更多地限于建议、献策等方面）。其中特别要注意，不能用个人不成熟的想法甚至情绪化的意见，去影响和干扰领导的工作及决策。当好参谋，就是要发挥参谋作用，为领导出谋献策。在领导决策民主化、科学化的今天，尤其要求秘书改变以往办事即是称职的旧观念，要提高参谋意识和能力，明确不能出谋献策者就不是好的秘书的新观念。

3. 兢兢业业，甘当无名英雄

兢兢业业，甘当无名英雄，就是要求秘书埋头苦干，任劳任怨。秘书工作的性质，决定其工作主要是实干。要围绕领导的工作来展开活动，要求招之即来，来之能干，在具体而紧张的工作中，脚踏实地，密切联系实际和群众，不计个人得失，有着吃苦耐劳甚至委曲求全的精神。

4. 谦虚谨慎，办事公道，热情服务

谦虚谨慎，应是秘书应具有的美德。秘书不能因为在领导身边工作而自命不凡、自以为是，要平等地同各职能部门商量工作，虚心听取他们的意见，在工作中要善于协调矛盾，搞好合作。办事要公道正派。秘书对领导对群众都要一视同仁，秉公办事，平等相待。切忌因人而异，亲疏有别，更不能看来头办事情。只有公道正派的秘书，才能做到胸襟宽阔，在工作中充满朝气和活力，热情服务。秘书要把为领导服务，为本单位各职能部门服务，为群众服务当做自己的神圣职责，要充分认识自己所从事的工作所具有的重要作用。

5. 遵纪守法，廉洁奉公，不假借领导名义以权谋私

遵纪守法、廉洁奉公，是秘书职业活动能够正常进行的重要保证。遵纪守法指的是秘书要遵守职业纪律和与职业活动相关的法律、法规。廉洁奉公是高尚道德情操在职业活动中的重要体现，是秘书应有的思想道德品质和行为准则。它要求秘书在职业活动中要坚持原则，不利用职务之便假借领导名义以权谋取私利，不搞你给我一点"好处"，我回报你一点"实惠"的所谓"等价交换"。要以国家、人民和本单位整体利益为重，自觉奉献，不为名利所动，以自己的实际行动抵制和反对不正之风。

6. 恪守信用，严守机密

秘书恪守信用，就是要遵守信用、遵守时间、遵守诺言，言必信，行必果。遵守时间，领导找秘书汇报工作，秘书不准迟到。秘书自己安排的会议或会谈，自己要事先到场，并做好一切准备工作。秘书要严格遵守诺言，一经允诺的事情就要尽力办到，遇到曲折变化，要事先说明原因，使人信服。另外，秘书要严守机密。秘书职业的一个显著特点，是掌握的机密较多，这就要求秘书必须具备严守机密的职业道德，自觉加强保密观念。

7. 实事求是，勇于创新

秘书要坚持实事求是的工作作风，一切从实际出发，理论联系实际，坚持实践是检验真理的唯一标准。秘书工作的各个环节都要求准确、如实地反映客观实际，从客观存在的事实出发。秘书无论是搜集信息、汇报情况、提供意见、拟写文件，都必须端正思想，坚持实事求是的原则。在工作中，切忌主观臆断、捕风捉影，分析问题必须从客观实际出发，既不惟领导是听，也不惟"本本"是从。现在各行各业的劳动者，都在破除旧的观念，勇于开创新的工作局面。作为领导的助手——秘书更应具有强烈的创新意识和精神。勇于创新，要求不空谈、重实干，在思想上是先行者，在实践上是实干家，不断提出新问题，研究新方法，走出新路子。

8. 刻苦学习，努力提高思想、科学文化素质

各种不同的工作岗位对其工作人员都有相应的素质要求。作为新时期的秘书，这种素质要求显得更严格、更全面，甚至更苛刻一些。是否具有良好的素质，对于做好领导秘书工作是一个非常重要的问题，也是评价秘书是否称职的基本依据。因此，秘书必须刻苦学习，努力提高自身的思想素质。秘书工作头绪繁多、涉及面广，要求秘书有尽可能广博的知识，做一个"通才"和"杂家"。现代社会科学技术的发展突飞猛进，知识更新速度加快，因此，秘书应该具有广博的科学文化知识，以适应工作的需要。

9. 钻研业务，掌握秘书工作的各项技能

从发展的角度看，新时期的秘书必须了解和懂得与秘书工作有直接或间接关系的各项技能。

二、相关链接

秘书的品德

根据秘书工作的实践，可以进行这样的概括和总结。

1. 言德。能直抒己见，实话实说，而且言之有物，言之有据，言之有理，言而有信；不搞言之无物，言过其实和阿谀奉承。

2. 书德。能秉笔直书，实事求是，有喜报喜，有忧报忧。不做表面文章，不搞文字游戏，不矫揉造作，不粉饰太平。

3. 行德。能令行禁止，有行必果，办事扎实，待人诚实，为人朴实，谦虚恭谨，礼让客气，自尊、自爱、自重，甘当配角，甘为绿叶，勇于奉献，淡泊名利。

简言之就是：勇于奉献，淡泊名利，直抒己见，实事求是。

（资料来源：http://zhidao.baidu.com/question/7171577.html）

三、课堂内外

（一）堂堂练

讨论

结合所学知识，谈谈职业道德对秘书工作的重要性。

（二）堂外练

晓东技术研发公司秘书赵丽因工作努力，刻苦钻研业务，多次对公司提出合理化建议，深得公司老总欣赏。赵丽的丈夫在另一家技术研发公司任总经理，在其丈夫的多次请求下，赵丽将其在工作中接触到的新产品开发计划及相关资料复印件提供给丈夫，给公司带来了一定的损失，随后赵丽被公司辞退。

思考

1. 赵丽违反了哪些秘书职业道德要求？
2. 除违反秘书职业道德外，赵丽的行为是否违法？

第六节 法律素质

一、必备知识

（一）法制和法治

1. 法制

法制泛指法律和制度的总称。统治阶级以法律化、制度化的方式管理国家事务，并且严格依法办事的原则，也是统治阶级按照自己的意志通过国家权力建立的用以维护本阶级专政的法律和制度。其基本含义是：有法可依、有法必依、执法必严、违法必究。任何国家都有法，但不一定有法制。法制在不同国家其内容和形式不同。在君主制国家，君主之言即为法；在资本主义国家，虽然排除了奴隶制、封建制国家法制的专制性质，但资产阶级受阶级本性的局限，当有的法律规定不符合本阶级的利益时，就加以破坏，因此，不可能有真正法制。只有彻底消灭剥削制度，实现人民民主的社会主义国家，才能真正实现社会主义法制。

2. 法治

法治指由统治者通过强制性的法律来治理国政，管理社会。法治包含两重意义：已成立的法律获得普遍的服从，而大家所服从的法律又应该本身是制定得良好的法律。这就是说，所谓法治，即良法与守法的结合。法治强调在某一社会中，任何人都必需遵守法律，包括制定者和执行者本身。国家机关（特别是行政机关）的行为必需是法律或法规许可的，而这些法律或法规本身是经过某一特定程序产生的。即法律是社会最高的规则，没有任何人或组织机构可以凌驾于法律之上。

3. 法制与法治的关系

法制和法治是既有区别又有联系的两个概念，不容混淆。二者的主要区别在于以下几点。

（1）法制是法律制度的简称；属于制度的范畴，是一种实际存在的东西；而法治是法律统治的简称，是一种治国原则和方法，是相对于"人治"而言的，是对法制这种实际存在东西的完善和改造。

（2）法制的产生和发展与所有国家直接相联，在任何国家都存在法制；而法治的产生和发展却不与所有国家直接相连，只在民主制国家才存在法治。

（3）法制的基本要求是各项工作都法律化、制度化，并做到有法可依、有法必依、执法必严、违法必究；而法治的基本要求是严格依法办事，法律在各种社会调整措施中具有至上性、权威性和强制性，不是当权者的任意性。

（4）实行法制的主要标志，是一个国家从立法、执法、司法、守法到法律监督等方面，都有比较完备的法律和制度；而实行法治的主要标志，是一个国家的任何机关、团体和个人，包括国家最高领导人在内，都严格遵守法律和依法办事。

二者的联系在于：法制是法治的基础和前提条件，要实行法治，必须具有完备的法制；法治是法制的立足点和归宿，法制的发展前途必然是最终实现法治。

（二）法律知识

1. 《公司法》

（1）《公司法》的概念。《中华人民共和国公司法》（以下简称《公司法》）是规定公司法律地位、调整公司组织关系、规范公司在设立、变更与终止过程中的组织行为的法律规范的总称。《公司法》的概念有广义与狭义之分。狭义的《公司法》，仅指专门调整公司问题的法典，如《公司法》。广义的《公司法》，除包括专门的公司法典外，还包括其他有关公司的法律、法规、行政规章、司法解释以及其他各法之中的调整公司组织关系、规范公司组织行为的法律规范，如《中华人民共和国公司登记管理条例》（以下简称《公司登记管理条例》）、《中华人民共和国民法通则》（以下简称《民法通则》）、《中华人民共和国中外合资经营企业法》（以下简称《中外合资经营企业法》）、《中华人民共和国中外合作经营企业法》（以下简称《中外合作经营企业法》）、《中华人民共和国外商投资企业法》（以下简称《外商投资企业法》）等法中的相关规定。

（2）公司的概念。公司，是最普遍使用的概念，是社会经济活动最主要的主体，也是最重要的企业形式。然而，在不同的国家，由于立法习惯及法律体系的差异，公司的概念却不尽相同。即使在同一国家，随着社会经济和公司法的发展，公司的概念也在发生某些变化。

我国《公司法》第 2 条规定："本法所称公司是指依照本法在中国境内设立的有限责任公司和股份有限公司。"第 3 条规定："公司是企业法人，有独立的法人财产，享有法人财产权。公司以其全部财产对公司的债务承担责任。有限责任公司的股东以其认缴的出资额为限对公司承担责任；股份有限公司的股东以其认购的股份为限对公司承担责任。"根据《公司法》的上述规定，公司是指股东依照《公司法》的规定，以出资方式设立，股东以其认缴的出资额或认购的股份为限对公司承担责任，公司以其全部独立法人财产对公司债务承担责任的企业法人。

（3）公司的分类。

① 根据不同的标准，可以将公司划分为不同的种类。根据股东对公司所负责任的不同，可以把公司划分为五类：无限公司，即所有股东无论出资数额多少，均需对公司债务承担无限连带责任的公司；有限责任公司，所有股东均以其出资额为限对公司债务承担责任的公司；两合公司，由无限责任股东和有限责任股东共同组成的公司；股份有限公司，全部资本分为金额相等的股份，所有股东均以其所持股份为限对公司的债务承担责任；股份两合公司，由无限责任股份和有限公司股份共同组成的公司。这种划分方法是对公司进行最

基本的划分方法。

② 根据公司国籍的不同，可以划分为本国公司、外国公司和跨国公司。本国公司是指依照中国法律在中国境内设立的公司；外国公司是指依照外国法律在中国境外登记设立的公司；跨国公司是由分属在不同国家的两个或两个以上的实体组成的，实际上这种实体都是依据东道国的法律组成的法人或其他法律主体。

③ 根据公司在控制与被控制关系中所处地位的不同，可以分为母公司和子公司。母公司是指拥有其他公司一定数额的股份或根据协议，能够控制、支配其他公司的人事、财务、业务等事项的公司。母公司最基本的特征，不在于是否持有子公司的股份，而在于是否参与子公司业务经营。子公司是指一定数额的股份被另一公司控制或依照协议被另一公司实际控制、支配的公司。子公司具有独立法人资格，拥有自己所有的财产，自己的公司名称、章程和董事会，对外独立开展业务和承担责任。但涉及公司利益的重大决策或重大人事安排，仍要由母公司决定。我国《公司法》第13条第2款规定：公司可以设立子公司，子公司具有企业法人资格，依法独立承担民事责任。

④ 根据公司在管辖与被管辖关系中所处地位的不同，可以分为总公司和分公司。总公司又称本公司，是指依法设立并管辖公司全部组织的具有企业法人资格的总机构。总公司通常先于分公司而设立，在公司内部管辖系统中，处于领导、支配地位。分公司是指在业务、资金、人事等方面受本公司管辖而不具有法人资格的分支机构。分公司不具有法律上和经济上的独立地位，但其设立程序简单。我国《公司法》第13条第1款规定，公司可以设立分公司，分公司不具有企业法人资格，其民事责任由本公司承担。

⑤ 根据公司的信用基础的不同，公司的经营活动以股东个人的信用而非公司资本的多寡为基础的公司称为人合公司，如无限公司；公司的经营活动以公司的资本规模为基础的称为资合公司，如股份有限公司就是典型的资合公司；公司的设立和经营同时依赖于股东个人信用和公司资本规模的公司，如两合公司。

（4）我国《公司法》对公司的分类。根据《公司法》第2条的规定，我国目前依据股东对公司所负责任的不同将公司分成两类，即有限责任公司和股份有限公司。

有限责任公司是指由一定人数股东组成的，股东以其出资额为限对公司承担责任，公司以其全部资产对公司的债务承担责任的公司。有限责任公司的设立必须具备法定人数、发起人、资本、章程等条件。

股份有限公司是指全部资本分为等额股份，股东以其所持股份为限对公司承担责任，公司以其全部资产对公司的债务承担责任的公司。股东会是公司的权力机构；董事会是公司业务执行机构、经营决策机构；董事会聘任经理，经理在董事会领导下，负责日常经营管理工作。另外还有监事会负责监督公司的经营活动。

（5）公司的组织机构。公司组织机构是指从事公司经营活动的决策、执行和监督的公司最高领导机构。一般说来，无论是有限责任公司还是股份有限公司，公司的组织机构包括三个部分的内容，即决策机构、执行机构和监督机构。

① 股东（大）会。股东会是公司的决策机构。股东会是由公司全体股东组成的决定公司重大问题的最高权力机构，是股东表达其意志、利益和要求的主要场所和工具。股东会一般分为四类。一是股东普通年会，即公司一年一次必须召开的股东大会。普通年会一般由董事会组织召开。通常由《公司法》对两个年会之间的间隔期限做出具体规定。如果公

司超过一定的期限仍不召开会议,有管辖权的法院有权根据任何股东的请求,迅即责令公司举行会议。会议的主要内容,在《公司法》规定的范围内,一般由各个公司的章程或内部细则具体规定。二是股东特别大会,即在两次年会之间不定期召开的讨论决定公司重大决策问题的股东会议。三是法定股东会议,即法律明确指定必须召开的股东会议。这类会议只在英国公司法中有所规定。规定要求股份有限公司在有权正式开业之日起一个月至三个月内,必须召开法定会议,以在尽可能早的时间内,使公司的股东们能清楚地了解这个新建公司的所有重要情况。四是各类别股东会议,指在公司的股票分成若干类别的情况下,由属于同一类别的股东们召开的股东会议。此类会议的程序与普通年会几乎一致。由出席会议的法定人数的多数通过的决议对该类别全体股东有效。

② 董事会是公司的执行机构。董事会是依照有关法律、行政法规和政策规定,按公司或企业章程设立并由全体董事组成的业务执行机关。具体而言,董事会是股东会这一权力机关的业务执行机关,负责公司或企业和业务经营活动的指挥与管理,对公司股东会负责并报告工作。股东会所作的有关公司重大事项的决定,董事会必须执行。

有限责任公司原则上应当设董事会,负责公司的经营管理活动。如果公司的股东人数较少或者规模较小,可以不设董事会,只设 1 名执行董事即可。董事会由董事组成,根据各类公司的不同情况,法律规定了有限责任公司董事会的组成人员为 3 人至 13 人,股份有限公司董事会的组成人员为 5 人至 19 人。在这个范围内,具体人数应当由公司章程作出规定。董事会决议实行董事会成员一人一票制,为了防止董事会决议出现赞成与反对票数相等无法作出决议,公司章程应当规定董事会人数为单数,以提高董事会的工作效率。

两个以上的国有企业或者两个以上的其他国有投资主体投资设立的有限责任公司,资本全部来源于国有资产,为了体现人民当家作主的宗旨,有利于民主化管理,董事会成员中应当有职工代表。其他有限责任公司董事会成员中可以有公司职工代表。

董事会成员,由股东会选举、更换。但是,董事会中的职工代表,不应当由股东会任命或者指定,而应由职工民主选举产生。

董事会应设董事长 1 人,同时还可以根据需要设副董事长。董事长、副董事长应当是董事会成员,不是董事会成员的人不能成为董事长、副董事长。至于董事长、副董事长如何产生及其产生办法,法律授权由公司章程确定。

董事会的主要职权体现在对公司重大问题的决策权,《公司法》第四十七条明确规定,董事会对股东会负责,行使下列职权:(a)召集股东会会议,并向股东会报告工作;(b)执行股东会的决议;(c)决定公司的经营计划和投资方案;(d)制订公司的年度财务预算方案、决算方案;(e)制订公司的利润分配方案和弥补亏损方案;(f)制订公司增加或者减少注册资本以及发行公司债券的方案;(g)制订公司合并、分立、变更公司形式、解散的方案;(h)决定公司内部管理机构的设置;(i)决定聘任或者解聘公司经理及其报酬事项,并根据经理的提名决定聘任或者解聘公司副经理、财务负责人及其报酬事项;(j)制定公司的基本管理制度;(k)公司章程规定的其他职权。同有限责任公司股东会的职权相比,可见董事会的主要任务在于将公司的经营方针具体化,提出专门业务事项的方案、措施,由股东会讨论通过;而对公司管理机构的设置,高级管理人员的任免及报酬,公司的基本管理制度等,则可以直接决定和负责。因此,董事会是在股东会的领导下,主管目标、方针的措施制订与实际执行的机构。新公司法不仅对董事会职权有所扩大，增加了制订发行公司债券方案的权利，而且增加了公司章程规定的其他职权，使公司可以根据各自的经营管理需要，根据实际情况，对董事会的职权进行具体约定。

③ 监事会。监事会是公司的监督机构，是指由全体监事组成的、对公司业务活动及会计事务等进行监督的机构。为了保证公司正常有序有规则地进行经营，保证公司决策正确和领导层正确执行公务，防止滥用职权，危及公司、股东及第三人的利益，各国都规定在公司中设立监察人或监事会。监事会是股东大会领导下的公司的常设监察机构，执行监督职能。监事会的职权范围主要包括：第一，可随时调查公司生产经营和财务状况，审阅账簿、报表和文件，并请求董事会提出报告；第二，必要时，可根据法规和公司章程，召集股东大会；第三，列席董事会会议，能对董事会的决议提出异议，可要求复议；第四，对公司的各级管理人员提出罢免和处分的建议。

2. 《合同法》

（1）合同和《合同法》

依据《中华人民共和国合同法》（以下简称《合同法》）的规定，合同是平等主体的自然人、法人、其他组织之间设立、变更、终止民事权利义务关系的协议，但应将婚姻、收养、监护等有关身份关系协议排除在外。

合同具有以下法律特征。

① 合同是两个或两个以上平等民事主体之间的法律行为。合同的这一特征区别于单方法律行为。

② 合同是以设立、变更和终止民事权利义务关系为目的的民事法律行为。

③ 合同是平等主体在平等自愿基础上意思表示相一致的协议。

④ 合同是非身份关系的协议。《中华人民共和国婚姻法》（以下简称婚姻法）中有关结婚、离婚以及《民法通则》中关于监护以及《中华人民共和国继承法》（以下简称《继承法》）上关于遗赠扶养协议的合同，是属于身份上的合同，依照《合同法》第2条第2款之规定，并非《合同法》上所称的合同。

《合同法》，即有关合同的法律规范的总称，是调整平等主体之间的交易关系的法律。它包括界定合同的法律规范，订立合同的法律规范，合同成立条件的法律规范，合同内容的法律规范，合同效力的法律规范，合同无效、被撤销、效力未定的法律规范，合同履行的法律规范，合同保全的法律规范，合同担保的法律规范，合同变更和转让的法律规范，合同解除的法律规范，合同救济的法律规范，合同消灭的法律规范，合同解释和适用的法律规范，各类合同的法律规范等。

（2）《合同法》的基本原则。《合同法》的基本原则是《合同法》的主旨和根本准则，是贯穿在合同法律制度始终，在《合同法》的制定、执行、解释中应遵循的基本准则，也是合同当事人在进行交易过程中必须遵守的行为模式。因此，它对于《合同法》有着提纲挈领的作用，对于合同的订立、履行及争议的解决有普遍指导意义，在《合同法》中有着十分重要的地位。根据《合同法》的规定，《合同法》的基本准则应当包括平等、自由原则、公平原则、诚实信用原则、合法原则和公序良俗原则。

① 平等、自由原则。《合同法》第 3 条规定："合同当事人的法律地位平等，一方不得将自己的意志强加给另一方。"这就确立了合同双方当事人之间法律地位平等的关系，意味着双方是在权利和义务对等的基础上，经过充分协商达成一致的意思表示，共同实现经济利益。《合同法》第 4 条规定："当事人依法享有自愿订立合同的权利，任何单位和个人不得非法干预。"合同自由原则的具体内容包括：缔结合同的自由，即是否订立合同完全由当事人自己决定；选择对方当事人的自由，即与谁订立合同，由当事人自己来选择；决定合同内容，即订立怎样的合同，由当事人自己协商；选择合同方式的自由，即以什么方式来表示双方协商一致的意思，由当事人双方来决定，在什么情况下变更或解除原有合同，由当事人双方自主商量。

② 公平原则。《合同法》第 5 条规定："当事人应当遵循公平原则确定各方的权利和义务。"这里的公平，既表现在订立合同时的公平，显失公平的合同可以撤销；也表现在发生合同纠纷时公平处理，既要切实保护守约方的合法利益，也不能使违约方因较小的过失承担过重的责任；还表现在极个别的情况下，因客观情势发生异常变化，履行合同使当事人之间的利益重大失衡，公平地调整当事人之间的利益。公平原则包括以下内容：合同中的权利对等，即在合同中享有权利的同时应承受相应的义务；必须充分尊重当事人的真实意思，即一方不得利用自己在经济实力或社会地位等方面的优势或者利用在这些方面的弱势，以胁迫、欺诈或乘人之危等手段订立显失公平的合同；公平合理地补充合同漏洞，即对于合同中没有明确约定或者法律中没有明确规定的事项，应当本着最公平合理的目的确定双方的权利义务。

③ 诚实信用原则。诚实信用原则是民商法领域极为重要的一项原则，其主旨在于法律主体在从事各种民商事活动，应当诚实守信，以善意的方式履行其义务，不得滥用权利及规避法律或合同规定的义务。具体来说诚实信用原则，主要包括三层含义：一是诚实，要表里如一，因欺诈订立的合同无效或者可以撤销；二是守信，要言行一致，不能反复无常，也不能口惠而实不至；三是从当事人协商合同条款时起，就处于特殊的合作关系中，当事人应当恪守商业道德，履行相互协助、通知、保密等义务。

④ 合法、公序良俗原则。《合同法》第 7 条和《民法通则》第 7 条都做出规定："当事人订立履行合同，应当遵守法律、行政法规，尊重社会公德，不得扰乱社会经济秩序，损害社会公共利益。"该条规定，集中表明两层含义，一是遵守法律（包括行政法规），二是不得损害社会公共利益。合法原则包括以下内容："标的不得违法，即不得以国家禁止的商品为标的订立合同，如不得以毒品、淫秽物品等国家禁止流通的商品为标的订立合同；合同主体不得违法，国家法律、行政法规规定有关公司、企业专营的商品，除专营企业外，其他任何公司、企业不得订立合同。如枪支弹药等，除法律、行政法规规定的主体外，其他任何组织或个人不得经营，不得以此为标的订立合同；合同的形式不得违法，有些合同必须以书面形式订立，有些合同则需要经过审批才能订立，在此情况下当事人必须办审批手续，当事人订立合同的形式违反法律或行政法规的，或者视为合同不成立，或者合同无效。"

《合同法》的基本原则是《合同法》的纲领，它的作用不仅表现在某一章节、某一制度，而是贯穿整部《合同法》。《合同法》的基本原则有两大作用，其一是指导作用。《合同法》的基本原则指导立法工作者如何制订各项规定，对审判人员如何适用《合同法》也起着指导作用。基本原则是正确理解具体条文的关键。基本原则的第二个作用是补充作用。对《合同法》的某个问题，法律缺乏具体规定时，当事人可以根据基本原则来确定，审判机关可以根据基本原则解决纠纷。

(3) 合同的内容。根据《合同法》第12条规定，合同的内容由当事人约定，一般包括以下条款：当事人的名称或者姓名和住所；标的；数量；质量；价款或者报酬；履行期限、地点和方式；违约责任；解决争议的方法。

(4) 合同的订立。根据《合同法》规定，当事人采取要约、承诺方式订立合同。合同是当事人之间设立、变更、终止民事权利义务关系的协议，当事人对合同的内容经过协商、达成一致意见的过程，就是通过要约、承诺完成的。要约与承诺制度的规定，使合同的成立有了一个较为具体的标准，可以更好地分清各方当事人的责任，正确而恰当地确定合同的成立，充分保障当事人的权益，鼓励交易，减少与解决纠纷，使合同当事人和司法机关都有所遵循。

① 要约。要约是希望和他人订立合同的意思表示。当一方当事人向对方提出合同条件作出签订合同的意思表示时，称为"要约"。发出要约的当事人称为要约人，要约所指向的对方当事人则称为受要约人。要约在不同情况下还可以称之为发盘、出盘、发价、出价或报价等。

要约应具备的条件：内容具体确定；表明受要约人一旦承诺，要约人即受该要约约束。

要约邀请。要约邀请是希望他人向自己发出要约的意思表示。要约邀请与要约不同，要约是一个一经承诺就成立合同的意思表示；而要约邀请的目的则是邀请他人向自己发出要约，自己如果承诺才成立合同。要约邀请处于合同的准备阶段，没有法律约束力。实践中要约与要约邀请往往很难区别，《合同法》规定，寄送的价目表、拍卖公告、招标公告、招股说明书等都属于要约邀请，商业广告的内容符合要约规定的，视为要约。

要约生效时间即要约到达受要约人时生效。采用数据电文形式订立合同，收件人指定特定系统接收数据电文的，该数据电文进入该特定系统的时间，视为到达时间；未指定特定系统的，该数据电文进入收件人的任何系统的首次时间，视为到达时间。要约到达受要约人，并不是指要约一定要实际送达到受要约人或者其代理人手中，要约只要送达到受要约人通常的地址、住所或者能够控制的地方（如信箱等）即为送达。反之，即使在要约送达受要约人之前受要约人已经知道其内容，要约也不生效。

要约的撤回、撤销与失效。要约撤回是指要约在发出后、生效前，要约人使要约不发生法律效力的意思表示。法律规定要约可以撤回，原因在于这时要约尚未发生法律效力，撤回要约不会对受要约人产生任何影响，也不会对交易秩序产生不良影响。由于要约在到达受要约人时即生效，因此撤回要约的通知应当在要约到达受要约人之前或者与要约同时到达受要约人。

要约撤销是指要约人在要约生效后、受要约人承诺前，使要约丧失法律效力的意思表示。撤销要约的通知应当在受要约人发出承诺通知之前到达受要约人。也就是说，要约已经到达受要约人，在受要约人做出承诺之前，要约人可以撤销要约。由于撤销要约可能会给受要约人带来不利的影响，损害受要约人的利益，法律规定了两种不得撤销要约的情形：一是要约人确定了承诺期限或者以其他形式明示要约不可撤销；二是受要约人有理由认为要约是不可撤销的，并已经为履行合同作了准备工作。

要约失效是指要约丧失法律效力，即要约人与受要约人均不再受其约束，要约人不再承担接受承诺的义务，受要约人也不再享有通过承诺使合同得以成立的权利。《合同法》规定了要约失效的情形。一是拒绝要约的通知到达要约人。受要约人接到要约后，通知要约人不同意与之签订合同，则拒绝了要约，在拒绝要约的通知到达要约人时，该要约失去法律效力。二是要约人依法撤销要约。三是承诺期限届满，受要约人未作出承诺。要约中确定了承诺期限的，超过这个期限不承诺，则要约失效；要约中没有规定承诺期限的，在通常情况下，要约发出后一段合理时间内不承诺的，要约失效。四是受要约人对要约的内容作出实质性变更。发生这种情况即为反要约，反要约是一个新的要约，提出反要约就是对原要约的拒绝，使原要约失去效力，原要约人不再受要约的约束。

② 承诺。承诺是受要约人同意要约的意思表示。承诺应当具备以下条件。第一，承诺必须由受要约人作出。如由代理人作出承诺，则代理人须有合法的委托手续。第二，承诺必须向要约人作出。第三，承诺的内容必须与要约的内容一致。第四，承诺必须在有效期限内作出。

承诺的方式。承诺方式是指受要约人将其承诺的意思表示传达给要约人所采用的方式。承诺应当以通知的方式作出，通知的方式可以是口头的，也可以是书面的。一般来说，如果法律或要约中没有规定必须以书面形式表示承诺，当事人就可以口头形式表示承诺。根据交易习惯或当事人之间的约定，承诺也可以不以通知的方式，而以通过实施一定的行为或以其他方式作出。如果要约人在要约中规定承诺需用特定方式的，只要该种方式不为法律所禁止，承诺人在作出承诺时，就必须符合要约人规定的承诺方式。

承诺的期限。承诺应当在要约确定的期限内到达要约人。要约以信件或者电报作出的，承诺期限自信件载明的日期或者电报交发之日开始计算。信件未载明日期的，自投寄该信件的邮戳日期开始计算。要约以电话、传真等快速通讯方式做出的，承诺期限自要约到达受要约人时开始计算。

要约没有确定承诺期限的，承诺应当依照下列规定到达：其一是要约以对话方式作出的，应当即时作出承诺，但当事人另有约定的除外；其二是要约以非对话方式作出的，承诺应当在合理期限内到达。

受要约人超过承诺期限发出承诺的，除要约人及时通知受要约人该承诺有效的以外，为新要约。受要约人在承诺期限内发出承诺，按照通常情形能够及时到达要约人，但因其他原因承诺到达要约人时超过承诺期限的，除要约人及时通知受要约人因承诺超过期限不接受该承诺的以外，该承诺有效。

承诺的生效。承诺通知到达要约人时生效。承诺不需要通知的，根据交易习惯或者要约的要求作出承诺的行为时生效。采用数据电文形式订立合同的，承诺到达的时间同上述要约到达时间的规定相同。

承诺也可以撤回，承诺的撤回是指受要约人阻止承诺发生法律效力的意思表示。撤回承诺的通知应当在承诺通知到达要约人之前或者与承诺通知同时到达要约人。

受要约人对要约的内容作出实质性变更的，为新要约。承诺对要约的内容作出非实质性变更的，除要约人及时表示反对或者要约人表明承诺不得对要约的内容作出任何变更的以外，该承诺有效，合同的内容以承诺的内容为准。

(5) 合同的解除。

合同的解除，是指合同有效成立后，在一定条件下通过当事人的单方行为或者双方合意终止合同效力或者溯及地消灭合同关系的行为。合同的解除分为法定解除和协议解除。

① 合同的法定解除条件，根据《合同法》第94条规定，有下列情形之一的，当事人可以解除合同。因不可抗力致使不能实现合同目的。不可抗力致使合同目的不能实现，该合同失去意义，应归于消灭。在此情况下，《合同法》允许当事人通过行使解除权的方式消灭合同关系；在履行期限届满之前，当事人一方明确表示或者以自己的行为表明不履行主要债务。此即债务人拒绝履行，也称毁约，包括明示毁约和默示毁约。作为合同解除条件，一是要求债务人有过错，二是拒绝行为违法（无合法理由），三是有履行能力；当事人一方迟延履行主要债务，经催告后在合理期限内仍未履行，此即债务人迟延履行。根据合同的性质和当事人的意思表示，履行期限在合同的内容中非属特别重要时，即使债务人在履行期届满后履行，也不致使合同目的落空。在此情况下，原则上不允许当事人立即解除合同，而应由债权人向债务人发出履行催告，给予一定的履行宽限期。债务人在该履行宽限期届满时仍未履行的，债权人有权解除合同；当事人一方迟延履行债务或者有其他违约行为致使不能实现合同目的。对某些合同而言，履行期限至为重要，如债务人不按期履行，合同目的即不能实现，于此情形，债权人有权解除合同。其他违约行为致使合同目的不能实现时，也应如此；法律规定的其他情形，即法律针对某些具体合同规定了特别法定解除条件的，从其规定。

② 合同协议解除的条件，是双方当事人协商一致解除原合同关系。其实质是在原合同当事人之间重新成立了一个合同，其主要内容为废弃双方原合同关系，使双方基于原合同发生的债权债务归于消灭。协议解除采取合同（即解除协议）方式，因此应具备合同的有效要件，即当事人具有相应的行为能力；意思表示真实；内容不违反法律规范和社会公共利益；采取适当的形式。

3. 知识产权法

《中华人民共和国知识产权法》（以下简称《知识产权法》），即指国家制定或认可的，调整基于知识产权的取得、使用和保护等过程中所产生的，以权利、义务为内容的各种社会关系的法律规范的总和。这种法律规范构成一个相对独立完整的体系，主要包括《著作权法》、《专利法》和《商标法》。就法律部门的归宿来说，是与几个法律部门都相关联的法律制度。

（1）《著作权法》。《中华人民共和国著作权法》（以下简称《著作权法》）是指调整因文学、艺术和科学作品的创作和使用而产生的人身关系和财产关系的法律规范的总称，其任务是保护著作权人的合法权益，鼓励有益于社会主义精神文明和物质文明的作品的创作和传播，促进社会主义文学、艺术和科学技术的繁荣和发展。

《著作权法》所称的作品是指文学、艺术和科学领域内，具有独创性并能以某种有形形式复制的智力创造成果。

《著作权法》的基本内容有：著作权主体即著作权所有者，著作权的客体即作品，著作权内容即人身权和财产权；著作权的限制、著作权的期限，著作权的继承、转让和许可使用，侵权行为和法律责任等。

《著作权》的主体包括中国公民、法人或者非法人单位和外国人。中国公民、法人或者非法人单位，无论其作品不论是否发表，依照《著作权法》享有著作权。外国人的作品首先在中国境内发表的，依照《著作权法》享有著作权。外国人在中国境外发表的作品，根据其所属国同中国签订的协议或者共同参加的国际条约享有的著作权，受《著作权法》保护。著作权包括下列人身权和财产权：发表权，即决定作品是否公之于众的权利；署名权，即表明作者身份，在作品上署名的权利；修改权，即修改或者授权他人修改作品的权利；保护作品完整权，即保护作品不受歪曲、篡改的权利；使用权和获得报酬权，即以复制、表演、播放、展览、发行、摄制电影、电视、录像或者改编、翻译、注释、编辑等方式使用作品的权利；以及许可他人以上述方式使用作品，并由此获得报酬的权利。

《著作权》的客体包括以下形式创作的文学、艺术和自然科学、社会科学、工程技术等作品：文字作品；口述作品；音乐、戏剧、曲艺、舞蹈作品；美术、摄影作品；电影、电视、录像作品；工程设计、产品设计图纸及其说明；地图、示意图等图形作品；计算机软件；法律、行政法规规定的其他作品。

《著作权》作品要成为著作权客体，须具备的条件（著作权客体的构成要件）。

① 独创性。亦称原创性，这是作品成为著作权客体的首要条件。具体指由作者独立构思而成的，作品的内容或表现形式完全或基本不同于他人已经发表的作品，即不是抄袭、剽窃、篡改他人的作品。

② 可复制性。符合著作权保护条件的作品，通常都能以某种物质复制形式表现智力创作成果。复制形式包括印刷、绘画、摄影、录制等。《著作权法》并没有像英、美、法那样要求作品必须固定在有形载体上，而只要求作品能够以某种有形形式复制，因此不排除对未被有形载体固定的口头作品的保护。

著作作品是作者的思想表现形式。单纯的思想或情感本身而不具有文学、艺术等客观表现形式的，不能称为作品，不能成为著作权客体即不保护思想本身）。

（2）专利法。《中华人民共和国专利法》（以下简称《专利法》）是用以调整发明创造者与发明使用者之间所产生的社会关系的一种法律规范。它的实质是依照法律确认和保护发明创造的产权。《专利法》依据国家的宪法，规定专利的主体和标的，专利权的保护形式，专利权的审批制度，专利权的期限、终止和无效，专利权人的权利和义务，以及对专利权的转让等一系列问题。它是有关专利的一切法律行为所必须遵循的法律规定。《专利法》主要解决发明创造的权利归属和发明创造的使用、推广等问题。

我国《专利法》第2条规定："本法所称的发明创造是指发明、实用新型和外观设计。"这就是说，我国《专利法》的客体有发明专利、实用新型专利和外观设计专利三种。美国、加拿大等国专利法规定其保护的客体为发明、外观设计和植物品种。

① 外观设计专利。外观设计专利指产品的形状、图案、色彩或其结合作出的富有美感并适于工业上应用的新设计。概括地说，外观设计专利的保护对象是产品的装饰性或艺术性的外表设计。这种设计可以是平面图案，也可以是立体造型，或者两者的结合。

一件外观设计专利只适用于一类产品，若有人将其用于另一类产品上，不视为侵犯外观设计利权。如地毯图案的设计，专利权只适用于地毯类的外观设计。如果有人将相同图案用于衣料上，不视为侵犯外观设计专利权。因此，申请外观设计专利时，需要指用于何类产品。

外观设计专利保护对象中所述的产品,既可以是整体或整机,如电视柜、手提箱、保温瓶、收音机、手电筒等;也可以是某种整体或整机的可以拆装的,具有独立存在功能的零部件,如鞋跟、保温瓶塞、笔卡、拉链、按钮等。

实用新型专利和外观设计专利都涉及产品的形状,两者的区别是,实用新型专利主要涉及产品的结构构成,而外观设计专利只涉及产品的外表。

② 发明专利。发明专利,是指利用自然规律作用的具有较高水平的新技术发明,即对产品、方法或者其改进所提出的新的技术方案。它与现有技术相比具有突出的实质性特点和显著进步。这种新技术方案必须是能解决具体课题,并能实现的方案。发明专利可分两大类。一是产品发明专利,有时又称"物品发明专利"。因为除了有固定形状的物质产品(如机器、设备、用具等)外,还有一些无固定形状的物质产品(如液态、气态、粉末状物质等),它们都是物质,有化学物质、混合物质、化学反应的中间物质。总之,是指自然界原来不存在的人造物质。二是方法发明专利,如生产制造方法、测量方法、通讯方法、化工配方、工艺流程等。这些方法均指利用自然法则方法。对于一些纯属智力、精神活动的优化方法、新的管理方法或仅基于人的心理活动规律,如各种广告宣传方法是不能申请专利保护的。

③ 实用新型专利。实用新型专利,指对产品的形状、构造或其结合提出的适于实用的新技术方案。这种专利的技术水平比发明专利要低一些,只要求与已有技术相比有实质性特点和进步,往往是指那些小改小革项目,一般也称"小发明"。实用新型专利只保护具备一定形状构造的产品发明。方法发明及没有一定形状的物品发明不属于实用新型专利的保护范围。

根据我国《专利法》第42条之规定,发明专利权的期限为20年,实用新型专利权和外观设计专利权的期限为十年,均自申请日起计算,期限届满,专利权国家不再予以保护。

两个以上的申请人分别就同样的发明创造申请专利的,专利权授予最先申请的人。转让专利申请权或者专利权的,当事人应当订立书面合同,并向国务院专利行政部门登记,由国务院专利行政部门予以公告。专利申请权或者专利权的转让自登记之日起生效。

发明和实用新型专利权被授予后,任何单位或者个人未经专利权人许可,都不得实施其专利,即不得为生产经营目的制造、使用、许诺销售、销售、进口其专利产品,或者使用其专利方法以及使用、许诺销售、销售、进口依照该专利方法直接获得的产品。外观设计专利权被授予后,任何单位或者个人未经专利权人许可,都不得实施其专利,即不得为生产经营目的制造、销售、进口其外观设计专利产品。任何单位或者个人实施他人专利的,应当与专利权人订立书面实施许可合同,向专利权人支付专利使用费。被许可人无权允许合同规定以外的任何单位或者个人实施该专利。

(3)《商标法》。《中华人民共和国商标法》(以下简称《商标法》)是确认商标专用权,规定商标注册、使用、转让、保护和管理的法律规范的总称。它的作用主要是加强商标管理,保护商标专用权,促进商品的生产者和经营者保证商品和服务的质量,维护商标的信誉,以保证消费者的利益,促进社会主义市场经济的发展。

经商标局核准注册的商标为注册商标,包括商品商标、服务商标和集体商标、证明商标。商标注册人享有商标专用权,受法律保护。集体商标,是指以团体、协会或者其他组织名义注册,供该组织成员在商事活动中使用,以表明使用者在该组织中的成员资格的标志。证明商标，是指由对某种商品或者服务具有监督能力的组织所控制，而由该组织以外的单位或者个人使用于其商品或者服务，用以证明该商品或者服务的原产地、原料、制造方法、质量或者其他特定品质的标志。

自然人、法人或者其他组织对其生产、制造、加工、拣选或者经销的商品，需要取得商标专用权的，应当向商标局申请商品商标注册。自然人、法人或者其他组织对其提供的服务项目，需要取得商标专用权的，应当向商标局申请服务商标注册。国家规定必须使用注册商标的商品，必须申请商标注册，未经核准注册的，不得在市场上销售。商标使用人应当对其使用商标的商品质量负责。各级工商行政管理部门应当通过商标管理，制止欺骗消费者的行为。

任何能够将自然人、法人或者其他组织的商品与他人的商品区别开的可视性标志，包括文字、图形、字母、数字、三维标志和颜色组合，以及上述要素的组合，均可以作为商标申请注册。申请注册的商标，应当有显著特征，便于识别，并不得与他人在先取得的合法权利相冲突。商标注册人有权标明"注册商标"或者注册标记。

就相同或者类似商品申请注册的商标是复制、模仿或者翻译他人未在中国注册的驰名商标，容易导致混淆的，不予注册并禁止使用。就不相同或者不相类似商品申请注册的商标是复制、模仿或者翻译他人已经在中国注册的驰名商标，误导公众，致使该驰名商标注册人的利益可能受到损害的，不予注册并禁止使用。

申请商标注册的，应当按规定的商品分类表填报使用商标的商品类别和商品名称。商标注册申请人在不同类别的商品上申请注册同一商标的，应当按商品分类表提出注册申请。注册商标需要在同一类的其他商品上使用的，应当另行提出注册申请。注册商标需要改变其标志的，应当重新提出注册申请。商标注册申请人自其商标在外国第一次提出商标注册申请之日起六个月内，又在中国就相同商品以同一商标提出商标注册申请的，依照该外国同中国签订的协议或者共同参加的国际条约，或者按照相互承认优先权的原则，可以享有优先权。

注册商标有效期为 10 年，期满可以续展，续展次数没有限制，因而可以永久有效。注册商标有效期满，需要继续使用的，应当在期满前六个月内申请续展注册；在此期间未能提出申请的，可以有 6 个月的宽展期。宽展期满仍未提出申请的，注册商标将会被注销。每次续展注册的有效期为 10 年。续展注册经核准后，予以公告。

4. 外商企业投资法

（1）外商投资企业的概念。外商投资企业是指依照中华人民共和国法律的规定，在中国境内设立的，由中国投资者和外国投资者共同投资或者仅由外国投资者投资的企业。

（2）外商投资企业的种类。我国的外商投资企业立法是伴随着我国的改革和对外开放政策而逐步建立并不断完善的，至今已形成较为完备的外商投资企业立法体系，其中重要的法律、法规有：《中外合资经营企业法》、《中华人民共和国外资企业法》（以下简称《外资企业法》）、《中外合作经营企业法》、《中华人民共和国中外合资经营企业法实施条例》（以下简称《中外合资经营企业法实施条例》）、《中华人民共和国关于鼓励外商投资的规定》（以下简称《关于鼓励外商投资的规定》）、《中华人民共和国外资企业法实施细则》（以下称《外资企业法实施细则》）、《中华人民共和国中外合作经营企业法实施细则》（以下简称《中外合作经营企业法实施细则》）、《中华人民共和国中外合作经营企业合营各方出资的若干规定及其补充规定》（以下简称《中外合作经营企业合营各方出资的若干规定及其补充规定》）等。

依照外商在企业注册资本和资产中所占股份和份额的比例不同以及其他法律特征的不同，可将外商投资企业分为以下三种类型。

① 中外合资经营企业。中外合资经营企业，是指外国的企业、公司、其他经济组织或个人，按平等互利的原则，经中国政府批准在中华人民共和国境内同中国的公司、企业或其他经济组织共同投资、共同经营管理、共享利益、共担风险的股权式合营企业，合资企业的形式为有限责任公司，合资企业具有中国法人资格。其主要法律特征是：外商在企业注册资本中的比例有法定要求；企业采取有限责任公司的组织形式。故此种合营称为股权式合营。

② 中外合作经营企业。中外合作经营企业，是由外国的企业、其他经济组织或者个人同中国的企业或其他经济组织，按照平等互利的原则和中国的法律，经中国政府批准在中国境内共同投资创办的契约式合营企业。其主要法律特征是：外商在企业注册资本中的份额无强制性要求；企业采取灵活的组织管理、利润分配、风险分担方式，其内容主要由合营企业合同规定。

③ 外商独资企业。外商独资企业指外国的公司、企业、其他经济组织或者个人，依照中国法律在中国境内设立的全部资本由外国投资者投资的企业。根据外资企业法的规定，设立外资企业必须有利于我国国民经济的发展，并应至少符合下列一项条件，即采用国际先进技术和设备的；产品全部或者大部分出口的。外资企业的组织形式一般为有限责任公司，也可以说是一人有限公司。但不包括外国的公司、企业、其他经济组织设在中国的分支机构，如分公司、办事处、代表处等。其主要法律特征是：企业全部资本均为外商拥有。

5. 《劳动法》

《中华人民共和国劳动法》（以下简称《劳动法》），是调整劳动关系以及与劳动关系密切联系的社会关系的法律规范的总称。其内容主要包括：劳动者的主要权利和义务；劳动就业方针政策及录用职工的规定；劳动合同的订立、变更与解除程序的规定；集体合同的签订与执行办法；工作时间与休息时间制度；劳动报酬制度；劳动卫生和安全技术规程；女职工与未成年工的特殊保护办法；职业培训制度；社会保险与福利制度；劳动争议的解决程序；对执行劳动法的监督、检查制度以及违反劳动法的法律责任等。此外，还包括工会参加协调劳动关系的职权的规定。以上内容，在有些国家是以各种单行法规的形式出现的，在有些国家是以劳动法典的形式颁布的。劳动法是整个法律体系中一个重要的、独立的法律部门。

任何单位在日常生活中都会发生劳动关系，劳动关系方面的法律法规相当复杂，这里仅是简要的介绍劳动法相关内容，具体内容有待在实践中学习和探索，这里列举一下大部分涉及劳动关系的全国性法律法规名称，以供在实践中参考。具体为：《劳动法》、《中华人民共和国劳动合同法》（以下简称《劳动合同法》）、《中华人民共和国劳动争议调解仲裁法》（以下简称《劳动争议调解仲裁法》）、《最高人民法院关于审理劳动争议案件适用法律问题的解释（一）》、《最高人民法院关于审理劳动争议案件适用法律问题的解释（二）》、《企业劳动争议处理条例》、《最高人民法院关于职工执行公务在单位借款长期挂帐发生纠纷法院是否受理问题的答复〔1999〕民他字第 4 号》、《住房公积金管理条例》、《劳动部办公厅关于劳动争议受理问题的复函》、《国有企业富余职工安置规定》、《关于企业职工要求"停薪留职"问题的通知》、《劳动部办公厅对〈关于对非法用工主体能否实施行政处罚的请示〉》、《劳动保障监察条例》、《劳动部〈关于因破产、被工商机关吊销营业执照或自行解散的企业拖欠职工工资引发的劳动争议如何确定被诉人的请示的复函〉劳部发〔1997〕285 号》、《最高人民法院法经〔2000〕24 号函（函复辽宁省高级人民法院）》、《劳动保障部〈关于确立劳动关系有关事项的通知〉（劳社部发〔2005〕12 号）》、《违反和解除劳动合同经济补偿办法》、《违反劳动法有关劳动合同规定的赔偿办法》、《违反劳动法行政处罚办法》、《劳动部关于劳动法条文的若干说明》、《国家统计局〈关于工资总额组成的规定若干具体范围的解释〉》、《国务院关于职工工作时间的规定》、《关于贯彻执行劳动法若干问题的意见》、《工伤保险条例》、《最高人民法院关于人民法院对经劳动争议仲裁裁决的纠纷准予撤诉或驳回起诉后劳动争议仲裁裁决从何时起生效的解释—法释〔2000〕18 号》、《全民所有制企业法》、《职工代表大会条例》、《工会法》、《公司法》、《国资委企业股权激励办法》、《关于企业实行不定时工作制和综合计算工时工作制》、《劳动部关于贯彻执行劳动法若干问题的意见》、《带薪年休假条例》、《原国家劳动总局、财政部〈关于国营企业职工请婚丧假和路程假问题的规定〉》、《妇女权益保护法》、《中共中央国务院关于职工休假问题的通知》、《职工培训管理办法》、《劳动部关于劳动者在试用期内有关事项的通知》、《职业建设领域农民工工资支付管理暂行办法—（劳社部发〔2004〕22 号）》、《工资支付暂行规定》、《最低工资规定》、《非法用工单位伤亡人员一次性赔偿办法》、《社会保险费征缴暂行条例》、《关于切实加强保护外派劳务人员合法权益的通知》、《关于外派劳务人员伤、残、亡善后处理问题的复函》、《境外就业中介管理规定》、《国务院关于大力发展职业教育的决定》、《关于加强商业职业技术学校实践性教学的意见》、《关于建立高校毕业生就业见习制度的通知》、《劳动和社会保障部关于非全日制用工若干问题的意见》、《职业病诊断与鉴定管理办法》、《职工工伤与职业病致残程度鉴定》等。

（1）适用范围。中华人民共和国境内的企业、个体经济组织、民办非企业单位等组织（以下称用人单位）与劳动者建立劳动关系，订立、履行、变更、解除或者终止劳动合同，适用《劳动合同法》。国家机关、事业单位、社会团体和与其建立劳动关系的劳动者，订立、履行、变更、解除或者终止劳动合同，依照《劳动合同法》执行。

（2）劳动者及其权利义务。劳动者是具有劳动能力，以从事劳动获取合法劳动报酬的自然人。根据劳动法的规定，劳动者的劳动权利主要有：平等就业和选择职业的权利；取得劳动报酬的权利；休息休假的权利；获得劳动安全卫生保护的权利；接受职业技能培训的权利；享受社会保险和福利的权利；依法参加工会和职工民主管理的权利；提请劳动争议处理的权利；法律规定的其他劳动权利。劳动者的劳动义务主要有：劳动者应按时完成劳动任务，提高职业技能，执行劳动安全卫生规程，遵守劳动纪律和职业道德，爱护和保卫公共财产，保守国家秘密和用人单位商业秘密等。

（3）用人单位。用人单位是指依法使用和管理劳动者并付给其劳动报酬的单位。用人单位的权利主要有：招工权，是用人单位根据本单位需要招用职工的权利；用人权，是用

秘书职业基础

人单位依照法律和合同的规定，使用和管理劳动者的权利；奖惩权，是用人单位依照法律和本单位的劳动纪律，决定对职工奖惩的权利；分配权，是用人单位在法律和合同规定的范围内，决定劳动报酬分配方面的权利。

（4）劳动合同。

① 概念。劳动合同，是指劳动者与用人单位之间确立劳动关系，明确双方权利和义务的书面协议。劳动者与用人单位建立劳动关系，应当订立书面劳动合同。已建立劳动关系，未同时订立书面劳动合同的，应当自用工之日起一个月内订立书面劳动合同。用人单位与劳动者在用工前订立劳动合同的，劳动关系自用工之日起建立。

② 种类。劳动合同分为固定期限劳动合同、无固定期限劳动合同和以完成一定工作任务为期限的劳动合同。

固定期限劳动合同，是指用人单位与劳动者约定合同终止时间的劳动合同。用人单位与劳动者协商一致，可以订立固定期限劳动合同。

无固定期限劳动合同，是指用人单位与劳动者约定无确定终止时间的劳动合同。用人单位与劳动者协商一致，可以订立无固定期限劳动合同。有下列情形之一，劳动者提出或者同意续订、订立劳动合同的，除劳动者提出订立固定期限劳动合同外，应当订立无固定期限劳动合同：劳动者在该用人单位连续工作满十年的；用人单位初次实行劳动合同制度或者国有企业改制重新订立劳动合同时，劳动者在该用人单位连续工作满10年且距法定退休年龄不足十年的；连续订立二次固定期限劳动合同，且劳动者没有本法第39条和第40条第（一）项、第（二）项规定的情形，续订劳动合同的。用人单位自用工之日起满一年不与劳动者订立书面劳动合同的，视为用人单位与劳动者已订立无固定期限劳动合同。

以完成一定工作任务为期限的劳动合同，是指用人单位与劳动者约定以某项工作的完成为合同期限的劳动合同。用人单位与劳动者协商一致，可以订立以完成一定工作任务为期限的劳动合同。

③ 内容。根据《劳动合同法》规定，劳动合同应当具备以下条款：用人单位的名称、住所和法定代表人或者主要负责人；劳动者的姓名、住址和居民身份证或者其他有效身份证件号码；劳动合同期限；工作内容和工作地点；工作时间和休息休假；劳动报酬；社会保险；劳动保护、劳动条件和职业危害防护；法律、法规规定应当纳入劳动合同的其他事项。劳动合同除以上必备条款外，用人单位与劳动者可以约定试用期、培训、保守秘密、补充保险和福利待遇等其他事项。

④ 试用期。劳动者与用人单位可以在劳动合同中约定试用期。劳动合同期限3个月以上不满1年的，试用期不得超过1个月；劳动合同期限一年以上不满3年的，试用期不得超过2个月；3年以上固定期限和无固定期限的劳动合同，试用期不得超过6个月。同一用人单位与同一劳动者只能约定一次试用期。以完成一定工作任务为期限的劳动合同或者劳动合同期限不满3个月的，不得约定试用期。试用期包含在劳动合同期限内。劳动合同仅约定试用期的，试用期不成立，该期限为劳动合同期限。劳动者在试用期的工资不得低于本单位相同岗位最低档工资或者劳动合同约定工资的百分之八十，并不得低于用人单位所在地的最低工资标准。在试用期中，除劳动者有法定情形外，用人单位不得解除劳动合同。用人单位在试用期解除劳动合同的，应当向劳动者说明理由。

⑤ 劳动合同的解除。用人单位与劳动者协商一致，可以解除劳动合同。劳动者提前30日以书面形式通知用人单位，可以解除劳动合同。劳动者在试用期内提前3日通知用人单位，可以解除劳动合同。

用人单位有下列情形之一的，劳动者可以解除劳动合同：未按照劳动合同约定提供劳动保护或者劳动条件的；未及时足额支付劳动报酬的；未依法为劳动者缴纳社会保险费的；用人单位的规章制度违反法律、法规的规定，损害劳动者权益的；因劳动者用欺诈、胁迫的手段或者乘人之危，使用人单位在违背真实意思的情况下订立或者变更劳动合同致使劳动合同无效的；法律、行政法规规定劳动者可以解除劳动合同的其他情形。用人单位以暴力、威胁或者非法限制人身自由的手段强迫劳动者劳动的，或者用人单位违章指挥、强令冒险作业危及劳动者人身安全的，劳动者可以立即解除劳动合同，不需事先告知用人单位。

劳动者有下列情形之一的，用人单位可以解除劳动合同：在试用期间被证明不符合录用条件的；严重违反用人单位的规章制度的；严重失职，营私舞弊，给用人单位造成重大损害的；劳动者同时与其他用人单位建立劳动关系，对完成本单位的工作任务造成严重影响，或者经用人单位提出，拒不改正的；因劳动者用欺诈、胁迫的手段或者乘人之危，使用人单位在违背真实意思的情况下订立或者变更劳动合同致使劳动合同无效的；被依法追究刑事责任的。

有下列情形之一的，用人单位提前30日以书面形式通知劳动者本人或者额外支付劳动者一个月工资后，可以解除劳动合同：劳动者患病或者非因工负伤，在规定的医疗期满后不能从事原工作，也不能从事由用人单位另行安排的工作的；劳动者不能胜任工作，经过培训或者调整工作岗位，仍不能胜任工作的；劳动合同订立时所依据的客观情况发生重大变化，致使劳动合同无法履行，经用人单位与劳动者协商，未能就变更劳动合同内容达成协议的。

有下列情形之一，需要裁减人员20人以上或者裁减不足20人但占企业职工总数百分之十以上的，用人单位提前30日向工会或者全体职工说明情况，听取工会或者职工的意见后，裁减人员方案经向劳动行政部门报告，可以裁减人员：依照企业破产法规定进行重整的；生产经营发生严重困难的；企业转产、重大技术革新或者经营方式调整，经变更劳动合同后，仍需裁减人员的；其他因劳动合同订立时所依据的客观经济情况发生重大变化，致使劳动合同无法履行的。裁减人员时，应当优先留用下列人员：与本单位订立较长期限的固定期限劳动合同的；与本单位订立无固定期限劳动合同的；家庭无其他就业人员，有需要扶养的老人或者未成年人的。

劳动者有下列情形之一的，用人单位不得依照《劳动合同法》第40条、第41条的规定解除劳动合同：从事接触职业病危害作业的劳动者未进行离岗前职业健康检查，或者疑似职业病病人在诊断或者医学观察期间的；在本单位患职业病或者因工负伤并被确认丧失或者部分丧失劳动能力的；患病或者非因工负伤，在规定的医疗期内的；女职工在孕期、产期、哺乳期的；在本单位连续工作满15年，且距法定退休年龄不足五年的；法律、行政法规规定的其他情形。

⑥ 劳动合同的终止。有下列情形之一的，劳动合同终止：劳动合同期满的；劳动者开始依法享受基本养老保险待遇的；劳动者死亡，或者被人民法院宣告死亡或者宣告失踪的；用人单位被依法宣告破产的；用人单位被吊销营业执照、责令关闭、撤销或者用人单位决

定提前解散的；法律、行政法规规定的其他情形。

⑦ 经济补偿金。经济补偿金，是指劳动合同因法定事由解除或者终止后，用人单位依法应当向劳动者支付一定数额的补偿金。根据《劳动合同法》规定，以下几种情形下解除劳动合同，用人单位应当向劳动者支付经济补偿金。一是经劳动合同当事人协商一致，由用人单位解除劳动合同的，用人单位应根据劳动者在本单位工作年限，每满1年发给相当于1个月工资的经济补偿金，最多不超过12个月，工作时间不满1年的按1年的标准发给经济补偿金；二是劳动者患病或者非因工负伤，经劳动鉴定委员会确认不能从事原工作、也不能从事用人单位另行安排的工作而解除劳动合同的，用人单位应按其在本单位的工作年限，每满1年发给相当于1个月工资的经济补偿金，同时还应发给不低于6个月工资的医疗补助费；三是劳动者不胜任工作，经过培训或者调整工作岗位仍不能胜任工作，由用人单位解除劳动合同的，用人单位应按其在本单位工作的年限，工作时间每满1年，发给相当于1个月工资的经济补偿金，最多不超过12个月；四是劳动合同订立时所依据的客观情况发生重大变化，致使原劳动合同无法履行，经当事人协商不能就变更劳动合同达成协议，由用人单位解除劳动合同的，用人单位按劳动者在本单位工作的年限，工作时间每满1年发给相当于1个月工资的经济补偿金；五是用人单位濒临破产进行法定整顿期间或者生产经营状况发生严重困难，必须裁减人员的，用人单位按被裁减人员在本单位工作的年限支付经济补偿金，在本单位工作的时间每满1年，发给相当于1个月工资的经济补偿金。

⑧ 劳动争议的解决。发生劳动争议，劳动者可以与用人单位协商，也可以请工会或者第三方共同与用人单位协商，达成和解协议。发生劳动争议，当事人不愿协商、协商不成或者达成和解协议后不履行的，可以向调解组织申请调解；不愿调解、调解不成或者达成调解协议后不履行的，可以向劳动争议仲裁委员会申请仲裁；对仲裁裁决不服的，除法律另有规定的外，可以向人民法院提起诉讼。劳动争议申请仲裁的时效期间为一年。仲裁时效期间从当事人知道或者应当知道其权利被侵害之日起计算。仲裁庭裁决劳动争议案件，应当自劳动争议仲裁委员会受理仲裁申请之日起45日内结束。案情复杂需要延期的，经劳动争议仲裁委员会主任批准，可以延期并书面通知当事人，但是延长期限不得超过十五日。逾期未作出仲裁裁决的，当事人可以就该劳动争议事项向人民法院提起诉讼。当事人对符合《劳动争议调解仲裁法》规定的劳动争议案件的仲裁裁决不服的，可以自收到仲裁裁决书之日起十五日内向人民法院提起诉讼；期满不起诉的，裁决书发生法律效力。

6. 《反不正当竞争法》

（1）概述。《中华人民共和国反不正当竞争法》（以下简称《反不正当竞争法》）是调整在制止不正当竞争过程中发生的社会关系的法律规范的总称。我国于1993年9月2日通过了《中华人民共和国反不正当竞争法》，共5章33条。我国反不正当竞争法的立法目的是为了保障社会主义市场经济健康发展，鼓励和保护正当竞争，制止不正当竞争，保护经营者和消费者的合法权益。《反不正当竞争法》的基本原则包括自愿、公平、平等、诚实信用、遵守公认商业道德以及不得滥用竞争权利等原则。

（2）不正当竞争行为的种类。根据我国《反不正当竞争法》，可以将不正当竞争行为划分为12类，即假冒他人的注册商标；使用知名商品特有的名称、包装、装潢，或者使用与知名商品近似的名称、包装、装潢，造成和他人的知名商品相混淆，使购买者误认为是该知名商品；擅自使用他人的企业名称或者姓名，引人误认为是他人的商品，以及在商品上伪造或者冒用认证标志、名优标志等质量标志，伪造产地，对商品质量作引人误解的虚假表示；公用企业或者其他依法具有独占地位的经营者，不得限定他人购买其指定的经营者的商品，以排挤其他经营者的公平竞争；政府及其所属部门滥用行政权力，限定他人购买其指定的经营者的商品，限制其他经营者正当的经营活动，以及政府及其所属部门滥用行政权力，限制外地商品进入本地市场，或者本地商品流向外地市场；经营者采用财物或者其他手段进行贿赂以销售或者购买商品；经营者利用广告或者其他方法，对商品的质量、制作成分、性能、用途、生产者、有效期限、产地等作引人误解的虚假宣传；经营者采用偷窃、利诱、胁迫或者其他不正当手段获取权利人的商业秘密，披露、使用或者允许他人使用以前述手段获取权利人的商业秘密，违反约定或者违反权利人有关保守商业秘密的要求，披露、使用或者允许他人使用其所掌握的商业秘密；经营者以排挤对手为目的，以低于成本的价格销售商品；经营者销售商品，违背购买者的意愿搭售商品或者附加其他不合理的条件；经营者捏造、散布虚伪事实，损害竞争对手的商业信誉、商品声誉；投标者串通投标，抬高标价或者压低标价，以及投标者和招标者相互勾结，以排挤竞争对手的公平竞争。

（3）不正当竞争的法律责任。根据我国《反不正当竞争法》，可以将不正当竞争的法律责任划分为10类。

① 经营者给被侵害的经营者造成损害的，应当承担损害赔偿责任，被侵害的经营者的损失难以计算的，赔偿额为侵权期间因侵权所获得的利润；并应当承担被侵害的经营者因调查该经营者侵害其合法权益的不正当竞争行为所支付的合理费用。被侵害的经营者的合法权益受到不正当竞争行为损害的，可以向人民法院提起诉讼。

② 经营者假冒他人的注册商标，擅自使用他人的企业名称或者姓名，伪造或者冒用认证标志、名优标志等质量标志，伪造产地，对商品质量作引人误解的虚假表示的，依照《中华人民共和国商标法》、《中华人民共和国产品质量法》的规定处罚。经营者擅自使用知名商品特有的名称、包装、装潢，或者使用与知名商品近似的名称、包装、装潢，造成和他人的知名商品相混淆，使购买者误认为是该知名商品的，监督检查部门应当责令停止违法行为，没收违法所得，可以根据情节处以违法所得1倍以上3倍以下罚款；情节严重的，可以吊销营业执照；销售伪劣商品，构成犯罪的，依法追究刑事责任。

③ 经营者采用财物或者其他手段进行贿赂以销售或者购买商品，构成犯罪的，依法追究刑事责任；不构成犯罪的，监督检查部门可以根据情节处以1万元以上20万元以下的罚款，有违法所得的，予以没收。

④ 公用企业或者其他具有独占地位的经营者，限定他人购买其指定的经营者的商品，以排挤其他经营者的公平竞争的，省级或者设区的市的监督检查部门应当责令其停止违法行为，可以根据情节处以5万元以上20万元以下的罚款。被指定的经营者借此销售质次价高商品或者滥收费用的，监督检查部门应当没收违法所得，可以根据情节处以违法所得1倍以上3倍以下的罚款。

⑤ 经营者利用广告或者其他方法，对商品作引人误解的虚假宣传的，监督检查部门应当责令停止违法行为，消除影响，可以根据情节处以1万元以上20万元以下的罚款。广告

的经营者，在明知或者应知的情况下，代理、设计、制作、发布虚假广告的，监督检查部门应当责令停止违法行为，没收违法所得，并依法处以罚款。

⑥ 侵犯商业秘密的，监督检查部门应当责令停止违法行为，可以根据情节处以1万元以上20万元以下的罚款。

⑦ 投标者串通投标，抬高标价或者压低标价；投标者和招标者相互勾结，以排挤竞争对手的公平竞争的，其中标无效。监督检查部门可以根据情节处以1万元以上20万元以下的罚款。

⑧ 经营者有违反被责令暂停销售，不得转移、隐匿、销毁与不正当竞争行为有关的财物的行为的，监督检查部门可以根据情节处以被销售、转移、隐匿、销毁财物的价款的1倍以上3倍以下的罚款。

当事人对监督检查部门作出的处罚决定不服的，可以自收到处罚决定之日起15日内向上一级主管机关申请复议；对复议决定不服的，可以自收到复议决定书之日起15日内向人民法院提起诉讼；也可以直接向人民法院提起诉讼。

⑨ 政府及其所属部门限定他人购买其指定的经营者的商品、限制其他经营者正当的经营活动，或者限制商品在地区之间正常流通的，由上级机关责令其改正；情节严重的，由同级或者上级机关对直接责任人员给予行政处分。被指定的经营者借此销售质次价高商品或者滥收费用的，监督检查部门应当没收违法所得，可以根据情节处以违法所得1倍以上3倍以下的罚款。

⑩ 监督检查不正当竞争行为的国家机关工作人员滥用职权、玩忽职守，构成犯罪的，依法追究刑事责任；不构成犯罪的，给予行政处分。监督检查不正当竞争行为的国家机关工作人员徇私舞弊。对明知有违反本法规定构成犯罪的经营者故意包庇不使其受追诉的，依法追究刑事责任。

7. WTO知识

（1）概述。WTO是世界贸易组织（World Trade Organization）的英文缩写。世界贸易组织是一个独立于联合国的永久性国际组织。1995年1月1日正式开始运作，负责管理世界经济和贸易秩序，总部设在瑞士日内瓦莱蒙湖畔，1996年1月1日，它正式取代关贸总协定临时机构。世界贸易组织是具有法人地位的国际组织，在调解成员争端方面具有更高的权威性，其前身是1947年订立的关税及贸易总协定。与关贸总协定相比，世界贸易组织涵盖货物贸易、服务贸易以及知识产权贸易，而关贸总协定只适用于商品货物贸易。世界贸易组织与世界银行（WBG）、国际货币基金组织（IMF）一起，并称为当今世界经济体制的"三大支柱"。目前，世界贸易组织的贸易量已占世界贸易95%以上。现任总干事是欧盟前贸易委员帕斯卡尔·拉米（法国人），2005年9月任职。

（2）WTO的宗旨和基本原则。世界贸易组织（WTO）总部（日内瓦）其宗旨是：促进经济和贸易发展，以提高生活水平、保证充分就业、保障实际收入和有效需求的增长；根据可持续发展的目标合理利用世界资源、扩大商品生产和服务；达成互惠互利的协议，大幅度削减和取消关税及其他贸易壁垒并消除国际贸易中的歧视待遇。

WTO的宗旨和基本原则主要包括四项：①非歧视性原则，主要体现在最惠国待遇和国民待遇，即不能内外有别，也不能外外有别；②透明度原则，就是要求各成员国必须公布服务贸易的行政法规、规章和政策措施，使政策具有可预见性，其他成员能了解该成员方的法律环境；③公平竞争原则，即不允许采取不正当贸易手段（入倾销和补贴等）进行竞争；④法制统一原则，要求各国地方规章要与中央政府的承诺相一致。

（3）WTO 的组织机构。截至 2007 年 1 月底，该组织由成员 150 个，现任总干事是欧盟前贸易委员帕斯卡尔·拉米。WTO 作为正式的国际贸易组织在法律上与联合国等国际组织处于平等地位。它的职责范围除了关贸总协定原有的组织实施多边贸易协议以及提供多边贸易谈判所和作为一个论坛之外，还负责定期审议其成员的贸易政策和统一处理成员之间产生的贸易争端，并负责加强同国际货币基金组织和世界银行的合作，以实现全球经济决策的一致性。WTO 协议的范围包括从农业到纺织品与服装，从服务业到政府采购，从原产地规则到知识产权等多项内容。

WTO 的最高决策权力机构是部长会议，至少每两年召开一次会议。下设总理事会和秘书处，负责世贸组织日常会议和工作。总理事会设有货物贸易、非货物贸易（服务贸易）、知识产权三个理事会和贸易与发展、预算两个委员会。总理事会还下设贸易政策核查机构，监督各个委员会并负责起草国家政策评估报告。对美国、欧盟、日本、加拿大每两年起草一份政策评估报告，对最发达的十六个国家每四年一次，对发展中国家每六年一次。上诉法庭负责成员间发生的分歧进行仲裁。

与其前身关贸总协定相比，WTO 涵盖货物贸易、服务贸易以及知识产权贸易，而关贸总协定知识用于商品货物贸易。

WTO 是一个国际性的贸易组织，其成立的目的就在于要公平，公正的处理各国贸易活动中所发生的争端，建立平等互利的健康国际贸易秩序。然而在美国向欧盟出口的使用激素的牛肉这一案例中，我们不难发现虽然 WTO 不断完善其规章法案，但是仍然有不少国家和经济体，出于各种不同的原因，寻找种种借口，不遵守贸易条款。虽然一些权威的认证机构可以通过实验等方法，证明贸易品完全符合要求，但是贸易方仍会通过其他因素，控制贸易。

（4）中国加入 WTO 的历程。

1995 年 7 月 11 日，世贸组织总理事会会议决定接纳中国为该组织的观察员。

2001 年 9 月 12 日至 17 日，世贸组织中国工作组第十八次会议在日内瓦举行，此次会议通过了中国加入世贸组织多边文件提交总理事会审议。会议宣布结束中国工作组的工作。

2001 年 11 月 10 日，在多哈召开的世贸组织第四次部长级会议，审议并表决中国加入世贸组织。

2001 年 12 月 11 日，中国正式成为世贸组织成员。

（5）中国加入 WTO 的权利义务。中国加入 WTO 的权利包括：享有世贸组织所有成员提供的最惠国待遇和国民待遇；直接参与国际多边贸易新规则的制定；获得稳定、透明、可预见的多边贸易体制的保障。

义务包括：遵守非歧视性原则；将关税逐步降低到发展中国家的水平；逐步开放服务贸易；废除和停止实施与世界贸易组织规则相抵触的法律、法规和规章；接受世贸组织的有关审议。

(三)诉讼常识

相对应我国的民法、刑法、行政法三大法律体系,我国在诉讼领域也存在三大诉讼法,即民事诉讼法、刑事诉讼法和行政诉讼法。作为秘书人员,所接触到的一般是民事诉讼,偶尔也有行政诉讼,很少会有刑事诉讼。下面仅就民事诉讼和行政诉讼进行简要介绍。

1. 民事诉讼法

(1)民事诉讼。民事诉讼是公民之间、法人之间、其他组织之间以及他们相互之间因财产关系和人身关系提起的诉讼。或者说,民事诉讼是指人民法院、当事人和其他诉讼参与人,在审理民事案件的过程中,所进行的各种诉讼活动,以及由这些活动所产生得各种关系的总和。

(2)民事诉讼法。《中华人民共和国民事诉讼法》(以下简称《民事诉讼法》)是调整民事诉讼的法律规范,是指国家制定或认可的,规范法院和当事人、其他诉讼参与人进行诉讼活动的法律规范的总和。有狭义和广义之分,狭义的《民事诉讼法》又称形式意义的《民事诉讼法》,是指国家颁布的关于民事诉讼的专门性法律或法典,即《中华人民共和国民事诉讼法》。广义的《民事诉讼法》又称实质意义的《民事诉讼法》,指除了民事诉讼法典外,还包括宪法和其他实体法、程序法有关民事诉讼的规定以及最高人民法院发布的指导民事诉讼的规定。

(3)《民事诉讼法》的基本原则。《民事诉讼法》的基本原则是指在民事诉讼的整个过程中,或者在重要的诉讼阶段,起指导作用的准则。它体现民事诉讼的精神实质,为人民法院的审判活动和诉讼参与人的诉讼活动指明了方向,概括地提出了要求,因此对民事诉讼具有普遍的指导意义。我国《民事诉讼法》的基本原则是以我国宪法为根据,从我国社会主义初级阶段的实际情况出发,按照社会主义民主与法制的要求,结合《民事诉讼法》的特点而确定的。具体包括以下基本原则:以事实为根据,以法律为准绳原则;当事人诉讼权利平等原则;同等原则和对等原则;合议、回避、公开审判和两审终审原则;自愿、合法进行调解原则;辩论原则;处分原则;检察监督原则等。

(4)民事诉讼管辖。民事诉讼管辖,是指各级法院之间和同级法院之间受理第一审民事案件的分工和权限。它是在法院内部具体确定特定的民事案件由哪个法院行使民事审判权的一项制度。

主管只划定了民事审判权作用的范围,只解决了哪些纠纷可以作为民事诉讼受理,而未解决具体由哪个法院来受理这一纠纷。我国的法院有四级,除最高人民法院外,每一级都有许多个,因此,在解决了某一纠纷属于法院民事诉讼受案范围的问题后,接着就需要对属于法院民事诉讼受案范围的纠纷作进一步划分,将它们具体分配到各个法院。这意味着需要做两次分配:第一次分配发生在不同级别的法院之间,通过分配明确四级法院各自受理一审民事案件的分工和权限;第二次分配是在第一次基础上进行的,也是在同级法院之间进行的,任务是将通过第一次分配划归本级法院受理的一审民事案件进一步分配到同一级中的各个具体法院。管辖制度正是通过这样的分配来使民事审判权得到具体落实的。

主管与管辖是民事诉讼中具有密切联系的两个概念。主管先于管辖发生,它是确定管辖的前提与基础，只有首先确定某一纠纷属于民事诉讼受案范围后，才有必要通过管辖将它具体分配到某个法院，而管辖则是对属于法院民事诉讼主管范围案件的具体落实，确定由哪个法院来具体行使审判权。

我国除设立地方法院外，还设有军事法院、海事法院、铁路运输法院等专门法院。这些专门法院也受理一定范围的民事纠纷。它们的管辖范围如下。

① 军事法院管辖当事人双方均是军队内部单位的经济纠纷案件。但仅有一方当事人是军队内部单位的民事案件，应由有管辖权的地方法院受理。

② 海事法院管辖当事人因海事侵权纠纷、海商合同纠纷（包括海上运输合同、海船租用合同、海上保赔合同、海船船员劳务合同等）以及法律规定的其他海事纠纷提起的诉讼。

③ 铁路运输法院管辖范围主要包括：铁路运输合同纠纷；代办托运、包装整理、仓储保管、接取送达等铁路运输延伸服务合同纠纷；铁路系统内部的经济纠纷案件；对铁路造成损害的侵权纠纷案件。

（5）民事诉讼证据。民事诉讼证据是指能够证明民事案件真实情况的客观事实材料。民事诉讼证据有三个最基本的特征，即客观真实性、关联性和合法性。根据民事诉讼法律规定的民事诉讼证据的表现形式为标准，我国民事诉讼证据的表现形式可以分为书证、物证、视听资料、证人证言、当事人陈述、鉴定结论、勘验笔录七种。

（6）起诉与受理。根据民事诉讼法规定，起诉必须符合下列条件：原告是与本案有直接利害关系的公民、法人和其他组织；有明确的被告；有具体的诉讼请求和事实、理由；属于人民法院受理民事诉讼的范围和受诉人民法院管辖。

起诉应当向人民法院递交起诉状，并按照被告人数提出副本。书写起诉状确有困难的，可以口头起诉，由人民法院记入笔录，并告知对方当事人。

起诉状应当记明下列事项：当事人的姓名、性别、年龄、民族、职业、工作单位和住所，法人或者其他组织的名称、住所和法定代表人或者主要负责人的姓名、职务；诉讼请求和所根据的事实与理由；证据和证据来源，证人姓名和住所。

人民法院收到起诉状或者口头起诉，经审查，认为符合起诉条件的，应当在七日内立案，并通知当事人；认为不符合起诉条件的，应当在七日内裁定不予受理；原告对裁定不服的，可以提起上诉。

（7）案件审理。民事诉讼案件审理分为一审和二审两个阶段。

法院开庭审理一审民事案件，应在开庭3日前通知当事人以及其他诉讼参与人。法院开庭审理后，对所审理的民事案件所作的裁判应宣告判决。当庭宣判的，应在10日内向当事人发送判决书。定期宣判的，宣判后立即发给判决书。法院审理适用普通程序的第一审民事案件，应在立案之日起6个月内审理终结。有特殊情况需要延长的，报请院长批准延长，最长不超过6个月，还需延长的，则报请上级法院批准。对适用简易程序的第一审民事案件，应在立案之日起3个月内审结。

当事人对一审法院的判决不服提起上诉的期间是15天，不服裁定的上诉期间是10天，从裁判送达后次日起计算。原审法院收到当事人的上诉状及其副本后，应当在5日内将上诉状副本送达当事人，对方当事人收到上诉状副本后，应当在15日内提出答辩状。

二审法院审理不服判决的上诉案件，应在二审法院立案之日起3个月内审结。有特殊情况需延长的，报请本院院长批准。二审法院审理不服裁定的上诉案件，应当在立案之日起30日内作出终审裁定。

开庭审理的程序主要包括以下10个步骤：①核实双方当事人身份；②告知当事人诉讼权利及义务；③询问当事人是否申请回避；④开始法庭调查（先有原告陈述诉讼请求、案件事实及理由，再由被告进行答辩，然后进行举证质证）；⑤举证质证（举证应说明己方证据的来源及证明对象，质证主要是对对方的证据的真实性、关联性、合法性进行质辩）；⑥法官询问（如果法官认为通过前述程序案件还有不清楚的地方，法官会询问双方当事人）；⑦法庭辩论（双方当事人就法律依据和事实争议进行辩论）；⑧陈述最后意见（当事人发表对案件处理的最后意见）；⑨法庭调解（在法庭的主持下有双方当事人协商解决，如果达成协议由法庭制作调解书，未达成的则宣布调解无效）；⑩宣判（调解无效后，法官会宣布休庭，然后经合议后当庭宣判或择日宣判）。

（8）执行。指将法院已经生效的判决、裁定所确定的的内容付诸实现以及执行过程中的变更执行等问题而依法进行的活动。

发生法律效力的民事判决、裁定以及刑事判决、裁定中的财产部分，由第一审人民法院或者与第一审人民法院同级的被执行的财产所在地人民法院执行。法律规定由人民法院执行的其他法律文书，由被执行人住所地或者被执行的财产所在地人民法院执行。当事人、利害关系人认为执行行为违反法律规定的，可以向负责执行的人民法院提出书面异议。当事人、利害关系人提出书面异议的，人民法院应当自收到书面异议之日起十五日内审查，理由成立的，裁定撤销或者改正；理由不成立的，裁定驳回。当事人、利害关系人对裁定不服的，可以自裁定送达之日起十日内向上一级人民法院申请复议。人民法院自收到申请执行书之日起超过六个月未执行的，申请执行人可以向上一级人民法院申请执行。上一级人民法院经审查，可以责令原人民法院在一定期限内执行，也可以决定由本院执行或者指令其他人民法院执行。

申请执行的期间为两年。期限从法律文书规定履行期间的最后一日起计算；法律文书规定分期履行的，从规定的每次履行期间的最后一日起计算；法律文书未规定履行期间的，从法律文书生效之日起计算。

2.《行政诉讼法》

（1）概念。行政诉讼是公民、法人或其他组织认为国家机关作出的行政行为侵犯其合法权益而向法院提起的诉讼。《中华人民共和国行政诉讼法》（以下简称《行政诉讼法》）则是法院审理行政案件和行政诉讼参加人（原告、被告、代理人等）进行诉讼活动必须遵守的准则。它规定法院审理行政案件程序方面的法律规范和行政诉讼参加人行使权利、承担义务的各种法律规范，是现代国家据以建立行政诉讼制度的法律依据。具体而言，《行政诉讼法》是指为了规范人民法院正确、及时审理行政案件，保护公民、法人和其他组织的合法权益，维护和监督行政机关依法行使行政职权，根据宪法规定制定的法律。

（2）行政诉讼的受案范围。我国《行政诉讼法》中规定的行政案件的受案范围，一是法律列举的受案范围8项，即：①对拘留、罚款、吊销许可证和执照、责令停产停业、没收财物等行政处罚不服的。②对限制人身自由或者对财产的查封、扣押、冻结等行政强制措施不服的。③认为行政机关侵犯法律规定的经营自主权的。④认为符合法定条件申请行政机关颁发许可证和执照，行政机关拒绝颁发或者不予答复的。⑤申请行政机关履行保护人身权、财产权的法定职责，行政机关拒绝履行或者不予答复的。⑥认为行政机关没有依法发给抚恤金的。⑦认为行政机关违法要求履行义务的。⑧认为行政机关侵犯其他人身权、财产权的。二是除列举的8项以外，人民法院还受理法律、法规明文规定可以提起诉讼的其他行政案件。

另外，我国《行政诉讼法》明文规定人民法院不受理公民、法人或者其他组织对下列事项提起的诉讼：国防、外交等国家行为；行政法规、规章或者行政机关制定、发布的具有普遍约束力的决定、命令；行政机关对行政机关工作人员的奖惩、任免等决定；法律规定由行政机关最终裁决的具体行政行为。

（3）行政诉讼证据的特殊规定。在民事诉讼中，在举证方面的最基本的原则是"谁主张，谁举证"，即当事人对自己提出的诉讼请求所依据的事实或者反驳对方诉讼请求所依据的事实有责任提供证据加以证明。没有证据或者证据不足以证明当事人的事实主张的，由负有举证责任的当事人承担不利后果。但是在行政诉讼中，被告对作出的具体行政行为负有举证责任，应当提供作出该具体行政行为的证据和所依据的规范性文件。另外，在证据收集方面，对作为被告的行政主体进行限制，即在诉讼过程中，被告不得自行向原告和证人搜集证据。

二、相关链接

1元钱的名誉损失费

2003年5月15日，为百事可乐公司代言的姚明指责可口可乐公司在未经许可的前提下，擅自在其产品上用他的肖像来做商业用途。他要求对方立即停止侵权行为，并为该行为认错、公开道歉，及赔偿他1元钱的名誉损失费。可口可乐公司是中国男子国家篮球队的赞助商之一，他们此前用了印有姚明、巴特尔和郭士强等人肖像的易拉罐来促销其饮料。对此，可口可乐公司认为，他们使用的是中国男篮的集体形象，10月17日，姚明与可口可乐共同发出和解声明。姚明方面也同意庭外和解，并向上海市徐汇区人民法院申请撤回对可口可乐公司的上诉。

（资料来源：http://www.china-b.com/jyzy/rsgl/20090219/208565_1.html）

三、课堂内外

（一）堂堂练

2010年5月10日，某商场为买进一批电话机，分别向甲厂和乙厂发出信函如下：我急需A型号电话机1500部，如你厂有货，请来函告知，具体价格面议。甲厂在收到该信后，给商场回了一封信，内容是：我厂有货，每部50元。如需要，请先付货款5000元。如我厂在5月20日没有收到你公司的回信，即表示你公司同意我厂的条件，我厂将径直发货至你厂。该商场在收到甲厂的回信后，认为可接受，但希望每部价格为45元，于是在5月19日，甲电话机厂收到该商场发出的第二封信，内容是：我商场愿意与你厂达成交易，但价格能否降为每部45元，货款部付方式我方接受，但希望你厂送货上门，并在6月1日前给予答复。该商场于5月20日收到乙厂报价信函，内容为：我厂有你需要的电话机，价格为每部40元，如同意购买，请在5月30日之前给予答复。该商场认为乙厂的价格合理，于是5月27日发出同意购买的答复，乙厂于5月29日收到该答复。

（资料来源：http://zhidao.baidu.com/question/154947530.html）

秘书职业基础

讨论

1. 该商场发给甲厂、乙厂的信函在合同法上叫什么?
2. 该案例中哪些信件属于要约,为什么?
3. 如果甲厂未能在5月20日收到商场给甲厂的回信,该买卖合同是否成立?可否径直发货?为什么?
4. 如果商场发给乙厂的信由于邮局的原因未能在5月30日送达乙厂,乙厂并没有表示是否接受这封迟到的信函。该商场和乙厂的买卖合同是否成立?请说明理由。

(二) 堂外练

1. 我国公司的组织形式包括哪些?
2. 如何理解法律上的诚实信用原则?
3. 用人单位在什么情形下需支付劳动者经济补偿金?

第七节 财经素质

一、必备知识

(一) 公司常识

公司是一种企业组织形式。从严格意义上讲,公司是指依照法律规定,由股东出资设立的以营利为目的的社团法人。换句话说,公司是按照一定组织形式组成的经济实体,以赢利为目的,从事商业经营活动的组织。它以实现投资人利益最大化为使命,通过提供产品或服务以换取收入。公司是社会发展的产物,与社会分工的发展而发展。公司一般能够独立承担民事责任,通称为法人。我国《公司法》第2条将公司(2006年)定义为:公司是指依照本法在中国境内设立的有限责任公司和股份有限公司。由此可见我国目前的公司形式仅包括两类,即有限责任公司和股份有限公司。有关公司及公司法的具体内容已经在法律素质部分详细介绍,这里不再赘述。

(二) 人力资源常识

单位人力资源部门主要负责人事变动、招聘与面试、试用与合同、员工福利、人事档案、考勤与加班、出差与请假、员工培训、考核与奖惩、薪酬报表、辞职、退休与移交等。人力资源的核心是人力资源管理,只有充分有效地实现了人力资源的目标,才能最大限度的发挥人才对单位的作用,激发员工对单位的创造力和归属感。具体而言,人力资源管理就是根据单位战略目标,通过工作分析、人力资源规划、员工招聘选拔、绩效考评、薪酬管理、员工激励、人才培训和开发等一系列手段来提高劳动生产率,最终达到企业发展目标的一种管理行为。

传统的人事管理将人看做是一种成本,是被管理、被控制的对象,人事部门则是一个不能创造收益的辅助部门,重复着事务性工作。与传统的人事管理相比较,现代人力资源管理则将人看做公司(或单位)中最宝贵、最有创造力的资源,既需要管理,更需要开发,人力资源部则提升到企业发展战略的高度,其工作的效率直接关系到企业的成败,人力资源战略也成为单位的核心竞争力之一。由于时代的变化和市场的竞争的需要,单位的组织结构也处于不断变化之中。人事变动主要是为了调节个人能力与工作之间的平衡,并且确保整个公司总是处于最有活力的状态。人事变动主要有晋升、降职、平级调动这几种方式。

一般情况下，学者将人力资源管理划分为六大模块，即人力资源规划、招聘与配置、培训与开发、绩效管理、薪酬福利管理和劳动关系管理。

1. 人力资源规划

人力资源规划是预测未来的组织任务和环境对组织的要求，以及为了完成这些任务和满足这些要求而设计的提供人力资源的过程。它要求通过收集和利用信息对人力资源活动中的资源使用活动进行决策。对于一个企业来说，人力资源规划的实质是根据企业经营方针，通过确定企业人力资源来实现企业的目标。人力资源规划分为战略计划和战术计划两个方面。

（1）人力资源的战略规划。企业的人力资源战略是单位整体战略的一个有机组成部分，是联系企业整体战略和具体人才资源活动的一座桥梁。战略计划主要是根据单位内部的经营方向和经营目标，以及企业外部的社会和法律环境对人力资源的影响，来制订出一套几年计划，一般为两年以上。但同时还要注意其战略规划的稳定性和灵活性的统一。在制订战略计划的过程中，必须注意以下几个方面因素。其一是国家及地方人力资源政策环境的变化；其二是单位内部的经营环境的变化。

（2）企业人力资源的战术计划。战术计划则是根据单位未来面临的外部人力资源供求的预测，以及单位的发展对人力资源的需求量的预测，而根据预测的结果制订的具体方案，包括招聘、辞退、晋升、培训、工资福利政策和组织变革等。

在人力资源的管理中有了单位的人力资源战略计划后，就要制订单位人力资源战术计划，人才的战术计划一般包括两部分。一是招聘计划。针对人力资源所需要增加的人才，应制订出该项人才的招聘计划，一般一个年度为一个段落，其内容一般涉及如计算各年度所需人才，并计划考察出可由内部晋升调配的人才，确定各年度必须向外招聘的人才数量，确定招聘方式，寻找招聘来源，对所聘人才如何安排工作职位，并防止人才流失等。二是人才培训计划。人才培训计划是人力计划的重要内容，人才培养计划应按照公司的业务需要和公司的战略目标，以及公司的培训能力，分别确定新进人才培训计划、专业人才培训计划、部门主管培训计划、一般人员培训计划、人才选送进修计划、考核计划等。

2. 招聘与配置

（1）人员招聘是指组织为了发展的需要，根据人力资源规划和工作分析的要求，寻找、吸引那些有能力又有兴趣到本组织任职，并从中选出适宜人员以予录用的过程。招聘工作的目标，就是成功地选拔和录用组织所需的人才，实现所招人员与待聘岗位的有效匹配。

（2）人员配置指的是人与事的配置关系，目的是通过人与事的配合以及人与人的协调，充分开发利用员工，实现组织目标。人员合理配置成为组织人力资源管理状态是否良好的标志之一。其目的是为了在人力资源的配置上，坚持大才大用，小才小用，各尽所能，人尽其才。

3. 培训与开发

现代企业或单位的竞争，归根结底是人才的竞争。人力资源是现代企业或单位中最重要的战略资源。随着现代企业或单位的飞速成长与发展，迫切需要一批适应现代市场经济、符合企业或单位成长的人力资源。人力资源的开发与管理成为领导21世纪的重要保证。在今后的几年中,企业或单位将适应信息化与现代化的潮流,大力提高产品的研发能力,开展信息服务,扩大市场份额,增强在本行业乃至社会各界的影响力。适应企业或单位发展的总体战略,必须配置高素质的人力资源。人力资源的培训开发成为单位战略人力资源管理的保证,也是单位广大员工自我发展的需要。培训与开发的主要内容包括合理的学历结构、成熟的沟通和判断能力、良好的公关礼仪知识和修养、较熟练的文字文书处理能力、优秀的市场和销售知识素养以及基本的财务知识。

培训开发的方式与内容的确立必须符合单位的要求和单位人员的职业技能发展需要。在培训方式选择上,可以采用国内国际广为流行的模块培训模式作为基本方式。模块课程,直接与实际工作情景一致,也与人们形成能力的环境一致,符合养成工作能力的客观规律性。同时,教学方式采用"教师讲解、学员自习、研究案例、实习训练"的方法,通过测评、反馈,进一步帮助学员提高职务工作能力,几个环节相互交叉和循环往复。模块培训模式由于它的特殊结构,形成了有利于培养和开发现职劳动者工作能力的功能。

4. 绩效管理

绩效是指员工按照职责所达到的阶段结果以及在达到阶段性结果过程中的行为表现。绩效管理是指管理者与员工之间在确定目标与如何实现目标上所达成共识的过程,是增强员工成功达到目标的能力,促进员工取得优异绩效的管理过程。绩效管理的目的在于提高员工的能力素质,改进与提高单位绩效水平。实施绩效管理是实现单位战略目标的主要手段,通过有效的目标分解和逐步逐层的落实,实现单位预定的战略目标,对单位的发展具有重要的战略意义。通过全面推进绩效管理工作,建立完善高效、合理的组织体系和完整的绩效管理体系,将人力资源、战略目标、运营流程和谐地统筹起来,使各层级的执行力与单位的长期战略目标、单位文化相联系,纵向能平衡短期与长期发展关系,横向能统筹局部与整体的利益关系,形成协同效应,有效提升单位绩效,加快实现单位长远战略目标,提升单位的综合实力。通过实施绩效管理,为人力资源优化配置、薪酬分配、教育培训、员工职业生涯规划提供必要的依据,激励部门、员工不断改进绩效,从而达到单位整体绩效的提升,实现员工、部门和单位的共同发展;加快单位标准化建设,建立完善单位的管理流程及管理模式,规范管理手段,提高工作效率,提升单位的管理水平;规划员工职业发展通道,将员工个人职业生涯与单位战略目标紧密结合,促进员工个人成长和单位整体发展,提升单位的竞争力、执行力和经营业绩;促进上下级沟通和各部门(单位)间的相互协作,确保员工、部门(单位)和单位绩效目标的实现。

5. 薪酬福利管理

薪酬是员工为企业提供劳动力而得到的货币报酬与实物报酬的总和。包括:工资、奖金、津贴、提成工资、劳动分红、福利等。薪酬管理的内容应包括岗位评价与薪酬等级、薪酬调查、薪酬计划、薪酬结构、薪酬制度的制定与调整、人工成本测算等。

6. 劳动关系管理

劳动关系管理就是指传统的签合同、解决劳动纠纷等内容。劳动关系管理是对人的管理,对人的管理是一个思想交流的过程,在这一过程中的基础环节是信息传递与交流。通过规范化、制度化的管理,使劳动关系双方(单位与员工)的行为得到规范,权益得到保障,维护稳定和谐的劳动关系,促使单位各方面工作稳定运行。单位劳动关系主要指单位的所有者、管理者、普通员工和工会组织之间在企业的生产经营活动中形成的各种责、权、利关系，具体包括所有者与全体员工的关系；管理者与普通员工的关系；经营管理者与工人组织的关系；工人组织与职工的关系等。

（三）市场营销常识

1. 市场营销流程

从产品（或服务）的策划、设想、设计、生产到最后交到消费者手中，这一系列活动就是市场运营。作为企业，不能只简单地生产商品或提供服务，它还要站在消费者的立场上来考虑如何更好地为消费者服务，这就是市场营销。市场营销包括市场调查、产品策划、价格制定、促销方式、渠道政策的制定等一系列的活动。

（1）市场调查：调查市场的规模和发展趋势，通过市场调查和分析，找到消费者的需求所在。

（2）产品策划：根据市场调查的结果，策划出能满足消费者需求的商品。

（3）价格政策：以生产成本、市场预期销售数量和同行业的价格为基础，确定销售方式和价格。

（4）促销方式：通过广告媒体等手段宣传商品的价值和魅力。

（5）渠道政策：为了让商品进入市场选择合适的流通渠道，并通过这些渠道推销商品。

2. 市场调查的重要性

市场调查决定开发的方向，它对于产品或服务的开发和上市是非常重要的。消费者的需求因年龄、性别、职业、地区等不同而不同，另外，消费者的需求会随着时代的变化而变化。因此，企业必须在市场调查上花大力气。在另一方面，由于市场竞争越来越激烈，消费者对商品也越来越挑剔，他们对企业的态度和要求现在已不限于产品本身的质量，还包括了售后服务等。

3. 市场营销用语

一个合格的员工，不在于他是否能说会道，而取决于他的敬业精神和对工作、对单位的热爱，对客户和服务对象的一片爱心。所以其一言一语，都必须为单位及服务对象的形象着想，为客户着想，让客户切身感到对其的尊敬、感谢和热爱。在从事市场营销的过程中，必须掌握一定的专业术语并理解相关的概念。在市场营销过程中经常涉及的一些概念是消费者、媒体、市场调查、促销、市场占有率、售后服务、产品生命周期等。

（四）生产管理常识

1. 生产管理

为了能在保证质量的前提下大批量生产产品，并保证企业的持续发展和提高生产效率，采取合理的生产管理体制，这就是"生产管理"。生产管理一般包括法制管理、行政管理、监督检查、工艺技术管理、设备设施管理、作业环境和条件管理等。生产管理的基本对象是企业员工，其他单位如行政机关由于国家政策要求政企分开而不存在生产的问题，但是在生产监督方面却负有不可推卸的责任。

生产管理的目的是提高生产效率，改进产品质量，同时注意并尽量保证生产安全，其核心是安全生产管理。安全生产管理的内容包括：安全管理机构和人员、责任制、规章制度、策划、培训教育、档案等。《职业安全健康管理体系》（OHSMS18001），认为企业安全生产管理是风险管理，管理的内容包括：危险源辨识、风险评价、危险预警与风险管理、事故预防与风险控制管理以及应急管理。职业安全健康管理体系的管理理念是以人为本，持续改进。

2. 劳动生产率

劳动生产率是指企业或员工在单位时间内的产品生产量，它是考核企业经济活动的重要指标，是企业生产技术水平、经营管理水平、职工技术熟练程度和劳动积极性的综合表现。劳动生产率水平可以用同一劳动在单位时间内生产某种产品的数量来表示，单位时间内生产的产品数量越多，劳动生产率就越高，反之，则越低；也可以用生产单位产品所耗费的劳动时间来表示，生产单位产品所需要的劳动时间越少，劳动生产率就越高，反之，则越低。

劳动生产率的状况是由社会生产力的发展水平决定的。具体说，决定劳动生产率高低的因素主要如下。

（1）劳动者的平均熟练程度。劳动者的平均熟练程度越高，劳动生产率就越高。劳动者的平均熟练程度不仅指劳动实际操作技术，而且也包括劳动者接受新的生产技术手段、适应新的工艺流程的能力。

（2）科学技术的发展程度。科学技术越是发展，而且越是被广泛地运用于生产过程，劳动生产率也就越高。

（3）生产过程的组织和管理。主要包括生产过程中劳动者的分工、协作和劳动组合，以及与此相适应的工艺规程和经济管理方式。

（4）生产资料的规模和效能。主要指劳动工具有效使用的程度，对原材料和动力燃料等利用的程度。

（5）自然条件。主要包括与社会生产有关的地质状态、资源分布、矿产品位、气候条件和土壤肥沃程度等。

3. 生产管理手段

（1）TQC 活动。TQC 是 Total Quality Control 的简称（译为全面质量控制），它是以组织全员参与为基础的质量管理形式。20 世纪 80 年代后期以来，全面质量管理得到了进一步的扩展和深化，逐渐由早期的 TQC 演化成为 TQM（Total Quality Management），其含义远远超出了一般意义上的质量管理的领域，而成为一种综合的、全面的经营管理方式和理念。TQC 活动一般涉及以下环节，即概念介绍、选定活动主题、发掘问题、把握现状、设定目标、思考对策、最佳方案、实施对策、效果确认、标准化、成果比较及资料整理、发表与交流等，通过这些环节，对企业推行品牌所涉及的重大疑难问题进行针对性设计，使企业能创造更多的经济效益，并充分调动生产力要素中最关键、最活跃的因素，以便利用有限的资源去获取最大的收益。

（2）ISO 认证。ISO 是国际标准化组织（International Organization for Standardization）的简称，它是一个全球性的非政府组织，是国际标准化领域中一个十分重要的组织。ISO 的成员由来自世界上 100 多个国家的国家标准化团体组成，代表中国参加 ISO 的国家机构是中国国家质量技术监督局。ISO与国际电工委员会（IEC）有密切的联系，中国参加IEC的国家机构也是国家质量技术监督局。ISO和IEC作为一个整体，担负着制定全球协商一致的国际标准的任务，ISO和IEC都是非政府机构，它们制定的标准实质上是自愿性的，这就意味着这些标准必须是优秀的标准，它们会给工业和服务业带来收益，所以他们自觉使用这些标准。ISO和IEC不是联合国机构，但他们与联合国的许多专门机构保持技术联络关系。ISO和IEC有约1 000个专业技术委员会和分委员会，各会员国以国家为单位参加这些技术委员会和分委员会的活动。ISO和IEC还有约3 000个工作组，ISO、IEC每年大约制定和修订1 000个国际标准。企业推行ISO认证的意义在于它可以强化品质管理，提高企业效益，增强客户信心，扩大市场份额，获得同际贸易"通行证"，消除国际贸易中的壁垒，节省第三方审核的精力和费用。因此，推行ISO可以大大提升产品竞争能力。

标准的内容涉及广泛，从基础的紧固件、轴承各种原材料到半成品和成品，其技术领域涉及信息技术、交通运输、农业、保健和环境等。每个工作机构都有自己的工作计划，该计划列出需要制订的标准项目（试验方法、术语、规格、性能要求等）。

ISO的主要功能是为人们制定国际标准达成一致意见提供一种机制。其主要机构及运作规则都在一本名为ISO/IEC技术工作导则的文件中予以规定，其技术结构在ISO是有800个技术委员会和分委员会，它们各有一个主席和一个秘书处，秘书处由各成员国分别担任，目前承担秘书处工作的成员团体有30个，各秘书处与位于日内瓦的ISO中央秘书处保持直接联系。

通过这些工作机构，ISO已经发布了9 200个国际标准，如ISO公制螺纹、ISO的A4纸张尺寸、ISO的集装箱系列（目前世界上95%的海运集装箱都符合ISO标准）、ISO的胶片速度代码、ISO的开放系统互联(OS2)系列(广泛用于信息技术领域)和有名的ISO9000质量管理系列标准。

此外，ISO还与450个国际和区域的组织在标准方面有联络关系，特别与国际电信联盟（ITU）有密切联系。在ISO/IEC系统之外的国际标准机构共有28个。每个机构都在某一领域制定一些国际标准，通常它们在联合国控制之下。一个典型的例子就是世界卫生组织（WHO）。ISO/IEC制定了约85%的国际标准，剩下的15%由这28个其他国际标准机构制订。

ISO主要认证项目如下。

① ISO9001；

② ISO14000；

③ ISO14001；

④ OHSAS18000；

⑤ HACCP；

⑥ ISO/TS16949。

（五）财务常识

1. 会计常识

企业会计报表是综合反映一定时期财务状况、经营成果以及财务状况变动的书面文件，编制和提供会计报表的最终目的，是为了达到社会资源的合理配置。因此，现有和潜在投资者、债权人、政府及其机构都要求企业提供的会计报表能够真实、公允地反映企业的财务状况、经营成果和现金流量。但现实生活中，企业管理层为了达到获取非法利益的目的而蓄意粉饰会计报表，通过各种办法来进行利润操纵。作为一名秘书，未必需要对此有深入的把握和理解，但是对企业提供的会计信息需要有一个清醒、正确、全面的认识，需要能看懂企业经营业绩和财务状况，因此需要理解有关财务会计报表的基本知识。财务报表包括资产负债表、损益表、利润分配表等。除此之外，秘书还应当了解基本的会计用语的含义。

（1）资产负债表。资产负债表主要反映企业资金的使用情况。企业的资金到底用到了什么地方，通过看这份表，就知道企业有多少库存商品、固定资产等。通过了解各种资产结构，可把握如何调度资金以及在运营过程中下一步应采取的措施等。由于这张表反映了企业资产的质量，可以说就是企业资产运营状况的表现，因此，如果资产增长幅度较大，就表示企业经营状况良好；相反，如果企业经营状况不理想，资产就不会有什么增长；如果出现资产减少的情况，就不仅是增增减减的问题了，那就要采取相应的措施，重新检查公司的运营方针，在资金调度、投资方向和企业管理等方面进行调整。

（2）损益表。损益表主要是反映企业的盈利状况。通过这份表，能了解企业在一定时期内的利润情况。为了具体了解企业的利润情况，必须了解企业在这个时期的销售收入和经营费用的情况，而这种状况通过对比记录经营状况的损益表上的营业收入、费用、利息等指标，就能了解企业经营的效率。通过损益表可以看企业收入的构成，一般来说，营业收入增加的话，营业费用和利润也会相应增加。

销售收入与销售进价之间的比率，反映了企业成本的构成。我们能从销售费用、一般管理费用占总销售收入的比重中看出企业的负担和经营管理的水平。

（3）利润分配表。利润分配表反映的是某公司当年的净利润的分配情况和年末分配利润的情况。一个最简单的公式就是：利润＝收入－成本，通俗地说就是从企业的主营业务收入开始，分步扣减各项成本和费用，最终算出企业经过一年的经营，投资者能够得到的收益。

（4）资产。资产是企业经营所需的全部财产，它包括现金、租金、土地、建筑物、设备、商品、无形资产等。资产又包括固定资产和流动资产。固定资产是长期保持同样形态的资产，如土地、建筑物、设备等有形的东西。流动资产是能在短期内变为现金的资产，如存款、应收款、有价证券、原材料、产品等。

（5）负债。负债是企业必须偿还的财产，它包括银行贷款、借款、应付货款等。具体说是指过去的交易、事项形成的现有义务，履行该义务预期会导致经济利益流出企业。负债是企业承担的，以货币计量的在将来需要以资产或劳务偿还的债务。它代表着企业的偿债责任和债权人对企业资产的求索权。负债按流动性分类，可分为流通负债和非流通负债。流通负债又可以分为：短期借款，以公允价值计量且变动计入当前损益的金融负债，应付票据，应付及预收款项，职工薪酬，应缴税费等。非流通负债又可以分为：长期借款，应付债券，长期应付款等。

（6）所有者权益。所有者权益是指资产扣除负债后由所有者应享的剩余利益。即一个会计主体在一定时期所拥有或可控制的具有未来经济利益资源的净额。所谓净资产，在数量上等于企业全部资产减去全部负债后的余额，这可以通过对会计恒等式的变形来表示，即：资产-负债=所有者权益。

2. 税务常识

（1）税制。税制是指一个国家或地区的税收制度。目前我国现行税种有几十个，分为国税和地税。国税是国税系统负责征收管理的税种，包括增值税、消费税等。地税是地税系统负责征收管理的税种，它包括营业税、个人所得税、土地增值税、城市维护建设税、车船使用税、房产税等。

（2）税种。税种即一个国家或地区税收体系中的具体征税的种类。每个税种由纳税人、征税对象、税率、纳税期、纳税时间、纳税期限、纳税地点、计税依据、减免税和违规处理等构成。税种之间的区别，主要体现在纳税主体（纳税人）和征税客体（征税对象）的不同。一个国家或地区根据本身的政治、经济、社会条件，用法律、法规形式开征的所有税种的总和，构成了这个国家或地区的税制。因此，税种是形成税制的直接因素，也是税制结构的基础。目前最常见的税种分类是按征税对象分类，由此可将全部税种分为流转税类、所得税类、财产税类、资源税类和行为税类等。

（3）纳税人。纳税人是纳税义务人的简称，是税法规定的直接负有纳税义务的法人、自然和其他组织；企业理所当然属于纳税人，而且是法人纳税人。

（4）课税对象。课税对象又称征税对象，是税法规定的征税的目的物。每一种税都必须明确规定对什么征税。一般来说，不同的税种有着不同的课税对象，不同的课税对象决定着税种所应有的不同性质。

（5）税目。税目是课税对象的具体项目，如企业所得税。有些税种具体课税对象复杂，需要规定税目，如消费税、营业税，一般都规定有不同的税目。

（6）税率。税率是应纳税额与课税对象之间的比例，是计算应纳税额的尺度，它体现征税的深度。

3. 票据常识

目前的国际贸易结算，基本上是非现金结算，即便是国内贸易结算，一般也是非现金结算。非现金结算主要使用以支付金钱为目的并且可以流通转让的债权凭证即票据为主要的结算工具。票据是由一人向另一人签发的书面无条件支付命令，要求对方（接受命令的人）即期或定期或在可以确定的将来时间，向某人或指定人或持票来人支付一定金额。票据一般分为三类，即汇票、支票和本票。

（1）汇票。汇票是指出票人签发的，委托付款人在见票时或者在指定日期无条件支付确定的金额给收款人或者持票人的票据。汇票是一种无条件支付的委托，有三个基本当事人：出票人、付款人和收款人。汇票从不同角度可分成以下几种。

按出票人不同，可分成银行汇票和商业汇票。银行汇票，出票人是银行，付款人也是银行。商业汇票，出票人是企业或个人，付款人可以是企业、个人或银行。

按是否附有包括运输单据在内的商业单据，可分为光票汇票和跟单汇票。光票汇票，指不附带商业单据的汇票。银行汇票多是光票。跟单汇票，指附有包括运输单据在内的商业单据的汇票。跟单汇票多是商业汇票。

按付款日期不同，汇票可分为即期汇票和远期汇票。汇票上付款日期有三种记载方式：见票即付；见票后定日付款；出票后定日付款。若汇票上未记载付款日期，则视作见票即付。见票即付的汇票为即期汇票。其他两种记载方式为远期汇票。

按承兑人的不同，汇票只可分成商业承兑汇票和银行承兑汇票。远期的商业汇票，经企业或个人承兑后，称为商业承兑汇票。远期的商业汇票，经银行承兑后，称为银行承兑汇票。银行承兑后成为该汇票的主债务人，所以银行承兑汇票是一种银行信用。

（2）支票。支票是出票人签发，委托办理支票存款业务的银行或者其他金融机构在见票时无条件支付确定的金额给收款人或持票人的票据。从以上定义可见，支票是以银行为付款人的即期汇票，可以看做汇票的特例。支票出票人签发的支票金额，不得超出其在付款人处的存款金额。如果存款低于支票金额，银行将拒付。这种支票称为空头支票，出票人要负法律上的责任。开立支票存款账户和领用支票，必须有可靠的资信，并存入一定的资金。支票可分为现金支票和转账支票。支票一经背书即可流通转让，具有通货作用，成为替代货币发挥流通手段和支付手段职能的信用流通工具。运用支票进行货币结算，可以减少现金的流通量，节约支付成本，提高支付安全。由于支票是代替现金的即期支付工具，所以有效期较短。我国《票据法》规定：支票的持票人应当自出票日起10日内提示付款；异地使用的支票，其提示付款的期限由中国人民银行另行规定。超过提示付款期限的，付款人可以不予付款。

（3）本票。本票是出票人签发的、承诺自己在见票时无条件支付确定金额给收款人或持票人的票据。本票按其出票人身份为标准，可以分为银行本票和商业本票。银行或其他金融机构，为出票人签发的本票，为银行本票。银行或其他金融机构以外的法人或自然人为出票人签发的本票，为商业本票。根据《中华人民共和国票据法》第73条规定，本票是指银行本票，不包括商业本票，更不包括个人本票。

二、相关链接

吉利收购沃尔沃的资金来源

2010年8月2日当地时间下午1:00，吉利以13亿美元现金外加2亿美元票据的支付方式，正式与福特汽车完成了沃尔沃轿车资产的交割。对于收购资金的来源，吉利公告表示：收购资金来自吉利控股集团、中资机构以及国际资本市场。

事实上，吉利用于沃尔沃的并购资金早已浮出水面。其中，一家注册地在上海嘉定区、名为上海吉利兆圆国际投资公司（下称"吉利兆圆"）的特殊公司成为吉利收购沃尔沃轿车的主体。通过这家公司，吉利向福特汽车支付了12亿美元（约合81亿元人民币）。吉利兆圆为吉利集团、大庆国资委、上海嘉尔沃投资有限公司（嘉定开发区持股60%，嘉定国资持股40%）三方按51:37:12出资比例组建的合资公司。

13亿美元现金中，另外1亿美元为银行借款。作出这样的资金安排，李书福早有"预谋"。交割完成后，李书福在接受新华社采访时表示，吉利的民企身份是收购的优势，但同样会令福特担忧，"所以吉利也同一些国有企业进行合作"。不过，在公开场合，吉利在瑞典的新闻发言人福格尔曾表示，"中国地方政府只是吉利的外部金融合作伙伴。"如今，交易最终完成，大庆国资委和上海嘉定区的身份却尚未得到明示。

（资料来源：http://finance.qq.com/a/20100807/001749.htm）

三、课堂内外

（一）堂堂练

某公司采购员萧某需要携带 2 万元金额的支票到某市工业区采购样品。支票由王某负责填写，由某公司财务主管加盖了财务章及财务人员印鉴，收款人一栏授权萧某填写。这一切有支票存根上记录为证。萧某持票到某市工业区某私营企业中购买了 2 万元各类工业样品。该私营企业负责人李某为萧某的朋友，见支票上字迹为萧某所为，于是以资金周转困难为由，要求萧某帮忙将支票上金额改成 22 万元用于暂时周转。萧某应允，在改动过程中使用了李某提供的"涂改剂"，故外观不露痕迹。尔后，李某为支付工程款将支票背书给了某建筑工程公司。此事败露后，某公司起诉某建筑工程公司及李某，要求返还多占用的票款。

（资料来源：http://www.cdrtvu.com/media_file/2004/10/08/CB37D98C-113D-49FA-9C7F-A1D699E31C7E/）

讨论
1. 本案中萧某的行为在《票据法》上属于什么性质的行为？为什么？
2. 本案应如何处理？为什么？

（二）堂外练

1. 人力资源规划包括哪些内容？
2. 什么是 ISO 认证？推行 ISO 认证的意义是什么？
3. 汇票、支票和本票三者有何区别？

第八节 审美素质

一、必备知识

审美素养指人所具备的审美经验、审美情趣、审美能力、审美理想等各种因素的总和。审美素养既体现为对美的接收和欣赏的能力，又转化为对审美文化的鉴别能力、创造能力。

（一）美的本质与作用

美，千姿百态，形象各异，客观地存在于整个世界。马克思认为，美是人的本质力量的对象化。这是对美的本质的高度概括。人在生产过程中把自己的创造才能和智慧乃至整个生命活动（即"能动的类生活"）包括意志、情感、品格等物化在对象之中，以求得在对象世界中"复现自己"和"直观自身"。人们对美的欣赏，本质上就是对复现于对象世界的人的本质力量的观照（直观）；而美，即是人的本质力量在对象世界的感性显现。具体地说，决定一个事物是美的，使其具有一种魅力，能引起人们喜爱和愉悦感的，正是对象化了的人的本质力量。

加强审美修养对人生、对工作、对生活有重要的作用，可以丰富人生生活，调适心理平衡，开发人的智能，激发扬美抑丑效应等。

（二）美的形态

美，离不开各种具体的审美对象。审美对象的多样性，决定其形态的多样性。美的形态主要有社会美、自然美、艺术美和形式美等。

1. 社会美

社会美是人类主体的生产活动及其创造产品与结果的审美价值形式系统。社会美，指相对于自然事物的美，主要指人的美。具体表现在人的语言、行为、表情、气质、风度上，反映在人与人之间的相互关系上，反映在人所创造的劳动成果上。社会美的实质是社会生活的美，劳动的美。它包括生产美、生活美和人性美。

（1）生产美。生产美是指生产劳动实践活动、生产技术及生产产品的审美性质或审美价值形式。人类的物质生产劳动作为一种伟大的造形力量，其本身就是以合目的性的形式反映合规律性的内容。生产美又分为劳动美、技术美和产品美等三个层次。

（2）生活美。生活美是指社会生活中的合规律性的形式。这种形式体现或实现着人的目的需要、情感欲求、道德理性、认知理性等，它是社会生活中具有审美价值的活动形式。从根本上说，生活美的创造是一个历史过程，是使人不断地从自然的人提升为审美的人的过程，它使人与人的关系、人与日常生活的关系成为一种超功利的情感形式关系，成为一种和谐安适、有序平衡的动态过程。

广义的生活美包括人类社会中一切方面的审美存在，狭义的生活美主要包括社会日常生活中人际关系的美以及生活条件和生活环境的美化两个方面。

（3）人性美。人性美是指人本身所具有的审美属性。它是社会美的核心所在，也是社会美的集中体现。人性美主要分为三个层次：形体美、行为美和心灵美。其中形体美和行为美是外在美，心灵美则属于内在美。

2. 自然美

自然美是指自然事物所具有的审美价值形式，是自然界中的审美客体系统。自然美与人类相关，也是人类实践的产物，自然物只有在被人征服、认识并能为人类服务的时候，才有可能作为欣赏的对象。因此，自然美，本质上也是人的内在思维的感性显现。

自然美主要包括经过人类实践活动改造过的自然和未经人类实践改造过的自然，据此，我们可以把自然美分为两类：人文景观和自然景观。

（1）人文景观。人文景观是指经过人类实践活动直接加工改造过的自然审美存在系统。这些自然物因形式上打上了人类实践活动的烙印而具有审美价值。

根据社会实践形式，人文景观又分为两个子系统。第一个子系统是经过人类物质实践活动直接加工改造过的自然构成的人文景观系统，即人类通过物质实践活动，不同程度地改变了自然原有的形式或面貌，改变了自然原先同人的对立关系，使自然成为人文景观。如山川绿化、江河治理、城市中的园林布置、插花盆景等。第二个子系统是经过人类精神实践活动加工改造的自然所构成的人文景观。这类人文景观由于人的精神劳动的创造，或是丰富了自然景点的内在意蕴，或是密切了人与自然的关系，或是点化为某种意境之美。如景点中的碑刻、题字、诗文、楹联等。

（2）自然景观。自然景观是指未经人类劳动实践直接加工改造过的自然审美系统，它是经"自然的人化"使自然由于进入了人的情感和想象世界而具有审美价值。

自然景观也可分为两个子系统。第一个子系统是作为人类的物质生活的自然环境。它虽然未经实践活动直接加工改造，但是作为人类生活不可缺少的一种"人化"的自然形式，由于它符合人的生活、文化、审美等多重需要而成为一种合目的的形式，因而能引发人们的审美兴趣，并使人因对它的欣赏而获得快乐。自然景观的第二个子系统是作为人们审美经验对象化的自然景观。它具体表现在两个方面，其一是被人以审美态度或眼光对待、观照、创造的自然，如壮观的云海、绚丽的彩虹、繁星点缀的夜空、一望无际的沙漠等。其二是部分自然物的某些特征可以通过主体的联想、想象而同人的某些品格相比拟，作为人和人类生活的某种象征，从而显示出一定的审美价值，成为一种自然景观。

3. 艺术美

艺术美是艺术品所具有的审美属性或审美形式，是艺术审美客体系统。这是艺术家创造性劳动的产物，比其他形态的美更典型、更形象化。如绘画、雕塑、音乐、舞蹈、戏剧、小说、诗歌、演讲等。尽管艺术美属于社会意识的范畴，但其本质是客观世界的反映，也是一种社会实践的结果。

美学中所指的艺术与社会生活中所说的一般技艺不同，它专指由审美动机驱动的创造活动及其创造的艺术品，包括音乐、舞蹈、绘画等。它们是艺术创作主体的审美经验、审美理想与艺术媒介物的融合统一。因此，作为一件艺术品必须具备两方面的条件，一是艺术品必须有人工制作的物质载体。二是艺术作品必须是对象化了的审美经验，只有在审美经验中艺术产品才成为审美对象。

从我国来看，比较公认的对艺术美的分类方法是根据主体感觉器官传达和接受审美信息的机能的不同对艺术美加以划分，主要分为视觉艺术、听觉艺术、视听艺术和想象艺术。

（1）视觉艺术。视觉艺术即通过视觉感官及相应的审美手段，进行传达和接受审美信息的艺术，如建筑、雕塑和绘画等。

（2）听觉艺术。听觉艺术即通过听觉感官及相应的审美手段，传达和接受审美信息的艺术，如音乐等。

（3）视听艺术。视听艺术即通过视觉和听觉器官及相应的审美手段，传达和接受审美信息的艺术，如戏剧、电影等。

（4）想象艺术。想象艺术即通过想象，借助词语传达和接受审美信息的艺术，如文学等。

4. 形式美

形式美是指存在于自然、社会、艺术等领域中的审美客体的形式因素及其有规律的组合，即一定的色彩、线条、形状、声音、节奏等的组合安排等。形式美是一种具有相对独立意义的审美价值形式，是一般审美价值形式的净化和升华，它不依附于实用功利内容，是真正纯粹的审美价值形式。

（1）构成形式美的感性因素。不同的感性因素带给主体的感觉效果会有很大不同，构成形式美的感性因素很复杂，主要有色彩、形状和声音。

（2）构成形式美的形式规律。形式美的形式规律就是色彩、形状、声音等感性质料的组合规律。它涉及的是构成形式美的那些感性质料的种种关系，较感性质料更为概括、抽象。形式美的形式规律主要如下。

① 整齐一律。它是最简单的形式美的构成规律，是指构成形式美的感性因素的量的组合关系，其特点是同一形式因素的一致和重复。相同的颜色、相同的声音、相同的形状的

组合都可体现出这一形式规律。如湛蓝的天空,碧绿的湖水,明亮的阳光,都给人纯洁明净的感觉。再如排列整齐的秧苗、严整的仪仗队行列、林荫道两旁的垂柳,也给人单纯醒目的感觉。整齐一律体现了一种整齐划一、统一秩序,但也有单调呆板的缺点。

② 对称均衡。对称是指在一条中轴线的左右两侧或上下两侧包含着大体均等的形式构成因素。如动物和人的身体、植物的叶脉、物与其水中的倒影等,都因其对称而显得美。

均衡是中轴线两侧的形体、色彩等不必完全等同或一致,只要在量上大体相当即可。同对称相比,均衡更富于变化,形式上也更灵活自如。

整齐一律和对称均衡都是涉及量的关系的形式规律,前者强调量上的单纯一致,后者则强调在量的差异中显示出一致。二者都包含稳定、秩序的意思,但对称均衡比整齐一律显得更为灵活多变。

③ 调和对比。调和一般是由两种相近的形式因素并列而成的,它的审美效果是融合、协调。如色环中邻近的颜色就是调和色。调和是由非对立因素造成的和谐,其特点是在差异中保持一致。对比一般是由两种差异较大或在质上不同的形式因素并列而成的,它的审美效果是鲜明、醒目、振奋、活跃。如声音中的噪与静、色彩中的黑与白等对比是对立因素造成的和谐,其特点是在统一中趋于差异。

④ 比例。这是涉及各种形式因素的整体与局部、局部与局部之间关系的规律,任何比例都必须产生匀称和谐的效果,才是形式美所要求的比例。我国山水画中有"丈山、尺树、寸马、分人"之说,体现了景物间的比例关系。著名的"黄金分割律"揭示了长方形的短边与长边之比为1∶1.618时看起来最令人舒服,这也是我们日常的书籍、报纸、名片以及西方的油画画幅所常常采用的比例。

⑤ 节奏韵律。这是事物在运动过程中的一种有秩序的连续组合,事物在运动过程中组合,强调变化有规律并不断反复便形成节奏。在自然和社会中都存在这一形式,如四季的交替、潮汐的涨落、花木的枯荣、劳动的张弛等。

⑥ 多样统一。这是形式美构成的最高一级的规律,又称和谐。"多样"体现了各个事物的个性千差万别,"统一"体现了各个事物的共性或整体联系,多样统一要求在变化中求统一。

以上各条规律是形式美构成必须遵循和满足的前提,人类在长期的实践中创造出各种不同样式的形式美,并积累了越来越丰富的经验。上述规律大致概括和总结了构成形式美的一般规律,随着人类实践活动的不断丰富和展开,人们还将在实践中发现和总结新的形式和规律。

另外,还有科技美。它是指人类在探索自然奥秘和进行发明创造的过程中,把主观的目的追求和客观规律有机统一起来所创造的美。科技美包括科技活动中的实验美和科学语言表达的公式美、科技创造成果的理论美和科技产品的工艺外形美。科技美作为社会实践的产物,直接反映了真、善、美的统一。从最终意义上说,它应属于社会美的范畴。

(三) 美的特征

1. 形象性

这是指美的事物具有具体可感的形象,人可以通过自己的感觉器官感受到它。值得指出的是,对美的形象的把握,不只是靠视觉的功能,它还需要听觉和思维的功能。对文学作品形象的把握就需要文学思维,对音乐作品形象的把握就需要音乐思维。

2. 多样性

美，不仅具有具体可感的形象，而且这些形象形式多样。人们常把美的各种形态概括成为优美（事物和谐、宁静、秀丽、幽静的外表形态）、崇高（事物壮阔、粗犷、雄伟、高大等外表形态）、悲壮（文艺作品中美在被压抑状态下的表现形式）、滑稽（在对丑的否定中美以欢快轻松的形式表现出来的特征）等。

美的多样性正是现实生活多样性、丰富性的反映。

3. 和谐性

"和谐"一词，在理论上是指事物和现象的各个方面的配合和协调，是多样化的统一。在审美中，审美对象的和谐性更是显而易见。它常常表现为内容和形式的统一，对象与环境的统一，线条和比例的协调，色彩深浅的适度，音调的抑扬顿挫等。美的和谐，是人通过感觉和思维器官可以感受到的事物在某一方面规律性的反映。如"黄金分割"比例关系，几何图形等，一般能给人以悦目的感受。

4. 时代性、民族性和阶级性

由于受社会生产力的制约和人们认识角度、水平的不同，美往往表现出很强的时代性。即使同一时代，不同民族、不同阶级的人们的审美观也不同。美的这些外在特征，是美的本质的直接反映。

小资料 2-11

中国人特有的审美倾向

特征之一：实用主义的混杂

中国人的生活方式与审美意趣在某些层面上更注重实用主义，常常在一些物品的使用上自觉进行了"中国式"的改造，使它们在形式与功能上都发生了巨大的变异；另外在建筑的装饰上同样也无视于某种特定风格的规范，常常能在一栋房子上集中看到古今中外琳琅满目的装饰风格。实用主义的混杂是中国人日常生活表现出来的最常态。

特征之二：民族性偏好

中国人的民族性偏好特征明显，庄重而热烈的"红色"是整个民族自上而下都推崇而喜欢的颜色，就像希腊的"蓝"，红色是中国的脸谱色；在图案上，国色天香的国花"牡丹"一度占据了几乎所有装饰领域，无论是作为艺术创作的对象还是日常生活中的物品图案，牡丹如同一朵华丽的审美图腾，深深植根于人们的心目中。

特征之三：粗放型的设计

中国人在设计经营这个社会以及自己的生活时候，精致并不是最高要求，低成本且实用至上才是第一标准，这种思想弥漫到整个社会中去，无论是巨大工程项目还是日常生活小物件，整体设计上都不由自主地流露出一种粗放型的特征来。这也导致在造型上、在工艺上、在色彩上、在功能上都不那么讲究，"能用就行"依然是影响社会的主流设计思想。

特征之四：灵活的变通性

一根筋、一条道走到黑的执着并不是这个社会赞美的精神，反而灵活做人成为懂事理的表现。在人们的生活中，灵活的变通性可以说是无处不在：一个咖啡玻璃罐摇身变成大茶缸，大可乐塑料瓶被改造成漂亮的花篮……可以说人人都是设计师，人们常常因地制宜地使用手边的材料，改造或者挖掘出新的功能来，以满足日常生活所需。

特征之五：政治传统的沿袭

美学上的政治波普艺术也在潜移默化地影响着老百姓的日常生活，在一些小物品的设计上也会赋予深远的意识形态的寓意，如少先队员的红领巾、安全巡逻的志愿者袖章、国庆期间挂满单位门口的大灯笼等，那些与国旗别无二致的红色正是政治传统在民间的重要反映。人们就在周围政治设计元素日复一日的耳濡目染当中，成为一个与国家民族政治紧密相关的一分子。

（资料来源：http://cul.sohu.com/20091120/n268358547.shtml）

（四）秘书自身美的审美元素

1. 内心世界美

秘书的内心世界美，是做好秘书工作的根本保证，这表明它具有功利价值；作为审美对象，秘书内心世界美的外显，在一定程度上能满足人们审美的需要，给人以审美享受，这表明它具有审美价值。

通过挖掘秘书的内心世界美，可客观地使人们形成对美、审美和美的创造发展等问题所持有的基本观点，包括标准、趣味和理想等，这又表明它具有功利和审美的综合价值。而秘书就是用这样美好的内心世界获取的多重价值，构成了有机的秘书工作整体。正因如此，人们每每逆向推论，对秘书内心世界的种种要求，总爱构筑在秘书工作的特质与需求的基础之上，不存在任何幻想性和随意性。自然，秘书工作的特质与需要，也就成为塑造秘书心灵美的客观依据。确实，秘书也只有具备了美的内心世界，才能自觉地追求秘书工作中的完美性，才能按照自己的审美理想，即最好最高的境界，创造性地描绘秘书工作的蓝图，进而创造美，使服务对象真正获得至高至上的审美享受。而秘书按照自己的审美理想去建造秘书工作，还必须以出色的各种艺术来换取。

秘书的心灵美要从实际工作中体现出来，而科学、缜密、合理、称职的秘书工作对秘书心灵美的不断完善和日趋完美则起着积极的推动作用，二者实现良性循环。所以，这会给人们带来极大的审美享受。总而言之，多重价值的一体性，正是秘书内心世界美的重要意义之所在。

2. 清正廉洁美

公平清正是秘书职业道德的基本要求。秘书要为领导者提供工作中的各项服务，自然与领导者接触比较多，其思想倾向，或多或少地会影响到领导者的看法、思路，甚至是决策。所以，只要秘书心底无私、客观公正，就能为领导者提供出最真实客观的依据，而自己也能做到问心无愧。如果不能客观公正地提供依据，甚至是为达到某种目的去刻意吹捧或诋毁他人，对秘书来讲，其实也是一种腐败。

廉洁自律是新时期党风廉政建设中我党对各级领导者和工作人员的最基本的要求。要求领导者要"看好自己的门"，管好"身边的人"，而秘书无疑就是领导者"身边的人"之一。在某些时候，秘书的工作性质决定了他在领导者与群众、工作与工作之间发挥着重要的纽带作用。这种纽带不仅维系着工作、学习和生活，从另一个角度上讲也维系着权势、金钱和美色。因此，秘书时刻都站在危险的边缘。站稳立场，坚持原则，秘书就会成为领导者可以信赖的参谋和助手，成为推动整体工作的生力军。秘书要认真学习有关廉政建设的政策和法律，时刻做到自省、自警、自励、自重，做到强身健体，百毒不侵，自觉抵御各种不正之风和来自权势、金钱、美色的诱惑，成为本部门领导者和群众信赖的纯洁"白纸"。

3. 超前服务美

超前服务，体现为最优秀的服务方式之一，它是指秘书的各种服务，必须做到先有计划后施行，并要预测准确，考虑周到，安排周密。当然，这种提前性服务会给服务对象留下愉快感、优秀感。不过实现它，并非易事，凭空想象一下是不能奏效的。要成功地实现提前性，秘书必须从三个方面着手：一是尽可能全面地掌握情况和占有资料，避免出现以偏概全、断章取义现象；二是尽可能对所掌握的情况进行科学的分析，从中总结提炼出规律性的内容；三是尽可能做出准确的预测，即结合规律预测出事情的发展方向和发展趋势，以及发展过程中可能出现的情况等。同时，还要做到：事前必须征得服务对象同意，而不是自作主张；必须能让服务对象自愿接受，而不是强人所难；必须是服务对象的工作需要，而不是可有可无或是"一厢情愿"；必须是出于公心，与服务对象患难与共，而不是损公肥私或急功近利。

秘书的超前服务，能够促成服务对象尚未实施的工作由可能性向现实性的转化。要转化，秘书就要有一双慧眼，主观能动地发现工作需要的潜在趋势，即可能性；秘书还要有一定的胆略，主观能动地去创造一定的条件，在遵照领导意图的前提下，最大限度地发挥自身的潜能，勇于开拓创新，想前人没有想过的方法，走前人没有走过的道路，围绕工作，多渠道、多途径、多方法，创造性地开展工作。

秘书的超前服务是开放型的，要通过暗示、提醒或是汇报等方式，向领导释放影响，得到领导的了解和认同，既认同秘书的人品，又认同秘书的超前服务工作，同时也认同超前服务的具体内容。同时，领导还要积极地同秘书谈论自己的观点，提出自己的意见，而秘书更应积极地应之、悟之、改之，不断向领导靠拢，从而他们的相似之处日益增多和加强，最后导致二者相互接近，并产生最终结合的趋势。这一特点告诉我们：超前服务必须以影响服务对象为手段，以与之完美结合为目的，才能发挥其作用。

对秘书来说，在为领导提供超前服务时，一要准确把握服务对象的审美需求，确立超前服务的方向和目的，使之更有功利价值；二要准确把握美的建造规律，实现服务创新，使之更科学、更快捷、更具有审美价值。唯有如此，秘书提供的超前服务才是成功的、必然的。

4. 外在美

外在美包括仪表美、装饰美、气质美和风度美等。外在美是秘书留给别人的第一印象，而第一印象又非常重要，往往一个人的第一印象在别人心目中是很难在短时间内改变。所以，秘书在注意自己的外在美时，首要的是关注自己的仪表和装饰，力争在与人接触和交往时留下美好、深刻的第一印象，为自己今后开展工作创造良好的开端。

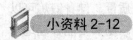
小资料2-12

陈冯富珍的着装

世界卫生组织总干事陈冯富珍格外注重自己的衣着。在接受杨澜的采访时，当被问及："你一直以很好的仪表出现在公众面前，你在着装方面有什么心得？"陈冯富珍说："合体，一定要跟我做的岗位或我出席的场合相配合。作为一个公务员，你不单是穿衣服要合体，跟人见面沟通的时候，也应该表现出你充满正义、能够处理任何危机的一面。"

陈的衣着从来都是非常得体,温婉端庄不失强悍。她自己也说每次都要花费很多的时间来设计和搭配自己的着装,有时甚至根据需要出席的具体场合请设计师专门设计。如此重视自己的外在形象,体现出陈冯富珍良好的修养和较高的审美水平。

（资料来源：http://www.redlib.cn/html/9448/2007/47573512.htm）

综上所述,心灵美是美,外在美也是美,不过外在与内在的统一美,才是更加完美。人人都希望有一个内在与外在统一的美,但如果内在美与外在美不能两全时,那么就应该侧重对心灵美的追求。因为一个外貌丑或有缺陷的人,只要他（她）的心地善良,行为美好,那也会为自己的形象增添光彩。

秘书在追求外在美的同时,一定要更加注重内在美的培养,不断地探索,刻苦地学习,全心全意地为人民服务,做人民的公仆。要有"俏也不争春,只把春来报"的甘当无名英雄的高贵品质。有人尽管穿着整齐,举止洒脱,但满脑子利于权势、工于心计的想法,当面一套,背后一套,凭借自己的位置搞不正之风。这样的人在短期内或许能得到大家的认可,但时间长了,本质暴露了,就必然会遭到大家的冷落甚至是唾弃。还有人不讲究穿着和装饰,平日里邋里邋遢,但对工作极其负责,对大家非常尊重,各项工作都能达到领导和大家的满意。这样的秘书,虽然能得到大家的敬重,但因其不注重外表,总觉得美中有所欠缺。所以,只有外表美和心灵美得到完美结合的秘书,才能给人以赏心悦目、心悦诚服的感觉,才能从仪表到心灵、从思想到工作各个方面给人以审美享受。正如古希腊哲学家德漠克利特所言："身体的美,若不与聪明才智相结合,是某种动物性的东西。"

我们强调内在美与外在美的统一是秘书最高层次的美,但也有人认为,秘书的内心世界美是可以通过努力学习和加强磨炼等手段来实现的,而外在美却是与生俱来的,不能后天改变的。对于一些外在并不能称之为美甚至有缺陷的人而言,实现内在美与外在美的统一是根本不可能的,内在与外在的统一美也就无从谈起。针对这种说法,我们认为,虽然对于这些外在不美或稍有缺陷的秘书来说,无法达到内在与外在的完美统一,但可以通过互相弥补或是通过一些辅助手段来完成,使他们最大限度地实现内在美与外在美的统一。

一个人的外表可能不是很美,但如果他拥有别人无法比及的过人的内心世界美,而他的这种内心世界美又在他的言谈举止上充分地体现出来,那么,他的言谈举止也就有了美感。人们对他的外在认识在内心世界美的感染下,也会发生一些改变,产生不同程度的美感。秘书丰富的学识、敬业的态度、崇高的精神、高尚的品质、过人的工作才能和艺术等都能对其不美的外表产生弥补作用,达到二者相统一的目的。

对某些外表并不美的秘书而言,在现代社会,也可以通过一些辅助手段来不同程度地改变,如服装、装饰的选择利用会美化外表,美容化妆可以改善皮肤质量,健身锻炼可以改善体形等,人们为了追求美的外表,这些手段都是可取的、可行的。秘书要能合理地利用这些手段,其天生的外表也可以按照自己的希望,由不美变为美,从而实现与内心世界美的统一,达到最高层次的美。

外在美是美,内心世界美更是美。追求外在美是为了更好地表现内心世界的美,而内心世界的美,又会进一步强化外在美。

（五）秘书的审美能力培养

1. 秘书的审美能力的构成因素

审美能力是审美主体所具有的发现、感受、评价和欣赏美的能力。即对自然界和社会生活中各种事物、现象的审美价值，进行分辨、评定时所必须具备的感受力、理解力和创造力。秘书的美学修养应该包含对秘书工作的热爱、对专业知识的整体掌握、对所从事职业美学特征的理解和把握、对职业美的积极创造等。在审美过程中，秘书应注重自身的职业形象美、沟通语言美、行为举止美和人格魅力美等若干方面的提升。秘书人员的审美能力能像检化器似的把秘书人员的思想品行、职业道德，优秀的、崇高的、低劣的、丑恶的分辨得一清二楚；审美能力又像量度的标卡似的，把秘书工作所需的知识素养、能力结构、艺术运用以及仪表、气质、风度剖析得入木三分，进一步严格了审美标准与具体要求。秘书人员在具体的感受、欣赏过程中，既有对过去秘书工作苦辣酸甜的表象积累的调动，又有对眼下秘书人员面临新时期如何建树进步、健康的审美观点的把握；既有对照对比秘书经验的审美鉴别认定，又有对秘书工作未来的审美展望与求索。这一切的凝聚，构成了秘书人员独特的审美能力。它随着社会实践的深入和发展、生活经验、审美经验的积蓄与丰富而不断地更新、不断地突破、不断地进取，与时代同步。

2. 审美能力是秘书工作达标优化的关键

审美能力使人能迅速发现美、准确辨别美、区别美的程度、鉴别美的种类、发掘出蕴藏在审美对象深处的本质性东西，并从感性阶段上升到理性阶段。所以，对发展与完善秘书工作有着重要作用，具有着多维性价值。秘书树立正确的、高尚的审美观念是非常必要的。为此，秘书只有通过提高审美能力才能端正自己关于美的观念，从而使自己增长智慧、提高觉悟、陶冶情操、丰富精神生活、建树审美理想、明确审美标准，对丑的东西嗤之以鼻，而用强烈的爱慕和希冀、惊喜和狂热去追求美的东西，使自己的情操、趣味、举止风度都变得更高尚更美好起来。

3. 审美能力能够"开智陶情"

"开智"和"陶情"是人类心理发展的两个重要方面。"开智"即智力开发，主要内容是科学知识。审美能力恰恰能帮助秘书人员建立完美的知识结构，进而适应秘书工作的审美需要。"陶情"即陶冶纯洁的感情。审美能力能够帮助秘书在工作和生活中确立科学的、正确的审美标准，辨别真、善、美和假、丑、恶，从而确定自己的情感流向，牢固树立正确的人生观、世界观、价值观和爱憎观，在工作和生活中敢爱、敢憎，培养自己纯洁、健康、真挚的感情，杜绝和抵制庸俗、颓废、虚假的感情，并沿着正确的方向发展，实现净化心灵、陶冶情操的目的，将深厚的感情融入秘书工作中，达到秘书工作高层次的审美境界。

在物质实践中，人们要向自然索取，人的肉体需要——物质需要形成强烈的心理的躁动与不安，人关心着活动的实践结果，这种心态在某种程度上强化了人与自然的对立。审美则不然。在审美中，审美态度是非功利、非索取的态度，人对自然并不怀有物质性的需求，人对自然采取的是一种"充满情意的注视"。经过人的情感的改造，人与自然完成了精神上的契合，达到了真正的和谐。这种艺术和谐又成为人改造自然时的积极的参照物。

这样，在物质性实践中，人为本质力量限制而产生的挫折感和失落感便不复存在。审美关系包含了对人的日常关系的一种超越。正是在这样的对象化关系中，秘书变得超然了，不再计较片刻的得失和即时的荣辱，从而获得了心灵的自由，产生了欣赏对象的闲情逸致。正因为如此，我们说，审美将秘书推向一个人、物和谐的新境界，审美是现实人生能感受到的最高的和谐。

4. 审美能力可以使劳动、生活艺术化，使工作、生活趣味化

因为审美能力能帮助秘书按照美的规律来创造"产品"、美化生活，使艰苦的劳动充满乐趣，使平淡的生活充满神采。在秘书工作中，秘书人员在通过自己的智慧才能和辛勤劳动创造出美的同时，也得到了美的享受，享受到了劳动的乐趣、艰辛的愉悦、付出的收获、奉献的甘甜等，从而在秘书工作中营造美的氛围、构造美的意境、创造美的典型，让服务对象分享诗化的工作和诗化的生活，体会到秘书创造的审美价值的同时，同样也得到了审美满足。这样，秘书的工作和身边时时、处处充满了美，美也始终贯穿于秘书的劳动之中，使秘书更加热爱工作、热爱生活。

现代社会从众现象越来越严重。日常性的刻板，群体的压力，依从的倾向，都在不同程度上消磨着个性，分裂人的心智。美学是一种具有人文意味的生存智慧。在充满了实用功利的日常生活之中，美学所包含的超越精神是多方面的，它给予人们某种形而上的慰藉，唤起了人的终极关怀，有一种对人的意义、民族的命运、人类未来的深切关怀。具体而言，审美具有沟通、宣泄、感染、陶冶、升华的作用，它们构成了对现实人生的终极关怀。一方面，审美具有对人的深层心理的极强的渗透力，其情感性和形象性，总能将自己的投影刻在人的心灵深处，从而发挥其他思想意识形态所难以发挥的作用。另一方面，审美体验总是能够在人生的关键处对确定人的生活方向、人生目标等关涉人的生命存在的根本方面发生作用。因此，对秘书而言，审美对人的关怀是重要的和有终极关怀的价值，它可以提升秘书的精神境界和趣味，丰富秘书的人生体验，健全秘书的人格；它有助于弥合由日常生活导致的种种分裂和矛盾，如理性与感性的分裂、物质对精神的侵蚀、社会与个体的矛盾等，它可以整合秘书的心智。创造美和欣赏美都需要情感思维和想象思维。作为一名秘书，只有成为一个感受美、鉴赏美、创造美的人，才有可能具有健全的心理状态和精神世界，才能营造和谐、协调的人际关系和良好的社会氛围。

二、相关链接

张丽的教训

张丽是某公司的女秘书，长得很美丽，同时她也善于化妆。有一天张丽化了浓妆，同事们说张丽比原来还要漂亮。于是，张丽每天化成浓浓的妆。但是渐渐地同事们不再称赞张丽了。原来张丽化的妆太浓，显得与她工作的环境不相适应，而张丽却还依然化着很浓的妆。渐渐地，同事们开始小声地议论。张丽却不以为然，认为同事在嫉妒自己的美丽。而张丽化的浓浓的妆最终影响了企业的形象。

提示

当代女秘书作为职业女性，形象应端庄而职业。在妆容上可着淡妆，化妆既要讲究美观，又要讲究合乎自身的工作环境，体现出自然、大方的美丽；既体现出对别人的尊重，增加他人对自身的形象分值，又可以显示出特有的职业女性的魅力和自信的礼仪素质；既能使自己心情愉悦，还可以提高办事效率。

三、课堂内外

（一）堂堂练

有人认为，人应该努力提高自己的内在修养。因为审美不能仅仅停留在外在形象上，内在修养却更为重要，即高层次上的审美：着重审人性之美。道德、思想、修养、品质等内在的东西，他们更能反映出审美能力、水平以及审美层次。人类的高尚品质、高贵精神、纯洁思想以及悲悯情怀才是美的核心、美的精髓。勇敢、正直、善良、坚强、宽容、爱心等一系列的美德，才是人类应该追求的东西，才是世界上最美的东西。内在的修养若缺少了这些东西，那么外表再光鲜、再得体，形象再完美，都不再是美的。美是用内在的东西来衡量的，而不是外表。

讨论
1. 这种观点是否正确？为什么？
2. 列举提高内在修养的途径。

（二）堂外练

如何应对职业的"审美疲劳"

Paul，33岁，硕士学历，目前是某外资公司市场部首席策划。Paul入这一行已经足足8个年头，可谓经验丰富，并且以他这样的年龄仍处于思维活跃的高峰期，新创意多，再加上手中的媒体资源，他正是那种业内最炙手可热的对象。照理说，现在的Paul要高薪有高薪，要名气有名气，正是职场中的红人，到底是什么原因使他遭遇职场风云突变呢？

自Paul加入现在的东家以来，一切都是顺风顺水，市场部的总监是Paul的顶头上司，本来总监就一直很赏识他，在Paul漂亮地完成了几个Case之后愈加器重他，Paul提出的方案被毙掉的几率很小。Paul成为公司首席策划的两年后，原来的总监离职，Paul的顶头上司换了人。起初，Paul对这次的人事变动并未在意，他认为凭自己在公司的地位，自己的位置以及未来发展不会受到任何影响，况且，只要工作做得好，在谁手下都是一样。

渐渐地，Paul发现并不像自己想得那样简单。新总监很尊重Paul，对他的工作以及所取得的成就也相当肯定。然而Paul还是很快发现了不一样，会议的时候每每Paul发表自己的Idea，总监看似认真在听，但是之后多是做出礼节性的回应，并没有做细节的探讨。再后来，Paul的案子经常被新总监客气地回绝，再不像原来一样高比率通过。其直接后果是，许多Case分流到其他人名下，"首席"二字只剩一个名头。

这样的冷落让Paul很不自在，同时他发现自己的心理和精神方面也起了连锁反应。一方面，他变得不自信，新想出来的Idea会被自己先否决掉。时间一长，Paul开始担心自己会提早进入思维枯竭期；另一方面，对于自己一直充满激情的工作，他渐渐没了兴趣，甚至想换一个行业重新开始。Paul对自己的未来开始生出疑惑：到底该何去何从？

专家分析：新上司来了，旧上司面前的红人日子就不好过了。一朝天子一朝臣，这样的现象是存在的，但是在Paul的案例中，这样的观点有比较多的主观成分在里面。从上面的案例我们可以看出，其实新的总监并没有刻意为难Paul，双方很可能只是由于创作风格理念不同，在创意方面短时间无法达成共识。新总监不采纳Paul的方案，并且交给其他人，只是间接委婉地表示了对Paul的不欣赏。一个部门的领导人当然有权利决定本部门的风格，他不接受某个人的个人色彩，也并不能说是错。所以，Paul的"新上司有意针对我"思维定式带了比较多的个人主观色彩。

实际上，从深层次来说，Paul对工作的灰心倦怠，上司的更迭只是直接原因，更深层次的根本原因，很可能来自于他内心对目前工作的"审美疲劳"。对于一位资深的职业人，长期处在同一领域，对于相同的信息每天都要大量的接受，难免会产生感觉以及心理上的疲劳，如果没有及时调整心态，会对现有职业产生厌倦。受这样的厌倦感影响，很容易对自我需求发生怀疑，进而职业动机也变得不明确。职业动机不明的这一状态就是我们所说的工作中的"审美疲劳"。

职业上的审美疲劳感从何而来？实际上，无论多资深或者取得多大成就的人，在个人职业发展中总是存在一种情感诉求，简单说就是渴望得到他人的肯定。当一个人通过自己的努力取得一定的工作成果时，只是形成了客观上的结果，而只有当他在主观上实现了自己的职业满意度时，他才能获得一种职业安全感。在这样一种职业安全感的心理暗示下，他会明确自己的职业动机，发现新的职业需要，同时以快乐的心态继续后面的工作，这样的过程是一个良性的过程。

而要获得足够的职业安全感，则需要达到一定的职业满意度。很明显，像Paul这样的资深人士，由于长期地重复同类型工作，其对于工作本身的厌倦感，已经使自己无法对自身的工作成果产生主观上的满意，即职业满意度不足，因而缺乏职业安全感。在没有足够的职业安全感的状态下，职业动机变得模糊。

如何应对职业"审美疲劳"？在每个人的职场生涯中都不可避免地会遭遇各种各样的上升瓶颈，只有突破了所有这些瓶颈，才能有一次一次的发展。类似Paul这样的案例不在少数，而且大多数都是之前已较有成就的。这种职场的转折点处理得好，可能会是一次飞跃，处理不好，则可能使之前的成就前功尽弃。因此，克服职业"审美疲劳"就显得尤为重要。

（资料来源：http://club.ganji.com/252-1013347.html）

思考

1. 如何解决职业的"审美疲劳"问题？
2. 在本班举行一次时装表演，比比谁的搭配最美。

本章知识归综

表 2-4 秘书的综合素质

心理素质	性格和气质	性格是一个人表现在态度和行为上比较稳定的心理特征；气质是人的高级神经活动类型特点在行动方式上的表现
	意志品质	意志是自觉地确定目的，并支配行动，以实现预定目的的心理活动。意志品质是指构成人意志的诸因素的总和，主要包括自觉性、果断性、自制性和坚韧性等几方面
	健康的职业心理	秘书心理健康就是指秘书能够领悟社会对秘书的角色期待，具有良好的职业操守
文化素质	基础文化	广博的非专业性知识
		精深的专业知识
		知识的广博与精深的统一
		知识层次间的比例及相互联系的作用
		知识结构的具体形态的丰富多样
	本土文化	本土文化是本土人民在自己长期的生活和历史发展过程中自主生产、享用和传递的知识体系
	历史文化	历史文化是历史知识、历史智慧和历史经验的总和。
	组织文化	组织文化是在长期的社会实践中形成并为组织成员普遍认可和遵循的具有本组织特色的价值观念、共同意识、职业道德、行为规范和思维模式的总和

（续表）

言语素质	口语表达	充分了解交际的对方；准确地把握秘书语言具有角色化的特征；掌握秘书语言具有表达准确、文雅、幽默、谦和、委婉的特征；掌握交谈礼仪；把握交谈的程序与语言运用技巧；懂得演讲技巧
	书面表达	秘书的书面表达主要是指公文撰写的能力
	秘书口语与书面语	秘书口语与书面语言同等重要；口语的使用频率要多于书面语言；口语是一种交际艺术
	态势语的运用	态势语就是以用表情、动作或体态等来表情达意
礼仪素质	仪表礼仪	仪容礼仪、服饰礼仪、仪态礼仪
	日常交际礼仪	介绍礼仪、握手礼仪、名片礼仪、电话礼仪
	接待礼仪	室外迎接礼仪、办公室接待礼仪、送客礼仪
	会议礼仪	会议环境礼仪的布置、会议服务礼仪
道德素质	社会公德	社会公德的含义和特点；社会公德的内容与要求；自觉遵守社会公德
	秘书职业道德	忠于职守，自觉履行各项职责；服从领导，当好参谋；兢兢业业，甘当无名英雄；谦虚谨慎，办事公道，热情服务；遵纪守法，廉洁奉公，不假借领导名义以权谋私；恪守信用，严守机密；实事求是，勇于创新；刻苦学习，努力提高思想、科学文化素质；钻研业务，掌握秘书工作各项技能
法律素质	法制和法治	法制、法治、法制和法治的关系
	法律知识	公司法、合同法、知识产权法、外商企业投资法、劳动法、反不正当竞争法、WTO知识
	诉讼常识	民事诉讼法、行政诉讼法
财经素质	公司常识	公司是指依照法律规定，由股东出资设立的以营利为目的的社团法人
	人力资源常识	人力资源规划、招聘与配置、培训与开发、绩效管理、薪酬福利管理、劳动关系管理
	市场营销常识	市场营销流程、市场调查的重要性、市场营销用语
	生产管理常识	生产管理、劳动生产率、生产管理手段
	财务常识	会计常识、税务常识、票据常识
审美素质	美的本质与作用	美是人的本质力量的对象化
	美的形态	社会美、自然美、艺术美、形式美
	美的特征	形象性、多样性、和谐性、时代性、民族性和阶级性
	秘书自身美的审美元素	内心世界美、清正廉洁美、超前服务美、内心世界美
	秘书的审美能力的培养	秘书的审美能力的构成因素；审美能力是秘书工作达标优化的关键；审美能力能够"开智陶情"；审美能力可以使劳动、生活艺术化，使工作、生活趣味化

第三章 秘书的能力结构

 学习目标

通过本章学习,能够理解秘书能力结构的构成;了解秘书履行职责必备的基本能力和专业能力:表达能力、人际沟通能力、社会调查研究能力、收集处理信息的能力和办公自动化设备的使用能力;能够结合秘书的实践活动找到职业能力养成的途径。

 知 识 点

★了解秘书必备的能力结构的构成。
★了解秘书必备的各项能力及其作用。
★了解自己能力的优势与不足。
★了解秘书提升能力的必要性。

 能 力 点

★能够明确秘书能力结构的特征。
★能够明确秘书必备的各项能力的养成途径。
★能够主动养成自己的职业能力。
★具有辨别秘书工作的正误能力。

 导入案例

成功的秘诀

吴经理已经赶走了三个秘书。第一个女秘书十分漂亮,刻意修饰和包装了一番,却只干了两天;第二位是文学专业男大学生,文思泉涌,很快就完成了经理急需的工作总结,但挨了一顿骂,"空话换不了饭吃";第三个是老滑头,点头哈腰,递烟送水,却对群众不理不睬,也只干了三天。小金被调来当经理秘书后的第二天,就随经理去与外商洽谈技术合作项目。早上9点30分出发,同行的还有总工老陈和翻译。小金在技术科时就与陈工共同探讨过这项技术的优劣,上班后就赶到技术科查找有关资料。一会儿,吴经理的电话就追过来了,批评她乱跑,火气大着呢。原来是陈工急病住院,翻译有事也来不了。小金体谅吴经理的发火,回到办公室。

小金问经理:"你对此技术项目熟悉吗?"经理说:"主要内容清楚,有些细节不熟悉。"小金自信地说:"我参加过此技术起草的全过程,细节和内容都清楚。"经理眼睛一亮,但又暗淡下来:"可翻译没来。""外商是美国人吗?""是的,可我的英语看资料还行,会话就不行了。""我能行!"小金认为此时没必要谦虚。"太好了,太好了!"经理激动得拍着小金的肩膀。

小金很快地取来有关资料,随经理去洽谈。谈判成功了,小金又当翻译又当专家,与外商讨论技术合作的细节,经理把关决断。由于小金对全部技术内容和细节都十分了解,还适当地赞扬外商的技术成就和经济实力,外商也十分高兴,赞扬吴经理有一位"才华出众、精明能干"的女秘书。

回公司的路上,吴经理仍兴奋不已,可小金转移了话题,请经理去医院问候陈工,顺便告诉他这个好消息。"对,对,应当去看看他,他可是为公司累病的呀!"经理流露出对陈工的深深的关切。

从医院出来,经理问小金:"肯不肯赏光让我请你吃饭?"小金机敏地回答:"下午我还要把资料整理一下,您明天不是要在公司大会上发言吗?""那以后再慰劳你吧。"谈到工作,吴经理就十分认真,说:"我的讲话我自己准备,你是不是代表陈工就技术合作问题在会上发言?""陈工坚持回公司,还是让他发言合适,我可以为他准备好发言稿。""好吧。"吴经理以后的态度好多了,小金却不愿意套近乎。

公司里却议论纷纷:小金有一手,吴经理都服了,对她不敢马虎。

不久市场疲软,产品压库,资金周转不灵。吴经理急得不吃不喝,人瘦了一圈儿,火气也更大了。小金买了啤酒、烤鸡和肉包子去看经理,提议为上次谈判成功干杯。陈工也来了,带了一只酱鸭来。"经理,为我们渡过难关干一杯!"经理喝了一大口酒,突然奇怪地问:"渡过难关?""对。小金通过上次技术合作的外商,找到了新的外销渠道。"吴经理跳了起来,怪小金事先不告诉自己。小金躲在陈工身后,"明天才能签约,我这不是和陈工来向你汇报吗?你已经饿了几天,不补充能量,明天怎么谈判?"吴经理来了精神,把鸡、鸭、肉包子几乎都吃光了,还准备把啤酒也喝完。小金提醒他,要保持清醒的头脑研究明天的谈判方案。

"那好,看来我有事还是应该多和群众商量。"经理作了自我批评。小金也说:"您的责任感、事业心、办事魄力,都令人佩服,但希望您注意,全公司的职工都是您风雨同舟的战友,您要让大家都要为公司的发展出谋献策才行啊!"陈工也说:"小金说得有道理,你这人什么都好,就是这个臭脾气,脱离群众,要改改啊!""是要改,一定改!"他听话得像个小孩子。

外销合同签订了,吴经理拉着陈工和小金,要去"喝一杯"。小金说:"对不起,我和男友晚上有约会。"吴经理摇摇头,拉着陈工走了。

(资料来源:杨群欢. 秘书理论与实务[M]. 北京:中国财政经济出版社,2005.7)

分析

一个秘书的成功依靠的是自己的很强综合办事能力。而秘书的能力结构是一个多层次、多因素的综合体。要建立起合理的能力结构,并不是一件轻而易举的事情。秘书必须付出艰辛的踏实的努力。

思考

1. 由此案例中,小金成功的秘诀是什么?
2. 分析小金的能力结构的优势。

第一节 表达能力

一、必备知识

(一) 秘书角色表达

在秘书的能力结构中,表达能力占有重要的位置,发挥着重要的作用。秘书要上传下达,沟通左右,联系内外,综合协调,处理办公事务,完成各项公务、商务活动,都离不开表达能力的运用。表达能力,主要是通过语言、文字等形式沟通信息、合作共事的能力。秘书作为一个以沟通和办事来发挥作用的专业人士,准确且丰富的表达能力是其在职业表现中出类拔萃的必要条件。而出色的表达能力需要调动秘书全部的思想、智慧、表情、动作、词汇等,在最合适的地方用最恰当的方式技巧性地体现出来。

为领导服务是秘书最基本的职能,是秘书工作的指导思想。秘书是相对于领导而存在的,秘书活动是领导的附庸和补充,领导活动决定了秘书活动的基本范围和利益指向,决定了秘书的从属性与辅助地位。在决策过程中,秘书是重要的参与者,而不是决策者。因此,秘书在工作中,一定要清醒的认识自己的秘书角色,不能超越职权范围自作主张,自行其事。秘书必须按照领导的要求、意图,确立、调节自己的行为,规范自己的言行,使自己的言行始终符合秘书的身份和地位。有位上司向几位助手布置任务,副手回答:"知道了。"助理回答:"我尽力而为,但只怕我能力不够,未必能让您满意。"秘书回答:"连这种事都要您费心,那一定非常重要。"然后她稍做停顿,一字一句地说:"既然是您要求我去完成,我一定全力以赴。"三种语言表达,效果截然不同。副手的回答太过简单,犹如程序性地知会,既没有回应,也没有表态,听起来让人觉得一下子没了脾气,没劲!助理的回答虽然也表示努力,但却为自己留了条后路,似乎事先给上司打个招呼:成不成您都别怪我!听起来也有种不舒服的感觉,没戏!秘书的回答则非常策略,在突出此事重要性的同时,又巧妙地抬举上司,并且把上司的信任与工作的压力表现得恰到好处,听起来让人感觉郑重其事,非常感动。

秘书协助领导处理政务,直接在领导的授意下受理组织发生的行政公务,直接处理在组织发生的与领导和领导活动有关的事务活动,为领导分身、挡小事,协助领导抓大事,使领导较多地解脱行政事务的纠缠,集中精力开展领导活动和决策思考。搜集、掌握、储存大量经济、行政、社会信息,向领导提供必要的情况,收集部门和群众的意见及时向领导汇报。在反映情况、请示问题、汇报工作时,秘书要善于打腹稿,简明扼要,既不信口开河,也不沉默寡言。反应敏捷,应对自如;表达准确,分寸适当;语音清晰,语调自然;观点明确、条理清晰;态度从容、有礼有节;要敢于讲真话,实事求是地反映情况,而不说大话、空话、假话、套话。当然秘书在领导面前也不能过于拘谨,说话办事缺乏个性,处处谨小慎微。该说的不说,该办的不办也会贻误公务。在向领导汇报、反映时,不发表有关他人的议论,不当传话筒,不说不利于团结的话。如某公司经理在工作时间应朋友之邀去打桌球,当然不瞒秘书。几分钟后,总经理来电话找经理,聪明的秘书这样回答:"他刚刚有事出去。"或"我马上通知他给您回电话。"就是不能明确地告诉总经理:"他和朋友打桌球去了。"明确的回答于事无补,反而影响了总经理对经理的看法。再说,秘书对总经理的回答并没有说谎,并不违背忠诚于上司的原则。领导确有不当或错误,秘书也不宜当众指责非议,而要另择时机,善意规劝,且要注意语言艺术。最好是采用委婉、含蓄的提示、提醒方式,让上司自己发现错误,或是等待一定的时间再作请示,让上司自己冷静下来,重新作出决定。如有位机关秘书发现局长对一请示的批复明显违背市里的新规定,他没有正面提出,而是把市里的文件找出来,在有关条文下划了红线,趁局长离开时摊开在他的办公桌上。一会儿之后,局长果然召来秘书,要回了刚才的批文,重新作了批复。

秘书为领导、领导机构起草公文、讲话稿等,构思要快,动手要快,要有应急应变和应对突击任务的能力。要能撰写各种形式的文字材料,具备抽象概括、总结归纳、联系实际的能力。写出的东西思路清晰,行文流畅,言简意赅,深刻而有文采。如果思路含混,冗长空洞，或文体错误，就会让人读了不知所云，有可能贻误工作，给组织带来不良影响，甚至造成严重损失。

秘书为领导服务，服务的重心是为领导当好参谋助手，成为领导的"外脑"。因此，从提供决策信息到决策目标，从分析、拟定、评估、优选决策方案到编制实施计划、落实行动措施、反馈阶段工作情况，秘书都应敢于、善于发表自己的看法，提出建设性的、具体可行的意见供领导决策时参考，而不是电话铃响接一下，文件到了转一下，被动地等待领导布置工作。

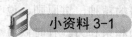

小资料 3-1

我给总理当秘书

杨纯曾经是周恩来的农业秘书。回忆当年，杨纯说，刚到总理那里，总理亲自找我谈话，讲了许多需要注意的问题。总理说，到我这里来，在我这个办公室，秘书什么都可以说，但是出去了可是不行，出去秘书就要守口如瓶，秘书不能随便讲话，因为是总理办公室的人。因此，在以后参加会议时，我都记着守口如瓶。

对于平时在总理身边工作，杨纯说："去总理那里，绝对不能搞似是而非，不懂装懂。不能说假话，是什么就是什么，不清楚可以问，模模糊糊，想混过去，这可没门，根本混不过去。"

总理不仅工作作风深入细致，而且还很民主，他特别鼓励秘书提意见，对各部门送来的报告、情况等，他要求秘书先看，先吃透精神，然后再根据文中的主要内容和问题提炼出来，写成几百字的稿子给他批阅签字。

杨纯初来总理办公室时，为了保证写好每日汇报，有时一条汇报要反复修改好几次。因为总理要求每条汇报既要简明扼要，又要有血有肉，要是找总理批文件，一定要准备好了再去找总理。

总理规定，他的办公室 24 小时不能离人，每天起床后的第一件事就是了解在他休息那段时间里发生了什么重大事情。他交代秘书，如果国际国内发生了重大事件，不论他是否睡了，一律要马上报。

（资料来源：郑典宜，张勋宗. 秘书基础[M]. 成都：电子科技大学出版社，2005）

秘书思维是领导思维的前导补充和延伸。因此秘书一要保持观念的前瞻性。要用思想的高站位带动服务的高层次，真正成为领导的智囊。要站在领导的高度、全局的角度想问题，力求与领导同频共振，与领导的思想和工作合拍。要紧密联系实际，从实际出发把辅佐领导决策渗透到各项实际工作中去。二要有见微知著的洞察力，"一叶落而知天下秋"。参谋动作要快，要经常对下一步工作进行一些预测，并及早的分析和提出工作中可能出现的问题，即自觉地在宏观预测和超前一步上下功夫，他人想不到、看不到的，秘书要能够看到想到。要围绕各方面关注的重点强化参谋意识，做到领导未谋秘书已有所想；要围绕群众关注的热点强化"耳目"意识，做到领导未闻秘书已有所知；要围绕工作的难点强化助手意识，做到领导未动秘书已有所行。三要有与时俱进的创造力。要打破按部就班的工作程序和被动应付的思维定势，把与时俱进的精神贯穿到辅佐领导决策的全过程。思考问题既不要离开领导的"谱"，又要走好自己的路。只有吃透意图、吃透政策、吃透实情，为领导出谋划策才能超前、创新、系统、实用，使辅佐活动成为推动秘书工作向高层次发展的不竭动力。

（二）领导角色表达

领导政策的实施、组织目标的实现取决于群众的参与和努力。一般情况下，群众的认识和领导的认识之间总会有一些差距，秘书有责任将领导的决策真实准确地传达给群众，协助领导做好深入细致的宣传解释工作，让群众真正理解领导决策的意图，明确决策目标实现的意义，使上下信息交流通畅，与群众建立和保持一种相互信任的关系，从而为做好秘书工作奠定牢固的群众基础。

秘书在传达领导机关和领导人的决定、指示，在与组织内外公众交流时，要"动必三省"、"言必三思"，想好再说，不要说了再去想。要坚持实事求是的精神，讲原则、说真话、抒真情。尽量运用大众化和别人易于接受的语言，增强表现力和亲和力。有时候可适当借一些幽默风趣，生动活泼的话语，融洽交谈氛围。语气温和，语调自然，言简意赅，突出重点。同时，在交谈中，不仅要从体态上了解对方的情绪和态度，更要充分运用自身的体态语言如举手投足、一颦一笑等增强语言表达的说服力和感染力。

秘书切不可因为自己身处最高决策层，经常和领导打交道，就一副高高在上的模样，疏远群众，甚至看不起群众。而应主动关心群众的生活和工作情况，尽可能为群众排忧解难，为组织营造良好的内部环境。不该问的话坚决不问，不该开的玩笑坚决不开，不在任何同事面前说三道四，更不要在背后议论同事。在和他人出现分歧时，秘书要耐心听取他人的意见后再发表自己的见解。如果他人言辞刻薄、刺耳难听，也不要针锋相对，激烈的言语交锋不但于事无补，而且还可能造成无法修补的感情裂痕，给今后的工作造成不便。和谐、友好的同事关系需要用心经营。秘书对每一位同事都应平等相待，千万不要因为对某个人有意见或看不惯，就不屑于与其交流，这样很不利于团结。有时简单的一声问候就能营造和谐的氛围，使工作顺利开展。

对待群众的来电来访，无论其是何种身份，秘书都应热情、耐心。接听电话时，要主动问候来电者，并询问他所要找的人或所要办的事，语气要平缓，不能生硬。必要时要准确记录来电者的重要信息，并及时帮他转达或办理。接待来访者，秘书要主动询问其来由和目的，尽可能地提供相关服务。尤其是遇到一些带有负面情绪的来访者，一定要做一个忠实的听众，让他们把心里话发泄出来，从中找出问题的症结所在。可以办理的，要与有关部门积极地协商，及时给予解决；不能办理或无法解决的，在稳定来访者的情绪时，动之以情，晓之以理，耐心地向他们解释清楚，尽可能地使他们满意而归。对于那些不讲道理、故意刁难的来访者，最好的办法是使用缓兵之计，委婉地劝说来者先回去，了解情况后再说。

二、相关链接

言语交际的三T原则

古人邓折曾说过："夫言有术，与智者言，依于博；与博者言，依于辩；与辩者言，依于要；与贵者言，依于势；与富者言，依于豪；与贪者言，依于利；与勇者言，依于敢；与愚者言，依于说。"

三T原则，是语言实际运用中必须谨慎的重要原则，所谓"三T"，实际上是用英文Tact、Timing和Tolerance三个单词的缩写，即"机智""时机""宽容"。这就要求我们从事秘书工作时要分清对象，不能一概而论。"机智"主要是要求秘书面对各种对象时，要察言观色，反应灵敏，既要把握好自己的角色,又要注意双向沟通;"时机"是要求秘书说话注意时间、场合,因时制宜;"宽容"是要求秘书说话有重点、精简,提高工作效率,对别人的不理解要有耐心细致、宽以待人的态度。

(资料来源:http://zhidao.baidu.com/question/7016876.html)

三、课堂内外

(一)堂堂练

年轻的王秘书刚到 A 部门工作不久,有一次他到 B 部门去做沟通协调工作,却没有很好地完成,他非常窝火。吃午饭时,他就在饭桌上向自己的同事抱怨说:"B 部门真是的,明明公司有规定,部门之间应当互相协调,B 部门口里说支持 A 部门的工作,但是却不肯借用他们的技术人员过来帮我们忙完这一段,我非要到经理那告他们一状。"这时候同桌吃饭的张秘书听见了,她是个老秘书,进公司七八年了,她笑眯眯地说:"年轻人,不要生气。我建议你这么向经理说……"

讨论
1. 如果你是张秘书,会怎么说呢?
2. 面对不同的公众,秘书的语言表达能力有什么不同?

(二)堂外练

1. 如果你已有相对成熟而且固定的语言表达方式,那么想一想,效果怎样?哪里不足?如何完善?
2. 对那些你认为很有影响力的人认真观察与倾听,看看他们的语言表达中有什么值得借鉴的地方,从中发现一些最本质和最有特色的东西,以此来形成你独特的语言表达风格。

第二节 人际沟通能力

一、必备知识

(一)重视人际关系

人际关系是人们在社会实践活动中发生、发展和建立起来的相互关系。人们从事社会活动,不可避免地要与他人发生一定的关系。人际关系处理的好坏,直接影响着一个人的工作成效和生活质量。和谐、融洽的人际关系,往往能使人心情愉快,充满工作和生活的热情,与他人相互关心,相互合作,相互促进,不断激发创造的潜能,提高工作效率;相反,不协调、矛盾、紧张,甚至敌对的人际关系,会影响情绪,影响团结,有损身心健康,甚至会有损社会组织在公众心目中的良好形象。美国著名成人教育家卡耐基说:"一个人事业的成功,只有百分之十五是由于他的专业技术,另外的百分之八十五是靠人际关系和处世技巧。"

人际关系主要包括公务关系和私人关系。公务关系是以职业、工作为媒介所形成和建立起来的关系;私人关系是以私人交往为媒介,建立在爱恨情仇等情感基础之上的关系。秘书作为社会组织中承上启下、沟通左右、联系内外的中枢,处于纷繁复杂的人际关系之中:与领导之间的关系、与上级和下级之间的关系、与同事和友邻之间的关系、与群众之间的关系等。处理好人际关系是秘书做好工作的首要条件。秘书只有对人际关系的问题足够重视,并在工作中自觉主动地协调好与各方面的关系,才能取得很好的工作效果。

1. 增强组织内部的凝聚力

"天时不如地利,地利不如人和",以人为本的社会中,组织要获得巨大的经济效益、社会效益,离不开员工积极性的发挥、组织内部凝聚力的增强,而一个组织内部凝聚力的强弱取决于领导者的管理水平、员工参与事务的热情和组织的内外环境等因素,同时秘书的人际沟通能力的高低以及人际关系的好坏对组织内部凝聚力的强弱也起着十分重要的作用。身处核心部门的秘书和领导、同事、群众之间有良好的人际关系,有利于形成内部比较融洽的群体气氛,增进组织内部的团结合作,增强组织内部的亲和力和向心力,进而发挥出群体的整体效能,大大提高工作效率。

2. 塑造组织良好形象

社会组织在公众心目中良好形象的塑造不是一蹴而就,瞬间形成的,而是组织的领导、员工从点滴做起,从各个方面,不懈努力形成的。秘书良好的人际关系,既是组织与公众感情的"桥梁",也是体现组织形象的"窗口"。对公众而言,接触了解一个组织或这个组织的领导,大多是从与该组织的秘书部门的人员打交道开始的,且与秘书打交道的机会最多,因为公众不可能有接触每个工作人员的机会,也不可能始终关注组织的所有行为。秘书在各种各样的人际交往中传递的组织信息,是公众所能了解的组织的全部。因而,从某种意义上说,秘书的个人行为就是组织行为,体现了这个组织的精神风貌,是这个组织总体形象的缩影。秘书在和方方面面的人相处时,温文尔雅,大方得体,就能为组织塑造良好的外部形象。

3. 充分发挥秘书参谋作用

政令要畅通,组织要发展,就必须借助于秘书工作,与群众和外界进行广泛的联系和交往,秘书只有具有良好的人际关系,保持畅通的联系渠道,形成较为广阔的信息源,才能真实地听到来自不同方面的呼声、批评和建议,才能真正了解群众的疾苦和实情,及时地获得重要的经济情报和信息,供组织领导决策参考,充分发挥秘书的咨询参谋作用,为组织创造发展的环境。

4. 促进秘书身心发展

社会学研究表明,人际交往是人类的基本需要之一。通过与他人的交往关系,个体和外界保持着密切的联系,在思想、情感、信息等的交流过程中获得了解、理解、信任、友谊和愉悦,促进身心健康发展。秘书的人际交往和良好的人际关系既是工作的客观需要,也是自身心理健康的需要。秘书通过和他人建立和谐的人际关系,就能赢得人们的信任,人与人之间的"感情效应"就会发挥作用。缩短心理上的差距,消除情感上的压力,形成"共同语言",从而顺利地开展工作。即使工作出现困难,也能够借助于他人的关心帮助顺利解决。

(二)建立良好的人际关系

人际关系是纷繁复杂的,有的人朋友遍及五湖四海,有的人则孤家寡人,社会心理学从人际交往的实践经验中,总结了人际交往的基本原则,这些原则可以帮助我们成功地建立并维持良好的人际关系。

1. 尊重原则

每个人都有自尊心，都希望得到别人的尊重。尊重别人和受到尊重，是相对应的。要获得别人的尊重，首先得尊重别人。互相尊重才能增进彼此的友情和信任，激发彼此的责任感和工作积极性。秘书应克服人际关系中的地位障碍，无论是对上司、对同事还是对重要来访者、一般交往者都要尊重。尤其是对来访者来说，秘书往往是他在这个组织中遇到的第一个交往者，秘书对来访者尊重与否，将直接影响来访者对本组织的看法和态度。所以有人说，秘书是组织的门面和代表。尊重表现为平等待人，态度和蔼，更表现为重视别人的意见和要求，不表面敷衍；尊重还表现在意见不一致或发生矛盾时不强词夺理，甚至不做正面辩解，而用婉转的语言进行说明；尊重也表现为要求别人时不强人所难，不把自己的观点强加于人。对他人摆出一副神圣不可侵犯的样子，只会使人对你产生反感的情绪。尊重是人普遍的需要，是团结合作的前提，是消除隔阂、化解矛盾的有效方法。在秘书工作中，如果每人都感受到了尊重，都认为自己的才能可以得到发挥，自己的劳动能得到肯定和赞许，就会产生一种稳定、舒畅的感觉，就会使上下之间亲密相处，同事之间友好合作共事。

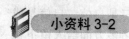
小资料 3-2

美国 Amway 公司成功的秘诀

美国 Amway 公司获得成功的原因之一，就是"尊重并肯定员工的尊严、权益及贡献，致力于为员工提供一个得以激发创意的工作环境和训练机会，以提高其工作成就和个人满意度。"员工感到受到公司的尊重，就会全心全意为公司效力。公司得到全体员工的支持，就能创造出更多的财富。

（资料来源：http://www.6sq.net/forum.php?mod=viewthread&tid=28348&ordertype=1&page=2）

2. 交互原则

社会心理学家通过大量的实验研究发现，人际关系的基础，是人与人之间的相互重视、相互支持。任何人都不会无缘无故地接纳我们、喜欢我们，他们的接纳和喜欢是有前提的，这就是我们也要喜欢他们，承认他们的价值，对他们起支持作用，即人际交往中的喜欢与厌恶、亲近与疏远是相等的。通常情况下，喜欢我们的人，我们才去喜欢他们；愿意接近我们的人，我们才会去接近他们。而对于疏远我们、厌恶我们的人，我们也会报之以相应的疏远、厌恶。

人际交往的交互性源于我们每个人都有保护自己心理平衡的稳定倾向。我们都希望自身与他人的关系稳定地保持着某种适当性、合理性，并根据这种适当性、合理性调节自己的交往行为，对与他人的关系作出解释。当他人对我们表示友好、接纳、支持时，我们会感到自己应该对此报以相应的友好应答，随之，我们对他人表示了相应的接纳。如果不这样，我们的行为就是不合理的、不适当的，这种行为压力会影响我们以某种观念为基础的心理平衡。再者，我们对于行为适当性、合理性的理解，也会投射到与我们交往的、相互影响的对方身上。当我们对他人作出友好的行动，表示了接纳之后，我们也期望着对方能作出相对应的回答。如果对方的行动偏离了我们的期望，我们就认为他不通情理，不愉快的情绪相随而生，对对方就会排斥或拒绝。由此看来，对于那些否定我们、排斥我们、拒绝我们的，我们也报之以相应的否定、排斥、拒绝是合理的、适当的。如果我们对他们反而报之以肯定的接纳和喜爱，那我们就找不到合适的理由，难以达到心理平衡。交互原则提示秘书在人际交往过程中，首先应接纳、喜爱交往对象，这样在交往中才能占据主动地位，也才能赢得对方的认可、接纳，否则，就会面临困境，甚至被他人拒绝。

3. 信用原则

信用是人最重要的无形资本，是无法用金钱来衡量的。《论语》中说"与朋友交而不信乎？"、"自古皆有死，民无信不立"、"信近于义，言可复也"等，此外还有"一诺千金，一言百系"、"言不信者行不果"、"一言既出，驷马难追"等众所熟知的说法，可谓之"无信不立"。人际交往中的信用原则要求，一是说真话，即诚实、真实。诚实是人之为人的最基本的道德品质，诚实的人不需要掩盖事实的真相，不欺骗别人，也不欺骗自己，实事求是，最值得人信赖。"以诚感人者，人亦诚而应"，诚心诚意地对待对方，对方也会诚心诚意地对待你。二是遵守诺言，实践诺言。言行一致，说到做到。许下的诺言不能实现，最终会失信于人，造成人际关系的损失。那些被认为靠得住的人，通常都是谨慎许诺的人，一旦许诺，就保证做到。当然条件发生变化时，要根据实际情况灵活调整，对原来的许诺作出适当的变动是可以的，但要向对方作出解释说明。三是自信。自信是成功的第一要诀，就信用原则而言，自信的人会在相处中的言谈举动等诸多方面给人留下稳重、可靠的感觉，而且自信的人往往是性格比较开朗的，这都会给人留下良好的印象，无疑对双方的相互作用具有建设性意义。

4. 宽容原则

宽容即是心胸宽广，忍耐性强，具有能屈能伸的韧性。私欲过重者不会宽容。古人云："人之心胸，多欲则窄，寡欲则宽。"凡成功者一定心襟坦荡，举贤不避仇、不避亲，用人之长，用人不疑。宽容的人通常都有自信心，有坚定意志，有远大目标和理想，为人开朗、豁达、谦让，主动地容忍他人，团结他人。他们有主见，原则性强。容人是把原则性和灵活性有机结合起来。在经济高度发展的当代社会，人与人之间的交往范围不断扩大，交往的内容也大量涉及技术、经济、思想沟通等方面，人们对不同现象、不同观点的相容度也要求越来越高，他们的相貌、性格、爱好、知识、专长、习惯等都不一样，各有自己的特点，都需要人们有更大的相容度。据理力争似乎无可厚非，倘若退一步，主动忍让，得理也让人，我们的交往就进入另一番境界。要学会宽容最紧要的一点是严于律己。严于律己，才会以礼待人，遵守信约，与人与事先反察自己，才不会"看己一朵花，看人豆腐渣"。作为成熟的秘书应从对工作有利出发与他人交往，而不能从个人好恶出发。对别人身上这样或那样的弱点或缺点要予以宽容，对别人的粗鲁言语、举止或错误行为，只要不伤害组织及个人，就要予以宽恕。进而设身处地为对方着想，多给对方一点同情和谅解。当做成某件事受到领导、上司表扬时，不要忘记对领导、上司提及曾经帮助过自己或提过建议的同事，并告诉同事让他们分享你的成功和喜悦；当做错事受到领导、上司批评时，秘书应该独自或更多地承担责任而不要去责怪别人，只有坚持这样做，秘书才能得到同事的广泛支持和帮助，才会受到领导、上司的赏识和器重。秘书要有吃得起亏的气量。一个时时处处都想占便宜的人，一个变法子赚人家便宜的人，是很难与人相处好的。做到了宽容处事，才能在交际间架起相互理解和信任的桥梁，建立起和谐的人际关系。

（三）人际沟通技巧

1. 重视第一印象

第一印象是交往的开端，对整个交往过程有着重要影响。第一印象是两个素不相识的人第一次见面所形成的印象，主要是获得对方的表情、姿态、仪表、年龄等方面的印象，进而推测出其思想、情感及个性品质。这种初次的印象往往是以后交往的根据，也可能今后从此不再交往，即我们常说的"先入为主"。

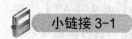小链接 3-1

第一印象效应

第一印象主要是根据对方的表情、姿态、身体、仪表和服装等形成的印象。第一印象效应是指最初接触到的信息所形成的印象对以后的行为活动和评价的影响。在与陌生人交往的过程中，所得到的有关对方的最初印象称为第一印象，它在对方的头脑中形成并占据着主导地位，总是最鲜明、最牢固的，并且决定着以后双方交往的过程。在人际交往的最初阶段，仪表是最先引起对方注意的。一个人的体态、姿势、谈吐、衣着打扮等都在一定程度上反映出这个人的内在素养和其他个性特征，这已经成为一般人的思维定式。第一印象往往是形成成见效应的基础，成见效应往往是第一印象的加深和拓宽。

怎样才能在同他人交往的一开始，就给他人留下良好的印象呢？

第一要注意仪表服饰的修饰。仪表服饰是秘书精神面貌的外观，是性格、气质、文化水平、道德修养的外化，是秘书自身所具有的较为稳定的行为习惯的外在表现方式。秘书与人交往时，服饰整齐干净、入时得体、精神振作，是重视对方和尊重对方的表示，有利于获得对方的信任，也有利于交往，提高工作水平；而衣冠不整，或是过分浓妆艳抹，则会给人留下缺乏教养的印象，进而影响人际交往，阻碍工作。秘书的仪表服饰，要讲究内在美与外在美的和谐统一。

第二要注意言谈举止。在人际交往中，一个人的言谈举止是其内在修养的外在表现，会引起不同交往对象的不同感受。言谈举止是个人形象的一个组成部分，秘书在与人交往中应加以注意。善于言谈有助于加深思想、沟通感情、发展友谊，也有助于增加信息、丰富知识、陶冶情操、愉悦心灵。若要使言谈在人际交往中发挥更大的作用，就要尽量使用准确的语义、逻辑的力量、有趣的内容等使语言充满魅力，语调亲切柔和，语速适中。此外，还要注意顾及听者的情绪与心理的变化，不可滔滔不绝"一言堂"式的说个没完。

一个人的行为举止是其内在情感和态度的自然体现，优雅的举止会受到人们的欢迎。"站有站相，坐有坐相"，温文尔雅，从容大方，彬彬有礼已成为现代人的一种文明标志。秘书要使自己的举止给他人留下好的印象，就要注意在与人交往时，自觉约束自己的行为，使自己的举止文明得体。男子的举止要讲究潇洒、刚强，女子的举止要注意优美、含蓄。大方、随和、乐观、热情的人总是受人欢迎，而炫耀、粗鲁、过于拘束的人则让人生厌。初次见面，斜坐在椅子上易被人理解为不恭；讲话时远离他人易被理解为有隔阂；讲话时不看对方可能意味着拘谨、不坦率等。

2. 积极倾听

人际关系是建立在良好的沟通之上的,你要想让对方真正理解你,对你充满兴趣与好感,你就必须善于倾听对方。

第一要有积极的态度。当你以积极的态度专心倾听对方的谈话,你的态度会使对方感到你认为他们的意见是重要的、有价值的,这等于给他人以尊重和赞许。有效地倾听是提高他人的价值和自尊心的有效方法。第二要随声附和。倾听对方讲话时,随声附和会使对方觉得你将他讲话的重要内容一字不漏地听进去了。随声附和可以是偶尔的点点头,或者是像"嗯""啊""真有意思"等中性评价性语言表示你对谈话感兴趣,并鼓励对方继续说下去。或者可以向对方发问,"你认为这就是问题所在?"、"你的意思是……"、"你能说得明白一些吗?"等帮助你获得更多信息,并理解问题的各个方面。也可以重复你所听到的,但并非鹦鹉学舌那样的一句一句地重复。重复是为了弄清含义,可用"按我的理解,你的目的是……"、"你是说……"及"所以你认为……"等句式。这些说法表明你在倾听,并明白对方的意思。第三要专心去听。真正的倾听,是要停止一切内部的自我对话,让杂念离开脑海,不要让杂念把你的注意力从讲话者身上移开。你可以不赞成对方的观点,但你不能心不在焉。第四要注意聆听的姿势。聆听时,控制你的身体和面部表情,以轻松开朗的表情看着讲话人,会使你看起来并不厌烦。如果与讲话人的距离较近,一定要注意不要紧紧盯着他的目光不放,这会让人觉得紧张。

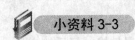

戴尔·卡耐基如是说

专心听别人讲话的态度,是我们所能给予别人的最大赞美。

倾听他人谈话的好处是,别人将以热情和感激来回报你的真诚。

(资料来源:http://ke.lake2007.blog.163.com/)

3. 善于微笑

要在很短的时间内与一个素不相识的人突破陌生,拉近距离,不仅需要勇气,还需要技巧。首先你必须发出友好的信号——微笑,这是人际交往的基本功。微笑是接纳的信号,是沟通的桥梁。有则报道说,在西班牙内战时,一位国际纵队的普通军官不幸被俘,被投进了阴冷的单人监牢。在即将被处死的前夜,他搜遍全身竟发现半截皱巴巴的香烟,很想吸上几口,以缓解临死前的恐惧,可是他发现自己没有火。在他再三请求之下,铁窗外那个木偶似的士兵总算毫无表情地掏出火柴,划着火。当四目相对时,军官不由得向士兵送上了一丝微笑。令人惊奇的是,那士兵在几秒钟的发愣后,嘴角也不太自然地上翘了,最后竟也露出了微笑。后来两人开始了交谈,谈到了各自的故乡,谈到了各自的妻子和孩子,甚至还相互传看了珍藏的与家人的合影。当曙色渐明军官苦泪纵横时,那士兵竟然动了感情,悄悄地放走了他。微笑,沟通了两颗心灵,挽救了一条生命。自然的微笑可打破僵局;轻松的微笑可淡化矛盾;坦然的微笑可消除误解。若要令人接纳和喜爱,请奉献出你真诚的微笑。只要心中有微笑,我们就能穿过世事的云烟,沉着应变,耕耘心田,结交更多的朋友，走向成功的彼岸。

4. 真诚赞美

赞美是人们对美好事物、美好行为的褒扬性评价。赞美能激发人的自豪感和成就感，当我们具有某些长处或取得了某些成就时，就需要得到社会的认可。赞美的作用，就是认可长处和成就，促进进取的动力。而赞美者在赞美、鼓励别人的同时，也会改善自己与周围的关系，丰富自己的生存智慧。当我们与某人产生隔阂时，关心对方，肯定他的长处，是消除隔阂的最有效的方法。对于与自己还不够亲近的人，恰到好处的赞美，也会使双方增加亲近感，建立更进一步的人际关系。另外，在发现他人优点的同时，我们也会发现自己的差距，并促使自己努力赶上，所以赞美他人的同时，我们也会得到回报，得到进步。

在人际交往中，为防止别人误解，赞美要讲求策略。

第一，赞美须出自真诚。真诚是交往的最基本的尺度。真诚赞美一个人，要发自肺腑，出自内心。确实认为这个人有值得赞美的地方才去赞美，不是为赞美而赞美。如果无中生有，言过其实，便会有阿谀奉承、溜须拍马之嫌，让人误以为你有什么个人企图、目的。过分夸张，还有可能造成误解，把你的赞美理解成讽刺、讥笑，或是别有用心。

第二，赞美要具体。空泛、笼统的赞美往往会给人一种戴高帽、"吹喇叭"、客套、应酬的感觉。有时候还会让人感到别扭，产生一种距离感。如果赞美得比较具体，表扬的内容定位准确，不是随便往别人身上套，就说明你的赞美是建立在对他了解的基础上，是认真的、是真诚的。这样的赞美才会打动人心，拉近彼此间的距离。

第三，赞美要有独到之处。巴尔扎克曾经说过："第一个形容女人为花的人，是聪明人；第二个这样形容的人，就一般了；第三个再将女人比喻为花的人，纯粹是笨蛋。"赞美是人们在社交场合中常使用的，就某个人而言，必然有一些赞美是他经常听到的。这些赞美往往是针对他的最突出、最明显的特点的，如外表看来比实际年龄更年轻、外表漂亮英俊，气质不凡等。这些赞誉之辞，对他而言已听到很多次，已成习惯，再听到同样的赞美，其效果会大打折扣，最后被他解释为常规的交往程序，而不再具有特定的意义，甚至还会认为你对他没有更深入的了解。这就要求我们要善于挖掘，善于从独特的视角出发，察别人所未察，言别人所未言。这样才能发现新亮点，才会有新意，给人留下深刻的印象。

第四，赞美要注意频率。过于频繁地赞美某人，可能被对方认为是献媚者，对你产生警惕、反感。

第五，赞美从侧面入手，即间接的赞美。当面获得他人的赞誉是件愉快的事情，但常常会被视作社交辞令。而当事人不在场时借第三者的话来赞美对方，这种背后的赞美若传给对方，除了能起到赞美的激励作用之外，更能让被赞美者感到你对他的赞美是诚挚的，这就更增强了赞美的效果。即便背后的赞美不能传达给本人，第三者也会因你在背后赞美人而不是诽谤人而增加对你的敬重。因为我们更相信别人在我们背后对我们的评价更能体现他内心的真实想法。而且间接听来的赞美，还意味着第三者甚至更多的人也听到了同样的赞美，赞美的力量就被扩大了。

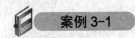

案例 3-1

"我从未见过像你这样漂亮的头发"

卡耐基曾谈到一个有趣的故事：C 到邮局去处理业务，总会遇到邮局的女工作人员 D。D 不仅长得丑陋，工作态度也十分粗暴。C 考虑能否改变 D 的态度。有一次，C 去办理邮政业务，接待他的正是 D。C 仔细观察 D，发觉 D 确实很丑陋，但 D 的秀发却非常漂亮。C 随口说了一句："我从未见过像你这样漂亮的头发。"谁知，这句话不但使 D 脸上第一次露出了笑容，利索地替 C 办完了邮政业务，而且改变了 D 的一生。从此她一改以往的粗暴作风，始终以微笑示人，办事又快又准确。

（资料来源：http://www.sinoss.net/2011/0104/30027_2.html）

5. 机智幽默

幽默在交往中可以用来处理那些常规思维方式难以应对的问题，可以巧妙地化解矛盾，可以表达自己的不满又不至伤了和气，可以用来帮助自己解脱窘迫，可以给粗鲁无礼的人以适当的还击。更重要的是，幽默能够增强亲和力，当你以幽默的方式与人接触、交往，就会在他们心中形成一个光亮的形象，进而会非常乐意继续与你交往，朋友会更多。幽默会使人的生活更丰富、更轻松、更富有情趣。苏格拉底有一位脾气暴躁的太太。有一次，当苏格拉底与客人谈话时，太太突然跑进来，大骂苏格拉底，并随手将脸盆中的水浇在苏格拉底身上，把他全身都弄湿了。正当大家感到尴尬万分之际，苏格拉底笑了笑说："我就知道，打雷之后，必有大雨下来。"一言解颐，他的妻子也禁不住笑出声来，窘困的气氛立即为嘻笑所代替。这样，本来是很难为情的场面，经苏格拉底的幽默解说，大事化小。

幽默有很多种方式，可以是正话反说，可以是曲解调侃，可以是偷换概念，也可以是以偏概全，夸张、自嘲等。运用幽默要注意以下几点。

第一，注重智慧。莎士比亚说："幽默是智慧的闪现"。在交往中，要善于使用幽默的技巧，就需要具备一定的智慧。幽默既是一个人的能力，也是一个人的品格。幽默体现了一个人的智慧和境界。幽默的人对人生、对社会有着深刻的理解，他们靠自己的聪明透过事物的表象洞察深层的本质，他们对生活有着较高水平的理解，能够把那些严肃的东西用轻松的方式表现出来，能够让生活压力减轻，能够让那些刻板的东西放出光彩，能够化腐朽为神奇，让枯燥乏味的生活变得浪漫，让眼泪里飞出欢笑。要学会幽默就要丰富自己的知识，打开自己的眼界，开放自己的深刻领悟，从那些严肃、沉重的事物中发现乐观的、轻松的东西，这就是幽默。

第二，随机应变。幽默是一个人魅力的体现，并不是所有人都具备幽默的能力，只有那些对生活有着深刻的理解，并且对人与人之间的复杂关系有着清醒认识的人，才能既让大家高兴又不显得唐突。幽默的精髓在于超乎常理，即俗话说的，理儿不歪，笑话不来。随心所欲，滥用这种方式，只能弄巧成拙。幽默是超乎常理的敏捷思维，超越一般的思维模式，其要领在于临机应变。

第三，善于积累。所有的幽默并非都是即兴而发的，我们也不可能总是依靠急智，应在平常的生活中为临时情况做准备，贮备一些趣闻轶事，以便在有关场合中应用。

第四，要把握度。过犹不及，任何事过了头，都会适得其反，变成坏事，幽默用得过分，也会损害自己，人们会因此不认真严肃地对待你。

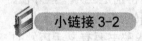
小链接 3-2

应对各种人的九种策略

著名人际关系学家兰·勒贝茨先生说，与人交往时，他最害怕碰到的是以下五种人。

第一种，凶悍派。这种人在人际交往中常用语言或肢体暴力威胁对方。如"这是什么话"或"我现在就要……"，或者"你要是不……我就……"等。

第二种，逃避派。这种人在人际交往中往往避而不见，或采取拖延战术。他会说"明天再说吧"或"我没时间"或"这不归我管"等。

第三种，龟缩派。这种人在人际交往中通常采取完全逃避的态度。他们总说"我不懂"或"这不行"或"我不知道"等。

第四种，高姿态派。这种人在人际交往时习惯于用极端的要求来恐吓对方。他们往往会说"我只等到5点"或"中午以前一定要成交"这样的话。

第五种，两极派。这种人根本不谈，只逼你在"要"或者"不要"之间作决定。

以上所列举的五种人，我们可能在人际交往中经常会遇到。那么，如何对付这几种人呢？兰·勒贝茨先生通过自己多年人际关系的实践，总结出应对各种人的九种策略。

1. 对付凶悍派最有效的方式是引起他们的注意，必须把他们吓醒，让他们知道你忍耐的底线在哪里。

2. 指出对方行为的不当之处，并且建议双方应进行建设性的谈话，在这种情况下对方也许会收敛火气。这时最重要的是提出进一步谈话的方向，给对方一个可以继续交涉下去的台阶下。

3. 对付逃避派或龟缩派要先平定他们的情绪，了解他们恐惧的原因，然后建议更换时间或地点进行商谈，适时说出他们真正的恐惧所在，让他们觉得你了解他们而产生安全感。这种方法对付凶悍派也很有效果，只要他们产生了安全感，自然就不会失去控制。

4. 坚持一切按规矩办事。凶悍派、高姿态派、两极派都会强迫你接受他们的条件，你应拒绝逼迫，并坚持公平的待遇。

5. 在人际交往时，当对方采取极端手段威胁你时，可以请他解释为什么要采取这样极端的手段，并且可以说："我需要更好地了解你为什么会这样想、这样做，以便于我能接受你的要求。"

6. 沉默是金。这是最有力的策略之一，尤其是对付两极派，不妨可这样说："我想我现在不适合谈话，我们都需要冷静一下。"

7. 改变话题。当对方提出极端要求时，最好假装没听到或听不懂他的要求，然后将话锋转往别处。

8. 不要过分防御，否则就等于落入对方要你认错的圈套。在尽量听完批评的情况下，再将话题转到"那我们针对你的批评如何改进呢"这一方面。

9. 避免站在自己的立场上辩解，应多问问题。只有问问题才能避免对方进一步的攻击。尽量问"什么"，而避免问"为什么"。问"什么"时，答案多半是事实，问"为什么"时，答案多半是意见，就容易有情绪。

（资料来源：http://www.du8.com/readfree/19/01463/6.html）

（四）应变能力

应变能力，是适应时事，对出现的新情况、新问题做出衡量判断、应付事态变化的能力。一般而言，秘书的工作是有章可循的，要严格按照政策和规章制度办事。但世界总是瞬息万变、不断发展，人们从事某件事情之前做好的计划和预案不管有多么充分、完备，在实施的过程中，总会与现实有所出入，不相符，甚至是大相径庭，特别是因为一些外在、内在因素的突然变化，会把原来的计划和预案完全搞乱。尤其是秘书从事的事务性工作，在特殊的时间、地点、条件下，常会出现意想不到的情况，这就要求秘书要有灵活巧妙的应变能力。面对工作中意外出现的情况，不惊慌失措，不无所适从，而是胸有成竹，审时度势，在保持原则不变的基础上，灵活处置。

案例 3-2

"烛光舞会"

某合资企业为款待外宾举办舞会时突然停电，接待外宾的中方一位领导秘书临阵不慌，迅速宣布："各位女士、各位先生，现在我向大家报告一个好消息：上帝就要光临我们的舞会了！"外宾一听，立即鼓掌，以为这是特意按照圣经故事安排的节目。中方人员随之也一起鼓掌。在井然有序的程序中，领导秘书迅速叫人拿来预备突发事件发生的红蜡烛，开始了"烛光舞会"。

（资料来源：http://bbs.eblcu.cn/viewthread.php?tid=270618）

1. 应变能力的主要内容

应变能力不是与生俱来的，也不能孤立存在，它是人的诸多知识、能力的综合体现。一般来说应变能力主要包括以下几方面。

（1）敏锐的洞察力。正确地发现和提出问题，是成功解决问题的一半，但问题常常隐藏在纷繁复杂的现象背后，难以识别。秘书要有洞若观火的慧眼，见微知著，能从蝴蝶翅膀的轻轻扇动中窥见紊乱风暴。敏锐的洞察力是秘书应变能力的前提。

（2）敏捷的反应力。敏捷的反应能力是面对突然的变化，当机立断并在行动中继续收集信息，观察变化，调整行动方案，解决问题以取得成功的能力。这种能力是应变的基本功，也是最明显的表现形式。敏捷的反应能力，既要"敏捷"也要考虑"适时"和"时机"，这就要求秘书判断情况必须准确。敏捷的反应能力是施展应变能力的保障。

（3）准确的判断力。这是秘书对发生的事件进行辨别、分析和加工，根据事物的性质和形式的不同在短时间里做出准确的判断，从而把握事物发展趋势的能力。判断准确的基础是掌握真实情况、具有丰富的知识储备和对问题的准确理解，这意味着秘书在做出决策前，必须审查分析所有的事实。要掌握获取信息的先进手段，同时避免信息失真。准确的判断力是施展应变能力的基础。

（4）果敢的决断力。这是迅速做出选择、下定决心，形成方案的能力，也就是实际的决策能力。秘书必须要有当机立断的魄力与胆略。优柔寡断、患得患失、瞻前顾后、举棋不定等都是必须避免的。"当断不断，反受其乱"的古训在突发事件的处置上尤其重要。果敢的决断力是应变能力的关键。

2. 秘书应变能力的表现

秘书的应变能力主要表现在两个方面。

（1）秘书在处理事情的过程中遇到的新情况，问题超出领导的预料或者越出领导的授权范围，秘书就会举棋不定、左右为难。如按部就班一件一件向领导请示，有时会贻误时机，拖延事情或恶化事态。面对诸如此类的超权越职之事，秘书不应手足无措，而应慎重行事。分清事情的性质，辨明事情轻重，然后，掂身量言而处置，哪些话自己不宜说，哪些话可说到什么程度，什么事情自己可代答复，什么事情不应乱断，都不能含糊。对于重大原则问题应该请示，而一时请示不了的也要婉言回答，待请示后尽快回复对方。对于有些事情，如果秘书自己确实能把握住领导的意图，不会超出重大原则，而又在时间非常紧迫的情况下，就不能犹豫不决。但是，办完事情后要向有关领导汇报，以免引起领导的误会。总之，在处理这类事情时，要把握住事情的实质，谨慎、大胆、准确地作出判断，果敢地去处理好，不然，一点皮毛小事也死死缠住领导，不但说明办事人员对事情的处理能力差，而且降低了办事效率，于工作不利。

（2）秘书独自外出办事情时，遇到紧急情况要随机应变。秘书在外办理事情，遇见重要、紧急的事情，需要与领导汇报、请示，但又联系不到领导时，需要秘书自己作出决定。这时要冷静思考，察言观色，处理问题既要符合原则，又要有一定的机动性。

3. 秘书应变能力的增强

秘书要增强自己的应变能力必须要注意以下几个方面。

（1）博学多识，扩充知识面。雄厚的知识储备，是理解问题和解决问题的前提和基础。很难想象，一个知识浅薄的人能在错综复杂的事变中认清事物，做出灵活反应。秘书要广泛吸纳、消化、储备各种知识、信息和先进经验，不断调整和更新知识结构，全方位、多层次地丰富自己。只有深厚的文化基础和渊博的知识，才会使自己具备十分开阔的视野和思路，无论从事哪项工作，遇到什么情况，都能胜任解决并不断开拓前进。

（2）加强锻炼，培养良好的心理素质。具体来说，认识过程应该做到：感觉灵敏，知觉完整，认知透彻，注意力集中，记忆持久而准确，思维敏捷、清晰、全面。情感过程应该做到：始终保持高度的冷静、清醒和镇定，保持理性思维正常稳健地运行。心境应该平和自在、安详颐和；能够借助思想素质很好地调节那些敏感、深细、激烈的情绪，而保持心境的平衡、开朗、积极。这样就能够做到镇定、若无其事而又急中生智、应付自如。应变能力要求秘书人员的意志过程具有果断性，在明确了工作目标以后，能够抓住时机，科学分析，果断决策，而决不优柔寡断，决不为其他因素所干扰，有力推进决策的落实。

（3）善于思维，培养科学的思维方法、能力。秘书面对的是一个纷繁复杂的社会，有许许多多未知的东西需要去研究和探索，只要脑子里经常对这些问题进行思考，就会时时得到感悟和发现，就会使科学思维能力不断得到提高和加强。经常保持观察和发现的敏感性，勤于用脑，这是保持思维活力的一个重要因素，是培养科学思维能力的一条重要方法论原则。同时，通过观察来发现真实情况，就能够避免用主观愿望和想象代替客观现实，做到自己的思想与客观现实相结合、相符合。

二、相关链接

良好沟通的十项建议

美国管理协会提出"良好沟通的十项建议"，包括：

（1）沟通前把概念澄清，对一个信息能作一个系统的分析，则沟通才能明确清楚；

（2）发出信息的人确定沟通目标；

（3）研究环境和人的性格等情况；

（4）听取他人意见，计划沟通内容；

（5）选择沟通时所用的声调、词句以及面部表情要适当；

（6）及时获取下属的反馈；

（7）保持传送资料的准确可靠；

（8）既要注意切合当前的需要，又要注意长远目标的配合；

（9）言行一致；

（10）听取他人意见要专心，要成为一名"好听众"，只有这样的人才能真正明了对方的原意。

（资料来源：http://hi.baidu.com/pankangbao/blog/item/e58fb5cf1f982a39f9dc6172.html）

三、课堂内外

（一）堂堂练

被动中求主动

20世纪80年代，美国电视台直播的"挑战者"号航天飞机的起飞曾吸引了众多的美国观众，其中包括数以万计的中学生。因为这是航天飞机首次载着女宇航员飞入太空，而且这位女宇航员是位中学教师，她将在太空为学生们做一系列物理实验。然而航天飞机起飞仅仅数分钟便起火坠毁了，全国顿时陷入一片悲哀之中。

当"挑战者"号航天飞机坠毁的消息传入白宫的时候，当时的美国总统里根正在国会发表国情咨文。白宫办公厅的领导并未授权总统的撰稿人起草里根的讲话，但是那位女撰稿人却主动地坐到了电脑前，尽管已是泪流满面，但她仍然一边收听电台的消息一边拨动键盘。很快地，里根中断了国会的讲话，到电视台接受记者对"挑战者"号的采访。一路上里根总统双眉紧锁，正在苦苦地思忖着如何发表这次演讲，因为这个消息太突然，他和美国人民一样感到意外和震惊。这时女撰稿人适时地将讲演稿送了上来。大家都知道，里根总统是演员出身，面对着电视镜头定了定神，当即声情并茂地念了起来……美国人民被感动了，雪片一样的信和接连不断的电话打到了白宫。后经美国有关部门的民意调查显示，里根总统的支持率在这次重大事件后不降反升。总统的女撰稿人功不可没。

（资料来源：孙荣，杨蓓蕾，袁士祥．秘书工作案例[M]．上海：复旦大学出版社，2005）

讨论

1. 面对突如其来的灾难，在没有任何领导指示的情况下，总统的女撰稿人是怎样做的？
2. 总统的女撰稿人的做法，有哪些值得我们借鉴？

（二）堂外练

1. 选择合理的话题，试着与不同职业、不同身份、不同年龄的人沟通交流，并写下自己的感受。
2. 观察你的同学或你认为很有幽默感的人，找出他们之所以能够具有幽默感的原因。然后与你自己的表现作比较，从中获得有益的启示。

第三节　社会调查研究能力

一、必备知识

（一）社会调查研究

社会调查研究是人们在社会实践中对客观情况的调查了解和分析研究，是认识事物的本质和规律的自觉活动。调查研究既是各级领导机关的工作方法，也是各级秘书部门的职责任务。调查研究是做好秘书工作的基础，是发挥参谋作用、辅助领导决策的基本途径，也是锻炼和提高秘书工作能力的重要方法。如在市场经济条件下,企业秘书人员应该以"企业—市场"为轴心自觉开展调查活动。首先,要找准企业与市场的交合点。如经营管理、企业改革,定期开展调研,为领导提供正确依据;其次,以企业进入市场参与竞争力为主攻方向,围绕工作的重点,深入调查,协助领导做出正确决策。

能够顺利开展调研工作的秘书至少要具备以下几方面的能力:一是公关能力,善于与人进行沟通交流;二是观察能力,能准确找到领导的调研需求点,能捕捉到与调研课题有关的真实的、有价值的信息;三是分析能力,能够从原始信息中获得对于事物本质的认识;四是表达能力,能够准确向被调查者表达意向和问题,能够向领导准确表达调研的结果。

(二)秘书必须具备调查研究的基础知识

1. 社会调查研究的类型

根据调研的内容、性质、目的、要求的不同,调查可以分为不同类型。社会调查研究的类型,如表3-1所示。

表3-1 社会调查研究的类型

分类标准	类　　型	小　　类
范围	全面调查	普查、经常性调查
	非全面调查	重点、典型、抽样、个案调查
时间	一次性、经常性、追踪性	
地域	国际性、全国性、地域性	大城市、小城市、农村
内容	综合性、专题性	
目的	描述性、解释性	
方式	直接、间接	
性质	定性、定量	
时序	横向、纵向	

2. 调查研究的程序

社会调查研究是遵循认识规律和思维规律、运用科学的方法认识社会的过程。所以,调查研究程序的设计至关重要。调查程序设计的目的是使调查研究活动能够按着客观规律的要求,符合认识规律,保证调查研究目的的实现,保证社会调查研究的各个阶段、步骤、环节之间的衔接与协调。

一般来说,可以把调查研究的程序分成调查准备阶段、调查实施阶段、研究分析阶段和结论报告阶段。秘书调查研究的程序分解表,如表3-2所示。

表3-2 秘书调查研究的程序分解表

调查准备阶段	1	选择课题
	2	探索性研究
	3	选配调研人员
	4	编制确认调研计划
	5	设计必要的调查问卷和表格
	6	实验性调查

(续表)

调查实施阶段	1	联系确认调研对象、态度和方式
	2	实施调查
	3	做出阶段性小结
	4	复查验证调研结果
研究分析阶段	1	资料的取舍、审定、核对和证实
	2	分类整理
	3	研究分析统计
	4	确定研究结果
结论报告阶段	1	撰写调研报告
	2	总结善后工作
	3	调研成果的转化

3. 社会调查研究的方法

调查研究的方法很多，主要如下。

（1）调查的方法。秘书常用的调查方法有：文献资料法、观察法、访谈法、会议调查法、试点调查法和问卷调查法等。它们常常是结合起来使用的。其中问卷调查法使用比较多，也就是调查者将需要了解的问题设计成书面问卷（精心设计的问题及表格）的形式，由被调查者书面作答的方式收集信息的方法。这种方法的最大优点是它能够突破时空的限制，在广阔的范围内，对众多的调查对象同时进行调查。不仅可以避免主观偏见，减少人为误差，而且能够节省时间、人力和经费，效率较高。同时收集的资料往往客观真实，且便于定量处理和分析。但它也有缺点：问卷的回收难以保证；问卷的质量难以保证；还要求被调查者具有一定的文化水平。

（2）研究的方法。常用的研究方法有：归纳法、综合法、统计法、比较法和演绎法。

4. 调查结果的表达

社会调查的目的是为了了解客观事物、发现问题、反映情况、解决矛盾、总结经验教训和掌握规律等。并以此指导或影响人们的社会实践。在社会调查、分析和研究的基础上，必然要将调查结果表达出来，此即调查报告的撰写。

撰写调查报告是社会调查研究的最后一个阶段，也是如实反映和记载、描述客观实际的主要阶段。调查报告是否科学、完整，关系到整个社会调查研究的质量。

二、相关链接

如此调查

某保安服务中心年度总结暨表彰大会召开之前，经理看了各保安部上报的材料，发现上报的材料都只报喜不报忧。为落实材料，派秘书调查落实。秘书接到任务后，只是根据各保安部所记载的材料和上报材料进行比较核对，然后据此写了一个报告呈送经理会议，作为年终总结评比的主要依据。结果贡献大、成绩突出的没有评上，而个别虚报数字写假材料的反被评为年度先进单位，挫伤了群众的积极性，影响了年终评比的质量。

分析

造成评价不准的原因，在于秘书写的报告所依据的事实没有经过深入的调查研究。调查研究，应该朴素求实,给领导提供翔实的材料。经理发现上报的材料只报喜不报忧,派秘书调查落实,领导意图是很明确的,而秘书却依据此材料写出报告,结论当然就不可能反映真实情况了。

三、课堂内外

(一) 堂堂练

"塑料袋"成大学生暑期社会实践热门调查课题

在刚刚开始的高校暑期社会实践中,不少大学生将社会调查的目光投向实行一个多月的限塑令。"限塑令究竟限制了什么"、"限塑令带来了节能环保吗"、"限塑令与市民的环保意识"……这些调查报告的策划书中无一例外地提出,限塑令实行以来,虽然商贸市场的塑料袋使用量锐减,但是从目前所掌握的调查情况来看,限塑令执行过程中的种种问题却不容忽视。

吃饭打包要收费

在新天地的一家面包房,有顾客买了根长棍面包,但是面包房却只能提供两只短纸袋,从两头分别套住,"每次来买面包,都要面临这样的尴尬,明明卖长面包,并且也有纸袋包装,但是却不提供符合长度的包装袋,这不是让我迫不得已再买塑料袋吗?"这是正在买面包的陈小姐的抱怨。而在淮海路附近一家收费不菲的餐馆里,也有顾客发现,吃完饭要打包的话,饭店只提供装菜的塑料盒,装塑料盒的纸袋反倒要顾客花2元钱购买。

除了超市、面包房等以外,一些不在限塑令名单范围内的单位也开始对塑料袋进行收费了。记者走访了本市部分医院,发现少数医院药房对塑料袋采取有偿使用,其实医院药房以及药店并不在限塑令的名单之内。连一些原先提供购物纸袋的商家,也"搭乘"限塑令的"顺风车",干脆取消了原先无偿提供纸质包装袋的服务,全部改为塑料袋,顾客需要就要付款。

收费难解决白色污染

复旦大学社会学专业的一位教授称,"限塑令"实施的初衷,是为了提高人们的环保意识,节约能源。因为除了需要上百年时间才能降解被土地吸收以外,塑料袋的原材料还是石油,在能源越来越紧张的今天,节约塑料袋的使用可以从某种程度上节约能源的开支。但是实施限塑令一个月以来,禁止超市或者卖场无偿提供塑料袋,使超市名正言顺地对塑料袋实行收费,把原来隐性费用变为显性。商家最初为了吸引顾客提倡的无偿提供塑料袋等包装,变成了一切都要消费者买单,这很难从根本上真正解决白色污染。

东华大学管理学院的一名教授称,塑料袋收费仅仅让消费者从免费使用到付费使用,一旦消费者习惯了塑料袋收费,那么目前已经减少的塑料袋使用量将成为一个短期现象。

而有关部门不久前针对消费者的一项调查显示,有六成以上消费者对限塑令能否解决环保问题持怀疑态度。统计显示,我国超市行业全年使用塑料袋约 500 亿个,超市企业平均塑料袋的耗费量为销售额的 0.2%,以超市类会员企业 8 000 亿元人民币的销售额计算,塑料袋的消费量已达到 16 亿元,在实行限塑令后,超市的塑料袋使用量降低了 60%左右。

污染源自人的行为

造成污染的不是塑料袋,而是人的行为本身。这是不少专家的看法。在他们看来,不管限塑令如何实施,如果不改变人们的观念和行为,就无法解决白色污染。

复旦大学环境工程专业戴星翼教授称,目前没有任何一种塑料袋的替代产品是完全环保的。他举例说,即使用纸袋替代塑料袋也不能解决污染问题。因为我国并不是木材资源丰富的国家,生产纸袋的原材料很多是麦秆等农作物,生产过程中产生的 COD 污染是目前我国水体污染的主要来源,也是最难解决的问题,至于纸袋的回收再利用则对环境污染更加严重。而可降解塑料则是在普通塑料袋中添加碳酸钙和淀粉,在目前的垃圾分类中,无法将之与不可降解的塑料袋完全分开,回收后会影响再生塑料制品的质量。

东华大学环境系的柳教授也称,从某种程度上来说,塑料袋并不是坏东西,而是人们的使用方式和观念造成了白色污染,目前最关键的,是要增加塑料袋的重复使用率以及环保袋的使用。

（资料来源：http://www.news365.com.cn/xwzx/jykjws/200807/t20080709_1940806.htm 作者 姜澎）

讨论

1. 举例说明社会调查收集材料的方法。
2. 由本案例可见社会热点问题往往吸引了调查者最多的目光,相比之下,秘书关注的调查问题有何特点？

（二）堂外练

1. 选择当前社会关注的一个热点问题,尝试做一下调查,研究分析所得资料,写出调查报告。
2. 然后班级交流：提高社会调查研究能力的途径有哪些？

第四节　信息处理能力

一、必备知识

随着世界新技术革命的兴起,信息的地位愈来愈重要。在当今世界,信息已经成为重要的社会资源和财富。它同材料、能源一起,被称为现代文明的三大支柱,信息的开发和利用,关系到整个社会的进步和经济的发展。正是由于上述原因,人们处理信息的水平应该更高,才能跟上时代的步伐。

（一）信息的一般特征

按照一般的理解,信息就是音讯和消息。但是,现代社会的人们对"信息"这个词的解释包含着更广泛的内容,它不仅指消息,也包括知识,却又比知识的含义更广。信息是一个社会概念,它是社会共享的人类一切知识、学问以及从客观现象提炼出来的各种消息的总和。可以说,信息就是客观事物的特征和变化的直接或间接的表述。

随着人类社会的不断进步,信息的研究和运用早已深入到自然科学和社会科学各个领域。那么,信息的一般特征是什么呢？

1. 信息的客观真实性

信息是事物的状态及其变化的客观反映,这种客观真实性是信息的核心价值,也是信息的生命所在。任何虚假的信息不仅于事无补,反而会耽误工作。

2. 信息的多变性

信息的多变性是指信息可转换、可浓缩、可扩充。自然界和人类社会是不断发展变化的,信息也是不断产生和变化的。随着人类社会的发展和时间的推移,信息将会不断扩充,成为取之不尽、用之不竭的宝贵资源。信息被人们加工、整理、概括、归纳后就会更加精练、浓缩,更具有使用价值。随着信息处理技术的不断提高,信息可以从一种形态转化为另一种形态，更加方便人们的存储、携带和利用。

3. 信息的可传递性

信息可以通过一定的媒介或载体进行传递。没有传递，就没有信息，更谈不上信息的利用价值。人与人之间的信息可以通过人的语言、表情动作来传递，社会信息可以通过新闻媒体、文件材料来传递，新的信息传递技术的不断涌现，为信息的高速传递提供了必要的物质条件。

4. 信息的时效性

信息的时效性是指信息的价值作用随着时间的改变而改变的一种特征。世界上的事物都在不停地运动着，反映其变化状态的信息也在不断地变化，因此，信息具有时效性。事物变化越大，其时效性就越强。信息一旦失去时效，它的价值就越来越小，甚至失去价值。

5. 信息的共享性

信息是客观存在的，不是个人或团体的私有财产，它可以为众多的人所共享和重复利用，且不会像物质资源那样因使用而减少。在现代社会，信息一经问世，便在更大的范围内迅速传播，谁能及时、准确地占有和利用信息，谁就能在激烈竞争中捷足先登，立于不败之地。

（二）秘书必备的信息处理能力

现代社会已经进入到一个信息时代。随着科学技术的进步，各种现代化的传播手段已被使用，我们每个人每天要接触大量的信息，信息在人类社会中的作用显得越来越重要。人们已经不能没有信息而独立地生活。联合国曾做过一次民意测验，题目是："假如把你送到一个荒岛上去，你首先要带的是什么东西？"结果有 80%的人回答是：首先要带的是收音机。由此可见信息已经成为人们生活中不可缺少的内容。

秘书在组织活动中发挥着信息的汇总和传递作用。一方面，秘书发挥着信息发布功能，通过各种信息媒介渠道，将决策层的重大决策及组织的重大事件，向组织成员和公众发布，使其有机会参与组织的运营管理，通过正式的与非正式的传播渠道，主动介绍经营状况，通过举办新闻发布会，向各新闻媒体提供组织信息，塑造良好形象。另一方面，秘书又发挥着信息收集功能，即组织成员对组织运营管理工作意见、建议和要求，了解并收集新闻媒体和社会各界舆论对组织的评价，并对这些信息进行分析整理，成为企业决策层的参考资料。信息作为管理决策的依据和基础，秘书工作的信息传递与信息的反馈作用直接影响着领导层管理决策的效率。因此，收集和处理信息不仅是秘书的重要工作也是他们必须具备的能力。

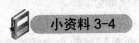
小资料 3-4

秘书应该具备的信息能力

秘书必须恪守信息职业道德，不得危害社会或侵犯他人的合法权益，能自觉保护他人的知识产权、隐私权等，也不得向领导者和有关用户传递各种不良信息；能够正确地把握信息的内涵和外延，具有敏感的职业信息意识；能在实际的工作和生活情境中表现出良好的信息反应能力；能根据不同目的和需要，灵活选用观察法、访问法、阅读法等多种方法收集信息，具备使用常规手段搜集信息的能力；能根据具体需要熟练使用计算机网络等电子手段去收集和处理相关信息的能力；能对收集的信息按照不同要求进行整理的能力；诸如初步的筛选、分类、加工、提炼等；能熟练运用多种媒介、并以不同方式存储信息，而且能够建立简便快捷的查阅目录，以利于信息的查阅和利用；能根据实际需要选择口头、电话、书面、邮件和计算机网络等恰当的信息传递方式；能熟练操作计算机网络和办公自动化系统准确而及时地发布或传递信息；能通过多种信息追踪方式，跟进工作进度，及时地进行必要的信息沟通与交流，获得准确的反馈信息；具有信息开发能力，能从已经掌握的信息基础上提炼出有参考价值的新消息。

（资料来源：中国就业培训技术指导中心．秘书国家职业资格考试与实训指南[M]．北京：中央广播电视大学出版社，2008.11）

1. 秘书信息处理工作的意义

秘书工作者处在一个单位的中枢神经位置，对内对外，每天要与众多的人打交道，接收大量的信息。这些信息包括来信来访电话、文件等内容，它们对于维持一个单位的正常运转、协助领导进行决策管理具有重要的影响。

（1）秘书处理信息可以维持一个单位的正常运转。信息在一个单位的流通性不仅是衡量一个单位工作秩序的重要指标，而且还反映了一个单位的工作效率水平。如上级的文件精神是否能得到及时的贯彻落实，群众的信访问题能否得到妥善的解决，一个电话打进来是否有人接，这都反映了一个单位的工作状况。秘书工作部门作为对外的窗口、办事的关口，能否及时地处理各种信息，对于信息的传递具有重要的影响。特别是对某些时效性较强的信息，能否及时地传送到有关人员手中，作为信息处理的第一个环节，秘书负有很大的责任。

（2）秘书处理信息可以全面掌握情况，及时发现问题。一个单位的信息大部分都要经过办公室这个传播机器，秘书正是利用办公室这个集散网点来掌握各种情况、了解各项事情的原委的。优秀的秘书不仅要做到准确无误地传递信息，而且还应该善于从各种信息中发现问题，寻找那些带有规律性的或具有重要参考价值的信息，以便在自己的工作中掌握主动权。

（3）秘书处理信息是当好参谋与助手、为领导决策服务的一种有效方法。秘书及时地处理来自四面八方的信息，并将这些信息及时地传递给领导，可以为领导形成决策提供有参考价值的第一手资料，帮助领导更全面地了解和准确地掌握本单位的情况，使决策准确无误、具有针对性。

2. 秘书的信息素养

在信息社会中，物质世界正隐退到信息世界的背后，各类信息组成人类的基本生存环境，影响着人们的日常生活方式，因而构成了人们日常经验的重要组成部分。

信息素养包含了技术和人文两个层面的意义：从技术层面来讲，信息素养反映的是人们利用信息的意识和能力；从人文层面来讲，信息素养也反映了人们面对信息的心理状态，也可以说面对信息的修养。

虽然信息素养在不同层次的人们身上体现的侧重点不一样，但概括起来，它主要具有五大特征：捕捉信息的敏锐性、筛选信息的果断性、评估信息的准确性、交流信息的自如性和应用信息的独创性。

随着信息时代的到来和深入发展以及信息在秘书工作中的广泛应用，秘书工作的科技含量越来越高。21世纪的秘书工作，必然是一个知识、信息高度密集的领域，秘书工作的信息化程度越来越高。与此相适应，对秘书从业者的信息素养要求也越来越高。

信息素养是新时代人的基础学力的有机构成部分。基于知识和信息的新经济形态已经崭露头角，以多媒体计算机和网络为代表的信息技术取得的飞速发展使"21世纪是知识与信息的时代"成为共识。而有些秘书不具备一定的外语水平，欠缺起码的计算机技术素质，如对计算机的硬件、软件及数据库技术的学习与掌握、对计算机的熟练操作能力等。在信息化社会，信息量大，知识更新速度加快，在信息的存储与交流过程中，数字化程度越来越高，只有对技术有了正确的认识，才能在解决问题的过程中，熟练地运用各种信息技术技能（尤其是计算机技能）。如对网络技术的掌握能够熟练地获取网络资源，能够用Word、Powerpoint以及其他多媒体制作软件表达信息，能够熟练运用E-mail，BBS等远程通讯工具进行信息交流等。

秘书必须具有良好的信息素养，要具有对信息的职业敏感。具体而言，包含以下几个方面的内容：能够主动地从工作实践中不断地查找、收集、探究新信息；能够对获得的信息进行辨别和分析，对信息的价值能够正确地加以评估；可灵活地支配信息，较好地掌握选择信息、拒绝信息的技能；能够有效地利用信息解决实际工作中的问题。

3. 秘书信息素养的特征

由于秘书职业的特殊要求，其信息素养也必然表现出一定的特殊性。

（1）与领导工作联系的直接性。秘书是直接为领导工作服务的。信息是领导决策的基础和依据，秘书辅助领导决策，主要是通过为领导者提供信息来实现的。秘书工作者的信息素养，直接影响到为领导决策服务的水平。

（2）信息视野的全方位性。秘书工作以辅助领导科学决策和协助领导科学管理为主要职责，而领导者管理的都是一个动态的大系统，涉及政治、经济、文化、科技等各个方面，具有高度的综合性。因此，凡是与领导活动相关的信息，都应该成为秘书工作者关注的信息。这就要求秘书的信息素养相对于其他机关工作者来说要求更高，胸襟要更宽广，知识要更广博，视野要更开放。

（3）提高发展的动态性。信息素养是秘书人才适应信息社会发展要求，经过培养和训练而生成的一种修养与能力，它必然随着时代的发展变化而不断提高和发展。

4. 秘书信息素养的主要内容

秘书的信息素养，是秘书在工作实践中根据组织内外信息环境的发展要求，自觉接受教育训练而逐步形成的对待信息活动的修养与能力，它是一个涵盖广泛的综合性概念，它包含以下几个方面的内容。

（1）信息观念。信息观念在信息素养中居于先导地位，它关系到秘书对秘书工作信息的接受和理解。在心理学中，观念包括有早先知觉而来的感性形象的再现和由原初形象组合而成的新的观念总体，它是意识的基础。现代秘书的信息观念，是指秘书对信息的初步认识以及在秘书工作的实践活动中形成的对信息价值的总体印象。如对待信息技术和信息工具的观念。秘书如何看待信息技术，如何认识信息网络的功能，这就是衡量信息观念先进与否的一个具体标准。据了解,大多数秘书认为,互联网和各种局域网既是一种新的认识工具,又是一种新的交流工具,还是一种新的生产力,秘书工作只有同网络结合起来,才能产生新的生机和活力。但也有部分秘书对信息技术和信息网络不感兴趣。时至今日,国际互联网已遍布我国城乡,上网人数已突破 6 000 万,而且仍在以前所未有的速度迅速增长;我国大多数党政机关的信息网络已联通至县(区),大中型企业也建立了自己的信息网络,网上的秘书工作信息已达海量规模,多种媒体构成的信息资源均可以作为开展秘书工作的参考资料。如果秘书具备先进的信息观念,积极地了解网络、熟悉和使用网络,就可能主动地去利用,从而减少许多不必要的重复工作;反之,就会因为远离网络而对做好秘书工作一筹莫展。现代秘书良好的信息观念,本质上是在尊重知识、崇尚科学、终身学习、勇于创新的基础上,树立起来的"信息就是资源"、"信息就是财富"、"信息是领导决策的基础和依据"的信息价值观。

(2)信息知识。信息知识是指关于信息的理论、常识和方法。现代秘书的信息知识,是指秘书人员对信息基本常识的了解,对各种秘书工作信息源以及信息检索工具、检索方法等方面知识的掌握。信息知识是信息素养的重要组成部分,信息知识的掌握程度,关系着秘书人员信息意识和信息能力的强弱。

信息知识包括三个部分。

① 外语和法规知识。因特网上 90%的信息是用英语来传递的。我们使用的计算机系统和应用软件,大多都是用英文编写的,Windows 操作平台的基础也是英语。因此,要更好地表达思想、接受和了解新技术和新信息,就必须掌握一定的外语知识。另外,由于信息网络技术的广泛应用而产生的一些法律问题,也应引起秘书人员的关注。如使用计算机网络要遵循我国现已出台的法律条文;使用各种数据与信息,要合乎国家的有关法规,尤其应严格遵守保密法规,防止失密泄密问题的发生。

② 信息文化知识。即具有基本的科学文化常识,对信息概念能正确地理解和应用,对信息技术的发展和变化有一定的了解,对信息文化的影响与走向有所把握。特别是对信息网络文化要能正确地理解。

③ 计算机和信息网络技术常识。现代秘书的计算机知识,应通过考试达到国家二级以上水平。信息网络技术知识主要包括信息网络技术的基本名词术语、技术功能、特点以及构成、应用等。如信息系统数字化的基本原理;信息系统软硬件的内容、各自的功能特点等。

(3)信息意识。信息意识是指秘书人员对秘书工作信息的感觉、知觉、情感、意志等心理品质。它具体表现为对信息是否具有特殊的、敏锐的感受力和持久的注意力。简言之,就是秘书人员对秘书工作信息的敏感程度。秘书必须具有强烈的信息意识,第一表现为能够敏锐地感受社会信息的变化对秘书工作带来的有利和不利影响。无论现在或将来,秘书人员及其服务对象——领导者,无不生活在被信息充斥的社会里,电话、文件、图书、报刊、广播、影视以及各种互联网络,每天都有成千上万信息。秘书人员信息意识的强烈,则体现在主动地挖掘、搜集、利用有利于领导决策和秘书工作开展的各种信息;敏锐地发现别人尚未注意到的信息,迅速而准确地找到事物的本质、问题的症结;善于从司空见惯的信息中看到差异,并能迅速选择和捕捉,达到发现早、挖掘深、效率高的境界。第二,表现在对领导决策信息和秘书工作信息的特殊敏感。无论是对涉及领导决策和秘书工作哪个方面的信息都能自觉敏锐地察觉，并主动与自己所关心的问题、需要解决的问题联系起来思考，从而更好地开展秘书工作。

（4）信息能力。信息能力是指秘书所应具备的信息的搜集、筛选、预测、加工和利用的能力。

① 搜集信息。秘书工作除了充分利用好组织建立的内部信息网络以外，还应建立并掌握自己常规的信息渠道，善于开发新的秘书工作信息资源，并及时、准确全面地获取所需的信息。如秘书要了解信息网络上有哪些秘书工作的站点、网页、栏目，通过哪些方法和渠道（包括工具软件）才能迅速进行查找与浏览；如何下载和保存这些信息等。

秘书不能只坐在办公室里被动地接受信息、等信息，而应该积极主动地去收集信息。据有关资料介绍，国外一些大企业十分重视信息的收集工作。如日本最大的公司之一——三菱公司，在世界各国设了115个海外办事处，约有900名日本人和2 000名当地职员从事着收集信息情报的专职工作。因此，三菱公司对世界行情摸得很透。作为秘书，要使收集信息的面扩大一些，不仅应从文件、信访、电话、会议等中收集信息，而且还应该注意从报刊、广播电视、调查以及闲谈中收集信息，这样方能做到知天下事。同时，在信息收集中还要将平时积累、有目的突击、个人兴趣与工作需要结合起来，做到时时处处收集积累信息。秘书只有真正成为一个拥有大量信息的人，才能起到咨询参谋作用。

② 筛选信息。信息时代，各种各样的信息，鱼龙混杂，信息垃圾、信息干扰实难避免。秘书必须学会对其进行筛选和分类，以达到去粗取精、去伪存真、为我所用的目的；学会准确无误地识别、理解所遇到的信息的含义，正确判断所搜集到的信息的价值与意义，全面把握所获信息对领导决策和秘书工作产生的影响等。如果这一环节的工作做不好，即使收集到了大量信息也是死资料，不能转化成有价值的资产。现在国际上把文盲分成三类：第一类是文字文盲，第二类是大众传播工具使用的文盲，第三类就是电脑文盲。因此，秘书加工处理信息必须使用现代化手段。秘书工作者不能只做一个资料保管者，而应该做一个真正的加工者。秘书要能将收集到的各种信息资料在初步归纳分类的基础上进一步筛选鉴定，将那些没有参考利用价值的剔除出来，而对那些有重要参考价值的进行分析、总结和概括，以便能对实际工作产生一定的参考价值。秘书在对信息的筛选鉴定和总结概括方面既要做到准确，又要做到简练。

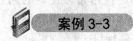

案例 3-3

她为什么如此受欢迎

如果有这么一位秘书，台北的老板们都乐意聘用她，都想方设法地争着开高价把她吸引到自己的公司，哪个老板要是能聘用到她，必然会财运亨通，诸事顺达。那她到底是怎样的一位秘书呢？从外表上看，她毫不起眼，她既不年轻，也不漂亮，四十不到的她，瘦弱而且略微有些憔悴，她的个性也不活泼开朗，而是腼腆内向。然而她举止文雅，待人有度，尤其是她有着令人羡慕的惊人的敏感性和记忆力。每一位她辅佐的上司的客户和朋友的情况她都了如指掌。在公众场合和日常的工作中，她能适时提醒上司，该向某位客人道喜，因为他的公子近日考上了台大，或是该向某位友人慰问一下，因为他刚刚病体康复。……由此，每一位由她辅佐的上司总能在公众中赢得良好的口碑和极佳的人缘。现在你明白了吗，她为什么如此受欢迎。

分析

秘书收集信息的目的很明确,就是方便在工作中使用。这位受欢迎的秘书凭借惊人的敏感性和记忆力能够将收集的信息处理存储在大脑中并能随时调出来运用,大大地缩短了人际沟通的距离,为上司人际交往的成功奠定了坚实的基础。

(资料来源:http://www.examda.com/ms/zhidao/changshi/20100131/101315294.html)

③ 预测信息。这是一种较高层次的信息能力。它是指秘书人员在现有信息的基础上对未来的一种推断和预见。信息预测能力其实是对信息理解程度的一种能动反映,是在获取信息的基础上,对事物发展的理性判断,它对秘书辅助领导科学决策具有重要意义。

④ 加工信息。狭义的信息处理主要是指对信息的加工、开发、传输、存储、调阅和吸收等能力。即对所感知、获取和选择的信息加工深、开发新、传输快、存储厚、吸收广和调阅方便。具体来讲就是能对信息进行综合分析、整理排序、归类处理,充实秘书工作数据库;能对这些信息的意义与可靠性有进一步的认识,提出有针对性的对策和建议,提供给领导者参考。

现在人们对信息的分类工作非常重视,因为经过初加工的信息便可以作为一种特殊的商品出售。如中国人民大学的情报资料中心,每年都有上百种报刊资料的索引及复印件面向全国发行。秘书工作者对于信息的归纳分类主要是为了查找使用的方便,为细加工打下基础。因此,秘书人员对信息的加工要分门别类,并考察其价值,这项工作可以伴随着信息收集工作同时进行。

⑤ 利用信息。利用信息的能力是各种具体信息能力的综合体现,是指秘书在获取和处理信息的基础上,把自己的思想与见解融入其中,并通过恰当渠道将这些信息传递给他人,与他人进行交流、共享的能力。秘书对信息的运用能力,集中表现在为领导决策提供信息的及时性、准确性、完整性、连续性、针对性和有效性上。

(5) 信息道德。信息道德是指秘书人员在获取和使用信息过程中,应遵循一定的伦理规范。不得危害社会或侵犯他人的合法权益,能自觉保护他人的知识产权、隐私权等,也不得向领导者和有关用户传递各种不良信息。秘书人员的信息道德关系到其信息素养发展的正确方向。当前,信息传播媒体多种多样,有广播、电视、也有自由度较大的各种互联网络;有政府主办的各种媒体,也有民间自办发行的书报杂志。媒体的多样性使信息在传播过程中不可避免地带有一定的主观偏见,虚拟空间交流的隐蔽性也可能会伴生一定的无政府状态,如果没有一定的道德约束,就很容易使人们在享受信息网络技术带来便利的同时,产生一些与先进的伦理道德相悖的现象。这就对秘书人员的文明程度、道德责任感等提出了更高的要求。高尚的信息道德是现代秘书信息行为正确性的重要保证。

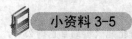
小资料 3-5

表 3-3 秘书信息能力要求(国家标准)

信息管理	能 力 要 求	相 关 知 识
四级	1. 能够收集信息 2. 能够筛选信息 3. 能够分类信息 4. 能够校核信息	1. 信息的含义、特征与种类 2. 信息工作的程序 3. 信息收集的方法、渠道与要求 4. 信息筛选的含义与要求

(续表)

信息管理	能力要求	相关知识
	5. 能够用各种方式传递信息 6. 能够登记、编码、排列、保管信息	5. 信息分类的含义、方法与要求 6. 信息校核的含义、方法与要求 7. 信息传递的方向、要素、形式、方法与要求 8. 信息存储的载体、方式与要求
三级	1. 能够加工、编写信息材料 2. 能够提供并利用信息 3. 能够反馈信息	1. 信息开发的类型、形式、方法与要求 2. 信息编写的类型 3. 信息利用的方法与要求 4. 信息反馈的形式、方法与要求

（资料来源：《秘书国家职业标准：2006年版》）

二、相关链接

知识爆炸式的时代已经到来

现代社会的信息不仅传播快，而且增长量也快。从传播方面来看，1492年哥伦布发现美洲新大陆，英国国王半年后才知道；1865年美国总统林肯被暗杀，英国政府几周后才得知；1964年我国原子弹爆炸成功，几分钟后消息便传到了美国总统约翰逊的办公桌上；1969年美国宇航员在月球表面平安登陆后，几秒钟后消息就传到了全世界；今天在世界各地发生的许多重大事件已经实现了实况同步传送。从信息的增长速度来看，英国的技术预测专家马丁曾作过一个预算。他认为，人类知识的增长量，19世纪是每50年翻一番，到20世纪初每10年翻一番，到70年代每5年翻一番，而80年代则是每3年翻一番，真正形成了知识爆炸式的增长。

三、课堂内外

（一）堂堂练

雅各布侥幸生还

1935年3月20日，作家伯尔托尔德·雅各布被德国特务从瑞士架走了。雅各布写了大量关于当时正在重新武装的德国军队的文章，有一本小册子详尽地揭露了希特勒新军里的组织情况：德军的组织结构、参谋部的人员布置、部队指挥官的名字、各个军区的情况，甚至谈到最新成立的装甲师里的步兵小队。

面对盖世太保的审讯，雅各布道出了情报搜集工作的奥妙："小册子里的全部材料都是从德国报纸上得来的。譬如我所以写哈济少将是第17师团指挥官，并驻扎在纽伦堡，因为当时我从纽伦堡的报纸上看到了一个讣告。这条消息报道说新近调驻在纽伦堡的第17师团指挥官哈济将军也曾参加葬礼。""在一份乌尔姆的报纸上，我在社会新闻栏里发现了一宗大喜事，就是关于菲罗夫上校的女儿和史太梅尔曼少校举行婚礼的消息。这篇报道提到菲罗夫是第25师团第36联队的指挥官，史太梅尔曼少校的身份是信号军官。此外还有从斯图加特前往参加婚礼的沙勒少将，报上说他是当地的师团指挥官。"

审讯最后结束了，主审的盖世太保尼古拉一向欣赏出色的情报工作，对雅各布很是赞赏。这位作家竟获得了人道待遇。尼古拉向希特勒报告调查经过时说："我的元首，这个雅各布的同谋者除了我们自己的军事刊物和每日报刊之外并没有别人。他的材料是他从讣告、结婚启事等文件的片断材料中搜集起来的。"接着他压低了声音，不胜羡慕地说："这个雅各布是我三十五年来在情报工作中所见到的最杰出的情报天才。"

（资料来源：胡亚学，郝懿. 秘书理论与实务[M]. 大连：东北财经大学出版社，2007）

讨论

1. 雅各布的侥幸给了我们什么启示?
2. 我们应该如何提高自己的信息素养和能力?

(二) 堂外练

背景说明: 你是宏远公司行政秘书钟苗, 下面是行政经理需要你完成的几项工作任务。

便　条

钟苗:

公司上周召开了高新技术产品推广会, 总经理急欲了解此次会议的社会效果, 请你负责完成此项工作, 并简要向我说明:

1. 你准备从哪些渠道获得所需信息?
2. 你如何全面收集相关信息?
3. 怎样完成会议文件的立卷归档工作?

谢谢。

行政经理 苏明
2010年2月25日

(资料来源: 中国就业培训技术指导中心. 秘书国家职业资格考试与实训指南[M]. 北京: 中央广播电视大学出版社, 2008)

第五节　自动化办公设备使用能力

一、必备知识

(一) 办公设备知识

通常秘书所从事的工作, 主要是进行大量文件的处理, 起草文件、通知、各种业务文本, 接受外来文件存档, 查询本部门文件和外来文件, 产生文件复件等。所以, 利用计算机及其衍生出来的先进设备, 如打印机、复印机、传真机、扫描仪、碎纸机等复制、传递、处理文档, 或者采用计算机网络技术传递文档, 是提高办公效率, 发展现代办公的必然趋势与要求。因此, 作为一名秘书人员必须了解并掌握一定的办公设备知识。下面就日常办公所常用的办公设备进行简要介绍。

1. 打印机

打印机的分类标准很多, 最常用的一种分类是按照工作方式将打印机针式打印机、喷墨打印机和激光打印机三类。针式打印机通过打印机和纸张的物理接触来打印字符图形, 而后两种是通过喷射或吸附墨粉来印刷字符图形的。

(1) 针式打印机。针式打印机是依靠打印针击打色带所形成色点的组合来实现规定字符和汉字打印的。因此, 在打印方式上, 针式打印机均采用字符打印和位图像两种打印方式, 其中字符打印方式是按照计算机主机传送来的打印字符 (ASCII 码形式), 由打印机自己从所带的点阵字符库中取出对应字符的点阵数据 (打印数据) 经字型变换 (如果需要的话）处理后，送往打印针驱动电路进行打印；而位图像打印方式则是由计算机进行要打印数据的生成，并将生成的数据送往打印机，打印机不需要进行打印数据的处理，可以直接将其打印出来。在位图像方式下，计算机生成的打印数据可以是一幅图像或图形，也可以是汉字。

（2）喷墨打印机。喷墨打印机按工作原理可分为固体喷墨和液体喷墨两种（现在又以后者更为常见），而液体喷墨方式又可分为气泡式（Canon 和 Hp）与液体压电式（Epson）。气泡技术（Bubble Jet）是通过加热喷嘴，使墨水产生气泡，喷到打印介质上的。与此相似，Hp 采用的热感应式喷墨技术（Thermal Inkjet Technology）是利用一个薄膜电阻器，在墨水喷出区中将小于 0.5%的墨水加热，形成一个汽泡。这个汽泡以极快的速度（小于 10 微秒）扩展开来，迫使墨滴从喷嘴喷出。汽泡再继续成长数微秒，便消逝回到电阻器上。当汽泡消逝，喷嘴的墨水便缩回。接着表面张力会产生吸力，拉引新的墨水去补充到墨水喷出区中。热感应式喷墨技术，便是由这样一个整合的循环技术程序所架构出来的。而在压电式喷墨技术中，墨水是由一个和热感应式喷墨技术类似的喷嘴所喷出，但是墨滴的形成方式是藉由缩小墨水喷出的区域来形成。而喷出区域的缩小，是藉由施加电压到喷出区内一个或多个压电板来控制的。由于墨水在高温下易发生化学变化，性质不稳定，所以打出的色彩真实性就会受到一定程度的影响；另一方面由于墨水是通过气泡喷出的，墨水微粒的方向性与体积大小不好掌握，打印线条边缘容易参差不齐，一定程度的影响了打印质量，这都是它的不足之处。微压电打印头技术是利用晶体加压时放电的特性，在常温状态下稳定的将墨水喷出。它有着对墨滴控制能力强的特点，容易实现 1440dpi 的高精度打印质量，且微压电喷墨时无需加热，墨水就不会因受热而发生化学变化，故大大降低了对墨水的要求。目前，爱普生、惠普、佳能三家公司生产的液态喷墨打印机代表了市场的主流产品。

（3）激光打印机。激光打印机由激光器、声光调制器、高频驱动、扫描器、同步器及光偏转器等组成，其作用是把接口电路送来的二进制点阵信息调制在激光束上，之后扫描到感光体上。感光体与照相机构组成电子照相转印系统，把射到感光鼓上的图文映像转印到打印纸上，其原理与复印机相同。激光打印机是将激光扫描技术和电子显像技术相结合的非击打输出设备。它的机型不同，打印功能也有区别，但工作原理基本相同，都要经过：充电、曝光、显影、转印、消电、清洁、定影七道工序，其中有五道工序是围绕感光鼓进行的。把要打印的文本或图像输入到计算机中，通过计算机软件对其进行预处理。然后由打印机驱动程序转换成打印机可以识别的打印命令（打印机语言）送到高频驱动电路，以控制激光发射器的开与关，形成点阵激光束，再经扫描转镜对电子显像系统中的感光鼓进行横向扫描曝光，纵向扫描由感光鼓的自身旋转实现。

具体而言，激光打印机的工作原理由激光器发射出的激光束，经反射镜射入声光偏转调制器，与此同时，由计算机送来的二进制图文点阵信息，从接口送至字形发生器，形成所需字形的二进制脉冲信息，由同步器产生的信号控制 9 个高频振荡器，再经频率合成器及功率放大器加至声光调制器上，对由反射镜射入的激光束进行调制。调制后的光束射入多面转镜，再经广角聚焦镜把光束聚焦后射至光导鼓（硒鼓）表面上，使角速度扫描变成线速度扫描，完成整个扫描过程。

硒鼓表面先由充电极充电，使其获得一定电位，之后经载有图文映像信息的激光束的曝光，便在硒鼓的表面形成静电潜像，经过磁刷显影器显影，潜像即转变成可见的墨粉像。在经过转印区时，在转印电极的电场作用下，墨粉便转印到普通纸上，最后经预热板及高温热滚定影，即在纸上熔凝出文字及图像。在打印图文信息前，清洁辊把未转印走的墨粉清除，消电灯把鼓上残余电荷清除，再经清洁纸系统作彻底的清洁，即可进入新的一轮工作周期。

（4）打印机的使用方法。

① 进行硬件安装。要使用打印机打印材料，首先需要做的工作就是将打印机和计算机连接起来，这一过程通常叫做打印机的硬件连接；在进行打印机的硬件连接时，可以按照如下步骤来进行。

第一准备好打印机的摆放位置，以确保打印机工作时不受到任何干扰和影响。通常打印机的摆放位置需要满足下面几个条件：打印机不能摆放在过分潮湿的环境，也不能摆放在温度过高的环境下；摆放打印机的桌面必须稳固牢靠，不能摇摇晃晃，而且要保证桌面上干净整洁，并要保证打印机摆放在桌面上时，打印机周围能有足够的预留空间，使其不影响打印机装纸操作或装墨操作；打印机所处的位置必须通风良好，而且要远离各种电磁设备或热源设备；打印机使用的电源线必须是原机配备的，而且打印机所连接的电源插座，不能和其他强电工业设备共用，以免打印机电源输入不稳定，导致打印机发生意外。

第二摆放好打印机，进行硬件连接。由于打印机通常提供两根连线，一根为电源线，一根为数据传输线，因此打印机的硬件连接，主要包含下面两个步骤。一是进行电源线的连接。在连接电源线之前，一定要先将打印机的电源关闭掉，并且确定电源开关按钮没有凹下去，同时确保打印机准备连接的电源插座已经可靠接地；然后将电源线的一端插入到打印机背面板左侧的电源插头座，将打印机电源线的另一头插入到已经接地的电源插座中，这样打印机的电源线就已经连接好了。二是进行数据传输线的连接。在连接该线缆之前，应确保打印机和计算机的电源都已经关闭，然后检查一下打印机随机配备的数据传输线到底属于什么类型的接口，按照其借口类型，分别找到计算机主板上的并行口、串行口或者USB 接口等并正确插入。

② 安装色带、墨盒或者硒鼓。根据打印机种类的不同，分别为打印机安装墨盒、色带或硒鼓，具体安装步骤根据打印机型号的不同而有所不同。

③ 安装驱动程序。除了确保打印机的硬件安装正确外，还需要在打印机所连的计算机中，安装好打印机的驱动程序，只有这样计算机才能正确识别到打印机。不同型号的打印机，其驱动程序的安装可能略有不同，目前打印机的驱动程序安装主要分为两种方法，一种是直接安装法，另外一种是手工安装法。所谓直接安装法，就是将打印机的驱动光盘放到光驱中，然后直接双击安装光盘中的 setup.exe 程序，或直接在自动弹出的安装界面中，单击"安装打印驱动程序"按钮，然后在弹出的安装向导窗口中，逐步按照屏幕提示来完成驱动程序的安装操作。手工安装方法通常用于一些型号较旧的打印机，当然如果系统中以前已经安装过一次打印机驱动程序，也可以用手工方法完成打印驱动程序的安装任务。

2. 复印机

（1）复印机概述。复印机是从书写、绘制或印刷的原稿得到等倍、放大或缩小的复印品的设备。复印机复印的速度快，操作简便，与传统的铅字印刷、蜡纸油印、胶印等的主要区别是无需经过其他制版等中间手段,而能直接从原稿获得复印品。复印份数不多时较为经济。

复印机按工作原理,复印机可分为光化学复印、热敏复印和静电复印三类。目前静电复印是现在应用最广泛的复印技术,它是用硒、氧化锌、硫化镉和有机光导体等作为光敏材料,在暗处充上电荷接受原稿图像曝光,形成静电潜像,再经显影、转印和定影等过程而成。

静电复印有直接法和间接法两种。直接法是在涂有光导材料的纸张上形成静电潜像,然后用液体或粉末的显影剂加以显影,图像定影在纸张表面之后即成为复印品;间接法则先在光导体表面上形成潜像并加以显影,再将图像转印到普通纸上,定影后即成为复印品。20世纪70年代以后,间接法已成为静电复印的主流和发展方向。

静电复印一般分为充电、曝光、显影、转印、分离、定影、清洁和消电八个基本步骤。

随着技术的发展,现在又出现了一种更为先进的数字复印机。数字复印机是通过激光扫描、数字化图像处理技术成像的,它既是一台复印设备,又可作为输入/输出设备与计算机以及其他办公自动化(OA)设备联机使用,成为网络的终端。因此,随着人类社会信息时代的到来,数字化技术将会更广泛地应用于人类社会生产、生活的各个方面,数字复印机也必将成为复印设备的主导产品。数字复印机将以其输出的高生产力、卓越的图像质量、功能的多样化(复印、传真、网络打印等)、高可靠性及可升级的设计系统,成为人们办公自动化的好帮手。

(2)复印机的使用方法。

复印机的使用步骤一般如下。

① 开机预热。接通电源开关后,定影器开始预热升温,此时面板上显示出预热等信号,一般信号为复印键指示灯绿色闪烁,待闪烁停止后即可复印。

② 放置原稿。将原稿放在稿台玻璃板相应的纸张标线之内,复印纸的大小和输纸方向应与原稿的大小和方向一致。然后使用盖板压紧原稿。

③ 复印纸的安装与选择。将复印纸抖松,以便清除静电,防止粘连,然后将纸磕齐装入纸盒内,并将纸盒插到机器上规定的位置。复印前,利用机器上的纸盒选择键,根据原稿幅面的大小来选择复印纸尺寸。另外也可以从手动送纸盘手动送纸。

④ 复印倍率的选择。对有缩放功能的复印机,复印前需设定缩放倍率,以便来确定复印纸的尺寸。

⑤ 确定复印份数。复印前,利用复印份数键将所设定的复印分数表示出来,若预置设定有误,可先按消除键消除,然后重新设定。

⑥ 调节曝光量。根据原稿的深浅和反差,利用浓度调节键改变光缝的宽度或改变曝光灯亮度来调节曝光量。

⑦ 开始复印。待预热指示灯熄灭,复印指示灯亮时,即可按下复印按钮,开机复印。一般进行多页复印前,要先复印样张,如果样张满意,则可以继续复印;如果不满意则可根据需要来调节各参数,以便获得满意的复印品。

⑧ 复印完毕。一次复印结束后从接纸盘上取出复印品,进行整理、装订,并将原稿从稿台上取下整理好。

(3) 复印机在日常使用中的注意事项。复印机在复印达到一定数量后，或副本质量明显下降时，需要进行保养。只有适时地进行维修、保养，机器才不容易发生损坏，并能经常保证满意的复印效果。日常正确的使用方法显得尤为重要。

① 选择合适的地点安装复印机，要注意防高温、防尘、防震、防阳光直射，同时要保证通风换气环境良好。因为复印机会产生微量臭氧，操作人员应该每工作一段时间就到户外透透气休息片刻。平时尽量减少搬动，要移动的话一定要水平移动，不可倾斜。为保证最佳操作，至少应在机器左右各留出90厘米，背面留出13厘米的空间（如机器接有分页器，大约需要23厘米的距离），操作和使用复印机应小心谨慎。

② 应使用稳定的交流电连接使用，电源的定额应为：220-240V、50Hz、15A。

③ 每天早晨上班后，要打开复印机预热半小时左右，使复印机内保持干燥。

④ 要保持复印机玻璃稿台清洁、无划痕、不能有涂改液、手指印之类的斑点，不然的话会影响复印效果。如有斑点，使用软质的玻璃清洁物清洁玻璃。

⑤ 在复印机工作过程中一定要盖好上面的挡板，以减少强光对眼睛的刺激。

⑥ 如果需要复印书籍等需要装订的文件，请选用具有"分离扫描"性能的复印机。这样，可以消除由于装订不平整而产生的复印阴影。

⑦ 如果复印件的背景有阴影，那么复印机的镜头上有可能进入了灰尘。此时需要对复印机进行专业的清洁。

⑧ 当复印机面板显示红灯加粉信号时，用户就应及时给复印机加碳粉，如果加粉不及时可造成复印机故障或产生加粉撞击噪音。加碳粉时应摇松碳粉并按照说明书进行操作。尽量不要使用代用粉（假粉），否则会造成飞粉、底灰大、缩短载体使用寿命等故障，而且由于它产生的废粉率高，实际的复印量还不到真粉的2/3。

⑨ 当添加复印纸前先要检查一下纸张是否干爽、洁净，然后前后理顺复印纸叠顺整齐再放到纸张大小规格一致的纸盘里。纸盘内的纸不能超过复印机所允许放置的厚度，要查阅手册来确定厚度范围。为了保持纸张干燥，可在复印机纸盒内放置一盒干燥剂，每天用完复印纸后应将复印纸包好，放于干燥的柜子内。

⑩ 每次使用完复印机后，一定要及时洗手，以消除手上残余粉尘对人体的伤害。下班时要关闭复印机电源开关，切断电源。不可未关闭机器开关就去拉插电源插头，这样会容易造成机器故障。

(4) 复印机的日常保养。复印机是聚集了光学、机械、电路等高科技的精密产品，定期的清扫、整理、加油、调整是确保复印机正常运行的关键。必要的保养可以提高复印机的工作质量，延长使用寿命，节约维修费用。

在复印机的运行过程中，它的光学系统、机械系统、电路系统，除了正常的磨损外，还受到来自复印机内部和外部的灰尘等杂物的侵害，造成复印品质变差和运行故障。保养主要是对复印机的光学、显影、充电、转印、分离、消电电极定影、转送等部件和色粉回收等系统进行清洁或进行局部调整。通常，光学系统中的杂物会造成复印件底灰较重，出现黑色斑点，机械系统中的杂物会造成卡纸，复印件出现污迹等问题。因此，在日常工作中，我们要注意复印机的清洁保养。通常，用户可以做以下工作：盖板的清洁；稿台玻璃的清洁；电路系统的清洁；废旧墨筒清除；更换必要部件。

3. 传真机

（1）传真机概述。传真机是应用扫描和光电变换技术，把文件、图表、照片等静止图像转换成电信号，传送到接收端，以记录形式进行复制的通信设备。

传真机按其传送色彩，可分为黑白传真机和彩色传真机。按占用频带可分为窄带传真机（占用一个话路频带）、宽带传真机（占用 12 个话路、60 个话路或更宽的频带）。占用 1 个话路的文件传真机，按照不同的传输速度和调制方式可分为以下几类：①采用双边带调制技术，每页（16 开）传送速度约 6 分钟的，称为一类机；②采用频带压缩技术，每页传送速度约 3 分钟的，称为二类机；③采用减少信源多余度的数字处理技术，每页传送速度约 1 分钟的，称为三类机；④将可与计算机并网、能储存信息、传送速度接近于实时的传真机，定为四类机。按用途可分为气象图传真机、相片传真机、文件传真机、报纸传真机等。记录方式多用电解、电磁、烧灼、照相、感热和静电记录等。

传真机能直观、准确地再现真迹，并能传送不易用文字表达的图表和照片，操作简便，在军事通信中广泛应用。1842 年，英国人 A.贝恩提出传真原理。1913 年，法国人 E.贝兰研制出第一台传真机。随着大规模集成电路、微处理机技术、信号压缩技术的应用，传真机正朝着自动化、数字化、高速、保密和体积小、重量轻的方向发展。

目前市场上常见的传真机可以分为四大类：一是热敏纸传真机（也称为卷筒纸传真机）；二是热转印式普通纸传真机；三是激光式普通纸传真机（也称为激光一体机）；四是喷墨式普通纸传真机（也称为喷墨一体机）。目前市场上最常见的就是热敏纸传真机和喷墨/激光一体机。

传真机的工作原理很简单，即先扫描需要发送的文件并转化为一系列黑白点信息，该信息再转化为声频信号并通过传统电话线进行传送。接收方的传真机"听到"信号后，会将相应的点信息打印出来，这样，接收方就会收到一份原发送文件的复印件。但是四种传真机在接收到信号后的打印方式是不同的，它们的工作原理的区别也基本上在这些方面体现出来。

热敏纸传真机是通过热敏打印头将打印介质上的热敏材料熔化变色，生成所需的文字和图形。热转印从热敏技术发展而来，它通过加热转印色带，使涂敷于色带上的墨转印到纸上形成图像。激光式普通纸传真机是利用碳粉附着在纸上成像的一种传真机，其工作原理主要是利用机体内控制激光束的一个硒鼓，凭借控制激光束的开启和关闭，从而在硒鼓产生带电荷的图像区，此时传真机内部的碳粉会受到电荷的吸引而附着在纸上，形成文字或图像图形。喷墨式传真机的工作原理与点矩阵式列印相似，是由步进马达带动喷墨头左右移动，把从喷墨头中喷出的墨水依序喷布在普通纸上完成列印的工作。

（2）传真机的使用方法。无论接收或者发送传真，首先要使传真机和电话线连接，同时将传真机电源插入合适的插座。

① 发送传真。发送传真时，首先把要发送的文件正面朝下放入传真机，同时调节纸张导板，使纸张导板微扣纸张，防止在走纸过程中倾斜或者褶皱。其次是拨打要接受方的传真号码，如果是自动的，在你听到一声尖锐刺耳的声音后，按传真机面板上的"启动"（有的机器上是其他字样，一般为绿色）按钮，按完之后就可以挂断电话了，文件会自动发送，等文件传真完毕之后，会有嘟的一声长响，这就说明发送成功。如果发出的是"嘟嘟嘟嘟"的连续短音，说明发送没成功，对方没有接收到。如果对方的传真机不是自动的，则需和对方说明要发送传真的意图，并请对方发送接收信号，然后的步骤同上。

②接收传真。接收传真更简单，如果你的传真机设置手动接收，传真方会先给你打电话，要传真信号，这时你按下"启动"按钮，然后挂电话等待接收传真即可。

4. 扫描仪

（1）概述。扫描仪是一种计算机外部仪器设备，通过捕获图像并将之转换成计算机可以显示、编辑、存储和输出的数字化输入设备。照片、文本页面、图纸、美术图画、照相底片、菲林软片，甚至纺织品、标牌面板、印制板样品等三维对象都可作为扫描对象，提取和将原始的线条、图形、文字、照片、平面实物转换成可以编辑及加入文件中的装置。

扫描仪可分为三大类型：滚筒式扫描仪和平面扫描仪，以及近几年新研发的笔式扫描仪。

笔式扫描仪出现于2000年左右，扫描宽度大约和四号汉字相同。使用时，贴在纸上一行一行的扫描，主要用于文字识别。最初的笔式扫描仪只能扫描黑白页面。最新的笔式扫描仪已经可以扫描彩色页面，乃至扫描照片、名片等。

滚筒式扫描仪一般使用光电倍增管PMT（Photo Multiplier Tube），因此它的密度范围较大，而且能够分辨出图像更细微的层次变化；而平面扫描仪使用的则是光电耦合器件CCD（Charged-Coupled Device），故其扫描的密度范围较小。所谓CCD（光电耦合器件）是一长条状有感光功能的元器件，在扫描过程中用来将图像反射过来的光波转化为数位信号。平面扫描仪使用的CCD大都是具有日光灯线性陈列的彩色图像感光器。

平面扫描仪的工作原理如下：平面扫描仪获取图像的方式是先将光线照射扫描的材料上，光线反射回来后由CCD光敏元件接收并实现光电转换。当扫描不透明的材料如照片，打印文本以及标牌、面板、印制板实物时，由于材料上黑的区域反射较少的光线，亮的区域反射较多的光线，而CCD器件可以检测图像上不同光线反射回来的不同强度的光，通过CCD器件将反射光皮波转换成为数字信号，用1和0的组合表示，最后控制扫描仪操作的扫描仪软件读入这些数据，并重组为计算机图像文件。

（2）扫描仪的使用方法。

① 连接扫描仪，包括连接电源和数据线。

② 安装扫描仪驱动软件，方法同打印机。

③ 将扫描对象正面朝下放入扫描仪并将盖板盖好。

④ 启动扫面软件，设置扫描参数，如亮度、对比度、分辨率、原稿类型等并预扫。

⑤ 开始扫描并设定存储路径和文件存储类型。

⑥ 如需进行文字识别，则需进入OCR文字识别程序，选择识别区域，设置参数，进行文字识别。

5. 碎纸机

随着人们保密意识的增强，碎纸机在目前的办公场所逐渐成为一种常用的设备。碎纸机是由一组旋转的刀刃、纸梳和驱动马达组成的。纸张从相互咬合的刀刃中间送入，被分割成很多的细小纸片，以达到保密的目的。碎纸方式是指当纸张经过碎纸机处理后被碎纸刀切碎后的形状。根据碎纸刀的组成方式，现有的碎纸方式有：碎状、粒状、段状、沫状、条状、丝状等。市面上有些碎纸机可选择两种或两种以上的碎纸方式。不同的碎纸方式适用于不同的场合，如果是一般性的办公场合则选择段状、粒状、丝状，条状的就可以了。但如果是用到一些对保密要求比较高的场合就一定要用沫状的。当前采用四把刀组成的碎纸方式是最先进的工作方式，碎纸的纸粒工整利落，能达到保密的效果。

除了以上介绍的打印机、复印机、传真机、扫描仪、碎纸机等办公设备以外，在目前的办公实际需要中还会用如刻录机、数字相机、摄像机、UPS 电源等办公设备，这有待于大家在实践中去摸索，或者借助专门的办公自动化课程去学习。

（二）网络办公

1. 概述

近年来，随着网络技术的迅速发展普及，通过利用先进的网络资讯技术，在单位内部以及单位之间实现网络办公，被越来越多的单位应用。目前的办公自动化已由传统的局域网内互联互通上升到了支持移动办公、远程办公管理等更广阔的领域。通过网络办公，可以实现知识管理、精确管理；实现移动办公、异地办公、协同办公；可以优化团队效率；可以智能化、系统化、安全地利用信息；可以实现领导有效监控，避免"推、拖、拉"现象，进而降低企业的运作成本、优化企业的生命力，能增强单位竞争力、提升单位的应变能力。

2. 网络办公系统

网络办公系统主要是办公自动化系统，即 OA（Office Automation）系统。本意为利用技术的手段提高办公的效率，进而实现办公的自动化处理。采用 Internet/Intranet 技术，基于工作流的概念，使企业内部人员方便快捷地共享信息，高效地协同工作；改变过去复杂、低效的手工办公方式，实现迅速、全方位的信息采集、信息处理，为企业的管理和决策提供科学的依据。一个企业实现办公自动化的程度也是衡量其实现现代化管理的标准。OA从最初的以大规模采用复印机等办公设备为标志的初级阶段，发展到今天的以运用网络和计算机为标志的现阶段，对企业办公方式的改变和效率的提高起到了积极的促进作用。

目前大部分 OA 系统是以办公事务的计算机自动化管理为基础的，基本内容包括文件处理、事务处理、文字处理、档案处理、日程处理、邮件收发、收文发文、出差出勤、文件转流、电子报表、会议管理、车辆管理等，实现了对日常工作方方面面的管理。但一个较好的 OA 系统远没有这样简单，必须融入管理的思想，引进切实可行的管理技术，让 OA 系统服务于管理。管理是企业发展的推动力，也因管理而产生了办公事务，所以 OA 系统一定要架构于管理基础之上，才能确保 OA 系统的有效性和实用性。一些企业上了 OA 系统后反而使办公工作更多了，主要原因是 OA 与管理的定位问题，两者本末倒置的缘故。

一个良好的 OA 系统，应该以计划为核心、以控制为手段，实现"以人为本"、"动态控制"、"透明延伸"的办公管理思想。那么 OA 系统如何与管理思想结合呢？主要体现在"工作管理"、"沟通管理"、"管理创新"和"授权机制管理"四个方面。一切办公活动过程归根到底是由"人通过工作"来完成的。因此，工作管理是 OA 系统的基本组成单元，工作管理问题解决的深度也决定了 OA 系统的应用水平，工作管理的成败决定了 OA 系统是否能促进管理、辅助管理。一个体现"以人为本"设计思想的 OA 系统，应该建立在个人工作管理、组织工作管理和项目工作管理三维立体的系统体系之中。

3. 网络办公在单位的应用

以 OA 的应用为标志的网络办公在日常可以帮助企业解决以下问题。

（1）建立信息发布的平台。应用网络办公可以建立一个有效的信息发布和交流的场所，如公告、论坛、规章制度、新闻等均可在网络办公平台发布。这样能够促使技术交流，加速信息透明度,实现信息的快速传播。同时可以建立用户管理登录系统,使不同权限的用户能够了解不同层次的信息。

(2)实现工作流程的自动化。这牵涉到流转过程的实时监控、跟踪,解决多岗位、多部门之间的协同工作问题,实现高效率的协作。各个单位都存在着大量流程化的工作,如公文的处理、收发文、各种审批、请示、汇报等,都是一些流程化的工作,通过实现工作流程的自动化,就可以规范各项工作,提高单位内部以及单位之间协同工作的效率。

(3)实现知识管理的自动化。传统的手工办公模式下,文档的保存、共享、使用和再利用是十分困难的。在手工办公的情况下文档的检索存在非常大的难度。办公自动化使各种文档实现电子化,通过电子文件柜的形式实现文档的保管,按权限进行使用和共享。如某个单位来了一个新员工,只要管理员给他注册一个身份文件,给他一个口令,他自己上网就可以看到符合他身份的权限范围内的单位内部积累下来的各种知识,这样就减少了很多培训环节。

(4)辅助办公。像会议管理、车辆管理等与我们日常事务性的办公工作相结合的各种辅助办公,实现了这些辅助办公的自动化。

(5)实现协同办公。网络办公支持多分支机构、跨地域的办公模式以及移动办公。现在来讲,地域分布越来越广,移动办公和协同办公成为很迫切的一种需求,使相关的人员能够有效地获得整体的信息,提高整体的反应速度和决策能力。

(6)搭建个人事务平台。网络办公像一位商务秘书,帮助用户合理安排和管理个人事务。用户可以在平台上安排待办事宜,设置事件提醒时间、方式,限制办理时限;也可以建立只有自己才可以查看的个人文档。还要提供灾难恢复功能,如果用户一时不小心把重要数据删除了或者把机密文件发送出去了,系统提供的灾难恢复功能,可以帮助恢复数据。

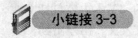

小链接 3-3

盖茨的家园

据凤凰卫视报道,盖茨从1990年开始,花了7年时间、6 000万美金与无数心血,建成这幢独一无二的豪宅,占地约两万公顷,建筑物总面积超过1 854坪。根据金恩郡2002年的地政资料,盖茨的家园(土地与建筑物)总值约一亿一千三百万美金;每年缴纳的税金超过100万美元,是美国国民年平均收入的25倍。

这幢豪宅前方俯瞰烟波浩淼的华盛顿湖,背后深入湖畔东岸的一座山丘,属于"掩土建筑",犹如一座堡垒要塞。豪宅与西雅图市遥遥相对,邻近雷蒙市的微软公司总部。建筑物地上四层,地下深不可测,外观呈现"西北太平洋岸别墅"风格,看似一座十八、十九世纪的庄园,林木蓊郁、气象万千。

盖茨之家随处可见高科技的影子。整个建筑根据不同的功能分为12个区,通道出口处都装有机关;来访者通过出口,就会产生其个人信息,包括他的指纹等,这些信息会被作为来访数据储存到计算机中。

大门装有气象情况感知器,可以根据各项气象指标,控制室内的温度和通风情况。住宅门口,安装了微型摄像机,除主人外,其他人欲进入门内,必须由摄像机通知主人。访客从一进门开始,就会领到一个内建微晶片的胸针,可以预先设定你偏好的温度、湿度、灯光、音乐、画作等条件;无论你走到哪里,内建的感测器就会将这些资料传送至 Windows NT 系统的中央电脑,将环境调整到宾至如归的境地。

因此,当你踏入一个房间,藏在壁纸后方的扬声器就会响起你喜爱的旋律,墙壁上则投射出你熟悉的画作。此外你也可以使用一个随身携带的触控板，随时调整感觉。甚至当你在游泳池戏水时，水下都会传来悦耳的音乐。整座建筑物埋设了 84 公里长的光纤缆线，但有趣的是，墙壁上看不到任何一个插座，因为盖茨不喜欢"乱糟糟"的感觉。

厨房内，装有一套全自动烹调设备。而厕所里安装了一套检查身体的电脑系统，如发现异常，电脑会立即发出警报。主人在回家途中，浴缸已经自动放水调温，做好一切迎候准备。地板能在 6 英寸的范围内跟踪到人的足迹，在有人时自动打开照明，离去的同时自动关闭。

盖茨通常安排访客乘船横渡华盛顿湖，从专属码头登堂入室。一进门厅，玻璃墙让华盛顿湖的美景一览无余，迎面而来的是一座高耸的 84 阶楼梯，花旗松梁柱高 20 公尺，有惧高症者可以改搭电梯，来到一楼大厅。

宏伟的接待厅可以举行 150 人的晚宴，或者办一场两百人的鸡尾酒会。一堵墙面嵌入两公尺宽的壁炉，另一堵墙面则排列着 24 部 40 英寸（1 英寸=2.54 厘米）的电视荧屏。身份更高一层的贵客，在另一座可容纳 24 人的宴会厅接受款待，从三楼俯瞰美不胜收的湖光山色。

声光享受自然也是娱宾重点，豪宅中有一间"装饰艺术"风格的电影院，设备不输于好莱坞片厂的试映室，可以让 20 位嘉宾尽情享受。此外还有一座占地 70 坪的健身房，内有三温暖与蒸汽浴室，还有间天花板高 6 公尺的弹跳床室。

不过盖茨最自豪的还是他的私人图书馆。这是一座圆顶建筑，屋顶中间有一个接收自然光的天窗，室内光线随着外界阴晴调整。馆中珍藏着盖茨收集达文西的《莱切斯特手稿》、拿破仑写给约瑟芬的情书、希区考克电影"惊魂记"的剧本手稿等；其中达文西手稿的价值就超过 3000 万美元。

住在这样的一座大观园中，安全问题自然不能等闲视之。由于当地属地震带，因此耐震性要特别加强，其钢筋结构强度是建筑法规要求的 4 倍。当主人需要时，只要按下"休息"开关，防盗报警系统便开始工作；当发生火灾等意外时，消防系统可自动报警，显示最佳营救方案，关闭有危险的电力系统，并根据火势分配供水。

当然，房屋外车道上的所有照明也是全自动的。盖茨还非常喜欢车道旁边的一棵 140 岁的老枫树，对这棵树进行 24 小时的全方位监控，一旦监视系统发现它有干燥的迹象，将释放适量的水来为它解渴。

（资料来源：http://house.focus.cn/msgview/31/192309009.html）

（三）网络安全

1. 概述

网络安全是指网络系统的硬件、软件及其系统中的数据受到保护，不因偶然的或者恶意的原因而遭受到破坏、更改、泄露，系统连续可靠正常地运行，网络服务不中断。网络安全从其本质上来讲就是网络上的信息安全。从广义来说，凡是涉及网络上信息的保密性、完整性、可用性、真实性和可控性的相关技术和理论都是网络安全的研究领域。网络安全是一门涉及计算机科学、网络技术、通信技术、密码技术、信息安全技术、应用数学、数论、信息论等多种学科的综合性学科。

网络安全的具体含义会随着"角度"的变化而变化。如从用户（个人、企业等）的角度来说，他们希望涉及个人隐私或商业利益的信息在网络上传输时受到机密性、完整性和真实性的保护，避免其他人或对手利用窃听、冒充、篡改、抵赖等手段侵犯用户的利益和隐私。

2. 网络安全的特征

（1）保密性。信息不泄露给非授权用户、实体或过程，或供其利用的特性。

（2）完整性。数据未经授权不能进行改变的特性。即信息在存储或传输过程中保持不被修改、不被破坏和丢失的特性。

（3）可用性。可被授权实体访问并按需求使用的特性。即当需要时能否存取所需的信息。如网络环境下拒绝服务、破坏网络和有关系统的正常运行等都属于对可用性的攻击。

（4）可控性。对信息的传播及内容具有控制能力。

（5）可审查性。出现安全问题时提供依据与手段。

从网络运行和管理者角度说，他们希望对本地网络信息的访问、读写等操作受到保护和控制，避免出现陷阱、病毒、非法存取、拒绝服务和网络资源非法占用和非法控制等威胁，制止和防御网络黑客的攻击。对安全保密部门来说，他们希望对非法的、有害的或涉及国家机密的信息进行过滤和防堵，避免机要信息泄露，避免对社会产生危害，对国家造成巨大损失。从社会教育和意识形态角度来讲，网络上的不健康内容，会对社会的稳定和人类的发展造成阻碍，必须对其进行控制。

随着计算机技术的迅速发展，在计算机上处理的业务也由基于单机的数学运算、文件处理，基于简单连接的内部网络的内部业务处理、办公自动化等发展到基于复杂的内部网（Intranet）、企业外部网（Extranet）、全球互联网（Internet）的企业级计算机处理系统和世界范围内的信息共享和业务处理。在系统处理能力提高的同时，系统的连接能力也在不断的提高。但在连接能力信息、流通能力提高的同时，基于网络连接的安全问题也日益突出，整体的网络安全主要表现在以下几个方面：网络的物理安全、网络拓扑结构安全、网络系统安全、应用系统安全和网络管理的安全等。

因此计算机安全问题，应该像每家每户的防火防盗问题一样，做到防患于未然。甚至不注意时，威胁就已经出现了，一旦发生，常常措手不及，造成用户极大的损失。

3. 影响网络安全的因素

（1）物理安全。网络的物理安全是整个网络系统安全的前提。在校园网工程建设中，由于网络系统属于弱电工程，耐压值很低。因此，在网络工程的设计和施工中，必须优先考虑保护人和网络设备不受电、火灾和雷击的侵害；考虑布线系统与照明电线、动力电线、通信线路、暖气管道及冷热空气管道之间的距离；考虑布线系统和绝缘线、裸体线以及接地与焊接的安全；必须建设防雷系统，防雷系统不仅考虑建筑物防雷，还必须考虑计算机及其他弱电耐压设备的防雷。总体来说物理安全的风险主要有，地震、水灾、火灾等环境事故；电源故障；人为操作失误或错误；设备被盗、被毁；电磁干扰；线路截获；高可用性的硬件；双机多冗余的设计；机房环境及报警系统、安全意识等，因此要尽量避免网络的物理安全风险。

（2）网络结构的安全。网络拓扑结构设计也直接影响到网络系统的安全性。假如在外部和内部网络进行通信时，内部网络的机器安全就会受到威胁，同时也会影响在同一网络上的许多其他系统。透过网络传播，还会影响到连上Internet/Intrant的其他的网络；影响所及，还可能涉及法律、金融等安全敏感领域。因此，我们在设计时有必要将公开服务器（WEB、DNS、EMAIL等）和外网及内部其他业务网络进行必要的隔离，避免网络结构信息外泄；同时还要对外网的服务请求加以过滤，只允许正常通信的数据包到达相应主机，其他的请求服务在到达主机之前就应该遭到拒绝。

（3）系统的安全。所谓系统的安全是指整个网络操作系统和网络硬件平台是否可靠且值得信任。目前恐怕没有绝对安全的操作系统可以选择，无论是 Microsfot 的 Windows NT

或者其他任何商用 UNIX 操作系统，其开发厂商必然有其 Back-Door。因此，我们可以得出如下结论：没有完全安全的操作系统。不同的用户应从不同的方面对其网络作详尽的分析，选择安全性尽可能高的操作系统。因此不但要选用尽可能可靠的操作系统和硬件平台，并对操作系统进行安全配置，而且，必须加强登录过程的认证（特别是在到达服务器主机之前的认证），确保用户的合法性。应该严格限制登录者的操作权限，将其完成的操作限制在最小的范围内。

（4）应用系统的安全。应用系统的安全跟具体的应用有关，涉及面广。应用系统的安全是动态的、不断变化的。应用的安全性也涉及到信息的安全性，它包括很多方面。在应用系统的安全性上，主要考虑尽可能建立安全的系统平台，而且通过专业的安全工具不断发现漏洞，修补漏洞，提高系统的安全性。在信息的安全性方面，主要是必须对用户使用计算机进行身份认证，对于重要信息的通讯必须授权，传输必须加密。采用多层次的访问控制与权限控制手段，实现对数据的安全保护；采用加密技术，保证网上传输的信息（包括管理员口令与账户、上传信息等）的机密性与完整性。

4. 网络安全措施

（1）安全技术手段。

① 物理措施。如保护网络关键设备（如交换机、大型计算机等），制定严格的网络安全规章制度，采取防辐射、防火以及安装不间断电源（UPS）等措施。

② 访问控制。对用户访问网络资源的权限进行严格的认证和控制。如进行用户身份认证，对口令加密、更新和鉴别，设置用户访问目录和文件的权限，控制网络设备配置的权限等。

③ 数据加密。加密是保护数据安全的重要手段。加密的作用是保障信息被人截获后不能读懂其含义。防止计算机网络病毒，安装网络防病毒系统。

④ 其他措施。其他措施包括信息过滤、容错、数据镜像、数据备份和审计等。近年来，围绕网络安全问题提出了许多解决办法，如数据加密技术和防火墙技术等。数据加密是对网络中传输的数据进行加密，到达目的地后再解密还原为原始数据，目的是防止非法用户截获后盗用信息。防火墙技术是通过对网络的隔离和限制访问等方法来控制网络的访问权限。

（2）安全防范意识。拥有网络安全意识是保证网络安全的重要前提。许多网络安全事件的发生都和缺乏安全防范意识有关。

二、相关链接

熊猫烧香电脑病毒案在湖北告破

2006 年年底，我国互联网上大规模爆发"熊猫烧香"病毒及其变种，该病毒通过多种方式进行传播，并将感染的所有程序文件改成熊猫举着三根香的模样，同时该病毒还具有盗取用户游戏账号、QQ 账号等功能。该病毒传播速度快，危害范围广，截至案发为止，已有上百万个人用户、网吧及企业局域网用户遭受感染和破坏，引起社会各界高度关注。《瑞星 2006 安全报告》将其列为十大病毒之首，在《2006 年度中国内地地区电脑病毒疫情和互联网安全报告》的十大病毒排行中一举成为"毒王"。

2007 年 1 月中旬，湖北省网监部门根据公安部公共信息网络安全监察局的部署，对"熊猫烧香"病毒的制作者开展调查。经查，熊猫烧香病毒的制作者为湖北省武汉市李俊。据李俊交代，其于 2006 年 10

月16日编写了"熊猫烧香"病毒并在网上广泛传播,并且还以自己出售和由他人代卖的方式,在网络上将该病毒销售给120余人,非法获利10万余元。经病毒购买者进一步传播,导致该病毒的各种变种在网上大面积传播,对互联网用户计算机安全造成了严重破坏。李俊还于2003年编写了"武汉男生"病毒、2005年编写了"武汉男生2005"病毒及"QQ尾巴"病毒。另外,本案另有几个重要犯罪嫌疑人雷磊(男,25岁,武汉人)、王磊(男,22岁,山东威海人)、叶培新(男,21岁,浙江温州人)、张顺(男,23岁,浙江丽水人)、王哲(男,24岁,湖北仙桃人)通过改写、传播"熊猫烧香"等病毒,构建"僵尸网络",通过盗窃各种游戏和QQ账号等方式非法牟利。

(资料来源:http://www.cnnb.com.cn/xwzxzt/system/2007/02/13/005248604.shtml)

三、课堂内外

(一)堂堂练

讨论

结合所学知识,谈谈确保计算机网络安全的重要性。

(二)堂外练

1. 复印机复印图像模糊的原因包括哪些?
2. 扫描仪工作时应注意哪些事项?
3. 如何确保网络安全?

本章知识归综

表3-4 秘书的能力结构

表达能力	秘书角色表达	根据领导的要求、意图,确立、调节自身的行为,规范自己的言行;保持观念的前瞻性,与领导同频共振
	领导角色表达	将领导的决策真实准确地传达给群众,协助领导做好深入细致的宣传解释工作,奠定牢固的群众基础
人际沟通能力	重视人际关系	增强组织内部的凝聚力;塑造组织良好形象;充分发挥秘书参谋作用;促进秘书身心发展
	建立良好的人际关系	尊重原则、交互原则、信用原则、宽容原则
	人际沟通技巧	重视第一印象、积极倾听、善于微笑、真诚赞美、机智幽默
	应变能力	敏锐的洞察力、敏捷的反应力、准确的判断力、果敢的决断力
社会调查研究能力	社会调查研究	社会调查研究是人们在社会实践中对客观情况的调查了解和分析研究,是认识事物的本质和规律的自觉活动
	秘书必须具备调查研究的基础知识	社会调查研究的类型;社会调查研究的程序;社会调查研究的方法;调查结果的表达
信息处理能力	信息的一般特征	信息的客观真实性、信息的多变性、信息的可传递性、信息的时效性、信息的共享性
	秘书必备的信息处理能力	秘书信息处理工作的意义、秘书的信息素养、秘书信息素养的特征、秘书信息素养的主要内容
使用现代化办公设备的能力	办公设备知识	打印机、复印机、传真机、扫描仪、碎纸机等日常办公设备的使用
	网络办公	网络办公系统及网络办公系统的应用
	网络安全	网络安全的特征;影响网络安全的因素;常见的网络安全措施

第四章 秘书工作

 学习目标

通过本章学习,能够了解秘书工作的内容和原则;理解秘书工作的性质和特点;掌握秘书工作的方法,对秘书工作有个全面的了解。

 知 识 点

★ 了解秘书工作的含义。
★ 了解秘书工作的内容。

 能 力 点

★ 能够明确秘书工作的性质和特点。
★ 能够掌握秘书工作的方法。

 导入案例

秘 书 工 作

一个很偶然的机会,我成了培训部的一名秘书。在很多人眼里,所谓秘书就是打打字、倒倒茶、接接电话什么的。可是在培训部做了一年多,我却觉得要真正做好这份工作,当一个好的秘书并不容易。

由于缺乏系统的学习和实践,刚开始我的很多工作做得很不好。记得刚来培训部的第一天,部长布置我打一份表格并且要我尽快交给他。那份表格有点类似现在的员工评分表,其实非常简单。可我那时连打字都不熟,更不用说做表格。我在电脑前坐了一个下午,直到晚上下班同事都走了表格也没做出来,急得几乎要掉眼泪,最后还是部长三下五除二帮我把表格搞好。"表格事件"后第二天,当时的部长助理谢平布置我写一篇叫做《企业培训工作的组织方法》的文章。虽然在学校里学了公文写作,但还没有实践的机会。拿着谢助理给的几句话的提纲,憋了整整两天,总算才憋出一篇两千字的文章,质量可想而知。还有后来的办公设备故障的简单维修、必要的礼仪、文档管理、人际关系的运作等,不断给我很多的震动和教训,我第一次体会出做一名秘书,专门的知识和技能很重要,学习的紧迫感和动力也油然而生。

作为一名部门秘书,我最怕的是写出来的文章领导不满意。部门文件,肩负着对外宣传、对内传达的重要作用,不仅在行文上受到格式的限制,还要得到领导认可。记得有一次我给部里起草一份合同,没有按正式的格式写,也没有认真检查就交了上去。下午,当时的部长把我叫了过去,我看见那份合同上满纸都是部长改过的字迹,连标点符号也没放过,还有一个错别字被醒目地标了出来。那天部长说了很多话,记得最清楚的一句是:"一个年轻人做事要认真,做出来的事情还要有专业水准。"我低着头,红着脸,简直无地自容。那次错误,使我刻骨铭心,在以后的工作中时时提醒自己:认真一些。

秘书工作比较繁杂琐碎,所以要把事情做得有条不紊和有效率也成了努力目标。现在我准备了一个办公记录,几乎每天都要记下领导和自己正在做的事情,看哪些事情正在办,哪些事情办得差不多了,一时未完成，记得去催促，一年下来还可以看看这一年共做了哪些工作。在工作中我觉得记住电话号码也很重要，特别是经常来往的领导或有关部室的电话号码。因为领导很忙，可能会忘记这些号码，当他需要的时候如果马上回答出来，他就可以不用翻电话簿，节省了好多时间；平时还要注意收集统计一些有用的信息，如过一段时间就统计一下我们部门有多少人参加了培训，从外面聘请了多少专家讲课，让领导从数字上有一个精确的概念；我也花了很多时间将部里大量凌乱的文档整理出来，改变了以往追求方便而用手写标签目录的方法，用统一格式打印标签目录，标记不同档案，使档案清晰美观，更方便了领导和同事查询。

在公文的写作上，我也体会出要写出质量好的文件，不但要多读重要的经典文件，还要多读领导讲话，多揣摩领导的意思。了解他们思想的"关注点"，这样写作时才能站在他们的角度，对事物的方方面面进行分析，才能达到稿件中要求的对事物的预见性、针对性和操作性。现在送部长审定的稿子上还是时常有被修补、添改的地方，这使我知道自己的肤浅，也愈知一个秘书的成长并非一蹴而就的事情，而是一个外因和内因不断磨合，充分调动主观能动性的循序渐进的过程。

现在，在领导和同事的帮助下，我在不断地成长，而且，我开始慢慢喜欢上自己的工作。记得以前看过一篇文章说在学校里我们讲的是"你学了什么"，走入社会讲的则是"你能做什么"。而我觉得一个人从学到做的过程中更重要的是心态，对于工作有一种服务意识，无论大事小事都能尽心尽力，还要在工作中不断地思考、不断地总结，不断地创新，终有一天你会发现你比以前做得更好。

（资料来源：http://www.jnzc.net/office/ms/msjs/200603/87318.html）

分析

秘书工作看起来简单，实际上要求很高。"我"刚开始的工作做得并不好，在不断的实践中"我"从写不好公文到写出质量好的稿件，从被动听上司吩咐到主动创新，不断总结秘书工作方法，不断成长。"我"逐渐把握了秘书繁杂的工作内容，体会到秘书工作的特点。

思考

1. 秘书有哪些工作内容？
2. 秘书工作有什么特点？
3. "我"的工作方法有了哪些改进？

第一节　秘书工作的内容与原则

一、必备知识

（一）秘书工作的内容

秘书工作有广义和狭义两种。

广义的秘书工作即秘书部门的工作，也称办公室工作；狭义的秘书工作是指有正式秘书部门的人员所承担的工作，即人们通常所说的秘书业务工作。

广义的秘书工作，其主要内容归纳起来有以下几方面。

第一类是事务性工作，包括处理信件、接听电话、撰写公文、档案管理、收发公文、回复Email、整理报章杂志、操作传真、接待访客、安排上司约会、参加会议并记录、差旅安排；第二类是管理性工作，包括办公室管理、操作电脑、会计与财务、设备采购等；第三类是沟通支援性工作，包括客户服务、媒体应对、公关策划、主持公司庆典、参加应酬、外勤工作、其他主管临时交办的事项。

狭义的秘书工作，即起草文件、处理文电、办理会务、收集信息、调查研究、查办催办、印信管理等。秘书业务部门（秘书科、处、局）和秘书人员的基本工作，主要内容有12个方面。

1. 文档工作

秘书又叫文秘人员。秘书必定是文书和文档管理的兼职者。文档工作包括起草撰写文稿，收发文处理，材料整理，立卷归档等。

2. 会务工作

秘书是会议的主要操办者。秘书的会务工作主要是指会议前期准备、会中服务及会后事务处理等整个过程的事务工作，具体包括安排会议议题，分发会议通知，布置会场，接待会议人员，承担会议记录，撰写新闻稿、会议纪要、会议简报等。

3. 接待工作

接待工作就是对各类客人迎送、招待和服务工作。它包括对两类客人的接待：一是对外宾的接待；二是对内宾的接待。做好接待工作，可以加强各方面的交流，密切各方面的关系，树立单位的良好形象。

4. 值班工作

秘书在单位值班室固定或轮流担任的工作。它包括承接上级指示、负责来访接待、安排领导活动、保证单位安全、处理突发事件、编写值班材料和承办领导者交办事项等内容。值班工作是单位工作的"窗口"，直接关系到领导和单位的形象。

5. 印信工作

印信工作是指机关、单位公务印章和介绍信的管理、使用工作，属于秘书工作范围。公章是机关、单位职责权力的象征；介绍信则是证明本机关、单位员工的身份，介绍联系公务之用。如果管理使用不当，会给本机关、本单位乃至社会造成危害，秘书必须认真对待这项工作。

6. 督查工作

督查，是指秘书协助领导，把已经布置却拖延不办或办理不力的工作自上而下地督促、检查，使之落实、妥善。督查，又称督办和查办。领导的工作作风应该是"言必信，行必果"，只有"果"才有"信"。在这一方面，秘书也应是领导的直接助手。

7. 保密工作

保密工作就是经管重要秘密事项，使秘密特别是国家秘密不被泄露的工作。它包括三项主要内容：一是秘密文件的保密；二是会议的保密；三是办公设备的保密。做好保密工作，对于保证国家和集体的安全与利益，具有十分重要的意义。

8. 信访工作

信访具体包括来信处理、来访接待，对报刊上的批评、建议的处理或顾客投诉处理等。这是一项直接面对群众的工作。群众以来信、来访和电话的形式向上级组织表达个人或集团的愿望，或对国家、政府制定的政策法令、决策提出建议、意见、批评，或对党和国家机关的公务人员违法乱纪行为予以揭发、控告，或是向有关企业部门提出建议、投诉等，这些都是群众的重要权利，秘书必须认真对待。

9. 信息工作

领导决策的前、中、后过程需要信息。准确、及时的信息是做出切合实际、正确无误的决策依据。传统秘书在信息工作中只侧重于简单的收发传递信息。在当今社会中，信息是效率、是质量、是生命，现代秘书则强调综合处理信息，既要有信息意识，又要有去伪存真的鉴别能力，真正成为各级领导人员获取有价值信息的一条重要渠道。信息工作包括信息的收集、整理、传递、使用、存储和反馈等。

10. 调查研究工作

调查研究是领导决策的基础。在领导决策前，秘书要深入基层和有关部门，进行预见性调查，检验决策的正确性，协助领导校正决策的不足之处，使决策趋于完善。因此，调研工作是秘书辅助决策不可或缺的环节，主要针对本地区、本单位、本行业内外以及与决策相关的情况做调查研究。

11. 协调工作

协调是有效地进行管理的一项基本工作方法。协调的核心是使有关部门和人员同心协力地工作，在各自的岗位上，朝着一个共同的目标使劲、出力。协调包括目标协调、计划协调、政策协调、工作安排协调、组织人事协调、关系协调、利益协调、工作节奏协调、财务协调、社会协调等。秘书的协调工作，重点是政策协调、关系协调、工作节奏协调和社会协调四个方面。

12. 行政管理工作

包括财务管理、生活管理、环境管理、车辆管理等。这些工作由秘书办公室还是其他部门负责，不同单位的差异很大。由于秘书工作是整个行政管理工作的一部分，故秘书工作与其他管理工作的界限有时难以分清。

(二) 秘书工作的原则

所谓秘书工作的原则，是指我们从事秘书工作时必须遵循的基本准则。

1. 准确

秘书是领导的助手。秘书部门的任何工作都关联着领导机关的工作，秘书工作是领导工作的重要组成部分。领导工作具有全局性和广泛性。可以说，秘书工作的准确性，相当程度地保证了领导工作的准确性，保证了机关领导工作的正常运转。

秘书工作的准确性，涉及的方面很多，总的要求是：办文要准，办事要稳，情况要实，主意要慎；切忌丢三落四、粗枝大叶、马马虎虎、心中无数。秘书无论是为领导提供信息或向领导反映其他情况，还是协助领导起草文稿、审核文稿，都必须力求准确，数字要准确，时间要准确，概念要准确，名称要准确，不能使用"可能"、"大概"、"大约"、"差不多"之类字眼；抄写、打印、登记文件，都应反复校对、核实；处理和传递文件，也不能写错、投错。有时一字之差，或者一个标点符号用错，便会造成严重后果。如果差错出在关键之处，影响就更大了。秘书还担负着上传下达和在领导之间传递工作意见的重要使命，因此要求他们传达指示、传递意见、反映情况都要原原本本，准确无误，不能掺杂个人的主观看法，否则就可能误事，出偏差，影响领导工作的开展。所以干秘书工作，必须具有认真的态度，踏实、细致的工作作风。

2. 迅速

迅速，就是要求工作及时，高效、不延误，切忌拖拖拉拉、疲疲沓沓、松散怠慢、拖泥带水。秘书工作的迅速原则是由秘书的特点决定的。秘书处理工作快慢、效率的高低，往往影响到领导的工作的进展，关系到整个工作机器的运转。

秘书工作若不讲求效率，就失去了存在的意义，更谈不上发挥重要作用。譬如，把应当在领导决策前提供的材料和信息拖到决策之后才收集送来，参谋作用就无从谈起；当领导制定决策后，秘书部门迟迟不整理、公布，或公布了却不组织实施，使决策成为一纸空文，检查督促作用便无法实现；上下左右欠缺沟通，秘书部门却熟视无睹，等问题成了堆才过问，枢纽作用就成了一句空话。

因此，秘书人员必须具有很强的工作责任心，要坚决反对拖拉、懒散的工作作风，科学地组织、安排时间和工作，并尽可能地使用先进技术和设备，使中转过程加快，极大地提高办事效率。只有这样，秘书工作才能适应当前的工作需要。

以上讲的准确、迅速原则实际上是一项要求，即高效率。准确，是对秘书工作质量的要求；迅速，是从秘书工作数量方面提出的要求。准确和迅速合而构成高效率，而高效率是对秘书工作办事职能的根本要求，是秘书部门对各项工作进行管理的基本原则。

3. 保密

保密，既是对秘书人员的要求，也是秘书工作的基本原则。秘书人员处在核心要害部门，接近领导核心，处理要务，管理文件，知密范围很深很宽，失密泄密危害极大。因此，秘书人员、秘书工作必须遵守保密的原则，牢固树立"保守机密，慎之又慎"的思想，在言行中切实注意保密，遵守各项保密法规和制度。秘书必须时刻保持清醒的头脑，保持高度的警惕性，严格遵守一切保密纪律。同时，为了保证机密的安全，还要制定和健全严格的保密制度，如文件、材料、信函、会议记录等，都要有登记、收回、归档等制度，以保证办公室的安全。

二、相关链接

海天公司秘书工作条例

第一章　秘书的任务

第一条　秘书的任务是代替公司经理处理那些可以由其他人完成的工作和为经理的工作做好准备。这些工作不论大小，都应看作是经理的重要工作来接受。

为使经理的工作得以顺利进行，对经理的工作进行计划和准备是秘书的主要职责。

第二条　本公司秘书的工作有很多项内容，简单地表示如下。

1. 传达
2. 运转
3. 助手
4. 书籍、文件整理

5. 室内整理
6. 代行事务
7. 会计事务
8. 调查
9. 记录
10. 接待

第三条 以上工作的内容以及分量根据经理的意图和各项工作的具体内容决定。

第二章 秘书的工作内容

第四条 传达事务

传达事务的工作内容具体如下。

1. 接待来访者

来访者形形色色,既有政府官员、大公司的经理,也有普通的职员,另外还有预约会见的申请人,报纸杂志的记者等。他们有的是有要紧的事情,有的是递交文件,也有的仅仅是问候。秘书要有区别对待来访者的能力。

与对方会见时,在未充分了解以往交际关系的情况下,听取了姓名和所要求后,通常是请对方稍候,而不直接说经理在或不在、见还是不见。对应该会见的人,应直接转达对方的意图,并引其进入会客室或经理办公室,不论对方要求见面还是仅仅预约。对不宜会见的人,在请示经理后以"不在"、"正在开会"或"工作很忙"等为由,拒绝对方,或是将个人意见报经理后接受答复。

2. 接听电话

接听电话时一定要先声明"这里是××公司"或"这里是经理室",然后记下对方的姓名、工作单位、有什么事情,根据对方情况,不妨碍时可明确回答,但一般不说经理是否在。

3. 转达

需要转达时要正确听取对方的身份和要转达的内容,根据情况问清楚,并准确、迅速地转达。

4. 文件的收发及分送

收到的邮件或送来的文件首先要区别是要直接送呈经理的,还是需秘书再进行处置和整理的,或者是私用文书(这些区分的范围需事先请示经理),需经理办理的要直接送交经理。

如遇经理正在出差途中,而不能确定是否应将邮件送至出差地时可与副经理协商。经理不在时如果有与经理直接有关的留言、电报、快递,可用电话告知。

第五条 日常运转工作

这项工作的具体内容涉及出席会议、旅行、参加宴会、拜访、起草文件等各方面。

1. 日程的设计及其安排

对所确定的经理应处理的事项如会见、出席高层职员会、总会等会议的日期和时间进行记录整理,并随时进行调查,协助经理制定出日程表。

日程计划应记入每月日程表,必要时在上面记下预定内容和变更情况。

2. 准备及安排

有些工作需要特别的准备和安排,这些工作通常都有一定的时间限制,因此必须提前做好适当的准备。

第六条 用品的整理

秘书应将经理工作中所需的文件资料、各项用品及备用品事先准备齐全。这一工作根据经理具体执行公务情况的不同而有所不同。

1: 在办公室内

平常经常使用的物品及备用品,应在合适的地方放置合适的数量。为此,应设计一张用品及备用品的明细表，在上面记下品种，一月或一周所需数量以及补充的数量和补充日期。最好能做到事先心中有数。有了明细表，还必须存有一定量的备用品，以便随时补充。

2. 经理外出时

经理外出时需使用的钢笔、铅笔等，每天都应注意事先准备好一定数量，需要收入提包内的物品也要作同样考虑。这些需要准备的物品应在询问过经理后制作一张明细表，事先贴在那里以防遗漏。如果是出差，还应考虑出差地点和天数等，更要经常征询经理意图以准备好所需用品。

3. 文件、资料的准备

首先要清楚哪些文件是要用的，如不明白，要详细询问，以便将可能会用的文件材料一并准备齐全。然后画一张文件明细表以方便使用。机密文件可以直接交经理或是用封袋密封好后等待经理的指示。

第七条 文件整理业务

1. 为使经理处理完毕或正在使用的文件不丢失、散乱，并且随时可以根据需要对这些文件进行整理。整理工作首先要根据经理意见将文件分类，并放入固定的装具和容器内，使用中还要经常整理，做到很容易查到文件。

2. 整理工作的关键是分类项目的确定，保管及整理文件用品的选择，整理、借阅手续的完善。

3. 业务用的文件分为正在处理的文件，正在运行的现行文件和已处理完毕的文件，此外还有机密类文件。根据应用情况还可以分为每日必用、常用和不常用三种。

4. 经过这样的整理后，有必要对其进行装订，并给每一个文件集合体以一定的户头名称。应在听取经理意见后再制一张文件分类的明细表，将表张贴在保管场所或保管人的桌子上便于参照。

第八条 整理、清扫工作

此项工作应由秘书督促事务员和勤杂工来完成。工作中须注意如下几点。

1. 清理桌面。台历和墙上挂的日历要每天调整日期。桌子要擦抹干净。墨水瓶、笔杆、笔盒、吸墨纸、剪刀、裁纸刀、印泥及其他规定的常用品及用纸要准备好。墨水、笔尖、笔杆、糨糊、别针、印台、铅笔、活动铅笔、圆珠笔、裁切刀、订书机、吸墨纸、橡皮等要按要求备齐数量。将前一天取出的图书、文件放回原处，有破损和污染的物品要清扫或更换。

2. 室内的杂物、家具，如桌子、烟灰缸、椅子、烟盒等，都要放在固定的地方。

3. 根据当天的天气情况随时调整空调和窗帘。

第九条 代行业务

秘书可以代行的事务主要如下。

1. 参加庆典、丧礼等仪式

这种场合要特别留心服装和服饰品及行为仪表的得体，同时还要十分讲究寒暄、应酬的用语。因此，也可以平时将各种不同场合的范例及标准寒暄用语综合归纳，以便查阅。

2. 转达经理意见或命令

转达是将经理意见的原话转达给对方，不能夹杂个人的感情和意见。表达经理意见要完整准确，一旦马虎将会引起不一致的后果。针对工作的命令，在转达时要注意简洁、迅速。有时根据情况，还要将对方的答复向经理汇报。

第十条 会计事务

该项事务是指由经理直接使用的几种账目的管理，包括：各项物品的购入及发放、资产的调配及运用、现金收入及支出等方面的账目记录及管理。

1. 关于资产状态及收支情况要制作明细表，至少一个月要制作一张月报表，在特殊情况下，要随时根据经理及副经理的要求拿出报表。

2. 处理资产状况还应注意以下几点。

（1）支出及收入可以根据原始凭证将其发生额记入现金出纳账中。现金出纳账与现金余额的多少应保持一致。票据上要有经手人和秘书的印章以明确责任，每个月应有两三次，将这些收据汇总后让经理过目。

（2）日常的现金支出应限定一定的数量，除此之外，若有特殊项目，应申请特别支出的资金或开出支票。

（3）开具支票需有收据或其他凭证，并在支票上记下用途，由经理盖章。

（4）资产分为土地、建筑物、有价证券、备用品及各种家具杂物的押金等。

应设立各种资产的台账及有价证券簿详细记录各种资产的内容、单价、数量，现有额及出入额等。

（5）银行存款及邮政储蓄要设存款底账。接受款项者应按名称分别立账并明示余额。

3. 各种物品的购入和发放应特别注意有无使用申请和手续是否齐备，并及时入账以免遗忘和推迟记账。

第十一条　协助调查

公司的调查通常分为特命调查和一般性调查两类。公司在开展各种调查工作时，办公室秘书须做好协助工作。

1. 进行调查工作时，秘书应选择合适的专家、顾问进行委托或将他们列为调查委员，并与之保持日常联系，需要时提出调查课题请他们完成。

2. 有些专业事项的调查，秘书也可以亲自听取专家和当事人的意见，或在调查各方面情况后，将意见和调查情况汇总后报告给经理。

第十二条　文书工作

文书工作有三个方面，包括信函写作、起草文件以及誊清或印刷文件。

1. 信函的完成

信件的写作首先要准备不同内容的信件范文，同时还应备有辞典等工具书。

对经理经常会使用的信件种类可事先汇集为"标准通信范例"，需要时选择一种略加增删便可使用，较为方便。

2. 文件的誊清及印刷

文件的誊清及印刷主要包括将草案以笔记形式誊清、用打字机打印、直接印刷以及辑录图书杂志上的有关内容等四项工作。

第十三条　联系业务

联系工作就是要向经理或副经理转达某项事情并向对方转告经理或副经理的意图，听取对方的答复，有时还要将这种答复再次告诉经理，进行反馈。

第十四条　招待事务

招待是指在经理外出、返回或有客人来访时的礼仪性款待，多指派事务员或勤杂工来完成。款待包括向导、收存携带物品、奉送茶点、迎来送往等。

1. 为经理服务

为经理服务的工作内容主要有以下这些。

（1）经理外出时应备好车辆。

（2）回到公司时，要接过脱下的外套、帽子等，然后放到一定的地方，并随时用刷子清洁这些衣物。

（3）从外面回到办公室的时候，夏天要递上湿毛巾、冰水、咖啡或苏打水，冬天应马上递上热茶和咖啡。

（4）还要视天气情况调好空调。

2. 为客人服务

除对经理进行服务外，秘书还必须对客人进行服务，如出入公司时参照对经理的服务进行接待。若需要来访者等候时，应递上报纸、画报等。炎热的时候，可请客人脱掉外衣等。

（资料来源：http://tieba.baidu.com/f?kz=91534698）

三、课堂内外

（一）堂堂练

1. 请说说狭义的秘书工作包括哪些内容。
2. 如何理解秘书工作的准确原则？

（二）堂外练

1. 模拟举办"海天公司年终总结暨表彰大会"，体验会务工作过程。
2. 秘书小王要负责接待出席"海天公司年终总结暨表彰大会"的嘉宾，请你写出接待方案。

第二节 秘书工作的性质

一、必备知识

（一）秘书工作的根本性质

秘书工作的根本性质是辅助性。"辅助性"是相对于"主导性"而言的。从管理系统看，领导处于主导地位，属于决策管理中心，秘书处于从属地位，起直接协助决策管理中心的辅助作用。秘书处于助手的位置，它的工作就是帮助领导完成其规定的任务，实现其预定的目标。等级再高的秘书也终究是比他更高一级的领导的助手。秘书工作的辅助性表现在：①所有的秘书工作都要围绕领导工作展开，领导工作涉及哪里，秘书工作范围就要扩大或延伸到哪里；②秘书能参加领导班子的各种会议并共同研究问题，能提出各种解决问题的方案，但只有发言权而无表决权，更无决定权；③秘书在处理任何问题时，只能根据领导的意图和指示的精神办理，不能超越职权范围自作主张，自行其是。

（二）秘书工作的一般性质

无论是政府机关、企事业单位或是私人秘书，也无论秘书人员的类别或层次，其工作的性质是大体相同的，大致有以下性质。

1. 被动性与主动性相统一

秘书工作的辅助性质和从属地位决定了它存在着被动性的一面。这种被动性主要表现在两个方面。第一，作为领导的参谋和助手，秘书部门和秘书必须按领导意图办事，不能自行其是。尽管秘书可以向领导提出不同意见和参谋建议，但在行动上必须坚决服从领导，奉命行事，不得我行我素。在这个意义上说，秘书是处于被动地位的。第二，秘书部门是各级机关的枢纽和门户，随机性的工作较多，事先难以预计。虽然秘书部门也有自己的计划和安排，但往往变动性大，随机性强，临时应付多，从这个意义上说也是被动的。

秘书在工作中尽管要受到领导意图的制约，但他们仍然具有发挥主观能动性的广阔天地。如秘书应当善于领会领导意图，紧紧围绕中心工作寻找主动出击的方向；应当具有超前意识，增强工作的预见性和计划性；应当勤于动脑，多思善想，积极主动向领导提出工作建议；应当注意各种情况和资料的积累，随时掌握准确、全面、有用的信息等，所有这

些,都离不开秘书的主动性。作为秘书工作主体的人,只有充分发挥主观能动性,才能适应领导工作的辅助需要,产生重要的影响。如秘书在纷繁的信息中筛选出重要信息,常常成为领导决策的重要依据;秘书及时收集、分析反馈信息,可以帮助领导纠正工作偏差。

综上所述,秘书工作既有被动性的一面,更有主动性的一面,是被动性与主动性的辩证统一。秘书在工作中既要不折不扣地贯彻领导意图,执行领导指示,又要充分发挥主观能动性,创造性地贯彻领导意图,力求从被动中争取主动,不断开创秘书工作的新局面。只有这样,才能适应领导工作的辅助需求。

2. 综合性与专业性相统一

秘书部门不是领导的专项业务部门,而是单位的综合部门。因此,秘书工作所涉及的范围和内容十分广泛,具有突出的综合性,包括起草综合性的文电,提供综合性的信息,进行综合性的调研,处理综合性的事务,综合各部门的情况,办理不属于业务部门职责范围内的事务。这一特点是由秘书工作的辅助领导工作的全局性所决定的。任何一级领导者都处于不同层次的管理系统全局位置上,都必须总揽全局,预测发展,统筹规划,综合协调。各级秘书部门和秘书,作为各级领导的参谋和助手,决定了秘书工作高度的综合性。它要求秘书必须具有全局观念,立足领导工作全局,站在领导者的角度观察、分析和处理问题。

另一方面,秘书工作又有它的专业性。这种专业性,主要是秘书业务的特殊要求。秘书工作要求秘书必须具有较高的政策水平、文字水平和理论水平,有较强的参谋能力、调研能力、信息处理能力和办文办事能力,熟悉文书、档案、保密、信访、会务、通信、礼仪等方面的知识,会操作现代化办公设施等。要达到上述要求绝非易事,需要经过专业训练。秘书工作的专业性,还体现在不同行业的秘书,必须熟悉所在行业的专门知识。如党委秘书必须熟悉党务工作知识,行政秘书必须熟悉行政管理知识,军队秘书必须熟悉军事知识,企业秘书必须熟悉企业管理和商品经济知识,涉外秘书必须熟悉涉外法律和外贸知识等。秘书对行业知识越精通,工作起来越得心应手。

秘书工作是综合性与专业性的辩证统一。综合性是它的主要方面,专业性则是它的次要方面。二者是相互渗透,相辅相成的。秘书的专业知识越丰富,越全面,总揽全局的综合能力也就越强;秘书的综合能力越强,对全局了解得越透彻,也更有利于他对专业知识的掌握。

3. 事务性与思想性相统一

秘书部门是各级领导的办事机构,协助领导者处理日常事务,保证领导和机关工作的高效运转。秘书部门的事务性工作都是围绕领导的政务性工作进行的,大致可分为四类:第一类是日常程序性事务;第二类是临时偶发性事务;第三类是领导交办性事务;第四类是部门不管性事务。这些事务工作具有频繁、杂乱、琐碎等特点,但又渗透着极强的思想性。如文件校对工作,如果稍有疏忽,错校一个关键字,文件印发出去,就可能造成重大影响;会场布置工作,如果摆错主席台领导人座位,录相放出去,或照片发出去,就可能会引起各方面的猜测。尽管随着时代的发展,领导者越来越重视发挥秘书工作的参谋职能,但这丝毫不意味着秘书工作可以弱化处理事务的职能。无论秘书工作怎样发展变化,处理事务始终是它的基本职能之一。这一特点要求秘书必须从提高工作效率的高度,充分认识事务工作的重要性。

另一方面，秘书工作又具有很强的思想性。这是因为，秘书机构不仅是一个办事部门，还是一个重要的参谋部门，它在领导决策过程中具有重要的参谋作用。这一特点要求秘书必须认真学习政策和法律，努力提高思想理论水平；必须学习和研究秘书业务理论和方法，努力提高谋略水平。

秘书工作是事务性与思想性的对立统一。一个优秀的秘书工作者，必须对事务工作有这样的思想准备：不怕繁杂，不嫌琐碎；又要充分认识事务工作中蕴含的思想性，在具体的事务工作中突出思想性。只有这样，才能充分发挥参谋和助手作用。

4. 经常性与突击性相统一

秘书工作既有经常的常规性工作，又有临时的突击性工作，形成了秘书工作经常性与突击性的对立统一。

所谓常规性工作，既包括经常出现、反复进行的工作，如办文、办事、办会、办信、接访等；又包括周期性的工作，如年初的计划，半年和年终总结，重大节日领导活动安排等。常规性工作往往事先有预见，有计划，执行有依据，秘书部门内部分工较明确，秘书只要各司其职，各负其责，按章办事，就能保证机构工作正常运转。秘书做好常规性工作，有利于提高领导机关的整体工作效能，使整个机关像一部机器有效运转。秘书部门应注意各项常规性工作的连续性，做好妥善安排，定期向领导汇报情况。还应注意在常规工作中总结经验，积累资料，探索特点和规律。

所谓突击性工作，一方面是指事先未预计到的、突然发生的、需要秘书突击处理的事项，如重大灾情、社情、重大事故等偶发事件，必须刻不容缓地突击处理；另一方面，也指秘书临时完成某项突击性任务，如临时受命调查某一事件，为临时决定召开的会议准备材料，向突然到来的上级视察人员提供有关资料等。所有这些，秘书必须按照领导要求突击完成，不得延误。处理重大突发事件，要求秘书胆识兼备，善于应变，既要迅速敏捷，又要沉着冷静；完成突击性任务，要求秘书具有过硬的素质，吃苦的精神，顽强的作风，快速的时效。

在秘书工作中，经常性是它的主导方面，突击性则处于次要的从属地位。二者相互联系，相互影响。秘书既要连续不断地处理经常性工作，又要能够应付突如其来的复杂情况，这是很不容易的。实际上，经常性工作与突击性工作之间有着内在的联系。如果秘书对各项常规性工作的处理富有经验，得心应手；对各类问题的背景材料烂熟于心，了如指掌；对办事的各种渠道早已沟通，一呼百应，一旦遇到突发事件，就能从容应对。秘书做好常规性工作，并注意总结经验，积累资料，加强预测，就为完成突击性工作创造了条件；完成突击性工作，能够有效地锻炼和提高秘书的工作能力，更有助于做好经常性工作。这就是秘书工作中经常性与突击性的辩证统一关系。

二、相关链接

按原定的日程安排，秘书小钢今天下午2点应陪上司马总去天成公司拜访王总，落实明年销售代理问题。可就在1点半，天成公司王总的秘书小程来电话，说王总今天下午有急事要出门，希望将原定的时间改到明天上午9点半。如果推到明天上午9点半，那么，原定马总明天去省城跟大地广告公司谈广告的时间就得改期，那么，什么时候再约大地广告公司……面对这种多米诺骨牌效应，小钢又要重新与各方联系协商，及时调整马总的工作日程；调整之后，又要尽快通知有关部门，如马总的司机等。

（资料来源：谭一平．秘书工作案例分析与实训[M]．北京：中国人民大学出版社，2007.6）

三、课堂内外

（一）堂堂练

一封无礼的来信

新星公司张总经理突然收到一封非常无礼的来信，信是由一家平时交往很深的协作单位的厂长写来的。总经理怒气冲冲地把秘书叫到自己的办公室，让他记录自己口述的回信："我实在没有料到会收到这样一封来信，尽管我们之间已有那么长时间的往来，但事到如今，我不得不中止我们之间的往来，并且按照惯例，我要将此事公布于众。"总经理命令秘书立即将信抄写好寄出。

对于这位总经理的命令，秘书可以采取三种行动。

1．"是，马上办理。"说完，秘书回到自己的办公室，立即将信抄好寄走。

2．秘书不仅没有退下去抄写，反而直言相劝："总经理，请您三思，给对方回这样的信，后果将不堪设想。在这个问题上，难道我们自己没有需要反省的地方吗？"

3．当天下午快下班的时候，秘书将抄写好的信递给已心平气和的总经理，问："总经理，这封信可以寄走吗？"

如果你是秘书，你会怎样做？

（二）堂外练

1．搜集资料，写一篇关于秘书工作的辅助性质的小论文。
2．利用课余时间协助学校办公室秘书工作，体会秘书的工作性质。

第三节　秘书的工作方法

一、必备知识

（一）秘书的工作方法的含义

秘书工作方法，指的是秘书发挥职能作用，完成工作任务的途径，程序和手段。

科学的工作方法可以提高秘书的工作效率，优化工作效果，还能对秘书的服务对象——组织领导起到积极的作用。它是组织实现既定目标的保障之一。

秘书工作方法在实践中形成，受实践检验。我国数千年的秘书历史文化，其形成的秘书工作方法中有的沿用至今（如"一文一事"）；有的至今尚有参考价值（如保密制度与办法）；有的则失去了运用和参考价值（如封建君主下达诏令的专制方式等）。

现代管理科学、信息技术特别是信息网络技术的迅猛发展，对秘书的具体工作方式产生巨大的冲击与影响。社会的发展需要，呼唤着秘书工作方法的创新和发展。这并非是对传统方法的全盘否定，而是合理继承基础上的创新和发展。创新的目的在于提高工作效率和优化工作效果。

现代秘书要认真学习和掌握符合客观需要和规律的有效的秘书工作方法，同时结合现代科学技术，探索创新和发展，以期把秘书工作做得更好。

(二) 秘书业务工作方法

1. 秘书协调方法

秘书的协调是指秘书人员在自己的职权范围内，自觉地调整各类组织、各项工作、各个人员之间的关系，促进各项活动趋向同步化、和谐化，以实现组织目标的行为过程。

秘书协调的方法如下。

(1) 政策法规协调法。在协调中可以依据国家、行业、组织等相关法规政策进行协调。这些政策法规条文在协调中起着重要作用，是各组织必须遵守的，是社会的运行法则。正确引用政策法规的前提是，秘书必须了解实际情况，适时引用，要杜绝断章取义。

(2) 沟通协调法。沟通是组织信息传递的一种方式。在社会进步的今天，"信息透明"是工作中常用的方式，它可以加深合作者的相互理解，便于协调工作。微软公司的一条工作经验就是"信息透明"，大家分享有关信息，使得相互合作更有效，减少猜疑带来的内耗。

(3) 计划协调法。古人说：凡事预则立，不预则废。在工作中有计划、按步骤地实施，会使各部门工作和谐有序。所以按照计划来协调各相关机构也能起到事半功倍的效果。

(4) 文字协调法。这是经常采用的协调形式，如通过拟订工作计划、活动部署、订立制度、集体审查修改文稿等形式统一认识，协调行动，使组织内部上下各相关方面的工作协调运转；用征求文稿意见、会签文件、会议备忘录、会谈协商纪要等形式，协调组织与外部各方面的关系。这种形式具有规范性、稳定性，是较长时间内保持协调关系的依据。

(5) 会商协调法。对于涉及部门多，问题较复杂的情况，还可以选用会商协调。让相关部门选一个大家能坐下来谈的时间，就所关心的问题面对面讨论，这样可以把问题摆到桌面，在开诚布公的情况下，共同寻找解决之道。

2. 秘书督促检查方法

督促检查本是一种领导行为，具有很大的权威性。但是，秘书部门的辅助性质，要求秘书督查不能采用领导督查的方法，而必须采用秘书督查的方法，即协助领导者进行督查，在督查活动中，其所做所为以及方式、方法和语言都必须符合秘书的身份。否则，将会出现越位、擅权和独断等错误行为。督查的方法如下。

(1) 现场督查。秘书人员要深入实际，到承办部门、单位，到现场检查、了解事项的落实情况，掌握第一手材料，促进落实。现场督查最直接、最有效，了解到的情况也最真实、最可靠，是督查工作的主要方法。

(2) 会议督查。召集有关人员，听取决策事项落实情况的汇报，督促承办单位抓紧落实决策事项。

(3) 书面督查。通过书面通知，请有关部门、单位报告事项的进展情况，对承办单位进行督促。

(4) 电话督查。通过电话向承办部门、单位了解事项落实的进展情况，督促承办单位抓紧落实。

3. 秘书沟通方法

秘书处于枢纽地位，秘书工作要求秘书要做好沟通工作，主要沟通决策层和领导层，沟通劳资双方，沟通企业内各部门，沟通企业与社会等各方面关系的重要人物。因此，要使自己的工作卓有成效，就必须具有良好的沟通力。

沟通，由不同的标准可分为不同的类型和方法。如从组织关系来讲，可分为内部沟通和外部沟通；又可分为上行沟通、下行沟通、平行沟通。

沟通的主要类型如下。

（1）单向沟通。即一方向另一个特定的对象作单线的定向沟通，只要求对方接受、了解，而不要求对方回复的沟通。这种沟通只是单方面地传递某种信息或表达某种单向。如向上级呈送无须批复的书面报告，礼仪性地发送贺电、贺信、感谢信等。

（2）双向沟通。即要求对方反应、回复，以求互相了解，进一步磋商的沟通。这种沟通除了表达己方的意图之外，还要求对方能认可、合作，包含有共同的目标。如发文中的请示和批复，工作上、外交上的互访、通电话和收发电子邮件等。

（3）多向沟通。即一方同时向两个以上的对象所作的呈辐射型的沟通。既包括多渠道的单向沟通，也包括多渠道的双向沟通。这种沟通乃是为了达到多方面的理解、支持、合作的目的。各级领导机关、企事业单位和社会团体组织多采用这种类型，譬如下行的普发性文件，如指示、通知、通报，公开发布的公告、通告，以各种形式召开的会议，报刊发表的文章，各种书籍、宣传品、广播、电视、广告等。

沟通的主要方法如下。

（1）直接沟通。即通过声、光、电、语言、文字、图像等载体直接发送或交换的沟通。这种沟通比较快速、明晰，适用于已经打开渠道又不存在任何障碍的对象之间。

（2）间接沟通。即通过第三方中介或媒介所转达的沟通。这种沟通相对来讲比较缓慢，不够明晰，甚至可能造成曲解，但它适用于初次沟通，或无法寻找到沟通对象，或存在着其他种种障碍的对象之间的沟通。

（3）明示沟通。即以尽可能明白、清楚、准确的语言、文字、图像表达来沟通信息、沟通意图，这是常用的、基本的方面。明示沟通要求沟通者具有相应的语言、文字、图像表达能力，具有熟练、正确使用常用沟通工具，如电话、电传、电脑操作、文书撰写的能力等。

（4）暗示沟通。当沟通存在某种障碍时，秘书只能采用暗示沟通，它包括暗示法、提醒法、委婉法、喻义法等。如秘书发现某位德高望重的领导作出的决定明显不符合上级政策或法规时，不宜直截了当地当面对领导说：您错了，这不符合某一条规定。秘书可以把有关文件找出来，甚至把最重要的部分用笔划出，悄悄地放在领导的办公桌上，让领导自己去看，自己改变决定。暗示法，概而言之，是既充分尊重对方，又能达到沟通意图的种种方法的总和。

4．秘书撰拟文稿方法

秘书撰拟文稿，主要是指受命于领导草拟各种表达领导和管理意图的书信、文件、讲话稿等文字材料。秘书在撰拟文稿的过程中应注意以下几个方面。

（1）要明确自己代笔者的地位。秘书在撰稿过程中必须认真领会和准确表达组织和领导者的意图，不允许掺杂个人利益取向而与领导和管理目标相悖。在公务文稿形成中，组织和领导是立意者，文稿表达内容的确定者、相关权责的承担者，是文稿的作者；秘书是领导和组织意图的表达者、代笔者，承担的是忠实、准确、规范、按时限表达之责。

(2) 要准确使用规范的文种。要根据行文目的、对象、内容、行文关系和行文规范，选用恰当的文体种类并严格按照其格式要求草拟成文。

(3) 要选用准确而不含混、庄重而不易产生歧义的语言表达。公务文稿特别是公务文书，是决策、执行、谋求合作、经营管理的工具，文字表达上稍有偏差，若不能得到修正，其产生的负面影响是难以估量的。领导人讲话稿的草拟，不仅要忠实于领导者的授意，而且在语言运用上还要充分考虑到领导者的个人风格、听众的特征及场合、气氛渲染及感召力等。秘书草拟的讲话稿要使照稿演说的领导者演讲时感到自然流畅，是自己的思想，便于自己的情感表达；要使听众感受到领导人真实思想的流露和领导人人格的魅力；要使演讲者与听众产生情感的交融进而形成共识。这样才算出色地完成讲话稿草拟的任务。要达到这种境界，草拟文稿的秘书没有高超的文字表达水平是不行的，对其领导者没有全面、透彻的了解也不行。

(4) 要反复进行认真修改。公务文稿的修改过程是领导与其秘书主辅配合、紧密合作的过程。领导者提出修改的指导性意见和修改要求，在关键性观点和提法上也可亲笔修改；秘书则应在篇章、结构、文字语言上反复仔细修改，既要使领导者满意，又要符合规范要求。

(5) 要有可靠依据。法治社会要求依法行政、依法经营管理。秘书草拟公务文稿必须以国家法律、法规及有关规章制度为依据，与相关方针政策保持一致，要遵从行业管理规范、公文规范、保密规范等。科学管理必须要以全面、真实、及时、有效的信息为依据。秘书撰拟文稿时必须有可靠的信息依据，特别对有关数据、事实、人物、地点、时间、绩效等，要反复核对，做到准确无误。务实求真是有效进行管理和领导工作的关键，也是秘书准确草拟文稿的关键性要求，在这方面的任何疏漏和失误，都会造成不良的影响。一切管理和领导行为都是为组织的公利目标服务的。秘书草拟公务文稿必须以组织公利目标为依据，文稿的具体内容必须与组织的整体公利目标保持一致，必须与相关文件内容相协调，这样才能保持组织运转的有序性和整体性。

(6) 要有精益求精、认真负责的态度。秘书草拟公务文稿，不是个人感受的随意宣泄，而是组织和领导意图的郑重表达，不仅限于笔下成文或键盘点击，而且要全面、透彻地领会和理解领导的意思，综合收集处理有关资料、准确把握相关依据，是精心构思，认真撰拟的过程。在这一过程中，若发现材料不足、依据不准、立意领会不清等问题，就必须反复做事实调查、文献调查、专家咨询或请示领导者等，不得有半点马虎。草拟公务文稿体现了组织者和领导者对执笔秘书的信任，准确表达是秘书应尽之责。执笔秘书只有认真负责、精益求精，才能不辜负领导和组织的信任。

5. 秘书时间管理方法

时间管理是一项很重要的工作，它与工作效率有着直接的联系。

(1) 计划使用时间。计划使用时间的方法是待办单、日计划、周计划、月计划等的制订。

待办单即将每日要做的工作事先列出一份清单，排出优先次序，确认完成时间，以突出工作重点。避免遗忘，未完事项留待明日。

待办单主要包括的内容有非日常工作、特殊事项、行动计划中的工作、昨日未完成的事项等。

待办单使用时需注意：每天在固定时间制定待办单（一上班就做），只制定一张待办单，完成一项工作划掉一项，待办单要为应付紧急情况留出时间。最关键的一项是每天要坚持。

制作计划指每年年末作出下一年度工作规划，每季季末作出下季末工作规划，每月月末作出下月工作计划，每周末作出下周工作计划，每天上班开始作出一天工作计划。

（2）时间"四象限"法。著名管理学家科维提出了一个时间管理的理论，把工作按照重要和紧急两个不同的程度进行了划分，基本上可以分为四个"象限"：既紧急又重要（如人事危机、客户投诉、即将到期的任务、财务危机等）、重要但不紧急（如建立人际关系、新的机会、人员培训、制定防范措施等）、紧急但不重要（如电话铃声、不速之客、行政检查、主管部门会议等）、既不紧急也不重要（如客套的闲谈、无聊的信件、个人的爱好等）。时间管理理论的一个重要观念是应有重点地把主要的精力和时间集中地放在处理那些重要但不紧急的工作上，这样可以做到未雨绸缪，防患于未然。

（3）有效的时间管理。有效的时间管理主要是记录自己的时间，以认清时间耗在什么地方；管理自己的时间，设法减少非生产性工作的时间；集中自己的时间，由零星而集中，成为连续性的时间段。

（4）时间 abc 分类法。将自己的工作按轻重缓急分为：a（紧急、重要）、b（次要）、c（一般）三类；安排各项工作优先顺序，粗略估计各项工作时间和占用百分比；在工作中记载实际耗用时间；每日计划时间安排与耗用时间对比，分析时间运用效率；重新调整自己的时间安排，以便更有效地工作。

（三）秘书应掌握的领导方法

秘书是为领导服务的，秘书工作方法必须服从、服务于领导目标的实现。秘书只有了解基本的领导方法，才能创造性地运用到自身的工作方法中。基本的领导方法属于领导学的范畴，这里简述如下。

1. 政治的方法

这也可称为马克思主义的方法。这套科学的方法经受了长期的实践检验，并在实践中得以完善，对一切工作都具有普遍指导意义，其基本内容包括两个相互关联的方面。

（1）群众路线。群众路线是开展一切工作的根本路线，也是最重要的工作方法之一，它是指在工作中要坚持领导与群众相结合、一般号召与个别指导相结合、从群众中来到群众中去。

（2）思想领先。思想领先是指在一切重要的工作中都要注意思想先行，统一领导和群众的思想认识，从而为开展工作凝聚强大动力。统一人们的思想认识是开展一切工作的重要前提，是领导方法的首要环节。

秘书在适用政治方法中要注意以下几点。

（1）密切联系群众，充当领导与群众之间的桥梁，协助领导贯彻群众路线。

（2）注重信息的收集与综合研究，帮助领导了解客观形势和群众的思想动态，以便做出正确决策。

（3）实事求是地撰制可行性强的文件，自觉克服形式主义、命令主义。

2. 行政的方法

行政的方法，是指运用行政权威推行行政命令、指示、规定、条例等，从而实现领导目标的方法。它以权力和服从为前提，对被领导者具有直接性、单一性、强制性等特点。科学的行政方法必须符合和反映客观规律与群众的长远利益，不能瞎指挥。

这种方法也有一定的局限性，单一使用易流于强迫命令，会影响被领导者的积极性，使领导决策缺乏实施的动力，所以，常需同经济方法等结合使用，这样才能取得良好的效果。

秘书在领导使用行政方法时，要注意以下几点。

（1）首先应思考是否必须运用此法，是否符合党的政策、国家的法律，是否符合实际，是否为群众所拥护？如果发现问题，应向领导反映，请领导思考决定。

（2）在受命起草行政命令、指示等文件时，要努力贯彻群众路线，尊重各界代表意见并将其注入文件中去，这样行政手段就容易为群众所接受。

（3）及时收集反馈，完善行政手段。

3. 法律的方法

依靠法律规范管理各项工作，是领导依法办事的重要工作方法。法律方法有以下一些特点：一是具有权威性和严肃性，人人都得遵守，领导也不能以权代法；二是具有不可替代性，是其他方法的依据和保证；三是具有规范性、确定性和稳定性，不能朝令夕改、因人而异；四是具有排他性，在解决问题时不允许用别的办法取代。

秘书在领导使用法律方法时，要注意以下几点。

（1）应当积极学习法律，特别要熟悉与秘书岗位关系密切的法律，如在教育部门工作就必须熟悉有关教育的法律，在经济部门工作就必须熟悉有关的经济法规。

（2）在草拟文件、接待信访和处理各种事务中必须以法律为准绳，做到依法办事，如文件的核稿就包含着是否符合法律的内容。

（3）秘书工作本身也有若干法律规范，如保密工作、档案工作、会议选举事务等，国家都有明确的法律，要严格按照法律办事。

4. 经济的方法

在现代化建设与市场化进程中，经济的方法使用非常广泛。经济方法种类很多，主要有对国民经济的总体进行领导和调节的宏观经济管理方法，对具体单位的经济活动进行领导和组织的微观经济管理方法，市场预测和调节方法，经济活动分析方法，财政管理与监督方法，税收管理与调节方法，价格管理方法，金融信贷管理方法，劳动管理方法，工资管理方法，经济核算方法，物质激励方法，经济目标管理方法，经济统计方法，生产质量管理方法等。此外还有不少适用于不同行业的经济方法，如交通、证券、海关等行业都有自己的经济管理方法，甚至一些非经济部门也常用经济手段进行管理。

秘书辅助领导运用经济方法要注意以下几点。

（1）熟悉经济知识。秘书一要具有相关的经济知识，熟悉本单位经济活动、财务运行规则；二要熟悉本单位领导常用的经济方法。在某些中小型企业中，秘书与会计有时由一人兼任,这样才能更有效地为上司服务。

(2) 遵循经济规律。秘书在草拟计划、总结等文件时,要准确地引用有关经济数据,不可说大话乱设指标或凭主观想象乱提重点、乱定奖惩标准、向上级乱报成绩。要严格按经济规律办事。

(3) 力求清正廉洁。在会务、接待、跟随领导视察等秘书事务中,秘书人员要遵守财务制度,杜绝浪费与形形色色的腐败现象,维护领导机构和领导个人清正廉洁的良好形象。

(四)秘书服务领导的工作方法

秘书要善于学习,适应领导的工作方法,要善于改变自己的生活习惯而适应领导的生活习惯。并主动地搞好领导工作、生活诸方面的服务。具体方法如下。

1. 要善于掌握领导者行为规律

每一个领导都有一套自己的工作和生活的规律。何时工作,何时休息,何时锻炼,性格、思想有什么特点,办事有什么习惯,工作有什么要求等,各有不同,秘书必须熟悉领导的行为规律、性格特点,才容易领会领导意图,工作起来才能够得心应手、事半功倍。秘书要尽量做到以下几点。

(1) 知心。首先领会领导意图,对领导思想活动、情绪反映等有一个准确的了解,通过领导的一举一动能够体察出"心"之所在,从而尽力同领导者保持思想上的一致,成为领导的贴心人,得到领导的信任。其次是要对领导者的行为作出一定的揣想、假设,就其行为可能产生的反应作出预测估计,从而正确选择参谋手段、时机和方案。

(2) 知情。对领导者的思想修养、工作状况、身体素质、文化水平、个性特点、家庭情况、社会关系以及交际人员、日常生活起居规律及饮食习惯等有尽可能全面的了解,从而酌情处理、形成默契。

(3) 知时。要掌握领导者动机的激励规律,适时地实施参谋。必须了解领导者的思想,掌握其动机的变化规律,从而寻求在领导者思想状况和动机基础上的激励和调节。一般的领导者都存在动机的"兴奋点",这个兴奋点可以是某项决策的举动,或者是对某个愿望的追求。秘书能够适时地准确地把握时机启动"兴奋点"是保持和谐的一个重要手段。

2. 要努力提高自身的素质,不断缩小工作差距

即使秘书具备很高的必须的素质,但由于年龄和经验的限制也必然地与领导者存在着工作水平上的差距。秘书在完善提高本身素质的过程中要善于发现差距,不断调整、完整自己,尽可能缩小差距以适应领导的工作需要,完成领导交办的各项任务。

3. 要注意寻求保持和谐的恰当方法

由于领导者的个性特点不同,保持和谐的方法也千差万别。历史上东方朔用滑稽诙谐的方法,使汉武帝从中采纳有益的经验,魏征的直言劝谏也使唐太宗引为鉴戒。可见保持和谐的方法应是因人而异、因事而异、因时而异的。具体可使用以下这些方法。

(1) 首次强烈印象法。即首次同领导接触,首次完成任务,要力争给领导留下好印象。第一印象虽然不会完全正确,但往往强烈、鲜明、牢固,并在一定程度上决定以后的关系。在心理学上称之为"首次效应"。

（2）迂回法。通过此事而导入彼事，可以借喻或通过第三者架设互相了解的桥梁。如将自己的一些不够成熟的见解先讲给某一经验比较成熟又与领导能够交心的同事听。

（3）环境适应法。要选择适应于领导者本身特点的外部环境，包括所处的不同时间、地点、范围等。一个领导在不同的时间、不同的环境，接受同等信息，其反映程度是不同的。秘书要学会选择和创造符合领导者习惯的最佳环境。

（4）娱乐法。思想政治工作常采取寓教于乐的方法。秘书也可以采用类似的方法，通过某种媒介相同的娱乐爱好等，沟通二者之间的情感交流，造成和谐的心理反应。

（5）心理相通法。即通过各种条件造成秘书同领导者思想、心理的相互谐调。如同领导者保持相同的观点、态度、兴趣、动机目标等，从而互相信赖、支持、适应，建立心理相通关系。

二、相关链接

当好秘书的10条守则

1. 有些事要想到领导前边

虽然你要听领导布置工作，但有些事情，秘书要想在领导前边，当好领导参谋。这样做，领导才会感到你是一个好秘书。

2. 领导布置的工作要提前交卷

如写材料、搞调查等，一定争取按领导要求提前一点完成，对于按照要求完不成的任务，要提前向领导打招呼，使领导早有安排，免得被动。

3. 注意保密工作

秘书和在领导身边工作的职员，知道很多机密事情，有的事要比其他群众早一些时候知道，一定注意保密，不能为了显示自己的优越，随意乱说。泄密的秘书是不称职的，而且会给领导添麻烦。

4. 负责做领导与他人的沟通工作

当领导与其他领导或其他人发生矛盾时，秘书不能在领导面前火上加油，而要做领导的思想工作，使其消气，并为领导向他人沟通，使矛盾尽快消除。

5. 平时多给领导提供资料

领导比较忙，有一些材料顾不上看，秘书就要将有关资料及时提供给领导，这会对他的决策有参考价值。

6. 善于听取领导意见

对领导的批评或要求，要认真听取，不要因小事而同领导翻脸。有不同意见，可慢慢与领导沟通。

7. 不要轻易在领导面前告别人的状

轻易告别人的状，影响领导对他人的看法，如果看错了人，领导会从内心埋怨秘书。最好，只同领导谈工作，不做那种议论是非的事。

8. 不向领导提过高的有利于自己的要求

如要分房子。秘书已经有了不错的住房，还想要一套。这样的事会使领导为难。如果办不成，以后领导会敏感地认为你不满意；即便办成，影响也不好。

9. 多到群众中去

听听群众对一些事情的议论和看法，以便提供给领导。秘书应做到及时反映群众要求，可以使领导办事不脱离群众，群众也会对秘书反映群众情绪的作法极为满意。

10. 要关心领导的生活

经常在领导身旁工作，对领导的饮食、作息时间、身体健康多进行关怀照顾，既关心了领导，又反映了同事之情。

（资料来源：http://news.163.com/05/1205/14/247CHLEB0001126S.html）

三、课堂内外

（一）堂堂练

辛蒂的时间管理

辛蒂大学刚毕业就进入了一家公司做行政工作。从实习期开始，辛蒂就从来没有晚上8点之前下过班。公司没有加班费，可以报销30元的加班晚餐。终于有一个月，辛蒂在给行政经理马蕊签字报660元餐费的时候，经理忍无可忍指出她的时间分配是否有问题。辛蒂委屈地差点立刻打辞职信。

上班的时间，辛蒂除了吃饭，上厕所，几乎连去茶水间煮杯咖啡的时间都没有。邮箱里的邮件却在不断地增加。

"请帮我订19日10点飞北京的机票，要国航的。"

"这个月的文具我要定……"

"打印纸快没了，打电话给供应商送来。"

"茶水间的冰箱坏了，都两天了，怎么还没有修？里面都臭了。"

辛蒂手忙脚乱，行政经理内线电话："辛蒂，进一下我的办公室。"

品牌经理苏菲坐在行政经理马蕊的对面："这批制作的工服，质量差也就算了，法国总部那边巡店看到了中国柜台的制服，非常地不满意，投诉电话打到我这边，你说我怎么跟上面的交待？200元预算就交了这个货色给我？"

马蕊边安抚苏菲，边说："制服的样式您可是自己过目的呀，当时关于面料的问题，我也提醒过你，可你说预算就这么多，已经尽最大能力了呀。"

苏菲冷笑一声："式样是我选的，面料是钱不够买好的，但是色差呢？我给你的是品牌蓝，做出来的是什么蓝？颜色差别这么大，你们行政怎么收货的？"

马蕊转头看着辛蒂："当时我在休年假，这批工服是你收的吧？你怎么做事情的？我不在一会就出乱子，怎么教你都教不会？"

辛蒂想，这个黑锅我可不能背，立马解释："不是的，这批工服收的时候，我就发现与当初的图纸和样衣有色差，我是立刻打了电话给您的，您肯定了我才收下来的。"

马蕊脸一沉："我说如果没有太大问题就收下来，你有没有脑子啊？"

辛蒂急了："可是……"

马蕊："可是什么？你还不出去给我打电话给供应商？让他立马来见我！"

这时人力资源部的谢力来了，对辛蒂说："给你提个醒，上次我们经理不是发邮件，让你去找旅行社给这次公司春游活动报价吗？你找好了没有？刚才我在办公室听到我们经理在跟领导说这事，你找好了没有？我估计她待会就要问你要的。"

辛蒂惶恐地说："啊呀，不会马上就要吧？我都忘了找了，怎么办？"

谢力皱了皱眉头，又说："别慌，我有个朋友在旅行社做的，我马上让他传真一份报价单，你先把这份交上去。就说，找了不同的两家旅行社，另一家还没传过来。总算可以给个简单的交待。"辛蒂感激地点点头。

果然，传真机还在咔擦咔擦地吐纸时，人力资源部的经理就找辛蒂了。总算把这件事搪塞了过去，还没在自己的位置上坐稳,马蕊的电话又追到:"我叫你打电话给供应商,打了没有?他几时到?"

"我,我这就打。"

"啊??你刚刚干什么去了?我说的话你是没听见还是故意不去做啊?"

"对不起,我刚刚不是忘了,是人力资源部经理急着要旅行社的报价单,我就给她先送去了。"

马蕊声音提高了八度:"辛蒂,你搞搞清楚,你是哪个部门的!"

辛蒂终于忍不住地抽泣:我做错什么了?

（资料来源:http://www.dushuwu.cn/xiaoshuo/hot/20090814/1261.html）

思考

辛蒂做错了什么?

（二）堂外练

1. 运用学到的秘书工作方法写一份文秘专业毕业生就业情况调查报告。
2. 搜集相关资料,学习秘书沟通技巧。

本章知识归综

表 4-1　秘书工作

秘书工作的内容与原则	秘书工作的内容	广义的秘书工作:事务性工作、管理性工作、沟通支援性工作; 狭义的秘书工作:文档工作、会务工作、接待工作、值班工作、印信工作、督查工作、保密工作、信访工作、信息工作、调查研究工作、协调工作、行政管理工作
	秘书工作的原则	准确、迅速、保密
秘书工作的性质	秘书工作的根本性质	辅助性
	秘书工作的一般性质	被动性与主动性相统一、综合性与专业性相统一、事务性与思想性相统一、经常性与突击性相统一
秘书的工作方法	秘书的工作方法含义	秘书工作方法,指的是秘书发挥职能作用,完成工作任务的途径、程序和手段
	秘书业务工作方法	秘书沟通方法、协调方法、督促检查方法、撰拟文稿方法、时间管理方法
	秘书应掌握的领导方法	政治的方法、行政的方法、法律的方法、经济的方法、技术的方法
	秘书服务领导的工作方法	要善于掌握领导者行为规律;要努力提高自身的素质,不断缩小工作差距;要注意寻求保持和谐的恰当方法

第五章　秘书工作环境

　学习目标

通过本章学习,能够了解秘书工作环境的含义;了解秘书工作的社会环境、组织环境、人际关系环境和办公环境的分类;掌握企业内部组织结构,注意建立良好的人际关系环境,掌握办公环境管理方法。

　知　识　点

★了解秘书工作环境的含义。
★了解秘书工作环境的分类。
★了解企业内部组织结构。

　能　力　点

★能够明确秘书工作环境的特点。
★能够掌握办公室环境管理的原则和方法。
★能够进行办公室空间设计。

　导入案例

能激发员工创新潜能的工作环境

知识创新的特点决定了知识创新主体的知识结构不能过于趋同,目前科技界强调跨学科的协同发展,也是为了使研究的学科有新的突破。知识、学科背景相同的人与团队集聚在一起虽然有利于探讨,但也易于出现知识冗余和闭环的现象,不利于知识发散和创新。知识的协同发展要求员工打破企业间、部门间、"圈子"间的界限,密切彼此的交往,因而,促使人们联结的一个重要环境因素——创造公共空间,开始引发企业的关注。

现在有一些由著名的企业咨询专家们所设立的集培训、免费辅导、交流、聚餐等为一体的各种场馆,其实扮演了在一定区域内把不同企业员工、管理者、学者们集聚在一起的公共空间的功能。又如,每个周五,Google 公司都会在总部大餐厅里开全体大会,来自不同部门的人们在餐厅中或坐或站,可以选择倾听也可以直接向高层发问,这样的大厅就是我们所指的公共空间。有些企业在工作环境中将不同职能的员工用格子隔离开来集中于一个办公室办公,取得"隔而不断"的效果,因为格子间的通道往往会成为他们的交流共享空间和新知识的创生地。不论在区域集群地区,还是由众多小型企业租赁的写字楼,抑或由众多办公室组成的整栋办公楼,创设一个或几个供大家共享的充足的公共空间是应对知识创新需求的一种必然趋势。

克莱斯勒公司将所有参加新车开发过程的人员集中在一栋大楼,可以促使他们进行面对面的接触。在 Alcoa 公司的新总部大楼,开放式办公室和家居式食堂被安排在每一层的中心位置,并留出很大空间,方便管理层与所有员工的接触和随机交谈,改变了以往只能在电梯内少数相遇的局面。现在,新一代公司在布置办公环境时都认识到墙在思想交流中的阻隔影响,于是尽可能减少墙体式非透明的门廊。

为打破不同部门员工因为独立工作导致的孤独、隔离状态,许多公司提供了利于人际共享的后勤设施或活动,如设立公共活动室、开展集体活动等,有助于改变员工下班后与其他同事不相往来的孤立状态,推动员工间的信息共享。Google 公司不仅提供免费午餐和晚餐,还有托儿所、医务室、按摩室、游泳池和瑜伽健身房。冬天,总部会组织全体员工到 Lake Tahoe 去滑雪,夏天会去郊外野餐,有些部门还会拉着 100 多个人乘游艇到深海去看鲸鱼;支持员工组织以高尔夫球、葡萄酒、沙滩排球等为主题的俱乐部。公司的后勤活动与保障为员工带来了快乐,促进了员工的往来,增强了团队精神。

在知识型的公司,员工大都个性较强,对工作环境也常有特殊要求,不喜欢死板和枯燥,乐于将办公室布置得形形色色或非常随意,以各种方式激发知识创新的灵感。在 Google,公司的工作环境是自由、随意、宽松、愉悦、和谐与亲切的,而非传统工作环境中的古板、沉闷、单调、压抑。西门子公司负责研究与开发的资深经理赫尔玛特·沃尔克曼称其办公室为"革新者工作室"——一个由超媒体展览、可调控办公桌、教堂和后现代化食堂的混合体,包括 12 个电脑终端,可移动的幻灯机,一个"森尼亚知识城市模型",一套花花绿绿的椅子,一幅由知识岛、知识城、知识路和几艘题名为驶向融合的世界的船组成的幻想画。对这样的工作环境布置,公司只能尊重而不是干预。

在电话、Email 和即时通信工具高速发展的今天,设计有特色的办公环境,激发员工的创造性灵感显得相当微妙而关键。很难想象那些需要打卡上下班,或者从早到晚面对枯燥会议的研究人员会有什么令人惊喜的创新。华硕在台湾的研发大楼设有 24 小时提供服务的恒温游泳池,研发人员随时可以跃入泳池,放松或思考。而丹麦公司诺维信干脆在北京盖起一座"创新"的四合院式的办公楼,陈列着很多艺术品。与此同时,所有桌椅、书柜、衣柜等办公家具,都渗透出设计简单、功能实用的丹麦特点。员工几乎在每个角落都能够看到建筑中间天井里的假山园林以及花鸟果树,这个四合院的目的是让全部研发人员在每个细节上都有可能获取灵感。

(资料来源:黄江泉,蔡根女. 本文[J]. 北京: 中国人力资源开发,2008(12))

分析

环境和员工的工作之间起着相互作用。Google 公司的工作环境是自由、随意、宽松、愉悦、和谐与亲切的,而非传统工作环境中的古板、沉闷、单调、压抑。和其他知识型公司(克莱斯勒公司、Alcoa 公司、华硕)的工作环境一样便于知识创新,员工之间的交流也很方便。秘书在管理工作环境时要考虑到方方面面的因素,这样才能有效促进自己和企业员工的工作效率。

思考

1. 环境与秘书的工作有什么联系?
2. 什么样的环境是良好的工作环境?

第一节 秘书工作环境的含义

一、必备知识

(一)秘书工作环境的含义和特点

环境是指对工作绩效起着潜在影响的外部力量。秘书工作环境是指直接或间接影响秘书工作效率的各种潜在外部力量的总和。

秘书工作环境特点有以下几点。

1. 复杂和多样性

环境无所不包，有社会的，自然的；有物质的，精神的；有外在的，有内部的。众多因素构成了类型不同而又相互联系的系统，从而呈现出复杂而又多样的特点。

2. 差异性

各国各地区各单位，秘书工作环境都存在着差别。这形成了各国各地区各单位秘书工作风格的特殊性。

3. 变异性

环境不是一成不变的，随着社会的变迁，它要经历相应的变化过程。这要求秘书工作不断地调整，以适应变化的环境。

（二）秘书工作与环境之间的相互作用

环境的上述特点，深刻地影响秘书工作与环境之间相互作用的过程。

1. 环境决定，影响或制约秘书工作

秘书工作环境决定着秘书的工作方式、工作程序、职权范围，只有顺应所处的工作环境的特点，才能做好秘书工作。如在国家机关工作，就要恪守《公务员守则》，严格照章办事，为国家服务，为人民服务；若是在外资企业工作，秘书就必须遵守外方的社会风范、文化习惯，言谈举止都应打着企业特有的文化特色。

2. 环境的变化必然导致秘书工作发展变化

当今社会，各方面的发展和变化都非常快，要跟上这种发展和变化，做好秘书工作，就需要秘书人员不断深入学习，不断地丰富和充实自己的知识，改善和优化自身的知识结构，才能全面提高自己。秘书工作中突发事件较多，往往难以预测，这就要求秘书人员在实际工作中要具有遇事不惊、沉着应对的心理承受能力和处事不乱、条理清楚的思维辨析能力来适应环境的变化。

3. 秘书工作对环境有能动作用

秘书工作环境集中折射社会各种相关因素的影响，同时也为秘书施展才能提供了舞台。秘书顺利完成领导交付的任务，受到领导表扬，其自尊心、自信心都会得到极大满足，工作成就感油然而生，工作动力也进一步得到提升。同时诱发秘书挑战自我，有效地发挥主观能动性，对工作充满热情，提升实现自我价值指数，自觉改善工作环境，提高工作效率。反之，秘书工作也有可能污染环境。无论是办公设备的使用上，还是人际环境的营造上，秘书工作对环境都有可能起着负作用。

二、相关链接

两岸秘书比较

2007年我应邀在香港专业教育学院（葵涌分校)发表专题，对两岸秘书作过一番比较。

第一部分 台湾秘书近况

1. 教育水平提高

由于办公室行政管理工作的比重逐渐增加，台湾秘书教育水平普遍提高；许多秘书重新回到学校补修管理学位，增加行政管理与沟通技巧。

2. 服务对象改变

由于台湾经济面的需求，秘书所服务的主管由早期的外商公司，到中期的家族传产公司，到目前的高科技与服务业，主管年龄层降低，学历高，要求高效率和良好的沟通能力。

3. 市场需求殷切

年轻学生毕业后选择继续深造，就业意愿不高，对秘书行业兴趣低落，大约仅有3%—5%学生打算担任秘书工作。秘书的待遇也降低，从五年前毕业生月薪两万八台币到现在的两万五。

4. 工作要求改变

除传统的事务性和沟通性工作以外，秘书必须支持项目任务以及额外服务。因此秘书常抱怨时间不够，干扰太多，对任务不够了解，工作的方法不能更新。

第二部分 大陆部分

1. 工作角色两极化

高效秘书工作效率高，任务重，认真执行，工作过劳；传统秘书极为被动，待遇低，缺乏学习意愿。

2. 工作内容两极化

外资公司与高新科技的秘书，工作内容接近领导核心，权限较大，资源丰富；基层秘书工作停留在细琐的日常事务上，应酬当陪客，地位不高。

3. 工作待遇两极化

沿海一线城市的秘书月薪约3000至5000人民币；内陆二线城市月薪约800至2000人民币，程度差异大。教育背景也不相同，国企或外资秘书许多都是MBA毕业，可以双语即席翻译；中小企业秘书还普遍是专校或职校毕业。

第三部分 两岸秘书的比较

1. 大陆秘书为外语或企管资管毕业，外语能力与沟通能力普遍比台湾强；学习渴求比较明显。台湾秘书比较重效率，有团队概念，并且具有创新的思想。

2. 大陆秘书年轻漂亮，面试时候外型很重要；台湾秘书比较成熟，工作任务比外型重要。

3. 大陆秘书工作内容含有大量的事务性琐事，角色类似管家；台湾地区的企业很多都将办公室琐事外包，所以日常无需负责杂事。

第四部分 亚洲秘书现况

1. 秘书认真学习

早期东北亚秘书引领风骚，近期几年的亚洲秘书得奖人都转移为南亚国家；先进国家的秘书逐渐转职成为行政专业主管或人资主管，或者自行创业。亚洲秘书教育水平提高，各国都有授证考试。

2. 秘书工作专业

拜科技工作之赐，秘书必须参与主管的工作，透过Email、MSN、视讯会议等，联系更加紧密，形成团队。效率变得比以往更重要，主管对秘书要求更严格。数据汇整与优质沟通的工作仍是秘书最大的挑战。

（资料来源：http://blog.sina.com.cn/s/blog_506b75210100qtym.html）

三、课堂内外

（一）堂堂练

1. 如何理解秘书工作的复杂和多样性？
2. 请举例说明秘书工作对环境的能动作用。

（二）堂外练

假设你被海天公司录用为总经理秘书，作为新人，你上岗后怎样尽快全面适应环境，开展工作？

第二节 秘书工作的社会环境

一、必备知识

秘书工作的社会环境,是处于所有组织之外,并组织发生影响的外部环境。它是一种必须监测和适应的不可控制的环境。

秘书工作的社会环境主要有:政治法律环境,经济环境,科技环境,文化环境等。

(一)政治法律环境与秘书工作

政治法律环境主要指国家政治制度、政治体制、方针、政策、国家的法律、法规等方面的状况。

政治法律环境是影响组织环境的一个重要方面。任何组织行为必然与环境分不开,组织领导活动总是受到政治法律因素的制约。就西方国家来说,强调市场经济是法制经济。他们通过健全的法律体系将所有组织的行为纳入法律的调整范围,其法律制度包括竞争的促进、各族歧视的消除、环境的控制、消费者保护、工会与管理当局的关系以及某些行业的管制。而在一些不发达国家中,政治对企业的影响更大一些,在这些国家中引进先进的管理方法的主要障碍是过多的政府控制与限制。

对于政治法律环境,秘书工作首先是适应,秘书工作必须与党的方针政策保持一致。其次,政治环境影响和制约秘书工作。党的政治路线决定了秘书的工作方向,制约着秘书的行为,秘书工作经常涉及大量的理论问题和政策问题,而要做好秘书工作,没有一定的理论水平和政策水平是难以胜任的。秘书工作必须遵守国家法律,如公文的写作,档案的管理,经济合同的签订等都要依法进行。WTO 的有关规则对秘书工作提出了新要求。最后,由于秘书参与政务,秘书工作也会影响党风政风。现在有一种说法,叫"秘书政治",如河北的程维高腐败事件在很大程度上同其任用秘书不当,放纵秘书有关。

(二)经济环境与秘书工作

经济环境是指国家、地区经济发展的条件、水平、市场状况、经济结构、资源配置状况、经济运行机制、经济政策、产业布局、基础设施及收入分配状况等。秘书工作的内容与性质常随着经济环境的改变而有互动的发展。我国的社会主义市场经济体制影响了秘书工作:市场经济的开放性扩大了秘书的工作范围。加入 WTO 加速了中国与世界一体化的进程,这种情况使秘书工作置于国内外两大环境之中,客观上扩大了工作范围。企事业单位将出现跨行业、跨地区、跨国界的经济、文化活动,这就从地域上突破了"画地为牢"的小圈子。地域的扩大,既开阔了秘书工作的视野,也使秘书与社会接触的范围日益扩大,交流的渠道增多,各种影响的程度加剧。这就促使秘书不仅要了解各行业,全国各地的信息,也要密切注视世界的动向。

市场经济的竞争性迫使秘书队伍不断更新。依附于单位的秘书毫不例外地要面对优胜劣汰的市场法则,接受更加严峻的考验。这就要求秘书有比较高的素质和较强的能力,如数字化的办公能力,能起草英文信件或公文,具有专业化的外语口语能力等。

经济实力是经济环境中最基本的因素。它对秘书工作有着决定性的影响。较强的经济实力能为秘书工作提供现代化的办公设备和人性化的办公环境，能为秘书的培训提供经费支持等。

（三）科技环境与秘书工作

科学技术是第一生产力，科技的发展对经济发展有着巨大的影响，也对社会的发展有着强大的影响力。科技的发展不仅直接影响组织内部的经营与管理，同时还与其他环境因素互相依赖、互相作用，给组织发展带来有利或不利的影响。

科技的进步为秘书工作提供了完成工作的工具、设备和方法，特别是办公自动化设备的使用，改变了秘书工作。21世纪流行"无纸办公"，如果秘书不会操作和简单维修办公自动化设备，那么将一事无成。"工欲善其事，必先利其器"，因此，要提高秘书工作效率，必须善于将办公自动化技术使用到会议管理、文书管理、档案管理和信息沟通中。

（四）文化环境与秘书工作

文化具有概括性、抽象性、模式性和功能性特点。概括性指文化所指的内容十分概括，几乎无所不包；抽象性指文化是一种抽象观念，并非指那些具体的事物；模式性指一个社会或一个国家由于历史背景、民族性格、生活状况等条件的不同，其文化表现出来的特色便存在差异；功能性指文化对社会及人生有莫大的功能和任用，对人群生活及行为有千真万确的影响及支配力。

文化环境包括社会成员的教育程度、价值观念、宗教信仰、道德观、伦理观、社会风气、社会习俗等。文化环境具有民族性、地区性、稳定性。它影响着社会成员的知识文化素养、思想意识、思维模式、价值取向、行为方式，影响着组织气氛、组织观念、管理规范等。由于组织会受到文化环境的辐射，所以秘书的综合素质要受到它的影响，秘书工作的效率也会受到它的影响。

文化环境对组织活动的影响是多层次、全方位、渗透性的。一个社会中绝大多数组织如何运作的指导方针是由该社会中的价值观、态度、社会准则、风俗习惯和期望来确立的。组织成员在工作时表现出的价值观和态度源自于其宗教信仰、家庭和一些社会习惯。对于成功、变化、工作的基本概念、时间的功用、竞争、成就感和权威等，人们有着不同的态度。如在美国文化中大多数人认为选择的自由是一个重要的社会价值观，而在人际关系上强调参与。日本文化强调对组织的忠诚，强调群体利益，鄙视背叛，个人利益常为集体利益而牺牲，人们遵从严格的等级制度，根据资历论资排辈，通过对组织的忠诚获得组织的认可。由此可见，组织活动不仅受社会文化背景的制约，而且还要受制于社会文化对员工行为的影响，只有认真研究才会实现组织所期望的成效。这也是秘书工作中需要关注的重要问题。

社会文化又分为传统文化和现代文化。传统文化有一定的局限，具有保守性，即对新的事物视之不惯，不乐于接受；权威性，即崇尚权威，重服从；感情性，即公众问题或公共争议的解决，多是由有声望有地位的年高者出面解决，予以劝说，要求争议的当事人重情义，轻利害，讲情面，顾大体。

在这种传统的文化影响下就产生了传统的秘书工作：因袭保守，墨守成规，安于现状；个人取向，私人关系；崇尚权威，消极服从。

现代文化具有创造性、民主性、法治性、理智性的特点。创造性，即在工作中具有求新上进的创造精神，日新月异，与日俱进；民主性，即现代文化是自由平等民主化的文化，在法律面前，人人平等；法治性，现代文化以法律为取向，秘书对领导负责就要对法律负责，而不是对私人负责；理智性，即秘书处理事务及矛盾纠纷的解决时以理智为依据。

在现代文化的影响下，秘书工作将由消极向积极，由被动向主动，由因袭向创造，由人治向法治，由普通秘书向职业秘书转变。

文化环境既为秘书工作提供智力支持、文化条件和精神动力，又向秘书工作提出了更高的要求。传统文化的落后因素必定给秘书工作各方面以消极的影响。因此，秘书工作必须在克服落后的文化影响方面做出努力，以先进的现代文化的精神指导秘书工作。

二、相关链接

官员秘书成腐败易发人群

在不少人眼中，秘书已成为我国公共管理事务中的腐败易发人群。

2008年12月7日，安徽省淮南市原市委书记陈世礼，被阜阳市中级人民法院以受贿罪一审判处死刑，缓期2年执行。在此案开庭前，陈世礼的秘书王传东也因受贿50多万元，被淮南市中级人民法院判处6年有期徒刑。

2007年12月20日，中共上海市委原书记陈良宇的秘书秦裕终审被判无期徒刑。法院审理认定：1998年4月至2006年6月，秦裕利用职务便利，为他人谋取利益，从中索取、收受贿赂款物折合人民币682万余元。

此外还有，"河北第一秘"李真收受贿赂、非法占有公私财物等共计人民币1051万多元，被判处死刑；北京市委原书记陈希同的秘书陈健，受贿人民币40.9万元，被判处有期徒刑15年；郑筱萸的两任秘书郝和平、曹文庄，也因巨额受贿分别被判刑5年和"死缓"……

（资料来源：http://vip.book.sina.com.cn/book/chapter_161428_109122.html）

三、课堂内外

（一）堂堂练

她给议员当秘书

作为行政助理（秘书），郭丹青的主要工作包括：安排议员会务、解决选民个案、负责华人社区事务。议员们一年当中90%的时间在各种会议中，其中最重要的，是每月一次连续3天的市议会。安排议员的会务相当繁琐却极为重要，也直接影响到市议员的工作内容以及政治形象。排期改期时常出现，公司、机构、社区、个人的会面都要兼顾，大小活动尽可能参加，媒体采访约见更是不可延误，单是排期这一项工作，就让行政助理们忙到筋疲力尽。

"最棘手的还是个案处理，安抚那些暴跳如雷的选民们。"郭丹青说。

西方的选民不像以往的中国百姓那样会替政府分担什么，他们习惯于理直气壮地抨击"领导人"：为什么没人收垃圾、为什么没地方停车、收到罚单不合理、缴不起房租咋办、马上要生孩子但却没地方住、砍掉自家后院的树为什么要林业部门同意、邻居脏乱差影响到我……都说加拿大人温和、宽容，可做了议员助理后她才知道，不那么友善的大有人在，因为他们是纳税人，他们在争取纳税后的权利。

选民搞不清楚部门间的管理界限，这界限郭丹青必须清清楚楚，所有的抱怨电话她要分门别类，涉及城市整体规划等层面的，她直接呈交议员；涉及有关部门的，她要一一打电话，问情况，等过程，接反馈。

一位选民气呼呼地打来电话说："我家后面的公园里有一条长椅正对着我的窗户，经常有妓女和吸毒的坐在那儿，我总看到不该看到的东西，他们也可以看到我家里，侵犯了我的隐私，我感到非常不舒服。为什么不拿开那个长椅？！"郭丹青马上致电公园管理部门，对方一天后回复说："长椅子完全可以拆掉。"她追问："什么时候？""明天下午。""拆掉后请马上通知我，谢谢。"第三天公园管理部门的电话到了："那里已经没有长椅了。"不久，那位选民打来电话致谢："谢谢，我再也看不到那些肮脏的东西了。"

皆大欢喜自然好，而不能皆大欢喜的呢？一定会"挨骂"，郭丹青就曾被选民"骂"过。

"那些 homeless people（无家可归的人）在我们社区的公园绿地到处大小便，你们为什么不管？正常人这样做会被警察罚款，他们为什么就可以逍遥法外？市议员在做什么，她/他是否应该马上采取行动……"电话那头的吼叫声连旁边的同事都听得见。

像这种不好直接答复的情况下，助理能做的只有行使"解释权"，还要耐着性子，和颜悦色。郭丹青说："'挨骂'，起初，我也很恼火，慢慢地就习惯了，也知道该怎样应付。市议员也很不容易，选区里各种人都有，议员很可能腹背受敌。其实这些选民不过是在发泄，并不是特别针对谁，不必把它个人化。"

（资料来源：谷子. 本文[J]. 天津：世界文化，2010（11））

1. 郭丹青工作的文化环境有什么特点？
2. 文化环境与秘书工作有何联系？

（二）堂外练

1. 观察学校系部秘书的社会工作环境，说说有什么特点。
2. 加入 WTO 后，秘书工作的经济环境发生了什么样的变化？

第三节　秘书工作的组织环境

一、必备知识

秘书工作的组织环境是指秘书所处的组织的性质，制度与结构方面的环境。它对秘书工作有着重要的影响。

（一）企业

企业是从事生产、流通、服务等经济活动，通过为社会提供所需商品或服务来实现营利，进行自主经营，实行独立经济核算，具有法人资格的经济组织。

企业分为农业企业、制造企业、流通企业、金融企业、交通运输企业、邮电通讯企业、建筑安装企业、房地产企业、信息咨询企业等。

（二）企业的组织结构

现代企业是以现代企业制度为基础的。它是在国家公司法的规定下组建的。其组织模式就是公司法规定的几种形式。这几种形式有有限责任公司，国营独资公司和股份有限公司。

企业组织结构主要的形式有：直线制，职能制，直线-职能制，事业部制，模拟分权制，矩阵结构等。

1. 直线制

直线制是一种最早也是最简单的组织形式。它的特点是企业各级行政单位从上到下实行垂直领导，下属部门只接受一个上级的指令，各级主管负责人对所属单位的一切问题负责。厂部不另设职能机构（可设职能人员协助主管人工作），一切管理职能基本上都由行政主管自己执行。直线制组织结构的优点是：结构比较简单，责任分明，命令统一。缺点是：它要求行政负责人通晓多种知识和技能，亲自处理各种业务。这在业务比较复杂、企业规模比较大的情况下，把所有管理职能都集中到最高主管一人身上，显然是难以胜任的。因此，直线制只适用于规模较小，生产技术比较简单的企业，对生产技术和经营管理比较复杂的企业并不适宜。

2. 职能制

职能制组织结构，是各级行政单位除主管负责人外，还相应地设立一些职能机构。如在厂长下面设立职能机构和人员，协助厂长从事职能管理工作。这种结构要求行政主管把相应的管理职责和权力交给相关的职能机构，各职能机构有权在自己业务范围内向下级行政单位发号施令。因此，下级行政负责人除了接受上级行政主管人指挥外，还必须接受上级各职能机构的领导。

职能制的优点是能适应现代化工业企业生产技术比较复杂，管理工作比较精细的特点；能充分发挥职能机构的专业管理作用，减轻直线领导人员的工作负担。但缺点也很明显：它妨碍了必要的集中领导和统一指挥，形成了多头领导；不利于建立和健全各级行政负责人和职能科室的责任制，在中间管理层往往会出现有功大家抢，有过大家推的现象；另外，在上级行政领导和职能机构的指导和命令发生矛盾时，下级就无所适从，影响工作的正常进行，容易造成纪律松弛，生产管理秩序混乱。由于这种组织结构形式的明显的缺陷，现代企业一般都不采用职能制。

3. 直线-职能制

直线-职能制，也叫生产区域制，或直线参谋制。它是在直线制和职能制的基础上，取长补短，吸取这两种形式的优点建立起来的。目前，绝大多数企业都采用这种组织结构形式。这种组织结构形式是把企业管理机构和人员分为两类，一类是直线领导机构和人员，按命令统一原则对各级组织行使指挥权；另一类是职能机构和人员，按专业化原则，从事组织的各项职能管理工作。直线领导机构和人员在自己的职责范围内有一定的决定权和对所属下级的指挥权，并对自己部门的工作负全部责任。而职能机构和人员，则是直线指挥人员的参谋，不能对直接部门发号施令，只能进行业务指导。

直线-职能制的优点是：既保证了企业管理体系的集中统一，又可以在各级行政负责人的领导下，充分发挥各专业管理机构的作用。其缺点是：职能部门之间的协作和配合性较差，职能部门的许多工作要直接向上层领导报告请示才能处理，这一方面加重了上层领导的工作负担；另一方面也造成办事效率低。为了克服这些缺点，可以设立各种综合委员会，或建立各种会议制度，以协调各方面的工作，起到沟通作用，帮助高层领导出谋划策。

4. 事业部制

事业部制最早是由美国通用汽车公司总裁斯隆于1924年提出的，故有"斯隆模型"之称，也叫"联邦分权化"，是一种高度（层）集权下的分权管理体制。它适用于规模庞大，品种繁多，技术复杂的大型企业，是国外较大的联合公司所采用的一种组织形式，近几年我国一些大型企业集团或公司也引进了这种组织结构形式。

事业部制是分级管理、分级核算、自负盈亏的一种形式，即一个公司按地区或按产品类别分成若干个事业部。从产品的设计，原料采购，成本核算，产品制造，一直到产品销售，均由事业部及所属工厂负责，实行单独核算，独立经营，公司总部只保留人事决策，预算控制和监督大权，并通过利润等指标对事业部进行控制。也有的事业部只负责指挥和组织生产，不负责采购和销售，实行生产和供销分立，但这种事业部正在被产品事业部所取代。还有的事业部则按区域来划分。

事业部制的好处是：总公司领导可以摆脱日常事务，集中精力考虑全局问题；事业部实行独立核算，更能发挥经营管理的积极性，更利于组织专业化生产和实现企业的内部协作；各事业部之间有比较，有竞争，这种比较和竞争有利于企业的发展；事业部内部的供、产、销之间容易协调，不像在直线职能制下需要高层管理部门过问；事业部经理要从事业部整体来考虑问题，这有利于培养和训练管理人才。

事业部制的缺点是：公司与事业部的职能机构重叠，构成管理人员浪费；事业部实行独立核算，各事业部只考虑自身的利益，影响事业部之间的协作，一些业务联系与沟通往往也被经济关系所替代。甚至连总部的职能机构为事业部提供决策咨询服务时，也要事业部支付咨询服务费。

5. 模拟分权制

这是一种介于直线职能制和事业部制之间的结构形式。有许多大型企业，如连续生产的钢铁、化工企业由于产品品种或生产工艺过程所限，难以分解成几个独立的事业部。又由于企业的规模庞大，以致高层管理者感到采用其他组织形态都不容易管理，这时就出现了模拟分权组织结构形式。所谓模拟，就是要模拟事业部制的独立经营，单独核算，而不是真正的事业部，实际上是一个个"生产单位"。这些生产单位有自己的职能机构，享有尽可能大的自主权，负有"模拟性"的盈亏责任，目的是要调动他们的生产经营积极性，达到改善企业生产经营管理的目的。

模拟分权制的优点除了调动各生产单位的积极性外，就是解决企业规模过大不易管理的问题。高层管理人员将部分权力分给生产单位，减少了自己的行政事务，从而把精力集中到战略问题上来。其缺点是，不易为模拟的生产单位明确任务，造成考核上的困难；各生产单位领导人不易了解企业的全貌，在信息沟通和决策权力方面也存在着明显的缺陷。

6. 矩阵结构

在组织结构上，把既有按职能划分的垂直领导系统，又有按产品（项目）划分的横向领导关系的结构，称为矩阵组织结构。

矩阵制组织是为了改进直线职能制横向联系差，缺乏弹性的缺点而形成的一种组织形式。它的特点表现在围绕某项专门任务成立跨职能部门的专门机构上，如组成一个专门的产品（项目）小组去从事新产品开发工作，在研究、设计、试验、制造各个不同阶段，由有关部门派人参加，力图做到条块结合，以协调有关部门的活动，保证任务的完成。这种组织结构形式是固定的，人员却是变动的，需要谁，谁就来，任务完成后就可以离开。项目小组和负责人也是临时组织和委任的。任务完成后就解散，有关人员回原单位工作。因此，这种组织结构非常适用于横向协作和攻关项目。

不同的企业结构形式与秘书工作密切相关。秘书要根据企业性质与结构形式不断调整工作方式与方法。

任何一个企业组织中的工作人员，由于地位的不同，纵向分为高级管理人员，中级管理人员和操作执行人员。在企业中，董事会定期开会制定决策，决策以后由高级管理人员作具体的决策，又由中级管理人员组织实施，操作执行人员具体执行。由于中层不可能担负起一个企业所有的职能，因此，必须将企业的中层横向分为若干职能部门。

（三）企业各个部门的职能

为了实现企业的管理和组织目标，企业设置不同的部门进行职能管理。一般企业各个部门的职能特征和内容，如表 5-1 所示。

表 5-1　部门职能

部　门	职能特征	职能和责任
采购部	通常情况下职能比较集中	建立供应厂商与价格记录；采购方式设定及市场行情调查；询价、比价、议价、订购工作；负责检查供应货物的质量和来源；确保所采购货物的发送与生产安排表相符合；与供应方商讨有关贴现的问题；监督货物接收；与发票相对照进行检查；负责设计采购物品的分发及满足内部需求的程序
行政办公室	主要的文书部门、处理日常的办公室事务，通常由秘书负责	提供高层的秘书支持；处理信件；电话服务；印刷和复制文件；保管和维护公司文件；负责与公众及新闻媒体联系；负责出版机构内部杂志
生产部	通常是设计、规划和控制的综合部门	平衡需求和生产原料之间的矛盾；负责编制年、季、月度和作业、设备维修计划；确保按照特定标准和规章的规定进行生产；组织生产现场管理工作，抓好劳动防护管理；进行质量控制检查；在必要的情况下注意调整生产进度表
研究开发部	技术革新的中心部门	设计，开发和测试新产品和制作模型；制定长期的，投入较低的新产品改进项目；建立长期的项目；进行纯粹的应用研究；负责建议产品多样化的方法；负责与设计开发有关的情报资料的收集、整理、归档
市场部	公司的中心部门：研究、销售、推销	市场研究；做广告和宣传活动；进行客户联系；参加展示会和贸易洽谈会；进行售后服务；联系客户；销售分析；促销活动的策划及组织；新产品上市规划；取得经销权；办理出口手续

（续表）

部门	职能特征	职能和责任
人事部	招聘新员工并筛选；培训员工；员工福利；处理劳资关系问题	制定人员计划；任命，晋升和分配员工；建立员工物质激励制度；培训员工和提高员工素质；工作分析；工作评估；员工鉴定；工资报酬；保障员工的健康和安全；解决福利问题
财务部	综合财务、会计、资金职能的部门	准备会计决算；编制财务报告；进行内部审计；资本和营业收入花费；准备预算；成本会计；支出工资和报酬；税务事务；检查资金来源

二、相关链接

海尔集团组织结构图

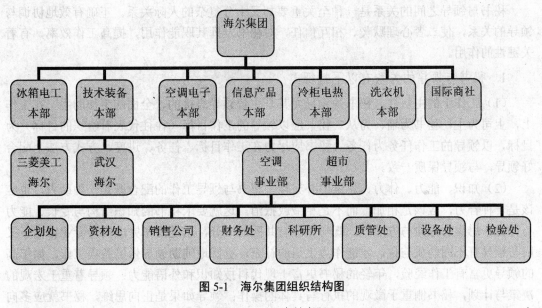

图 5-1　海尔集团组织结构图

（资料来源：http://course.zjnu.cn/scyx/center/b3.htm）

三、课堂内外

（一）堂堂练

1. 企业组织结构主要的形式有哪些？
2. 职能制组织结构的优点和缺点是什么？

（二）堂外练

课后到一个公司去参观，然后画出该公司的组织结构图。

第四节 秘书工作的人际关系环境

一、必备知识

良好的人际关系是构成秘书工作环境的一个重要因素，善于处理各种人际关系是秘书人员经验丰富的一个重要标志。秘书工作性质决定，秘书的人际关系涉及面较宽：上至领导，下至群众，有时还要同其他机关的相关人员进行交往。因此，秘书的服务对象给予他们的信赖、支持及配合对其充分发挥秘书活动的积极作用至关重要。由此可见，秘书的社会活动范围愈大，人际关系的处理就愈显得重要。怎样才能建立良好的人际关系环境呢？

（一）正确处理与领导的关系

秘书与领导之间的关系是一种至关重要却又十分复杂的人际关系。正确有效地协调与领导的关系，使二者心理默契、相互信任，对秘书发挥其职能作用，提高工作效率，有着关键性的作用。

1. 秘书与领导的关系有以下特征

（1）工作上的主从性。秘书是领导尤其是主管领导直接的、全面的工作助手。在工作上，上司为主，秘书为辅、为从。秘书应以领导的工作目标（往往代表着组织的目标）为目标，以领导的工作任务为任务。秘书应尽力在工作目标、任务、进度、方式方法上配合好领导，与领导保质一致。

（2）知识、能力、体力、思维的补充性。秘书与领导工作的配合既是一种助力，也应该是一种合力，应该是相加，而不是相减或抵消。这就要求秘书的知识结构与专长、能力与体力、思维的方向与方法等，既与领导有共同的成分，这是为了完成同一专业目标；又应与领导有不同的质与量，才能作为上司的补充，更好地辅助领导做好各项工作。如年高的领导更富有工作经验，年轻的秘书更富于现代科技知识和外语能力；领导着重于宏观的决策与计划，秘书侧重于微观的执行与具体的操作；领导如果是正向思维，秘书就应多向思维或者逆向思维。正因如此，国外有人把高级秘书称为领导或主管的"外脑"。如果秘书样样都不如领导，秘书也就失去了存在的必要。

（3）人际关系的首属性。社会学家把人际关系中地位重要、影响大、交往频率高、时间长的关系称之为"首属关系"；反之，把地位次要、影响小、交往频率低、时间短的关系称为"次属关系"。秘书与领导尤其是主管领导的关系，毫无疑问应该是首属关系。建立并巩固这种首属关系，对秘书的工作成果和事业前景是完全必要的。这就要求秘书对领导辅助与服务的内容与时间上不能局限于工作需要。如秘书还应该关心领导的健康，给予生活上必要的帮助与照顾，有共同的业余爱好，陪同领导参加一些业余的社会活动等。当然，这些都应以不影响双方的家庭生活，不违背社会道德为原则。

（4）人格上的平等性。不管秘书与领导在职务、地位、财富上是多么悬殊，也不管秘书与领导的首属关系发展到什么程度，秘书与领导在人格上永远是平等的。秘书与领导在工作上是"主从"关系,而决不是"主奴"关系。秘书应保持人格上的独立性,不应该成为领导的附庸或其他。如在日本,第二次大战后已发生过50多起秘书为政府领导人的罪错或危机而自杀"殉职"的事件,这样的悲剧在现代社会中本不该发生。中国人的传统意识是"士为知己者用",在现代社会似乎还能为秘书所遵循,但封建色彩浓重的"士为知己者死",现代秘书就应该彻底摒弃。秘书应该认识到:自己的地位、待遇是靠自己的努力挣来的,不是哪一个人恩赐的。秘书对领导应有清醒的、客观的认识,应该服从,但决不盲从,即不帮助领导做违法乱纪的事,不做丧失人格、国格的事。

2. 正确处理与领导的关系应做到

(1) 深刻领会领导意图,掌握其精神实质并竭力贯彻。秘书是领导的助手,围绕领导的意图,通过自己的调查研究、信息整理、公文撰写、协调、接待等日常工作与领导保持高度一致,多请示、多报告、不擅作主张。另外,贯彻领导的意图时要坚决,不打折扣,如实执行,不歪曲变样。

(2) 当好领导的参谋,有效地辅助领导活动。秘书是领导的助手和参谋,新时期的秘书应自觉树立参谋意识,为领导献计献策。在不超越职能范围、不干扰领导的前提下,积极地为领导决策提供参考意见。

(3) 竭诚弥补领导缺失。秘书对领导既要服务、服从又要帮助提醒。一方面,秘书要善于发现领导工作中出现的失误和疏漏;另一方面,要从对工作负责的角度出发,积极采取措施,为领导补台。

(4) 维护领导间的团结。在集体领导或规模较大的组织内,秘书除了主管领导之外还有其他职位不等或分工不同的领导。秘书既应维护直接领导的威信和利益,也应维护领导间的团结。领导之间的矛盾冲突,秘书以不介入为原则,以保持中立为前提。在可能条件下,应尽力加以协调、化解。

(二) 正确处理与群众的关系

群众是秘书活动的重要对象,是有效辅助领导活动的重要依靠,把握好与群众的关系是秘书开展工作的基础。从某种意义上说,秘书辅助领导推行公务的过程就是协助领导宣传群众、组织群众、服务群众的过程。

优化同群众的关系,秘书应做到以下几点。

1. 强化为群众服务的观念

全心全意为人民服务,是我们一切工作的出发点,因此,秘书只有从思想上把自己视作人民的公仆,虚心向群众学习,关心群众的疾苦,才能为群众办实事、办好事,自觉地接受群众的监督和批评。

2. 加强领导与群众之间的信息沟通

秘书是机关、领导与群众之间的一条重要的沟通渠道,秘书应重视并有效地做好这种沟通工作。一方面,秘书要全面、准确地把领导的意图原原本本地传达给有关群众;另一方面,秘书要耐心地听取群众的意见和反映,热情接待来访群众,及时将群众反映的问题报告领导或有关部门。这样不仅可以密切秘书与群众的关系,而且对密切群众同领导之间的关系也有着积极的意义。

（三）正确处理与部门之间的关系

秘书与相关部门之间的关系表现为以下两点。

一是辅助关系。以综合辅助领导为中心，与职能部门发生职能关系。秘书在领导与部门之间架起桥梁，沟通反馈管理信息。

二是协调关系。即就职能部门之间的问题进行沟通协调，与部门发生职能关系。职能部门是秘书职能作用的直接对象，秘书是各部门之间的交点，同步协调地完成综合、交叉任务。秘书一般是在领导意图及授权之下进行活动，还是属于辅助领导活动的范围。

秘书的日常工作离不开相关职能部门的理解与配合，没有它们的帮助，秘书很难完成本职工作。秘书要正视职能部门的作用，恪守谦虚谨慎的职业道德，铭记服务的基本观念，讲究平等、互利的原则。只有这样才能得到别人的信任，获得团结协作的机会，为自己的工作带来诸多便利。

要处理好与各职能部门的关系，秘书应努力做到如下几点。

1. 强化部门观念

秘书虽然接近的是领导，直接辅助领导的工作，常常秉承领导的意图并传达给各职能部门，但实际上秘书部门与各职能部门是相互依赖的，秘书人员与职能部门的一般工作人员同样是平等的同事关系，只不过分工不同、具体职责任务不同、工作空间不同而已。秘书工作的"三服务"指导思想，实际上也适用于此，即秘书部门、秘书应为职能部门服务，而切忌因为位置的特殊就自视高人一等，动不动以领导的名义对有关职能部门的人员指手画脚，动辄要求人家如何如何，这样做是不符合秘书的身份和地位的，也极易引起职能部门人员的反感。而没有职能部门人员的信赖和配合，不仅秘书的本职工作无法顺利进行，整个单位的工作也将受到影响。应主动了解职能部门的情况，体谅职能部门的难处。各职能部门相对自成一体、独挡一面，要完成许多具体而繁杂的工作。平时各职能部门为了搞清领导班子的意图，或向领导反映情况、提出要求等，常常要通过秘书与领导联系，或由秘书作为中介进行沟通，自然对秘书有所求，这是因为工作的需要和秘书所处的特殊位置决定的。反过来，秘书为了贯彻领导的决策、完成领导交待的具体任务，常常必须依赖于职能部门的支持和具体执行，尤其是在任务紧、领导要求高的情况下，秘书往往对职能部门催得也紧，有时容易忽略职能部门的难处。如果平时不注意向职能部门了解情况，加强沟通和联络，培养信任与感情，等到有了任务时才一味地催促，要求职能部门的人员限时完成，恐怕很难如愿。

2. 促进职能部门的协调

秘书平时就要与职能部门的人员多接触，建立正常的合作关系，主动帮助他们与领导沟通，在职责权限允许的范围内帮助职能部门解决工作中的困难，特别要注意平等对待不同职能部门的人员，不搞厚此薄彼，关键时刻才能得到职能部门的积极配合与支持。促进职能部门的协调。当职能部门之间有了矛盾，或为了保证政策、事务等各方面的步调一致，或为了共同完成工作任务，需要各职能部门相互配合协作时，秘书常常受领导的指派，出面协调各职能部门之间的关系，解决相互之间的矛盾。这是秘书，尤其是高级秘书的一项重要任务。在促进职能部门协调的过程中，秘书既要忠实于领导的意图，明确协调的基本原则，又要针对具体情况，认真做好被协调各方即不同职能部门的工作，要切实解决他们的问题，消除他们的隔阂，促使他们抛弃成见化解矛盾。这一过程实际上是为职能部门服务的过程。对于秘书来说，也是熟悉部门职能、了解部门实情，建立与部门的联系的过程。处理得当，将建立起对工作有利的人际关系，对日后的工作可能长期有用。所以，秘书应将促进各职能部门的协调当作自己的职责，主动积极地做好这项工作，并通过做好这项工作，进一步促进各职能部门之间、秘书与各职能部门之间的人际关系朝着良性循环的方向发展。

二、相关链接

办公室细节影响同事关系

同在一个单位，或者同在一个办公室，搞好同事间的关系是非常重要的。关系融洽，心情就舒畅，这不但有利于做好工作，也有利于自己的身心健康。倘若关系不和，甚至有点紧张，那就弊大于利了。导致同事关系不够融洽的原因，除了重大问题上的矛盾和直接的利害冲突外，平时一些言行举止上的细枝末节也是一个原因。那么，哪些言行会影响同事间的关系呢？

一是有好事儿不通报。单位里发福利、领奖金等好事，如果你先知道了或者已经领了，却一声不响地坐在那里，从不向大家通报一下，也从不帮人代领，几次下来，别人自然会有想法，觉得你太不合群，缺乏团体意识和协作精神。以后他们也会如法炮制。长此下去，彼此的关系就不会和谐了。

二是明知却推说不知。同事出差或者临时出去一会儿，这时正好有人来找他，或者正好来电话找他，如果你知道，不妨告诉对方；如果你确实不知，那不妨问问别人，然后再告诉对方，以显示自己的热情。明明知道，而你却说不知道，一旦被人知晓，那彼此的关系就势必会受到影响。无论谁找同事，你都要表现出真诚和热情，这样外人也会觉得你们之间的关系很融洽。

三是进出不互相告知。你有事要外出一会儿，或者请假不去上班，虽然准假的是领导，但最好要同办公室里的同事说一声。即使你临时出去半个小时，也要与同事打个招呼。这样，倘若领导或熟人来找，也可以让同事有个交待。如果你什么也不愿说，进进出出神秘兮兮的，如果正好有要紧的事，同事就没法说了，有时也会懒得说，受到影响的恐怕还是自己。互相告知，既是共同工作的需要，联络感情的需要，也是彼此的尊重与信任。

四是不说可以说的私事。有些私事不能说，但有些私事说出来也无妨。如你的男朋友或女朋友的工作单位、学历、年龄及性格脾气等；如果你结了婚，有了孩子，也就有了关于爱人和孩子方面的话题。在工作之余，与同事顺便聊聊这些话题，可以增进了解，加深感情。无话不说，通常表明感情很深；有话不说，自然表明人际距离的疏远。信任是建立在相互了解的基础之上的。

五是有事不肯向同事求助。轻易不求人，这是对的，因为求人总会给别人带来麻烦。但任何事情都是辩证的，有时求助别人反而能表明你对别人的信赖，能融洽关系，加深感情。如你身体不适，你同事的爱人是医生，你可以通过同事的介绍去找医生就诊。倘若你不肯求助，同事知道了会觉得你不信任人家。你不愿求人家，人家也就不好意思求你；你怕人家麻烦，人家就以为你也很怕麻烦。良好的人际关系是以互相帮助为前提的。因此，求助他人，在一般情况下是可以的。当然，要讲究分寸，尽量不要使人家为难。

六是拒绝同事的"小吃"。同事带点水果、瓜子、糖之类的零食到办公室，休息时大家分吃，你就不要因难为情而一概拒绝。有时，遇上同事中有人获奖或评上了职称之类的好事，大家高兴，要他买点东西请客，这也是很正常的，对此，你可以积极参与。你不要坐在旁边一声不吭，更不要人家给你东西吃，你却一口回绝，表现出一副不屑为伍或不稀罕的神态。人家热情分送，你却每每冷拒，时间一长，人家就有理由说你清高和傲慢，觉得你难以相处。

七是常和一人"咬耳朵"。同一个办公室有好几个人，你要对每一个人尽量保持等距离，尽量始终处于不即不离的状态，即不要对其中某一个特别亲近或特别疏远。不要老是和同一个人说悄悄话，也不要总是和一个人进进出出。否则，也许你们两个亲近了，但疏远的可能更多，甚至有些人还以为你们在搞小团体。如果你经常与同一个人"咬耳朵"，别人进来又不说了，那么别人不免会产生你们在说人家坏话的想法。

八是热衷于探听家事。每个人都有自己的秘密。有时，人家不经意把心中的秘密说漏了嘴，对此，你不要去打破砂锅问到底。有些人热衷于探听别人的私事，事事都想了解得明明白白，根根梢梢都想弄得清清楚楚，这种人是要被别人看轻的。从某种意义上说，爱探听人家私事是一种不道德的行为。

（资料来源：杨美梅. 本文[J]. 兰州：秘书之友，2009.3）

三、课堂内外

（一）堂堂练

奥巴马的华人秘书长

从美国总统奥巴马组建内阁到总统就职仪式，有一位黑头发黄皮肤的中年男子忙前忙后，不离奥巴马的左右，他就是奥巴马的白官内阁秘书长卢沛宁。据说，卢沛宁是第一位担任白官内阁秘书长的华裔人士。卢沛宁接受美国媒体专访时说，他未来的工作重点之一是担任白官以及20个内阁部会成员之间的桥梁。

内阁秘书长，这一职位从艾森豪威尔政府时期就已设立。这并不是一个决策者的角色，而是一个协调者，主要任务是确保白官与各行政部会之间良好沟通，让彼此不觉得被蒙在鼓里。早在2008年11月19日，当时还被称为新当选总统的奥巴马在宣布白官核心幕僚人事任命时，就将卢沛宁任命为内阁秘书长，负责白官与内阁各部会之间的联系。卢沛宁的工作之一是回复来自20个内阁部会成员的电子邮件，预计他每天会收到数以千计的邮件。

对于这个新职务，卢沛宁说，他将负责在白官与内阁部长以及部级署长之间的协调工作，而安排内阁会议也是他的工作之一。卢沛宁说："奥巴马任命我为内阁秘书长，因为他认为我可以跟20个内阁成员维持良好关系，这个职位是白官以及内阁部会的桥梁，协助行政部门了解白官的各项倡议，同时也让白官了解各个部门在做什么。"

现年43岁的卢沛宁跟奥巴马有着良好私交。卢沛宁毕业于哈佛法学院，曾经是奥巴马的同窗。卢沛宁是铁杆美国民主党人，2004年总统大选时，民主党总统候选人约翰·克里与时任总统布什对阵，卢沛宁就担任克里的高级顾问，积累了许多助选经验。2005年，奥巴马首次当选联邦参议员之后，便看中了卢沛宁的才能，立即邀请卢沛宁前往国会山担任他的顾问。从此，卢沛宁放弃了身为律师的高薪职务，转而投身政界。他担任奥巴马参议院办公室的立法事务总监，带领一个15人小组为奥巴马在国会立法事务中的工作提供助手和智囊服务。

2008年总统竞选活动开始后，奥巴马力邀卢沛宁加入他的竞选班子，为他出谋划策。在加盟奥巴马的竞选班子后，卢沛宁的正式头衔是法律顾问，而他在奥巴马参议员办公室担任的立法主管的工作仍然没有放弃。虽然工作性质与法律有关，但是卢沛宁的主要工作还是为奥巴马的竞选活动造势。

当民主党进行党内初选时，卢沛宁已升任奥巴马竞选班子联络主管。2008年9月，卢沛宁为奥巴马的竞选宣传时，他称赞奥巴马好比一块空白的油画布，可以吸引对美国政治生活有着种种期盼的人士充分发挥自己的理解和想象去绘出各色各样的蓝图。他说，奥巴马最大的长处就是能够聆听与包容不同的意见，他不但能够得到持相同政见者的支持，对于持不同政见的人，奥巴马也能取得他们的信任，进而赢得支持直至最终问鼎白官。卢沛宁的话果然应验了。

卢沛宁祖籍河南，父母在20世纪50年代从我国台湾到美国读书，后来定居美国，卢沛宁的外祖父王任远，曾经担任台湾"司法行政部长"。卢沛宁出生于新泽西州，在美国首都华盛顿近郊马里兰州波托马克地区长大，学习成绩一直非常优秀。

美国媒体报道说，卢沛宁是继赵小兰出任劳工部长之后华人参政的又一典范。

（资料来源：王守福. 本文[J]. 兰州：秘书之友，2010（11））

思考

1. 卢沛宁是怎样处理与奥巴马和其他领导的关系的？
2. 谈谈你从卢沛宁的秘书工作中得到的启示。

（二）堂外练

1. 假设你是系部教学秘书，请分析一下你所处的人际关系环境。
2. 作为一名系部教学秘书，应如何建设你的人际关系环境？

第五节　秘书工作的办公环境

一、必备知识

秘书工作的办公环境，是指一定的组织机构的秘书部门工作所处的自然环境和人文环境。

（一）办公室环境的种类及对秘书工作效率的影响

办公室自然环境包括：①办公室的空间环境，指房屋建筑与分配，办公空间的大小，家具的布置；②办公室的视觉环境，它包括色彩，光线；③办公室的听觉环境，指办公室所处的有益或无益声音；④办公室的空气环境，指由生理空气因素（湿度，温度，空气流通与净化）造成的办公室的整个气氛；⑤办公室的健康与安全环境。

办公室人文环境主要指一个单位的组织风气、工作制度、群体意识、协作关系、领导作风等。这些因素直接影响着秘书人员工作的积极性。秘书的工作热情来自组织对员工的管理方式，更来自组织内部的和谐氛围。

办公室环境对秘书工作效率的影响可以从以下三点说明。

1. 作业方面

办公环境对秘书人员的器官功能，知觉感受，体力消耗，心理反应都有直接影响，如光线不足，足以使人的辨别力降低，眼力消耗较大，产生疲倦，使注意力难以集中，效率降低。

2. 生理方面

环境变化必然会引起生理变化。办公环境不适宜，会增加秘书的体力消耗，体力消耗过多则易产生疲劳，疲劳则工作兴趣减低。兴趣低，工作效率必随之递降。

3. 心理方面

办公环境的不适宜，会引起秘书对工作厌烦的心理反应。这种心理反应自然会降低工作效率。心理厌烦导致人的精神苦闷及抑郁和怒怨之感。这些心情对工作效率都有不良影响。

（二）办公室环境的管理原则

办公环境的管理是指对办公室环境加以合理的设计，组织和控制，使其符合秘书工作的需要，进而提高工作效率，完成组织欲完成的使命。在对办公环境进行管理的过程中，要坚持以下的原则。

1. 方便

即办公室的布局应该力求方便省时，如相关的部门及设备应尽可能安排在相邻的地方，以避免不必要的穿插迂回，便于工作的协调和同步进行。

2. 舒适整洁

即无论是办公室，办公桌椅，还是抽屉等，不要放置与办公无关的东西。办公文具的摆放要井然有序。

3. 和谐统一

即办公桌椅，文件柜，办公自动化设备等的大小，格式，颜色等协调统一，这不仅能增加办公室的美观，而且能强化成员之间的平等观念，创造出和谐一致的工作环境。

4. 安全

即布置办公室时要留意附近的办公环境和办公室存放财物的安全条件；信息，如纸质文件，存储在计算机里的数据等的安全和保密能否得到保障；电器的电源，电线，器物的摆放是否对人员造成生理上的危害等。

（三）办公室的空间管理

所谓办公室的空间管理是指组织为节省成本，有效地利用空间，缩短工作流程，迅速处理信息，提供良好工作环境，并促进秘书与其他工作人员的沟通与协调所作的办公室内的布置。此外，组织内各职能部门之间的工作流程，各职能部门的安排等，均为空间管理的范围。空间管理首重空间控制，其目的在于对空间的有效利用，使之降低成本，提高效率。

办公室空间管理的内容包括以下几个方面。

1. 各职能部门的场地设计

各职能部门场地安排应使工作运转以不间断的方式进行，并经过很短的距离和很少的人手。在进行职能部门设计时需遵循以下原则。

集中服务单位，如复印室、计算机室应设置于各部门的中心地点，使各部门均便于接触。

凡与社会接触较多的部门，应置于靠近接待区的地方，或直接通向走廊，以减少穿过公开工作区的往来次数，如人事部门和采购部门。业务部门，如销售部门应接近马路。凡有烦扰声音性质的工作部门，应尽量远离其他工作部门。

凡互相连带而时有联系的部门，均应置于邻近地点，如秘书室应置于领导办公室旁边。

2. 工作中心的设计

办公场地设计的基本单元是个人工作空间，或称工作中心。每个工作人员都要在工作空间内完成工作任务。传统的机关布置是以办公桌为中心。空间设计专家精心研究机关的工作并发展了一种以工作为中心的机关布置的观念和理论,因而打破了传统的以办公桌为中心的观念。现代办公室逐渐增加新式设备,如电脑、高速度复印机、新式通讯设备等,因而空间设计和工作流程的模式必须加以改变,以求最大程度利用这些设备。换句话来说,空间布置必须依设备的功能、工作的性质加以设计,即以工作为中心来做空间设计。工作中心分为以下几个方面。

个人工作中心,亦称个人工作站,系个人执行职务的场所,是办公室空间设计的基本单位。每个工作站都配有一些基本家具和设备,如办公桌、存放物品的桌子、柜台和椅子。个人工作中心的设计要考虑:个人工作站所负的职责,工作处理所需的设备,空间条件,经济弹性和未来扩展的需要等因素。

集体工作中心,即部门,这是典型的团体工作中心的环境。其设计时要考虑:各职位间的关系以及职位与环境的关系,包括每个工作中心的活动,资料,文件报表的进程,个人和共同使用的文书、设备、物材等;协调个人工作中心和集体工作中心的位置,包括执行相似工作的工作中心应相毗邻,共同使用档案及设备的人员应相毗邻等。

特殊工作中心,指特殊用途或专门业务的工作中心,它包括以下两个部门。

(1)接待中心。该中心是公司机关和外界接触的媒介,故布置应井然有序。其设计要点是:远离公司机关主要部门,以免访客的干扰;它是放置公司简报或其他阅读资料的地方,所以应光线充足以利阅读。

(2)计算机中心。其布置要点:注意适当的湿度和温度,相对湿度为40%—60%之间,温度在18℃—20℃之间。

3. 开放式办公场地的布局

开放式办公场地又叫自由式的聚集办公室。其特点有:①没有个人办公室,工作空间的位置通过安排可活动的物件来确定;②每次进行工作间布局规划时,不考虑窗户或其他常规结构的限制,而是以信息流和工作运转的自然路线所形成的不统一的款式来安排;③工作人员的地位更多地是由分配给他们的任务,而不是由他们的位置来确定的,如高级管理人员可以有较大的办公室及不同颜色,不同形状的办公桌,除此以外,几乎没有可以看得见的等级标志。

开放式办公室有以下优点:①降低能源成本和建筑成本;②减少占地面积;③降低了重新布局的成本;④由于拆除了办公室的隔屏,管理者与被管理者的交往障碍减少了,这有利于排除心理障碍。

开放式办公室也有其弊端,如缺乏单独办公的机会,噪音太大,设计较粗糙。

4. 办公房间的空间设计

办公房间的空间设计是指各种办公设备在办公房间内的设计与布置。办公设备包括办公桌、椅子、书柜、文具、设备等。对这些设备在办公房间内的设计最为关键的目标是最充分地利用办公场地。

办公房间布置应注意以下原则:应力求空间与时间的经济,各人所占面积应适合其工作需要;各人的位置排列,应按工作程序来定,以便就近联络;办公桌位布置时,事前须有计划与计算,预定布置蓝图,按图布置,以免临时作盲目的搬动;办公室内的隔间不可太多,超出必要的范围,以免妨碍光线射入及空气的流通。办公房间内桌位的排列,宜使光线由工作人员的左侧射入,以便用笔写作,光线不宜直接由对面射入。文件柜应靠墙放置,但不得妨碍光线。各办公桌位间的往来道路,至少要有1—1.3米宽。桌与桌间的距离,宜留1米左右。办公房间内以放置必需的家具与设备为限。一切文件应置于柜橱抽屉内,以便保管并防止失散。

(四)办公室的视觉环境管理

办公室的视觉环境包括办公室内覆盖物的颜色和照明。

1. 覆盖物

它包括墙壁,天花板,地面,门窗,支柱等上面的覆盖物。它们对秘书工作人员的心理状态有直接影响,因而也对他们的工作效率产生影响。

(1) 有效地使用颜色。颜色是一种对人的情绪有强烈影响的刺激物。颜色能决定一个办公室的情绪,如冷色:蓝、绿、草绿,使人平静;暖色:红、橙,对人有刺激效果,会引起头痛和紧张;灰色会产生麻木或困倦的效果。颜色会影响人的具体行为方式。色彩明亮的、有吸引力的办公室看起来使人愉快,可提高效率,并且有助于激起信任感;相反,单调的、色彩乏味的办公室使人产生厌烦或低效的感觉。颜色使用得当能减少缺勤,提高工作效率。在相对寒冷的气候条件下,如北方,办公室就要求暖色设计;而在较温暖的气候条件下,如南方,就需要冷色设计。颜色可帮助人们识别关键地方。危险的物品和地方,以黄色和橙色标示;安全的物材标绿色、灰白色;防火器材用红色以提高警觉。

(2) 地面覆盖物的颜色和类型应与墙壁,天花板的颜色协调一致,以保证一个统一的,和谐的环境。在接待中心、门厅等地方,使用地毯能营造出一种安静、自在的气氛,因为它的表面可以吸收声音。另外,使用地毯还可以给人一种豪华感,以增加工作人员的满足心理。地毯的颜色可用米色、棕色和铁锈色。

2. 照明

指为完成办公室的指定工作而提供适当的光线系统。

光线系统的管理主要目的是:提供有效的、舒适的照明和安全的位置,有助于提高视觉舒适感,并建立一个从审美观点上看引人注目的工作区。为了达到这些目的,办公室既要有合适的光量,又要有合适的光线质量。

(1) 光线的量。光线的量一般用W(瓦)代表。工作时所需光量的强弱不可一概而论,须随工作性质与工作对象的不同,而有差别。做粗工作光度可较低;反之则光度较高。工作对象物体多系白色,光度可较弱;反之,光度则较强。

(2) 光线的质。光线的质基本上是指能提供一个视觉上舒适,既不炫目也不昏暗的工作区,并造成一种吸引人的气氛的照明系统。

(3) 光的设计。就办公室的光亮来源与分配而言,自然光优于人造光;间接光优于直接光;匀散光优于集束光。光源来自太阳者为自然光;来自灯者为人造光。光亮由发光体径行射入人眼者为直接光；发光体的光射至另一物体，由之反射入人眼者为间接光。光亮由一个发光体射出者为集束光；由几个发光体均衡射出者为匀散光。

光亮宜遵循以下原则设计：减少光源的强度，避免用一个发光体，宜多用几盏灯，降低光源强度，避免集束光而用匀散光；窗上宜装半透明玻璃，以免直接光而用间接光；光源宜置高处，并从后方或左侧射入；办公室宜多用几只光度较弱的灯，以取代一个光度较强的灯，使光线匀散而非集束。

（五）办公室的听觉环境管理

听觉环境指办公室所处的有益声音或有害声音。有益的声音如伴奏音乐或愉快交谈的声音；噪音，如办公机器的震动声为有害的声音。声音的强度单位为分贝（db），一般说来超过70分贝即为噪音，超过130—140分贝使耳痛，超过150分贝会使内耳结构破坏，以致耳聋。由于办公室所处的周围环境常有噪音发出，如小汽车、摩托车、卡车的喇叭声，工作人员的谈话、开会、打电话的声音和人们不必要的活动等。因此，控制有害的噪音就成为办公环境管理又一重要任务。那么，如何控制噪音呢？

1. 消除噪音的来源

包括把办公室安排到极少有外界噪音的地方，把办公室搬到较偏僻的地方，安上门窗以提高不受干扰的密闭程度并阻挡传来的声音等。

2. 用吸音的材料以减少噪音的影响

如一个NRC（降噪系数）等级为85的吸音屏障在用于开放的办公设计时，可吸收传来的85%的噪音。另外，在有条件的办公室内铺上地毯，因为柔软的表面可吸收声音。

3. 适量播放音乐

音乐能镇定神经，减轻工作强度引起的疲劳，并减少工作的单调感，避免噪音引起的烦恼。使用音乐调节时，一般采用无主题音乐。

（六）办公室的空气环境管理

空气环境是指由生理空气因素（温度，湿度，流通与净化）造成的办公室的整个气氛。办公室的空气环境管理，又叫空气调节办公室，是指为了减少人们的精神消耗，增强舒适性而经过精心调节过空气的办公室。空气调节可促进脑细胞活动，提高工作效率。据研究表明，当空气得到调节时，工作效率差不多可以提高10%，缺勤率下降2.5%，秘书工作的错误也可以减少10%。另一方面，不流通的空气与充满灰尘的空气使头脑迟钝，降低秘书工作效率。

1. 温度

一般说来，秘书工作环境中最舒适并有益于健康的工作温度是15℃—20℃。温度在10℃以下时，秘书会感到寒冷，其工作效率比正常温度下降20%；若温度超过30℃时，秘书工作效率也有下降的趋势。办公室的温度，冬天一般在20℃—22℃，夏季在23℃—25℃之间为宜。如果空气温度过高，会使人频频出汗，烦躁难忍，造成人体内部热量不能及时散出；温度过低，又会使人体热量散出过多。不管哪种情况，都会使人感到不舒服，严重者还会引起中暑或感冒，造成健康和工作上的损失。另外，办公自动化设备，特别是高新技术设备，由于其组成材料属性的要求，均必须在一定的温度和湿度范围内安置。

2. 湿度

一定的场合有一定的湿度要求。对于办公室工作人员来说，适当的空气湿度能振奋精神，提高工作效率。我们知道，人体有时通过出汗散热来调节体温。适宜的湿度是创造理想工作环境的一个重要参数。据研究表明，在正常温度下，办公室的理想的相对湿度在40%—60%之间。在这个湿度范围内工作，人会感觉清凉、爽快、精神振作。

3. 空气流通

办公室内的空气应该是流通的，新鲜的，充足的。在这样的空气环境中秘书才能精神愉快，不感到疲倦，工作效率因而提高。一般说来，每人每分钟需要45立方米的新鲜空气。要达到这种要求，必须有良好的通风设备，使空气流通无碍，得以充足与新鲜。在室温为22℃左右的情况下，空气的流速在0.25米/秒时，人体能保持正常的散热，并有一种微风拂面之感，感到舒适。常开窗能起到换气、使空气对流的作用。

4. 空气的净化

完整的空调系统可以净化空气，排除空气中不需要的成分，如尘埃、臭气等。一个净化了的环境更有益于秘书人员的健康；同时，可使复杂的办公设备更良好地运转。一个清洁的、充满活力的办公室给人高效的感觉，并体现了对顾客和秘书人员的关心。为减少办公室的污染和尊重所有工作人员的感受，办公室内应该禁止吸烟，以保证空气的新鲜。办公室内空气的净化包括打扫，拖洗，擦净，上蜡与打光，用吸尘器吸尘，净化家具、粉刷墙壁和天花板等。

（七）办公室的保健与安全环境管理

保健，又叫健康保护。办公室的健康环境对秘书具有不可忽视的意义和重要性。秘书保持良好的健康的身体，可以促进工作效率的提高。因为秘书工作效率建立在三个重要的条件上：一是充沛的体力或生活力，即推动工作的实质力量或热力；二是旺盛的精力或活动力，即努力工作的原动力；三是欢欣的精神和坚韧的意志。这三种条件或力量，都是以健康的身体为保证，可谓"健全的精神寓于健全的身体中"。

组织推行对秘书人员的保健方法主要有以下六种。

1. 定期健康检查

组织应对秘书作硬性规定，定期进行身体检查以诊视其健康状况，最好一年检查一次。

2. 灌输卫生知识

组织应经常聘请卫生专家或医生向秘书作专题讲演或主持保健座谈会以灌输卫生知识和保健方法。秘书获得这些知识与方法后，便能知道如何注意卫生及如何保持自己的身体健康。

3. 施行疾病预防

组织应适时按需要免费对秘书实行疫苗注射，以预防疾病，保持健康。

4. 保持环境整洁

"整洁为健康之本",秘书工作区及生活区的环境,与其身体健康有着密切的关系。环境整洁,空气新鲜,则少生疾病,有益健康;反之,环境污秽,容易生病。组织应采取有效的卫生措施,保持环境整洁。

5. 推行健身运动

生命在于运动,所以组织对秘书应推行健身运动。组织机关内要有健身器材,要有乒乓球、羽毛球、篮球等体育设备,要经常举行内部比赛。

6. 举办康乐活动

所谓康乐活动包括消遣与娱乐。消遣有消除疲劳,恢复体力与精力的重要功能;娱乐的功能是松弛紧张的情绪,促进精神愉快。所以康乐活动是保护身心健康的方法。组织应适时地举办旅游、参观、音乐会、演唱、放电影等活动,以促进职员的身心健康。

要造成一个安全的环境,就必须在以下方面加强管理。

1. 防盗

在办公大楼内应设有专门的保安人员24小时值班。防盗应注意以下各点:机关公物应详细登记,严密管理,管理人员更换时,应交接清楚,以防私占;放置现金及贵重物品的保险柜或抽屉,应随时关锁,经管人员应保持警觉,防范盗窃;非消耗品公物应尽可能予以烙印或制定标志;订立公物损失赔偿规则,以加强公物保管及使用人员的责任;下班后办公室应将门窗关锁;门卫对出入人员应严密注意,以防盗窃;放置贵重物品之处,应装设铁栅、铁门及防盗装置等。

2. 防火

火灾可对组织机关造成生命和财产的损失,所以火灾的预防为安全环境管理的一大任务。火灾首重预防,电器电线应作定期检查,以防走火跑电引起火灾;易燃易爆品禁止堆放在办公室内,应放置于安全地方;办公场所应有消防设备,并作定期检查;太平门及太平梯、安全门不可缺少。各组织机关应在消防部门的配合下进行火灾自救训练和消防知识的教育。

3. 防止意外伤亡

办公室如有不慎,会存在许多潜在危险,如过度拥挤,办公家具和设备摆放不当,拖移的电线,破旧或损坏的楼梯,打滑的地板,损坏了的栏杆,未接地的电器设备,不彻底的绝缘等。这些现象都有发生意外伤亡的可能。因此,必须加强对以上现象或物材的管理,将办公室内的危险性降至最低程度。为了防止意外伤亡事故发生,组织应向职员进行防止意外事故的教育,使之平时养成安全的工作习惯;设计办公室的布局以减少发生事故的危险,将办公家具排放在安全的位置,确保走廊、楼梯的安全,取高处的物材时应使用折叠式工作梯,排查电源插座和电线,避免电线过长;将机器设备稳固地放在桌上或台上等。

(八)办公室的人文环境管理

办公室的自然环境建设固然重要,办公室的人文环境建设更为关键。人文环境管理是指营造办公气氛、调节人际关系、建立团队精神以及加强工作人员的自身修养等工作。

在办公室中应该营造出一种和谐愉快的工作气氛,大家团结紧张,齐心协力,互相帮助。在这种环境中工作,每个人都会心情舒畅,干劲十足。秘书处于管理层中的一个特定位置,若要充分发挥秘书活动的积极作用,秘书服务对象给予秘书的信赖、支持及配合至关重要。秘书在完成任务的过程中,其服务对象的支持与配合越积极,秘书工作的质量与效率就越高。反之,对于秘书来说,只有不断提高自身的综合素养,才可能赢得服务对象更多的信赖与支持。

办公室的全体成员应该具有团队精神,大家各司其职,团结协作,默契配合,让每个人的潜能都得以最大限度的发挥,使办公室的工作达到整体优化。

秘书作为办公室承上启下、联络左右、沟通内外的枢纽,应该成为办公室人际关系的润滑剂,在办公室团队作风的形成中发挥核心作用。秘书要尊重、体谅领导,有了矛盾及时与领导沟通,对领导的批评虚心接受,不计较个人得失。秘书与其他工作人员应该团结合作,互相帮助,不拆台、不嫉妒。秘书要与客户、群众坦诚相待,乐于助人,自律守诺。秘书要努力学会协调各种矛盾,帮助领导减少单位的内耗,提高工作效率。秘书应成为办公室中安定团结的中流砥柱。

二、相关链接

办公室如何"低碳排放"

位于大都会商厦28楼的英国总领事馆办公区大约有40名工作人员,他们经常到世界各地出差,办公室内则配备了40台左右的电脑,还有10多台打印机、复印机等电器设备,碳足迹还真是不少。为减少碳足迹,从2008年5月开始,他们掀起了一场"低碳排放"运动,还为此成立了一个工作组并制订了行动计划,着力于废品回收、节能、节水以及低碳出行。为了搞好废品回收,他们在办公室内设置不同的垃圾箱,不需回收的剩饭剩菜与可回收的废纸、废塑料瓶等物品分别放置;为了节约用纸,他们在每台复印机和打印机上加一个盒子,用于盛装只打印了一面的纸张,用这些纸张的背面打印一些不重要的文件;为了节能,他们用各种办法减少不必要的能源消耗。如专门制作一个表单提醒大家每日下班时关掉所有不使用的电器设备,像电脑显示器、打印机、复印机等;又如着装适时,以减少使用空调所造成的能耗;为了低碳出行,他们提倡尽量通过电话会议或视频会议解决问题,减少乘车乘飞机出差的情况。

(资料来源:翟峰. 本文[J]. 上海:秘书,2009(4))

三、课堂内外

(一)堂堂练

1. 办公室环境的管理原则是什么?
2. 办公室环境管理分为哪几类?

(二)堂外练

1. 观察校内办公室,提出优化办公环境的意见。
2. 为了帮助员工放松身心,天地公司要组织一场广播操比赛,请你以办公室秘书小钟的身份设计本次活动组织方案。

本章知识归综

表 5-2　秘书工作环境

秘书工作环境的含义	秘书工作环境的含义	秘书工作环境是指直接或间接影响秘书工作效率的各种潜在外部力量的总和
	秘书工作环境的特点	复杂和多样性、差异性、变异性
	秘书工作与环境之间的相互作用	环境决定、影响或制约秘书,工作环境的变化必然导致秘书工作发展变化,秘书工作对环境有能动作用
秘书工作的社会环境	政治法律环境与秘书工作	政治法律环境主要指国家政治制度、政治体制、方针、政策、国家的法律、法规等方面的状况
	经济环境与秘书工作	经济环境是指国家、地区经济发展的条件、水平、市场状况、经济结构、资源配置状况、经济运行机制、经济政策、产业布局、基础设施及收入分配状况等
	科技环境与秘书工作	科技的进步为秘书工作提供了完成工作的工具、设备和方法
	文化环境与秘书工作	文化环境包括社会成员的教育程度、价值观念、宗教信仰、道德观、伦理观、社会风气、社会习俗等。文化环境既为秘书工作提供智力支持、文化条件和精神动力,又向秘书工作提出了更高的要求
秘书工作的组织环境	企业	企业是从事生产、流通、服务等经济活动,通过为社会提供所需商品或服务来实现营利,进行自主经营,实行独立经济核算,具有法人资格的经济组织
	企业的组织结构	直线制、职能制、直线－职能制、事业部制、模拟分权制、矩阵结构等
	企业各个部门	采购部、行政办公室、生产部、研究开发部、市场部、人事部、财务部
秘书工作的人际关系环境	正确处理与领导的关系	深刻领会领导意图,掌握其精神实质并竭力贯彻;当好领导的参谋,有效地辅助领导活动;竭诚弥补领导缺失;维护领导间的团结
	正确处理与群众的关系	强化为群众服务的观念;加强领导与群众之间的信息沟通
	正确处理与部门之间的关系	强化部门观念,促进职能部门的协调
秘书工作的办公环境	办公室环境的种类及对秘书工作效率的影响	分为办公室自然环境和办公室人文环境;从作业、生理、心理三方面影响秘书工作效率
	环境管理的原则	方便、舒适整洁、和谐统一、安全
	空间管理	包括各职能部门的场地设计、工作中心的设计、开放式办公场地的布局、办公房间的空间设计
	视觉环境管理	包括办公室内覆盖物的颜色和照明
	听觉环境管理	控制噪音;播放音乐
	空气环境管理	管理由生理空气因素(温度,湿度,流通与净化)造成的办公室空气环境
	保健与安全环境管理	保健方法主要有:定期健康检查、灌输卫生知识、施行疾病预防、保持环境整洁、推行健身运动、举办康乐活动 安全环境管理:防盗、防火、防止意外伤亡
	人文环境管理	人文环境管理是指营造办公气氛、调节人际关系、建立团队精神以及加强工作人员的自身修养等工作

第六章　秘书职业生涯规划

 学习目标

　　通过本章学习，能够了解职业生涯规划的概念，增强秘书职业生涯规划的意识；掌握制定秘书职业生涯规划的步骤，学会合理规划自己的秘书职业生涯；把握秘书职业的发展趋势，明确秘书职业岗位的发展方向。

 知　识　点

★了解职业生涯规划的概念。
★了解职业生涯设计的流程。
★了解秘书职业的发展趋势。

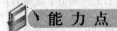

★能够全面客观地自我评估。
★能够制定出行之有效的职业生涯规划。

比尔·拉福的职业生涯规划

　　中学时代的比尔·拉福就立志经商。其父是洛克菲勒集团的高级职员，他发现儿子有商业天赋，机敏果断，但经历的磨难太少，没有经验，更缺乏知识。于是，与儿子进行了一次长谈，父子俩共同制订了计划，描绘职业生涯的蓝图。在蓝图的指引下，比尔·拉福升学时选择了工科中最基础最普遍的机械制造专业。因为做商贸必须具备一定的专业知识，在商品贸易中工业品占绝大多数，不了解产品的性能、生产制造情况，就很难保证在贸易中得到收益。同时，工科学习不仅是对知识技能的培养，而且也能建立一套严谨求实的思维体系。清楚的推理分析能力，脚踏实地的工作态度，这正是经商所需要的。在麻省理工学院的四年，比尔·拉福不仅仅局限于本专业课程的学习，还广泛接触诸如化工、建筑、电子等课程，这为他后来的商业活动奠定了广泛的知识基础。

　　不了解经济规律，不学习经济学知识很难在商场立足。大学毕业后，比尔·拉福又考进了芝加哥大学，开始了为期三年的经济学硕士课程。这期间，比尔·拉福不仅掌握了经济学的基本知识，搞清了影响商业活动的众多因素，还认真学习了有关法律和微观经济活动的管理知识。同时，比尔·拉福对会计、财务管理也较为精通，在知识上已完全具备了经商的素质。

　　令人意外的是，比尔·拉福拿到经济学硕士后又考取了公务员，在政府部门工作了五年。因为经商必须有很强的人际交往能力，人际关系在商业活动中异常重要，要想在商业上获得成功，必须深知处事规则，善于与人交往，建立诚信合作关系。这种开拓人际关系的能力只有在社会工作中才能得到锻炼、提高。而训练交际能力，观察人际关系的最佳去处就是政府部门。官场险恶，要在复杂的政界生存，必须格外小心谨慎。在这种环境压力下，比尔·拉福养成了强烈的自我保护意识，变得机敏、老练、处惊不乱，以致在后来的商业生涯中，他从未上当受骗，从没被人算计。同时，在政界生涯中，他结识了各界人士，建立起一套关系网络，为后来的发展提供了丰富的信息和便利条件。

至此，比尔·拉福已完全具备了成功商人所需的各种条件，羽翼丰满了。于是，他去了国际著名的通用公司进行锻炼，这不仅为他实践所学的理论找到了一个强大平台，而且还学到了丰富的管理经验，完成了原始的资本积蓄。大展拳脚两年后，比尔·拉福已熟练地掌握了商情和商务技巧，于是婉言谢绝了通用公司的高薪挽留，开办了拉福商贸公司，开始了梦寐以求的商人生涯，实现多年前的计划。

比尔·拉福的准备工作，几乎考虑到了每个细节。拉福公司的成长速度奇快，二十年后，拉福公司的资产从最初的 20 万美元发展到 2 亿美元，而比尔·拉福本人也成为一个奇迹。

1994 年 10 月，比尔·拉福率团到中国进行商业考察，在北京长城饭店接受中国青年报记者采访时，谈起他的经历，他认为自己的成功应感谢父亲的指导，他们共同制定了一个重要的职业生涯规划，这个生涯设计方案使他最终功成名就。

（资料来源：http://wenku.baidu.com/view/0cbb1567f5335a8102d22090.html）

分析

不可否认比尔·拉福具有很多得天独厚的优越条件，他的成功和这些外在的因素有一定的关系，但最重要的是他的成功和他的职业规划有很重要的关系。他清晰地知道自己将来要做什么，应该怎样去做，将来要达到什么样的结果，做出什么样的成就。这种生涯设计脉络清晰，步骤合理，充分考虑了自己的个人兴趣和个人素质，着重突出了职业技能的培养，在他坚持不懈的努力下，终于变为现实。也许他的这套生涯方案并不完全适合每个人，但是却带来一个重要的信息：人生是可以设计的！只要有信心、恒心加上科学的规划和设计，案例的主角也许就是明天的你。

思考

1. 从比尔·拉福的成功之路中，你是否学到了什么或得到什么启发？
2. 如果有更好的机会，拉福是否应该中断原定的职业生涯规划？
3. 你的职业道路可能与拉福有什么不同，为什么？

第一节 秘书职业生涯规划

一、必备知识

（一）职业生涯规划含义

现代社会对秘书的职业素质要求越来越高。如何成为一名优秀的秘书，如何正确规划自己的秘书职业生涯，无论是对于初出茅庐的年轻秘书，还是对于入行多年的"高龄"秘书，都是至关重要的，需要认真思考的。秘书应依据自己的能力、目前的机遇、所能达到的目标、以及实现自我价值的可能，为自己制定"秘书职业生涯规划"，以利于事业的成功。

职业生涯规划（Career Planning），是针对职业生涯所做的设计。这一概念最先由著名的管理学家诺斯威尔提出，他指出"职业生涯设计就是个人结合自身情况以及眼前制约因素为自己实现职业目标而确定行动方向、行动时间和行动方案"，即个人根据自身的现实条件与发展潜力、外界机遇与制约因素以及对机遇与制约因素发展变化的预测，确立自己的职业方向、职业目标，选择职业生涯发展道路，制订发展计划以及实现生涯目标的具体行动方案，包括行动的具体策略与进程等。

人一生的大部分时间是在职场中度过的,职业生涯能否成功直接决定了人一生的发展、人的生活质量、生存价值。秘书制定合理的职业生涯规划,可以使自己在全面、准确地了解自我和认识自我之后,运用科学的方法,采取可行的步骤与措施,有针对性地学习、实践,努力地克服弱点,充分地发挥长处,提高综合素质,促使自己的事业顺利发展,并获取最大程度的成功,最大限度地实现人生的价值。

(二)秘书职业生涯规划的流程

秘书要做好职业生涯规划就必须按照职业生涯设计的流程,认真做好每个环节。

1. 自我评估

秘书只有充分且正确地认识自身条件与相关环境才能制定出行之有效的职业生涯规划。自我评估就是对自己做出全面、客观而准确的分析,认识自己的长处和不足,从而扬长避短,对自己的职业作出正确的选择,选定适合自己发展的生涯路线,对生涯目标作出最佳的抉择。知己之长、知己之短、知己所能、知己之所不能,这是职业生涯规划的重要一步,也是正确进行职业生涯规划的前提。以色列国会曾邀请爱因斯坦回国当总统,爱因斯坦婉言谢绝了,因为他认为自己的性格适合当科学家,搞研究,不适合当总统,搞政治。如果一定要让他当总统,那就会总统当不好,科学研究也搞不好。试想,如果爱因斯坦真的去当总统,极有可能是以色列多了一位无足轻重的总统,而人类却少了一位伟大的科学家。

自我评估主要包括对自己的兴趣、特长、性格、学识、技能、智商、情商、思维方式、道德水准以及组织、管理、协调、活动能力等方面的评估。即要弄清楚自身想干什么,能干什么,应该干什么,在众多的职业面前自身应该选择什么职业等问题。自我评估可以参考家长、老师、朋友、同事和同学们的评价,也可借助职业兴趣测验和性格测验,确认自己是一个外向开朗的人还是内向稳重的人,对哪些问题较为感兴趣,是经济问题还是管理问题,或擅长哪些技能,对数字敏感、语言表达能力强等。也可分析自己的一些弱点,如合作能力较弱、考虑问题深度不够、文字表达能力不佳等。通过分析,判断自己是否适合做秘书这项工作,进而对自己的秘书职业生涯目标做出最佳选择,选定适合自己发展的秘书职业生涯路线。如果不适合,条件允许,应及早调整职业方向。

小链接 6-1

兴趣对职业生涯规划的影响

(1)兴趣是职业生涯规划的重要依据。它可以使人集中精力去获得所喜欢的职业知识,启迪智慧并创造性地开展。

(2)兴趣可以提高工作效率,充分发挥才能。一个人对某一方面的工作有兴趣时,枯燥的工作会变得丰富多彩、趣味无穷。

(3)兴趣是保证职业稳定、职场成功的重要因素。对某一职业有浓厚兴趣,是智力开发的"孵化器",是工作动力的主要源泉之一。

(资料来源:http://zygh.studentboss.com/html/ghzs/2010/1020/1938.html)

2. 环境评估

一个人如果离开了适合自己的环境，不仅生存困难，而且难有发展。因此要分析环境特点、自己与所处环境的关系以及环境对自己发展的有利条件和不利条件，这样既可以使自己在复杂的环境中趋利避害，还可以促使自己对环境进行选择和思考，使自己的生涯规划更具实际意义。

环境评估包括社会环境因素分析和职业环境因素分析。前者主要是对政治环境、经济环境、法律环境、科技环境、文化环境等宏观因素的分析，后者主要是对行业、职业、组织的分析。每个人都生活在一定的社会背景下，通过对社会环境的分析，了解所在国家或地区的政治、经济、科技、文化、法制、政策与发展方向，有助于个人寻找各种发展机会。因此在做个人职业生涯规划时，秘书要不断提高自己认识和理解环境的能力，认清社会大环境的发展状况、社会地位、未来趋势等。

职业环境因素的分析包括三个方面的内容。一是行业环境分析。行业环境分析是对即将从事的目标行业的环境分析，包括行业的发展状况、国际国内重大事件对该行业的影响、目前行业优势与问题何在、行业发展趋势如何等。分析行业环境时，要结合社会大环境发展趋势，将目标行业放到社会大环境的背景中进行综合分析。二是职业分析。现代职业具有自身的区域性、行业性、岗位性等特性。做职业生涯规划时要考虑到职业区域的具体特点，如该地区的特殊政策、环境特征等。不同的职业岗位对职业者的素质和能力有着不同的要求，在职业生涯设计时，除了解所需要的一般职业素质要求外，还要了解所需要的岗位职业素质要求；除了解所需要的一般能力外，还要了解所需要的岗位职业能力。三是组织环境分析。组织是职业者生存和发展的土壤。每个组织都有自己的发展目标、运作模式，了解组织的基本情况是进入组织的前提，便于自己以后迅速适应新环境。组织环境分析包括组织在本行业中的地位、现状和发展前景等。一般主要从三个方面进行分析，即组织的实力、组织的领导人以及组织文化和制度。通过对组织环境的分析，秘书可以衡量自己以后在该组织中的发展空间和自己的职业目标在该组织中得以实现的可能性。

3. 生涯路线确定

在确定秘书这一行业后，就要选择向哪一条路线发展，是做私人秘书还是做公务秘书；是做行政秘书还是商务秘书；是向学者型发展还是向技能型、事务型秘书发展等。不同的发展路线，对秘书的能力要求不同，因此，秘书在职业生涯规划中应先确立自己的职业生涯路线，然后再依据自己的路线选择设定职业目标，做到有的放矢。选择职业生涯路线应把握四条原则：择己所爱，择己所能，择世所需，择己所利。选择自己喜欢，能够充分展示自己技术、能力的职业才能获得满足感，发挥优势。分析社会需求，预测未来职业发展方向，及时调整，才能在职业竞争中取胜。职业是生存的手段，追求的是个人幸福，所以择业首先考虑的是自己幸福的最大化，在收入、付出、成就、地位等组成的变量函数中找出最大值。

4. 目标确定

职业发展必须有明确的目标，职业生涯目标是一个人渴望获得的与职业相关的结果。坚定的目标是职业发展的关键，是追求成功的驱动力。实践表明，一个人事业的成败很大程度上取决于有无适当的目标，凡是成功的人士无不都有明确的奋斗目标。相反，那些没有奋斗目标的人，几乎都不可能成功。制定秘书职业生涯规划，就是为了实现秘书职业生涯目标，进而获得自己理想的生活，所以目标抉择是职业生涯规划的核心。职业生涯目标是可以预见的、具有一定实现可能性的最长远的目标，它的实现是基于小目标而实现。因此，对职业生涯目标需要进行分解，分阶段，逐步实现。一般秘书在对个人进行全面的分析以及对环境有了较为深入的了解后，结合秘书职业理想来确定自己的职业发展长期目标。然后通过目标分解、分化成符合现实和组织需要的中期、短期目标。在此基础上，再实施目标，并通过其效果及与环境、个人的适应性，再逐步检测、修订目标。秘书要充分挖掘个人的潜力，有序从容地提高自己的能力，缩小职业目标与个人条件间的差距，推进个人条件与职业要求的吻合，逐渐实现个人的职业目标。

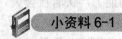

小资料6-1

职业生涯规划的"四定"原则

（1）"定向"，选择适合自己的职业岗位。
（2）"定点"，确定职业发展的地点。
（3）"定位"，择业前对自己全面分析，准确定位。
（4）"定心"，扎扎实实，努力奋进。

（资料来源：http://blog.sina.com.cn/s/blog_49dcfb85010006s1.html）

秘书确定了职业生涯目标后，行动是关键。而在行动前，需要制订一套周密的行动计划，并辅以检验措施，以确保目标的实现，否则一切都是空话。要围绕职业生涯目标，认真分析目标要素和自身条件，寻找其中的差距，制订行动计划。如采取什么措施提高工作效率，计划学习哪些知识、掌握哪些技能来提高业务能力，采取什么办法开发自己的潜能，如何提高自身的综合能力，如何培养特长，如何完善人格，如何弥补差距等。这些不仅需要具体的计划，更需要有明确的措施。同时行动计划还应经常对照职业目标，检查落实情况，促进行动的执行。

5. 评估与修订

职业生涯规划是长期持续的过程，要使规划行之有效，就必须不断对规划进行评估和修订，及时纠正最终职业目标与分阶段目标的偏差。修订的内容可以包括：职业生涯路线的合理调整、人生目标的修正、实施措施的变更等。影响职业生涯规划的因素很多，有些是可以预测的，而有些则难以预料，如领导辞职，董事会解散，企业破产，重大人事政策调整等。成功的职业生涯规划需要时时审视内外环境的变化，不断对自己的设计进行评估和修订，以适应新的环境和新的条件，调整自己的前进步伐，使它更加符合自己的实际情况。这种评估和修订过程实质上就是个人对自己不断认识的过程，也是对社会不断认识的过程，是职业生涯规划更为有效的有力手段。

在英国最古老的威斯敏特教堂的地下室里，英国圣公会主教的墓碑上写着这样一段话："当我年轻的时候，我的想象力没有任何局限，我的想法是改变整个世界；当我成熟之后，我发现自己不能够改变这世界，我将目光缩短了一些，决定只改变我的国家；当我进入暮年之后，我发现我不能够改变我的国家，我的最后一个愿望仅仅是改变一下我的家庭，但是，这也不可能。而我现在躺在床上，即将入土，我突然意识到：如果一开始我仅仅去改变我自己，然后作为一个榜样，我可能会改变我的家庭，而在家人的帮助和鼓励下，我也许可以为国家做一些事情，然后，谁知道呢？我甚至可以改变整个世界！"面对职业领域日益纷繁复杂的各种挑战，秘书应该制定切实可行的职业生涯规划来指导自己的生涯发展之路。须知，成功的职业生涯规划有利于消除秘书失落、迷茫、自卑、焦虑的心理，对推进职业进程，实现自己的人生价值起着至关重要的作用。

二、相关链接

职业生涯规划 5W 法

许多职业咨询机构和心理学专家进行职业咨询和职业规划时，常采用五个"什么"（What）的归零思考模式，即从"你是谁"开始，然后一直问下去，共有五个问题：

What are you ？你是什么？
What do you want? 你要什么？
What can you do? 你能干什么？
What can you support you? 环境允许你做什么？
What can you be in the end? 你最终的职业目标是什么？

依次回答这五个问题后，找到它们的最高共同点，那么就有了自己的职业规划。

回答第一个问题时应对自己进行一次深刻的反思，对自己有比较清醒的认识。自己的优点和缺点都一一列出来，越全面越好。

第二个问题是目标展望过程。包括职业目标、收入目标、学习目标、名望目标和成就感。特别是学习目标，只有不断确立学习目标，才能在激烈的竞争中不断超越自我，登上职业高峰。

第三个问题要求对自己的能力与潜力进行一次全面的总结。一个人的职业定位，最根本的是要归结于他的综合素质，而职业发展的空间取决于他的潜力。对于一个人潜力的了解应该从多方面去认识，如对事物的兴趣、做事的韧劲、处事的判断力以及知识结构是否全面、是否及时更新等。

回答第四个问题应考虑主客观两方面的环境。客观环境分析包括当地的各种状态，如经济发展、人事政策、企业制度、职业空间等方面的分析；主观环境分析应包括同事关系、领导关系、亲戚关系等，而后将两方面因素综合起来。

明确前面四个问题后，就会从各个问题中找到对实现职业目标有利和不利的条件，列出不利条件最少的、自己想做而且有能力做的职业目标，第五个问题就清楚明了了。

（资料来源：http://wenku.baidu.com/view/5eeecad4195f312b3169a5f1.html）

三、课堂内外

（一）堂堂练

比尔·盖茨出生于美国西部城市西雅图的一个中产阶级家庭，从小酷爱电脑，由于兴趣所致，13 岁时就开始练习编写电脑程序，14 岁已在学校一个与电脑有关的组织里担任主席，17 岁向学校售出了自己的第一个电脑程序，赚了 4200 美元。他 19 岁的时候就读著名的哈佛大学，然而，兴趣的魔力使他毅然放弃了别人梦寐以求的在哈佛大学求学的机会，中途退学与朋友保罗·艾伦创办了微软公司。1980 年，微软成功地推出 MS-DOS 操作系统软件，几乎所有的个人电脑都安装了这个软件。1985 年，微软又推出了革命性的视窗系统。从此,微软在电脑领域称霸世界,比尔·盖茨也成为了世界首富。

(资料来源:张武华. 大学生职业规划与就业指导 [M]. 广东:华南理工大学,2007)

1. 兴趣对职业生涯规划有什么影响?从比尔·盖茨的成功中,你获得了哪些启示?
2. 对自己做一个自我评估,征询同学、老师的意见,正确认识自我。

(二)堂外练

结合自身,设计一个秘书职业生涯初步方案,完成《职业规划书》。

1. 题目(姓名,年龄跨度,起止时间)。
2. 职业方向及总体目标。
3. 环境分析(政治环境,经济环境,组织环境,职业环境)。
4. 单位分析(行业分析,单位制度、文化、领导,工作内容,发展趋势)。
5. 角色及建议(重要他人的意见)。
6. 目标确定、分解、选择、组合及实现时间(现实、具体、可操作)。
7. 成功的标准(理清自己的价值观)。
8. 自身条件及潜力观测结果。
9. 差距分析(知识,观念,能力,心理)。
10. 缩小差距的方法及实施方案(可行性)。

(资料来源:程社明. 你的船你的海[M]. 北京:新华出版社,2007)

第二节　秘书的发展前景

一、必备知识

(一)秘书职业的发展

秘书是世界范围内最广泛的社会职业之一,在当今社会越来越显现出其重要性。在我国专业秘书发展的时间并不长,职业队伍的发展却相当迅速。据有关资料统计,目前我国从事秘书职业的人员不下百万人,但仍不能满足市场的需求,可见秘书行业的发展潜力巨大。随着社会的不断进步,秘书职业的发展呈现出以下几个方面的特点。

1. 服务对象多元化

近年来,秘书活动的范畴不仅仅限于党政机关、国有企业,它广泛存在于一切社会管理活动乃至一切重要的生产实践领域和科学文化活动之中。不仅国家机关、社会团体设置了秘书机构、配备了秘书,而且实业家、科学家、作家、学者、演员等一切需要秘书提供辅助服务的社会人士,也都普遍聘用或配备秘书。秘书已成为从业范围广泛、从业人数众多的一种社会职业。

2. 服务领域全面化

在当代,社会事务被分为公共事务、私人事务以及介于两者之间的中间事务,因而在原有公务秘书和私务秘书的基础上,又出现了一种新型的秘书领域——社会中介秘书。如北京、广州等大城市就诞生了商务秘书服务公司,专门向社会各界人士提供秘书服务。企业老板、社会名流临时处理公务,如出差、会谈、联系业务、筹备会议、从事公务及私务调查等，都可以根据工作需要，临时聘用秘书。深圳、上海等地出现了"电召计时钟点秘书"，即一些商务单位因业务需要，用电话、电传、上网等方式，聘请文秘人员在网上或来到公司计时服务，前景日益被看好。此外如秘书事务所、信息咨询公司、市场调查公司、文秘公司等，在全国各地相继成立。这些名称不一、规模大小不等、面向全社会提供秘书有偿服务的民营、私营性机构，以各种形式向全社会提供全方位的服务。

3. 秘书主体商务化

自古以来，我国的秘书几乎都是行政秘书。但是随着我国市场经济的迅速发展，特别是中国加入世贸组织后，给秘书就业提供了广阔的市场，商务秘书的需求越来越多，要求也越来越高。他们活跃于商业领域，为企业经理层服务，高标准、高效率的完成本职工作。公务员制度的推行，使党政机关的秘书也逐渐脱离"官"的职衔，向商务化、职业化方向发展。商务秘书的迅速崛起，标志着中国秘书开始从行政职位走向职业化。我国传统的以党政秘书为主的秘书队伍格局逐渐被以商务秘书为主的模式所取代，在市场经济的舞台上商务秘书逐渐成为主角。这是国际秘书职业发展的历史经验，也是我国秘书职业发展的大趋势。

4. 秘书工作职能强化

我国传统的秘书工作以办文、办会、办事为主要任务，以上传下达、综合协调、督促检查、调研信息为基本职能，这种工作格局是与以往社会状况和社会政治经济发展水平相适应的。但是随着现代科学技术的发展，诸多新兴产业和行业门类应运而生。各种社会组织的管理活动突破了原来以行政手段为主体的模式，经济手段、法律手段、系统论、控制论、信息论等被广泛地引入管理领域。领导者在进行管理手段和领导方式的变革时，秘书工作不可避免地要全面反映时代的变化，并在理论与实践上适应这种变化。秘书工作的领域随之得到扩展，职能作用进一步强化。这表现在：秘书工作在为领导机关和决策集团提供更加周到、优质服务的同时，更多地向智囊化参谋型的方向发展。在党政机关或企事业单位，尤其在高层决策领导机构中充任智囊参谋职能的新的秘书部门纷纷设置，如政府各级办公厅普遍设立了研究室或调研室，专门负责政策的研究和为领导机关的决策提供可行性分析报告及工作方案。许多大型企业也设立了策划部、调查研究室或咨询中心这类秘书机构。许多部门秘书机构打破了传统的综合设置、按事分类设置的旧模式，实行了按职能设置的新模式，其中的部分科室（处、办）承担文件、会务、事务的处理项工作，另外大部分机构专门负责某方面工作的信息收集、政策研究、方案设计等工作，直接参与领导机关的决策活动。政策法律法规的顾问、工作的前瞻性研究、具体工作方案的设计、方案实施办法的运筹、公关活动的策划等，都是秘书发挥智囊作用的形式，也是当代秘书工作的突出特色。

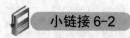

小链接 6-2

硅谷的秘书

在那些声名显赫的硅谷公司总裁、首席执行官的背后，忙碌的则是秘书。他们不像在其他地方工作的更为传统的同行那样刻板地工作，而是每天都要做出重要的决策。

Notel 网络公司是硅谷的一家公司，公司总裁戴维·豪斯的执行助理戈温·卡尔德威尔说："如果我每天穿着套装走进某栋高楼后所做的一切是接接电话、日复一日地做时间表，那我肯定会厌倦的。"相反，卡尔德威尔女士在公司里有很大的影响力，她和她的同事起草信函、研究竞争对手公司的情况，向管理层吹风，组织谈判等。

Sun 公司是个拥有 100 亿美元资产的商用电脑系统生产商。Sun 公司首席执行官斯科特·麦克尼利的秘书凯伦·霍尔斯汀知道老板的电子邮箱密码，如果老板需要，她会帮他打开邮箱，查看新来的电子邮件。

为 Cisco 公司总裁约翰·钱伯斯工作了 8 年的德比·格罗斯说："秘书这个词已经过时了，我们不仅仅是打字、填表或接电话。我们是被赋予权力的，能够做决定。"格罗斯女士并不是公司里 50 多个副总裁中的一员，但她可是公司里最有权力的人员之一。格罗斯说："如果我让约翰给我拿个三明治，他会做的。我们彼此尊重对方，我是他可依赖的人。"格罗斯每天工作 12 个小时，她要帮助约翰·钱伯斯制定复杂的全球工作计划表，向他汇报各个会议的主要内容，阅读他的电子邮件，记录公司在全球 1.8 万名员工的工作情况。

（资料来源：http://wenwen.soso.com/z/q233638788.htm）

5. 知识技能专业化

现在不管哪级领导机关、单位和部门都设有秘书或文书这个岗位，且对秘书有特定的职责要求。国家不仅建立了秘书职业技能培养教育体系和任职资格考核体系，社会上还有许多秘书行业协会、学会和国际性秘书行业组织。可见，现代秘书已不是传统观念所认为的那种什么人都可以干的"万金油"，秘书同教师、医师、律师等一样，都属于现代社会的专业人才。一些发达国家和地区都强调秘书的专业化，如科技秘书应熟悉技术、工程术语等；法律秘书要熟悉法律；政府机关的秘书要了解国内外政治经济发展动态、工商业等；经济部门的秘书要分别掌握会计学、经济学、金融、保险、税务、销售、证券市场、企业管理等专业知识。企业秘书必须通晓本企业的业务，熟悉本企业的经营活动和发展战略，及时收集处理与本企业相关的产、供、销、科技、资金、市场等信息，国家宏观调控方面的信息，国际国内工艺水平、经济动向信息等，必须通晓行政、财务、统计、管理、市场营销等方面的知识。每个秘书都应该根据自身的特点和需要构建自己成长发展的知识结构，具有广博的知识，并在知识的掌握上有指向性和选择性。

6. 秘书任职国际化

未来社会是一个完全开放的社会，随着全球经济一体化进程的逐步推进，最终将达到全球资源的共享，秘书人才的国际化流通也就成为必然，秘书必须具备国际交往的相关技能、具备国际交往的基本素质，如具有较高的外语水平，精通国际法规和国际惯例，熟知本行业国际执行标准和操作程序、掌握国际交往礼仪等，这也应是对秘书的一项基本素质要求。

（二）秘书职业岗位的发展

秘书在其职业岗位上的发展大体有三种。

1. 上移

上移，即由低级职位向高级职位发展。这包括两种情况。

（1）在秘书岗位上正常晋升。秘书的层级一般划分为初级秘书、中级秘书和高级秘书三级,由初级秘书向高级秘书发展是一种自觉的职业发展追求。

(2)在秘书岗位外的升迁。秘书尤其是高层管理者的秘书,如果得到领导的赏识,就很容易晋升为管理者。同时,由于秘书接触面广,与各个部门打交道多,对公司架构和业务比较熟悉,因此转型的选择面比较宽。从职业发展看,主要有以下几种类型:一是行政类,这类秘书可直接过渡到行政主管、办公室主任、综合管理部主任等职位;二是助理类,这类秘书往往可发展为总经理秘书、总经理助理;三是人事类,这类秘书可以发展为人力资源主管;四是公关类,这类秘书可从接待、协调岗位过渡到公关经理、客户经理;五是业务类,这类秘书可以发展为商务主管。了解了秘书职业的类型,秘书就可根据自身实际确定发展方向,规划自己的职业生涯。

案例 6-1

卫哲:从小秘书到总裁

1993 年,毕业于上海外国语大学外事管理专业的卫哲开始在被称为"中国证券之父"的万国证券总经理管金生身边做秘书。

身为秘书,卫哲认为哪怕是端茶送水这样的小事也都有一些技巧:老板喝一杯水要多长时间,讲话讲得多就得勤倒一些,但是老板讲话很有激情的时候又不能上前打断,什么时候只倒水不加茶叶,什么时候该带茶叶进去都得琢磨。

秘书的工作很烦琐,但是卫哲却在这些细小的事情上学到了管理知识。如文件的传阅,一般的秘书处理会按照时间先后顺序,放在老板的桌子上,卫哲的做法不一样,他会按照自己理解的重要性来排序,并且找出文件之间关联性,把内容有关联的文件放在一起。"不这么做,并没有人认为不对,但是如果能为老板的工作提高效率,那就是你分内的事。"卫哲说:"更重要的是,如果你能以老板的视角,而不是老板秘书的视角来看那些文件,你也就学到了一些管理者的经验。"秘书生涯不到一年,卫哲就被提升为万国证券资产管理总部副总经理。

2002 年,卫哲出任百安居中国区总裁。在此之前的十年职业经历中,卫哲有过四家公司的工作经历。平均每个公司工作两年半,这并不是一个很长的时间,但是卫哲却能保障每个工作过程中都会得到提升,每次跳槽也都得到新的机遇。卫哲喜欢用"吃着碗里看着锅里"的比喻来说明职场必需的进取心:"碗永远代表你的本职岗位,锅所指比较宽泛,既可以指你在公司的其他机会,也可以指在你的行业内,甚至其他新兴行业、整个国家以及全球的机会。把自己碗里的东西吃完、吃好很重要,我在每个岗位逗留时间都很短,但我要求自己把每碗饭都消化得很好才离开。"卫哲很清楚:"21 世纪任何一家企业要成功都离不开互联网。"2006 年 11 月 20 日,卫哲出任阿里巴巴集团执行副总裁,兼阿里巴巴企业间(B2B)电子商务总裁。

从普通职员、主管、部门经理、总监、副总裁到总裁,卫哲几乎走完了许多人毕生都无法企及的台阶。

(资料来源:http://blog.sina.com.cn/s/blog_56c9224501008x0y.html)

2. 侧移

侧移,即组织内职位的横向变动。侧移也有两种情况:一是秘书为了积累从事高级职位工作的经验,常常有意识地跨部门侧移;二是秘书因目前的工作与个人能力、兴趣等不符发生侧移。

3. 移出

移出，即从秘书岗位退出或者调离。移出既有客观原因也有主观原因。客观方面，如因为才能出众遭受嫉妒、打击、排挤，或者因为与领导难以相处，或者因为薪资待遇不够理想等，这时秘书积极主动移出有利于个人成长和职业发展。主观方面，或是想改行，或是想自己创业，由于在秘书工作中积累了一定的知识、经验，这些人中成功者很多。

二、相关链接

职业生涯规划的10点忠告

1. 无论你现在或将来从事的职业是什么，对职业要负责这一点切切不可忘记。
2. 和谐融洽的人际关系非常重要。事实证明，与同事间关系融洽将使工作效率倍增。
3. 要优化你的交际技能。优良的交际技能可为你的谋职就业提高成功几率。
4. 要善于发现变化并适应变化。不管周围环境及你人生某一阶段出现怎样的变化，你都应该善于发现其中的各种机遇并驾驭这些机遇。
5. 要灵活。未来时代的工作者们可能必须要经常转换职业角色，这就是说你要善于灵活地从一个角色迅速转换到另一个角色，那样才能适应时代环境的变化。
6. 要善于学习新技术。或许你想当一名作家，但在当今时代，作家欲获取成功也必须不断学习并掌握新技术才行。如作家必须同时成为一名计算机文字处理员、打字员、网上发行员，这样才能获得成功。
7. 要舍得花钱、花时间学习各种指南性知识简介。目前各大学、社会研究机构或其他组织开办了各式各样的实用性半日、一日或二日即可学完的知识简介科目，这类指南性知识简介科目的试学可能是探索新领域"水深度"的最简便易行的方法。
8. 摒弃各种错误观念。当你考虑某种新职业或新产业时，观念一定要更新，以防被错误观念误导。
9. 选择就业单位时，事前应多作摸底研究。
10. 要不断开拓进取、不断开发新技能。一个复合型的社会将不仅需要专业化知识，同时还需要通用化及灵活式技能。

（资料来源：http://www.beniao.com/news/2009-06/6856.htm）

三、课堂内外

（一）堂堂练

1. 就你从各种途径所掌握的信息，谈谈你对秘书发展前景的看法？
2. 秘书在其职业岗位的发展大体上有上移、侧移和移出三种情况，你将如何适应秘书职业岗位的发展？

（二）堂外练

1. 收集若干份不同媒体上发布的有关秘书的招聘启事，并从这些招聘启事中归纳并列出现在社会岗位对秘书的前三项要求。
2. 走访若干单位，了解现实中秘书在其职业岗位的发展情况，并据此做出书面调查报告。

本章知识归综

表 6-1　秘书职业生涯规划

秘书职业生涯规划	职业生涯规划的含义	个人根据自身的现实条件与发展潜力、外界机遇与制约因素以及对机遇与制约因素发展变化的预测，确立自己的职业方向、职业目标，选择职业生涯发展道路，制订发展计划以及实现生涯目标的具体行动方案，包括行动的具体策略与进程等
	秘书职业生涯规划流程	自我评估
		环境评估
		生涯路线确定
		目标确定
		制订行动计划与措施
		评估与修订
秘书发展前景	秘书职业的发展	服务对象多元化
		服务领域全面化
		秘书主体商务化
		秘书工作职能强化
		知识技能专业化
		秘书任职国际化
	秘书职业岗位的发展	上移，即由低级职位向高级职位发展
		侧移，即组织内职位的横向变动
		移出，即从秘书岗位退出或者调离

第七章 秘书的培训和资格认定

 学习目标

通过本章学习,能够理解秘书培训和资格认定的含义;简单了解就业准入制度和职业资格制度;了解目前推行的秘书培训和资格认定的不同形式和内容。

 知 识 点

★ 了解秘书培训和资格认定的意义。
★ 了解就业准入制度和职业资格制度的含义。
★ 了解目前推行的秘书培训和资格认定的不同形式和内容。

 能 力 点

★ 能够明确秘书的国家标准。
★ 能够认识不同秘书资格考试的特点。
★ 能够准确选择自己的考证目标。

 导入案例

职业资格证书制度

职业资格是指个人从事某一职业所必备的学识、技术和能力等方面的基本条件,是人们做好某项职业的基本保证。对某一职业的就业资格进行严格的限定,即表明这一职业对组织、对社会有重要的意义,并且具有系统的专业知识和技能体系,为了保证其工作质量,要求从业人员必须具备相应的条件,它不应该再是什么人都可以从事的工作。

1995年1月,人事部发布了《职业资格证书暂行办法》,从从业资格、执业资格、资格证书等方面对职业资格证书做了详细规定。2000年3月16日,中华人民共和国劳动和社会保障部发布第6号令,命令自2000年7月1日起在全国实行《招用技术工种从业人员规定》,规定指出:"国家实行先培训后上岗的就业制度。用人单位招用从事技术复杂以及涉及国家财产、人民生命安全和消费者利益工作(职业)的劳动者,必须从取得相应职业资格证书的人员中录用","用人单位和职业介绍机构发布技术工种人员招聘广告时,在应聘人员应具备的条件中须注明职业资格要求"。在规定中公布的须持职业资格证书就业的工种(职业)中,有"办事人员及有关人员"一类,其中主要包括秘书、公关员、计算机操作员、话务员等。

职业资格证书是职业资格的一种外化形式,是反映劳动者具备某种职业所需要的专门知识和技能的证明。它是由国家或行业权威部门集中统一对某一类职业的劳动者进行考察,并表明其具备该职业所需的基本素质要求的证明材料。

职业资格证书制度是国际上通行的一种对技术技能人才的资格认证制度,通过推行职业资格证书制度可以对文凭教育起到很好的补充作用。因为,职业资格是指个人从事某一职业所必备的学识、技术和能力等方面的基本条件,是人们做好某项职业的基本保证。而职业资格证书是职业资格的一种外化形式,是反映劳动者具备某种职业所需要专门知识和技能的证明。如果说文凭教育是一种素质教育,那么职业资格证书制度则有很强的职业针对性。

（资料来源：沈蕾. 办公室管理[M]. 北京：中国建材工业出版社,2005）

分析

秘书职业资格证书制度对秘书职业的就业资格进行严格的限定,也就社会对表明这一职业存在意义的认可,表明了秘书职业的成熟度。为了保证秘书职业的工作质量,要求所有秘书从业人员必须具有系统的专业知识和技能体系,满足职业标准要求。

思考

实行秘书职业资格证书制度与秘书职业化有何关系？

第一节 我国的秘书教育与培训

一、必备知识

虽然我国秘书工作起源于黄帝时代,但是我国现代秘书教育起步却比较晚。1980年上海大学文学院创办了全国第一个秘书专业,随后江汉大学、武汉大学等120多所高校也先后开办了秘书专业。由于当时我国的秘书工作主体在党政机关行政领域,所以,最初的秘书教育研究和关注的对象主要是党政机关秘书工作实践,比较注重政治文化素质的培养,其课程设置也比较偏重于政治理论和文化知识。秘书教育目标定位侧重于培养党政机关行政秘书,国家承认秘书教育为大专学历。秘书专业一般都设置在中文系。经过三十年的发展,为适应中国市场经济的需要,尤其是我国加入世界贸易组织以后,市场愈加开放,对外交流日益广泛,在社会各个领域与国际经济接轨的同时,对秘书教育及其培养的人才质量提出了新的标准与要求。随着企业秘书成为秘书群体的主力,秘书教育的培养目标已经是培养具有创新精神和公关交际、组织协调等多种能力的能够满足秘书工作岗位需要的一专多能的复合型、通用型、实用型秘书人才。

（一）我国秘书教育的组织形式

我国秘书教育的组织形式有学历教育和考试、秘书资格培训与考试两种。

1. 学历教育和考试

主要是全国各类高等院校秘书学专业学历教育和2001年开始由教育部考试中心组织实施的全国高等教育秘书学专业自学考试,这是我国秘书教育的主体。和其他学科教育一样,中国秘书教育比较注重学科体系的理论性、系统性和完整性,课程设置的内容覆盖面宽、综合性强,学科化特点比较突出。一般认为具有较高的政治思想觉悟和文化理论水平以及一定的写作能力,就能够在机关行政领域从事秘书工作。20世纪80年代初期秘书专业一般都附设在中文系,比较注重政治文化素质的培养,其课程设置以文科为主,一般分为公共基础课、专业课和选修课三大块。公共基础课主要有：马克思主义哲学、中国革命史、古代汉语、现代汉语、古代文学、现代文学、外国文学、文学概论、写作、英语。专业课主要有：秘书学、行政管理学、档案学、文书学、公文写作等。选修课主要有：书法、美学、社会学、法学概论等。20世纪90年代以后，随着市场经济的不断深入和民营经济、外资企业的快速发展，适应市场对行业秘书人才需求的变化，各高等院校陆续创办了涉外秘书、企业秘书、工商秘书、商务秘书、财经秘书等新的秘书专业。2006年，作为全国秘书师资培训基地的陕西师范大学文学院已面向全国招收古代文体研究、语体学及公共文化学三个方向的文秘专业硕士研究生。目前，已经形成有专科、本科和研究生学历的秘书教育体系。许多高校的秘书专业不断改革，尤其是对文秘专业的课程设置的探索一直比较活跃。在课程设置中，不少学校还借鉴国外先进的CBE理论（Competence-Based Education，即"以能力为基础的教育"）探讨具有中国特色的以能力为中心的秘书专业教学模式。在秘书职业能力分析的基础上形成"能力模块"，以此组织安排应用型的课程体系。这种根据秘书职业所需的能力结构形成的课程体系，突出实用性、技能性，而不再强调学科的系统性、完整性、理论性。基础课程作为秘书职业基础课，只讲授秘书职业所必要的内容，而不再强调每门课程自身的系统性、完整性。同时加强了实践性教学的比重，精心设计课程实训、见习、实习、社会实践，广泛实施产学结合的人才培养方式，从而使学生掌握从事秘书职业所需的实际知识和技能，并获得进入劳动市场的有关证书（如国家人力资源和社会保障部颁发的秘书职业技能鉴定证书）。

中国加入世界贸易组织以后，市场愈加开放，对外交流日益广泛，受世界经济环境的影响，外资企业在中国的投资力度不断加大，国外跨国公司进军中国市场，国内各行各业各个领域的社会组织部门在融入世界经济环境和与国际经济接轨的同时，对秘书人才质量又提出了新的标准与要求。不仅要求秘书是具有写作能力的"笔杆子"、"秀才"，而且要懂外语、会开车、熟练掌握计算机操作技能，具备创新能力、公关交际能力、组织协调能力等。提出要培养具有创新精神和多种能力的能够满足秘书工作岗位需要的一专多能的复合型、通用型、实用型秘书人才。

西方各国对秘书教育的认识与我国不同，他们认为当秘书与培养领导者、管理者之间并没有必然的联系，现代秘书是一个分布于社会各个领域各行各业的庞大的职业群体，既然是职业群体就必然有其特有的为社会所需要的职业知识和技能作支撑。基于这样的认识，西方各国在秘书教育的课程设置上都比较注重职业知识和职业技能的培养。另外，对秘书教育也不仅仅只是停留在对其职业特征特殊性的认识上。而且还清醒地看到，随着全球化经济时代的到来，秘书职业将会成为一个遍布于世界各国各个地区和领域的极其庞大的职业群体，所以在秘书教育的目标定位上不仅针对性较强，而且立足本国，面向世界，加大了辐射面。在课程设置、考核测评内容上突出了职业特点，并把视野拓展延伸到了国际社会人才市场，其考核测评组织形式也表现出突出的社会化特征。

2. 秘书资格培训与考试

我国目前影响比较大的秘书资格的认证和培训系统有：国家人力资源和社会保障部（即原劳动和社会保障部）推出的全国秘书资格统一考试；由中国高等教育学会策划的中国秘书岗位资格证书；由中国商业联合会组织的全国商务秘书职业资格认证考试；由商务部中国对外贸易经济合作企业协会（China Shippers' Association，简称"外经贸企协"）推出的高级国际商务秘书四家国内机构认证。此外，还有国际认证：由教育部考试中心中英中心和英国剑桥大学考试委员会联合推出的剑桥办公管理国际证书（剑桥秘书）；国际职业秘书协会（IAAP 是其英文简称）推出的 IAAP 秘书资格证书；LCCIEB（英国伦敦工商总会考试局）秘书资格证。可以说，机构、种类众多，使秘书资格考试出现了一片繁荣景象。

从我国秘书教育培训的考核内容来看，高等院校秘书专业和教育部组织实施的秘书专业自学考试都比较注重学科体系的理论性和系统性，侧重于学科理论的考核。国家劳动和社会保障部推出的《秘书职业资格鉴定》，考核内容覆盖面较宽，综合性强。《剑桥办公管理证书考试》则是以实际操作能力为核心，考试范围面向世界，考试内容与国际秘书业务工作接轨，体现出秘书职业特点。

（二）秘书职业资格鉴定的发展

在我国，职业资格证书鉴定工作，首先是由社会政治经济制度改革和发展推动而兴起的。

早在 1993 年 11 月中共中央十四届三中全会通过的《关于建立社会主义市场经济体制若干问题的决定》中就明确指出："要制定各种职业的资格标准和录用标准，实行学历文凭和职业资格两种证书制度。"与之呼应，1994 年 7 月出台的《中华人民共和国劳动法》第六十九条规定：国家确定职业分类，对规定的职业制定职业技能标准，实行职业资格证书制度，由经过政府批准的考核鉴定机构负责对劳动者实施职业技能考核鉴定。1996 年 5 月第八届全国人民代表大会常务委员会通过的《中华人民共和国职业教育法》也指出"实施职业教育应当根据实际需要，同国家制定的职业分类和职业等级标准相适应，实行学历证书、培训证书和职业资格证书制度。国家实行劳动者在就业前或者上岗前接受必要的职业教育的制度"（第一章第八条）。

这些都为推行职业资格证书制度提供了政策、法律依据。

同时，秘书资格考试又是随着我国职业资格证书制度的逐步完善而发展起来的秘书职业认证体系。

随着社会的快速发展，各领域各层次的人员分工愈加细化，以往单纯的管理工作需要多人分工合作才能保证其高速和有效的运行，决策活动已经在决策者层面逐步与相关的信息加工处理等辅助性活动相分离，作为行政管理协助者性质的秘书职业已经在各个工作领域占据了重要的位置。然而，根据有关资料显示，我国的企业秘书 80% 以上没有经过专门培训。

而今，我国秘书行业已形成庞大的社会职业群体，凡是从事办公室程序性工作协助领导处理行政事务及日常事务，并为领导决策及其实施提供服务的人员，都可称为"秘书"。这一概念实际上包含了从企业基础文案、专职文秘到高级行政助理等一个完整的行政辅助人员体系。社会对秘书工作的需求越来越高，特别是我国加入世贸组织后，为适应经济全球性、信息网络化的国际大环境，秘书的职能正在发生变化，过去只是打打字、发发文件的秘书已经远远不能适应市场的需要。社会期待大批商务性、实用性的高素质秘书人才。秘书经常要参与制订工作计划，在职权范围内协助处理政务、商务活动，参与工作决策，已经成为上司的特殊助手。秘书应该是多方位发展的人才，懂得外语、计算机、互联网。社会对秘书才能要求日益提高，秘书资格认证已势在必行。秘书职业已纳入国家职业准入制度职业目录，是国家要求持证上岗的 87 个职业之一。

二、相关链接

就业准入制度

改革开放以后，为了有效地保证各项工作的完成质量，我国开始对一些重要职业实行就业准入制度。所谓就业准入是指根据《劳动法》和《职业教育法》的有关规定，从事技术复杂、通用性广、涉及国家财产、人民生命安全和消费者利益的职业（工种）的劳动者，必须经过培训，并取得职业资格证书后，方可就业上岗。实行就业准入职业的范围由劳动和社会保障部确定并向社会发布。

为此，我国对一些职业在全国范围内推行了职业资格证书制度。一方面，根据国家有关规定，对初高中毕业的青年实行全面的就业准入控制，规定各用人单位不得招收高、初中毕业生就业，必须经过规范的培训才能录用就业；另一方面，对在职职工、职业院校毕业生以及社会其他从业人员开展不同职业的职业技能鉴定，对通过技能鉴定者颁发职业资格证书，取得职业资格证书的人方准就业上岗。

（资料来源：沈蕾.办公室管理[M]. 北京：中国建材工业出版社，2005）

三、课堂内外

（一）堂堂练

有人说，秘书职业认证体系逐步完善而发展起来说明社会对秘书职业专业化程度越来越高，为什么？

（二）堂外练

班级开展一次社会调查，调查当今的就业市场对就业者的职业资格证书要求高的岗位有哪些？秘书相关岗位就业对秘书资格证书有何要求？

第二节　我国的秘书职业资格考试

一、必备知识

目前，在我国开展的较有影响的秘书职业资格考试有四种。

（一）国家人力资源和社会保障部推行的秘书资格鉴定考试

1. 简介

国家职业资格全国统一鉴定是国家人力资源和社会保障部于1998年在新职业、新技能领域向社会推出的试验性、示范性和开拓性的全国统一考试。国家职业资格全国统一鉴定的宗旨是"社会效益第一、质量第一"，其目标是在按照统一标准、统一命题、统一考务管理和统一核发证书的原则下开展对就业任职者的培训和鉴定工作，建立起一套完整的就业准入制度，从而普遍提高我国劳动者的职业素质和技能水平。

秘书职业作为国家人力资源和社会保障部推出的第一批全国统考职业，在根据人才市场需求变化、办公管理技术变化要求对考试内容和形式的不断改革中走向成熟，在考试上逐步实现了理论与实际需要相结合，环境模拟、岗位模拟和任务驱动的三位一体模式。

国家人力资源和社会保障部职业技能鉴定中心从 1998 年开始在全国开展秘书资格统一鉴定工作在五个"统一"的质量控制原则下，即全国统一标准、统一教材、统一命题、统一考务、统一证书，在职业培训、鉴定实施、考务管理到证书核发等主要工作环节进行了统一规划与组织管理，保证了秘书职业资格认证的质量，大大提高了秘书职业国家职业资格证书的含金量。作为国家劳动部发起、推出的第一批全国统考职业之一，秘书职业资格全国统一鉴定工作在社会各界，尤其是企事业单位，引起了强烈反响，受到了考生与用人单位的普遍欢迎。普及面广，知名度高，是权威的国家级考试，证书得到国家认可。所以参加鉴定人数逐年增加，发展迅速。从全国统考反馈的情况看，秘书职业已成为一个影响越来越大、社会化愈加明显的职业领域。

2. 鉴定发展情况

（1）自 1998 年，国家人力资源和社会保障部按照与企业蓝领工人相对应的初、中、高三级标准对秘书进行职业资格考试。但是由于我国秘书已经成为一个庞大的职业群体，文化层次、职能作用和社会地位都有很大的区别，大量秘书人员在社会组织的管理、决策中发挥着重要作用，三级制的鉴定格局已经不能满足社会的需要。所以，2003 年根据国际秘书职业发展的新趋势，以及我国秘书从业人员的基本素质、职业要求的变化，国家人力资源和社会保障部决定修改我国原有的秘书资格鉴定办法，推行新办法。

（2）2003 年秘书职业认证体系。按照 2003 年标准，我国秘书职业分为四个等级，即五级、四级、三级和二级秘书。此办法借鉴了英国职业认证体系的原则和方法，即以职业能力为标准体系，改变了过去偏重于学术标准的体系；以实际工作表现为考证体系，增加实际技能的鉴定内容；以证书质量管理为保证体系，通过控制职业证书的质量来增强职业鉴定工作的权威性。通过秘书资格考试的全面升级，从标准、教材到培训、考试模式，全面贯彻以职业活动为导向、以职业能力为核心的职业标准体系，形成更加贴近市场要求的考试模式。

（3）自 2005 年 11 月起，国家秘书资格鉴定已在广州、深圳两地试点进行计算机答题替代书面答题，以推进秘书资格智能化考试工作。

（4）2006 年国家秘书资格鉴定大改变。

① 修订了秘书职业标准。《秘书国家职业标准》（2006 年版）（下称《标准》，见附录部分），以《中华人民共和国职业分类大典》为依据，在充分考虑经济发展、科技进步变化对秘书职业影响的基础上，对秘书职业的活动范围、工作内容、技能要求和知识水平作了新的明确规定。总体包括职业概况、基本要求、工作要求和比重表四个方面。主要变化是：《标准》根据秘书职业技能要求的特点，把工作要求重新分为办会、办事、办文三个模块，从而更加明确和强化了秘书工作的基本技能范围和内容；同时对秘书工作的程序化特点在工作内容的分级表述中照顾到其内存联系，以引导学习者建立对秘书为内容的整体认知（如把会议管理划分为会前、会中、会后）；对能力要求和相关知识的表述也更为具体。

② 考试内容调整为理论知识考试（包含职业道德和基础业务素质两部分）和技能操作

考核（包含案例分析和工作实务两部分）。理论知识考试和技能操作考核时间分别为 90 分钟和 120 分钟，均实行百分制，成绩皆达 60 分及以上者为合格。秘书国家职业资格二级仍需进行综合评审。2006 年秘书资格考核内容，如表 7-1 所示。

表 7-1　2006 年秘书资格考核内容

等级 \ 内容	理论知识考试		技能操作考核			总分
	职业道德	基础业务素质	案例分析	工作实务	业绩评估	
五、四、三级秘书	100		100		0	200
二级秘书	100		100		100	300

③ 修订了培训教程。《秘书国家职业资格培训教程》（2006 年版），根据重新修订的《标准》要求而编写。

新教材在具体内容的修改中，吸收并参考了在 2006 年上半年两次全国秘书职业资格考试师资培训中收集的考试信息与建议，从而使操作技能指导更加具体，对新的办公自动化技术描述更加充实。

新教材在业内专家、用人单位和长期从事秘书职业资格鉴定工作管理专家的建议下，对内容构成进行了新的整合。

第一，秘书职业基础知识部分。

基于办公自动化手段的变化与更新，在工作基础知识部分把现代办公所必需的办公自动化设备使用的内容放入办公室事务管理，以突出对秘书操作设备技能水平的考核；基于用人单位对员工素质中人际关系的考核的普遍性，把人际沟通放入工作基础，使秘书的沟通能力和水平成为这种工作的起点素质要求；基于手写速记在我国专业教学中的限制性与专业化，把速记技术考核点简化的同时，介绍了计算机速记知识；基于中小企业办公管理中对秘书技能多样化的要求，在弱化部分宏观管理学常识的基础上，增加了企业管理的微观内容和公共关系相关知识；基于企业有意无意陷在不正当竞争中的现象日益增多，法律法规部分适时增加了反不正当竞争法的相关内容。

第二，秘书职业工作要求部分。

基于秘书业务工作总体构成的逻辑性及领域分布，本次修改后的内容以办会、办事、办文三个主要部分构成。

在"办会"部分，基于秘书业务综合能力的学习与考核，对每类不同的会议管理都提出了程序性的要求；对存在于其中的细节和可以使用的手段做出了提示或建议。在"办事"部分，基于不同单位特别是现今公司办公事务的复杂性、特殊性以及部分学习者、希望转岗者基础业务能力、实践经验的不足，教材对这部分的各个工作环节的介绍力求细化具体，形成工作流程概念，以利于学习者形成总体的"办事"业务认知。"办文"部分吸纳了行业内强烈反映的目前许多秘书行文能力差的意见和建议，在将文书基础和行文种类分开介绍的同时，清楚地划分出各个级别的应知应会文种并给出示例，具有学习引导和作为简单工具的双重作用。

第三，新教材对各级别技能水平具有明确的层级要求。

新教材的又一显著修改之处，在于纠正了原有教材级别划分上的不科学性、不连贯性，对各级别的技能水平有了比较明确的层级要求。

可以这样理解：五级秘书基本上是公司前台、接待岗位上的办公管理人员；四级秘书则侧重于办公室内工作的管理；三级秘书已经是相当于办公室主任的角色，在管人、管物、管事中实现办会、办事和办文的要求，协调作用明显增强；二级秘书是为了与NVQ（英国国家职业资格 National Vocational Qualification 的英文字母缩写）的职业企业行政管理师接轨而设置的，相当于总经理助理或公司总监职位的工作岗位，其主要功能集中在综合事务管理上，所不同的是必须参与一定的工作决策和办公室人、财、物的资源配置等。

因此，学习者应在仔细阅读教材的基础上，体会不同级别秘书的职业要求，以实现岗位要求的理念备考。

④ 调整了考试时间。理论知识考试的时间增加了30分钟，主要是考虑到在纸笔考试中使用读题卡作答与考试时间配比有较大差距，所以从原有的60分钟答125道题改为90分钟答125道题。由于总量中还包含了多项选择题（五级秘书试题全是单选），故时间仍较紧张。建议考生先答后半部分分值高的试题，以提高有把握题所占的分值。

（5）2007年秘书职业资格鉴定新举措。

① 根据国家劳动和社会保障部办公厅2007年2月25日（劳社厅发〔2007〕6号）文件通知，为做好2007年国家职业资格全国统一鉴定工作，加强规范管理，进一步提高鉴定质量，对全国统一鉴定职业进行适当调整。

② 下放五、四、三级别为地方考试。在2006年全国统一鉴定工作基础上，继续组织开展13个职业的全国统一鉴定工作。秘书国家职业资格二级实行全国统一鉴定，五级、四级、三级的鉴定工作由各省、自治区、直辖市劳动保障部门组织实施。

③ 2007年，国家社会和劳动保障局开始在全国开展国家职业资格统一鉴定日制度试点工作，即在每年的3月、5月、7月、9月和11月的第三周的星期五、星期六和星期日3天内，集中组织统考活动。该年度，全国统一鉴定时间安排在5月和11月第三周的星期六和星期日，实验性试点工作安排在其他"统考日"期间安排。

④ 建立试题库，采用计算机抽题配题形成试卷，以逐步实现由从卷库备考到题库备考的过渡。

（6）2009年5月扩充题库，部分级别试题要求有所改变（三级、二级案例分析题要求进行分析、更正说明）。因为当今办公自动化越来越多地进入了办公管理手段，无论哪个级别，对此都有较高的要求。要求掌握电脑的基础知识和基本操作技能，以及相关办公自动化设备的硬件、软件基础知识，更重要的是办公自动化设备技能的实际操作，核心要求是工作效率；秘书国家职业资格鉴定的专业能力要求由低级向高级依次递进，考试中试题高级别涵盖低级别的基本知识及工作能力要求，可以实现能力发展的更好衔接。

三级、四级、五级——形成题库（含秘书在内共计7个职业）下放地方。地方抽题组卷、地方阅卷、地方主管考务、地方申请发证。原则上按考试日开考。目前采用的与统考同步的时间是一种地方性的过渡。

试题形式和试卷构成不变，但是三级、二级案例分析题要求考生必须对正误知识点加以分析和更正说明。

3. 秘书国家职业资格鉴定发展趋势

（1）秘书全国统一鉴定工作，经过各级劳动保障部门几年来不懈的宣传推动，社会影响力不断扩大，已经成为我国职业资格准入制度中的重要环节，已被广大社会劳动者和用人单位所认同。

（2）国家职业资格鉴定工作网统一考试远程监控平台已经发挥作用，监控面积逐年扩大，监控质量稳步提高。作为预防考试作弊有效手段之一的远程监控平台，对进一步提高鉴定质量、管理水平，提高全国统一鉴定的公平性、公正性和权威性，对科学规范考试管理，起到了不可替代的作用。

（3）智能化考试试点所获得的相关信息为实现无纸化在线考试提供了参考，采用智能化考试是正在积极探索的一种考试方向和趋势。智能化考试能够在保障考试公平、公正的同时，提高考务管理工作效率，降低考务成本。秘书职业开展的智能化考试试点工作，为缩短卷考向无纸化考试转换的过渡期提供了有参考价值的信息。

（4）鉴于以往社会对秘书职业的偏见和我国高等院校秘书专业目前萎缩的状况，秘书国家职业资格鉴定制度的实施，廓清了秘书职业的社会定位以及秘书职业的业务内涵，成为促进就业、促进专业发展和提升人才素质的重要动力。

（二）剑桥办公管理国际证书考试

1. 考试的性质和目的

"剑桥办公管理国际证书考试"（原称"剑桥秘书证书考试"）是教育部考试中心中英中心（SBC）和英国剑桥大学考试委员会（UCLES）联合于2003年开始引入我国的社会化职业证书考试项目。它是办公室管理及秘书从业人员的培训、考试系统，是为了适应我国改革开放和经济建设的需要，应对我国加入WTO后的国际大环境，为我国工商业和事业单位培养具备相关理论知识的、较高层次的办公管理及秘书人才，从而使我国办公管理及秘书人才尽快与国际接轨。

"剑桥办公管理国际证书考试"是按国际标准开发的全新的秘书技术和职业培训课程，重视实际应用技能的培养，已在世界上160多个国家和地区推广，每年有600多万学员参加考试，具有相当高的权威，得到了国际社会的公认。考试模块涉及领域广，内容新，可操作性强，符合实际需要。尽管剑桥办公管理国际证书考试不设报考资格限制，但从考试内容看，中专以上学历在校生及从事办公室工作人员是其主要面向。

"剑桥办公管理国际证书考试"注重秘书职业不断变化的职能和实际工作环境所要求的各种技能，以及现代办公环境中不可或缺的信息技术的使用和高效的沟通能力的培养。该项考试涵盖了众多领域的知识，包括信息技术与办公软件的使用、客户服务、组织技能和实践管理等。以快捷、有效的方式帮助学习者在文字处理、办公程序、客户服务、信息与沟通技术等诸多领域获得管理技能。

"剑桥办公管理国际证书考试"具有先进的教育理念、新颖的教学方式和科学的教育测评模式，它重视秘书职业意识和技能的培养，适应各行业秘书工作的岗位要求，是具有国际领先水平的秘书培训考试系统。

2．考试级别

剑桥办公管理国际证书考试共有三个等级初级（一级）、中级（二级）和高级（三级）。

3．考试模块构成与培训时间

"剑桥办公管理国际证书考试"采用模块化的学习方式，将现代各种办公环境中的工作技能设计在不同模块之中，供学员学习；其模块由不同级别的核心模块和选修模块组成；每个模块都有严格、科学的测评标准，用以测评学员理解和掌握理论及实践操作能力的程度；学员根据自身情况既可选择单模块学习，也可选择按级别学习。

"剑桥办公管理国际证书考试"在教学上突破理论教学的局限，重视实际工作能力培养；在考试方式上突破纸笔考试形式的限制，采用作业设计、实践等方法考察工作技能的掌握程度。其三个考试级别框架的设置是为了满足不同工作能力层次的要求，这些级别要求考生在特定的时间段内呈现出的熟练度和精确度逐级上升。其考试形式与培训时间，如表7-2所示；考试级别与模块构成，如表7-3所示。

表7-2 剑桥办公管理国际证书考试形式与培训时间

	模块名称	级别	考试形式	考试时间（小时）	学习时间（建议）	
核心模块	办公室管理	初级	闭卷考试	1.5	35学时	卷面作答
		中级		1.5	35学时	
		高级		2.0	50学时	
	沟通和项目管理	初级		1.5	35学时	
		中级		1.5	35学时	
		高级		2.0	50学时	
	文字处理	初级		1.75	35学时	
		中级		1.75	35学时	
		高级		1.75	50学时	
选修模块	信息与沟通技术	初级		2.25	35学时	上机考试
		中级		2.25	35学时	
		高级		2.25	50学时	
	客户服务	初级	作业设计		35学时	实践考核
		中级			35学时	
		高级			50学时	
	组织会议和活动	中级	作业设计		35学时	
		高级			50学时	
	人际商务技巧	中级	作业设计		35学时	
		高级			35学时	

表 7-3　剑桥办公管理国际证书考试级别与模块构成

考试级别	核心模块		选修模块	
初级	三门	办公室管理 沟通和项目管理 文字处理	一门	客户服务（初级） 信息与沟通技术（初级）	二选一
中级	三门	办公室管理 沟通和项目管理 文字处理	两门	客户服务（中级） 组织会议和活动（中级） 人际商务技巧（中级） 信息与沟通技术（中级）	四选二
高级	三门	办公室管理 沟通和项目管理 文字处理	两门	客户服务（高级） 组织会议和活动（高级） 人际商务技巧（高级） 信息与沟通技术（中级）	四选二

4. 证书系列

剑桥办公管理国际证书为中、英两种文字书写，是由教育部考试中心中英中心（SBC）和英国剑桥大学考试委员会（UCLES）联合签发的写实性证书。

（1）对完成全部核心模块并通过相应考试的考生，颁发"核心模块合格证书"。

（2）对完成单个选修模块并通过相应考试的考生，颁发"单科模块合格证书"。

（3）对完成三门初级核心模块和一门初级选修模块并通过相应考试的考生，颁发"初级剑桥办公管理国际证书"。

（4）对完成三门中级核心模块和两门中级选修模块并通过相应考试的考生，颁发"中级剑桥办公管理国际证书"。

（5）对完成三门高级核心模块和两门高级选修模块并通过相应考试的考生，颁发"高级剑桥办公管理国际证书"。

5. 考试形式及其时间期限要求

考试形式有：笔试考试、作业设计、实践考核。

笔试考试：由英国剑桥大学考试委员会和中国教育部考试中心中英中心命题，由中国教育部考试中心中英中心和各省（含自治区、直辖市）自考办统一组织实施。

作业设计：包括学生评估记录（SAR）和作业设计两部分内容。学生评估记录列出了相关模块的能力标准，由持有上岗证的指导教师根据考生的实际情况做出评估；作业是指在教师的指导下，伴随培训过程，由考生运用所学知识和技能，独立完成的一份具有与实际工作相结合的作业设计。

实践考核：考生在培训过程中的实际应用能力掌握程度。

各级别的剑桥办公管理国际证书考试最长允许在三年内完成相应级别的模块考试和大作业，并只能在同一级别中进行考试，不能跨级别考试和取得证书；每门大作业完成时间可以为半年，最长可为一年。

6. 报考条件与报考对象

考生不受年龄、职业、学历等背景的限制，可根据自身学习和工作的实际情况，选择不同级别不同模块参加培训和考试，经过相应的培训并通过考试的考生即可获得证书。

报考对象：有志于从事行政助理、秘书、文员、客户服务、办公室管理等工作的所有人员。

7. 培训事宜

培训是剑桥办公管理国际证书考试的重要环节，学员实际应用能力的培养贯穿于模块培训的始终。通过培训，学员具有现代办公管理（秘书）观念和国际化的思维方式，并掌握了现代办公管理（秘书）的行为准则。培训根据考生群体分为在职班（A班）和在校全日制班（B班）。A班主要利用周末、晚上上课；B班主要由各高校培训点根据在校生的课余时间组织上课。A、B班具体上课时间、地点由各培训点安排。

雄厚的师资力量，教师均为来自高校的教授并已取得教育部考试中心的师资上岗证。考试大纲是考试的唯一依据，由教育部考试中心中英教育测量中心正式编著出版。

8. 参加考试必须注意的事项

（1）考试语言：该项考试用中文进行。不考察考生的语言能力，只考查考生利用所学习的理论和知识进行实际操作的能力。

（2）考试报名：学员可以不受学历的限制，选择适合自己的相应学习等级模块，报名参加剑桥办公管理国际证书考试。需要携带毕业证书、身份证原件及复印件各一份，一寸正面免冠相片三张。考生根据各区域考试服务中心公布的报名时间，自行到所在省（自治区、直辖市）所属剑桥办公管理国际证书考试考点报名参加考试。

（3）考试大纲是考试的唯一依据，没有考试教材。

（4）培训：考生考前必须到由教育部考试中心中英中心授权的培训机构接受培训。

9. 剑桥秘书证书的作用。

在长期推行学历教育的中国，进入市场经济的时候，最突出的人才问题就是学历教育所获得的知识与市场经济所需要的知识之间存在巨大的差距。市场经济的发展，需要每一位身在其中的参与者，必须具备职业的技能、职业的规范和专业的知识等。剑桥办公管理证书的设计，重点体现了各行业办公管理人员职业的、规范的、国际标准的办公管理全面的知识技能。完全符合市场经济的规律。国际化的专业人才的知识构架，就是完全掌握职业的、规范的、国际标准的知识技能。

对于企业来说，剑桥办公管理国际证书可以提供的帮助是：帮助企业建立国际水准的办公管理标准；帮助企业培训员工，使其掌握国际标准的办公管理知识技能、工作准则；帮助企业建立办公管理人员的业务能力考核标准。

对于秘书和现代文员来说，剑桥办公管理国际证书考试为之提供的帮助是：为即将参加工作的学习者，提供符合市场经济规律的实际工作能力培训；学习者不会受固有的经验和知识水平的影响，可以充分学习到国际标准的办公室管理的工作方法、操作技能以及工作规范；持有剑桥办公管理国际证书，则代表了完全符合从事国际化的办公室管理工作的要求。它开发了学习者的个人工作能力，增强提升的机会；如果学习者刚进入工作岗位，剑桥办公管理国际证书将为学习者提供进入职业阶梯的通道,并在学习者学习到技能的同时获得国际认证;如果学习者准备变换岗位,剑桥办公管理国际证书可向新的单位证明证书持有人具备的能力。

剑桥办公管理国际证书是目前国际上包括美国、英国等160个国家认可通用的"中级"办公管理(秘书)资格证书,并且一次取证终身有效。

(三) LCCIEB秘书证书考试

1. 简介

伦敦工商会考试局英文(简称LCCIEB),成立于1890年,在国际上有广泛影响力,是世界最大的职业技能证书发放机构之一。目前已在全球125个国家和地区设立了8 500多个考试中心。在目前引入中国的资格考试中,包括了其秘书资格考试。该证书在90多个国家设有考试中心。LCCIEB秘书证书考试1995年引进中国,目前在18个省市设有办事机构。其秘书资格证书具有"工作绿卡"之称,在英联邦国家和东南亚影响都很大,与商界尤其是外企联系较多。在考试题目设置方面,会更多地侧重商业秘书需要。为促进学生就业,已经设立了中国学生服务中心,免费向外企推荐工作。职业资格证书是国际认可的,获得的学员可继续进修专业资格文凭或到国外大学进一步深造,世界上许多大学都承认LCCIEB的证书为入学条件之一。另外,其证书在赴英留学移民方面也可作为申请条件之一。

2. 秘书证书考试的内容

LCCIEB秘书证书考试在英国本土最高有四级,国内目前开考的是二级和三级。考试形式为笔试。LCCIEB秘书证书考试全球统一命题、统一考试,也就是说,中国考生也需要采用英文试卷。基本上一年考四次,分别在3月、4月、6月和11月举行,也可根据需要安排考试。

LCCIEB的秘书二级考试包括商务英语(二级,下同)、商务管理和文本产生三门,三级考试除了上述后两科的三级外,还要考核商务实践,商务英语则可由考生自选二级或三级。每科考试50分及格,考生通过单科考试可获得单科目证书,首次报考后24个月内通过所有考试,可获得LCCIEB的英文证书。

3. 秘书证书考试的条件要求

考试本身对报考人没有资格限制,也不强求参加培训。

4. 报名办法

LCCIEB秘书证书考试对外开放,在任何一个依照规定建立了注册中心的国家,任何国籍的考生都能参加考试。报名必须通过注册中心。LCCIEB的各个注册中心负责安排考试地点。

5. 考试内容

考试内容有办公程序、速记等。

6. 考试延考政策

为了使学生更好地进行考前复习,增加考试灵活性,提高学生通过考试的信心,LCCIEB

从2001年起实施新的考试延考政策。其具体内容如下。

（1）每期考试，考生只有一次延考机会。

（2）考生延考必须在即期考试（OnDemand）或每期考试（Series）的第一科考试日期前至少三周（21天），把申请表格填妥，并交与AEC或LCCIEB办公室的考试负责人。

（3）考生将会自动被延考至接下来最近一期的考试（不适用于即期考试）。如果考生在规定的期限内提出了延考申请，而未参加顺延的延期考试，考试费用不会返还，并将作为"无故缺席"论。

（4）如果考生未在规定的期限内提出延考申请，该延考申请将不予受理。

LCCIEB秘书证书考试进入中国十多年，目前在30多个省市都设立了考试中心。根据和教育部考试中心签署的协议，考务方面由教育部和各地教委组织。

（四）"特许职业秘书"资格考试（CPS）

1. 简介

"特许职业秘书"资格考试就是IAAP秘书资格考试。IAAP就是"国际职业秘书协会"（International Association of Administrative Professionals）的缩写，国际职业秘书协会或称"国际行政管理人协会"，成立于1942年，是世界有名的跨国性的职业组织。原名美国全国秘书协会，1981年改为"国际职业秘书协会"，总部在美国密苏里州开普斯城。会员4万人，除美国的在职秘书外，包括欧、亚、拉美各洲30多个国家和地区。其宗旨是：作为秘书的代言机构，维护秘书的合法利益；通过连续教育，提高秘书人员的素质和水平；介绍最新技术，增强业务技能，提高秘书的职业地位。

"国际职业秘书协会"有很多分支机构，美国、加拿大、拉美的维尔京群岛及波多黎各地区人数较多。在英格兰、苏格兰、德国、瑞士、荷兰、挪威、日本、印度、新西兰、澳大利亚、马来西亚、新加坡、泰国、印度尼西亚、香港、台湾、巴西、巴拿马、墨西哥等27个国家和地区设立了分支机构。

CPS考试由国际职业秘书协会举办，目前国内在北京、上海等大城市已经设立了培训点和考点。

2. 报考条件与报考对象

"特许职业秘书"资格考试报考要求高中生有6年秘书工龄，大学生要有共6年的大学学龄和秘书工龄。有学士学位的人须满一年工作经验才能报考。考试科目包括：企业法、企业行为科学、企业管理、人际学、秘书会计学、秘书技能、办公室秘书工作程序等。考试连续进行12小时。合格者获"特许职业秘书"资格，简称CPS。

作为考试，特许职业秘书考试在中国还只是刚刚开始。

二、相关链接

职业资格证书制度的具体内容

职业资格证书制度包括考核标准以及相应的考核与发证制度。考核标准通常为"入门标准"和"特殊标准"：前者指从事某一职业所必须达到的起码标准；后者指在入门标准之上，从事本职业中某种特殊职业活动所需达到的标准。考核标准是根据职业资格标准的要求，将其具体化，成为可以检测的考核目标，其内容包括知识、技能、品德等。我国国家职业资格通常分为五个级别，即初级（五级）、中级（四级）、高级（三级）、技师（二级）、高级技师（一级）。通过了国家部门组织的职业技能鉴定，即能获得相应等级的职业资格证书。

职业资格证书的考核是通过职业技能鉴定的方式进行的，职业技能鉴定是国家职业资格证书制度的重要组成部分，是由国家统一颁布实施，以技术等级标准为参照，以劳动者职业知识技能水平为鉴定对象的标准参照考试。国家实施职业技能鉴定的主要内容包括：职业知识、操作技能和职业道德三个方面。这些内容是依据国家职业（技能）标准、职业技能鉴定规范（即考试大纲）和相应教材来确定的，并通过编制试卷来进行鉴定考核，分为知识要求考试和操作技能考核两部分。知识要求考试一般采用笔试，技能要求考核一般采用现场操作加工典型工件、生产作业项目、模拟操作等方式进行。经鉴定合格者，由劳动保障部门核发相应的职业资格证书。它由考试考核机构对劳动者从事某种职业所应掌握的技术理论知识和实际操作能力作出客观的测量和评价，是一项基于职业技能水平的考核活动。

目前在我国实行职业资格的职业有营销师、秘书、涉外秘书、公关员、人力资源管理师、物业管理师、注册会计师、注册资产评估师、律师等，今后我国还将继续按照统筹规划、急需先建、逐步推开的原则推广职业资格证书制度。学历证书和职业资格证书制度并重的时代已悄然来临。

（资料来源：沈蕾．办公室管理[M]．北京：中国建材工业出版社，2005）

三、课堂内外

（一）堂堂练

讨论

职业资格证书制度推行的意义是什么？

（二）堂外练

秘书国家职业资格鉴定（四级）模拟题
理论知识

（26—125题，共100道题，满分为100分）

一、单项选择题（26—85题，每小题1分，共60分。每小题只有一个最恰当的答案，请在答题卡上将所选答案的相应字母涂黑）

26．两个机关联合行文，在加盖印章时，应该（　　）。
　　（A）只加盖主办机关的印章，且要压在成文时间上
　　（B）两个印章均压在成文时间的上方，印章之间不能相交或相切
　　（C）将成文时间拉开，两个印章均应压住成文时间，印章之间不能相交或相切
　　（D）两个印章均在成文时间的下方，印章之间不能相交或相切

27．确定机关之间行文关系的重要前提是（　　）。
　　（A）隶属关系和职权范围　　　　（B）领导和被领导的关系
　　（C）指导和被指导的关系　　　　（D）上下级关系

28．下列选项不属于发文字号内容的是（　　）。
　　（A）机关代字　　　　　　　　　（B）文件名称
　　（C）年份　　　　　　　　　　　（D）序号

29. 答复上级机关的询问，应该使用（   ）。
    (A) 函 (B) 报告
    (C) 通知 (D) 意见
30. 在公文标题中，有些要素视情况可以省略，但不能省略的要素是（   ）。
    (A) 发文机关 (B) 发文事由
    (C) 发文文种 (D) 发文对象
31. 下列软件中，不属于系统软件的是（   ）。
    (A) UNIX (B) CCED
    (C) NetWare (D) DOS
32. Windows 可以同时搜索多个文件，在输入多个文件名时不可以调作分隔符的符号是（   ）。
    (A) 分号 (B) 逗号
    (C) 空格 (D) 单引号
33. Word 编辑状态下，如果要在表格的末尾添加一行，可将插入点移至表格的最后一个单元格中，然后按（   ）键。
    (A) Alt (B) Shift
    (C) Tab (D) Ctrl
34. 下列有关 Excel 的操作中，不能改变工作表名字的是（   ）。
    (A) 鼠标左键单击选中的工作表标签
    (B) 鼠标左键双击选中的工作表标签
    (C) 鼠标左键三击选中的工作表标签
    (D) 鼠标右键单击选中的工作表标签
35. 下列关于 PowerPoint 幻灯片背景的叙述，错误的是（   ）。
    (A) 一张幻灯片上可以使用多种背景
    (B) 更改背景时，用户可以将这项改变应用于所有的幻灯片
    (C) 用户可以使用一幅自己喜爱的图片作为背景
    (D) 同一个演示文稿中不同的幻灯片可以设置不同的背景
36. 进行有效沟通除了要进行正确的引导、了解和说服外，还要（   ）。
    (A) 安排各种活动 (B) 换位思考
    (C) 强调自己的要求 (D) 注意安全隐患
37. 秘书所涉及的沟通工作绝大多数（   ）。
    (A) 是与上司的沟通 (B) 是与营销部门的沟通
    (C) 是与客户之间的沟通 (D) 是人与人之间以及组织之间的沟通
38. 认同疏导性最终要求达到在（   ）。
    (A) 沟通结果上的认同 (B) 沟通方法上的认同
    (C) 沟通内容上的认同 (D) 沟通过程上的认同
39. 下列不属于从载体形式上分类的沟通形式是（   ）。
    (A) 书面语言沟通 (B) 态势语言沟通
    (C) 口头语言沟通 (D) 横向沟通

40. 沟通是没有终点的，这说明秘书的沟通工作具有（　　）。
    (A) 明确性　　　　　　　　　　(B) 连贯性
    (C) 可判断性　　　　　　　　　(D) 非计划性

41. 一般研讨会、汇报会、座谈会等小型会最好用（　　）记录法。
    (A) 完全　　　　　　　　　　　(B) 精详
    (C) 补充　　　　　　　　　　　(D) 精要

42. 下列各项中受专利法保护的对象是（　　）。
    (A) 某甲发明的一种高血压病的治疗方法
    (B) 某乙发明的一种游戏规则
    (C) 某丙发明一种茶叶的制作方法
    (D) 某丁可专用于吸食毒品的工具发明

43. 下列人员中适用《劳动法》的调整范围的是（　　）。
    (A) 某县县长　　　　　　　　　(B) 公司董事长
    (C) 家庭保姆　　　　　　　　　(D) 城镇集团农民工

44. 以下属于不正当竞争的是（　　）。
    (A) 季节性降价中，以低于成本的价格进行销售
    (B) 因清偿债务转产歇业而以低于成本的价格销售商品
    (C) 假冒他人的注册商标
    (D) 以低于成本的价格处理有效期限即将到期的商品或者其他积压的商品

45. 无效合同的法律效力是（　　）。
    (A) 自订立时无效　　　　　　　(B) 自法院判决时无效
    (C) 自仲裁机构裁决时无效　　　(D) 自工商机关发现时无效

46. 下列属于行为税的税目是（　　）。
    (A) 关税　　　　　　　　　　　(B) 印花税
    (C) 营业税　　　　　　　　　　(D) 资源税

47. 企业的办公格局和车间的设计属于企业文化的（　　）。
    (A) 精神层　　　　　　　　　　(B) 制度层
    (C) 物质层　　　　　　　　　　(D) 行为层

48. 发达国家一般采用（　　）。
    (A) 间接汇率制度　　　　　　　(B) 浮动汇率制度
    (C) 固定汇率制度　　　　　　　(D) 直接汇率制度

49. 中国农业发展银行是（　　）。
    (A) 股份制银行　　　　　　　　(B) 商业银行
    (C) 专业银行　　　　　　　　　(D) 政策性银行

50. 制定会议的议程首先要明确（　　）。
    (A) 会议的时间　　　　　　　　(B) 会议的规模
    (C) 会议的目标　　　　　　　　(D) 上级的精神

51. 为了压缩会议的时间，提高会议的效率，对于代表的口头报告（   ）。
    （A）与提交的书面报告完全一致
    （B）比书面的报告更充实
    （C）只讲书面报告的提纲
    （D）只涉及最重要的项目或者需要集体进行讨论的事项

52. 小型会场内座位的安排，常以离会议主持人或主席位置近的座位为上座，而会议的主持人或会议主席的位置应置于（   ）的位置。
    （A）接近入口处、正对门　　　　（B）远离入口处、正对门
    （C）接近入口处、背对门　　　　（D）远离入口处、背对门

53. 会场的整体布局要做到庄重、美观、舒适，一般不用考虑会议的（   ）。
    （A）性质　　　　　　　　　　　（B）规格
    （C）规模　　　　　　　　　　　（D）时间

54. 会议信息从内容方面划分可分为（   ）。
    （A）会议保密信息　　　　　　　（B）公开性会议信息
    （C）指导性、宣传性信息　　　　（D）内部性会议信息

55. 会议文件分发传递的正确步骤是（   ）。
    （A）清点、登记、装封、发出
    （B）登记、附清退目录、装封、发出
    （C）附清退目录、清点、登记、装封
    （D）登记、装封、发出

56. 会后不需要立卷归档的会议文件资料有（   ）。
    （A）开幕词　　　　　　　　　　（B）闭幕词
    （C）重份文件　　　　　　　　　（D）决议

57. 会议决定事项的传达要求是（   ）。
    （A）实用主义　　　　　　　　　（B）利己主义
    （C）建立催办制度　　　　　　　（D）及时到位

58. 在接待规格中，（   ）是最常用的接待方式。
    （A）对等接待　　　　　　　　　（B）低规格接待
    （C）正规接待　　　　　　　　　（D）非正规接待

59. 秘书应该根据（   ）、人员数量、活动内容作出接待费用的预算。
    （A）对方的要求　　　　　　　　（B）人员职位
    （C）接待规格　　　　　　　　　（D）接待地点

60. 正式宴请的时间以（   ）居多。
    （A）中午　　　　　　　　　　　（B）下午
    （C）晚上　　　　　　　　　　　（D）周末

61. 驾驶者是专职司机，双排五座轿车最上座应该是（   ）。
    （A）后排右座　　　　　　　　　（B）后排左座
    （C）后排中座　　　　　　　　　（D）副驾驶座

62. 秘书安排客人的招待娱乐活动可以分为（　　）和参与项目。
    （A）歌舞项目　　　　　　　　（B）地方特色项目
    （C）传统项目　　　　　　　　（D）观看项目

63. 在布置办公室时应使自然光（　　）。
    （A）来自桌子的左上方或斜前上方
    （B）来自桌子的右上方或斜后上方
    （C）来自桌子的左上方或斜后上方
    （D）来自桌子的右上方或斜前上方

64. 布置办公室的三大原则是（　　）。
    （A）有利于沟通，便于监督，协调、舒适
    （B）有利于保密，便于监督，协调、舒适
    （C）有利于沟通，便于监督，严肃、紧凑
    （D）有利于沟通，便于活动，开放、舒适

65. 下面各项中说法不正确的是（　　）。
    （A）不准随意更换公章管理人员
    （B）不准将公章交与他人管理
    （C）印章的保管者也是具体用印者
    （D）应由专业技术人员保管印章

66. 销毁旧公章要登记造册，经上司批准后，要有（　　）人监督。
    （A）1　　　　　　　　　　　　（B）2
    （C）3　　　　　　　　　　　　（D）4

67. 上级单位询问本公司经理行踪及本公司工作情况，值班人员如果对情况清楚，应（　　）。
    （A）直接报告　　　　　　　　（B）灵活应对
    （C）避而不答　　　　　　　　（D）拒绝回答

68. 当库存余额达到（　　）时，必须采取紧急行动检查是否已经订货，确保很快交货。
    （A）最大库存量　　　　　　　（B）最小库存量
    （C）再订货量　　　　　　　　（D）库存容量

69. 数码相机图像的存储格式一般为（　　）格式。
    （A）GIF　　　　　　　　　　　（B）JPEG
    （C）BMP　　　　　　　　　　　（D）AVI

70. 以下关于数码相机保养的叙述，错误的是（　　）。
    （A）在正常的工作环境下，相机和镜头并不需要过于频繁地清洗
    （B）如果有必要，可以用酒精来擦洗相机的金属部分
    （C）要注意保持镜头的清洁，镜头上的微量尘埃会影响图像的质量
    （D）相机在低温下可能会停止工作

71. 在用扫描仪扫描文字时，分辨率在（　　）dpi 时扫描效果最好。
    （A）200　　　　　　　　　　　（B）300
    （C）400　　　　　　　　　　　（D）600

72. 如果扫描仪在工作时发出的噪声很大，通常的解决方法是（　　）。
    （A）将扫描仪摆放平稳　　　　　（B）降低扫描速度
    （C）提高扫描分辨率　　　　　　（D）更新驱动程序

73. 刻录机的读写速度是用"倍速"表示的，8X表示每秒钟能够传输（　　）的数据。
    （A）400KB　　　　　　　　　　（B）800KB
    （C）1200KB　　　　　　　　　（D）1600KB

74. "××省商业储运公司关于××FC16SA大卡车存在严重质量问题要求赔偿损失的（　　）"，括号处应填写的最恰当的文种是（　　）。
    （A）回复函　　　　　　　　　　（B）请准函
    （C）商洽函　　　　　　　　　　（D）知照函

75. "人是能够制造和使用生产工具的动物。"此句话所用的说明方法是（　　）。
    （A）分类　　　　　（B）比较
    （C）定义　　　　　（D）诠释

76. 《国务院关于加强水土保持工作的通知》，其主题词是（　　）。
    （A）水土保持工作通知　　　　　（B）农业　水土保持　通知
    （C）水土保持农业通知　　　　　（D）工作　水土保持　通知

77. "××省财政厅关于同意××大学新建教学楼的（　　）。"括号处应填写的最恰当的文种是（　　）。
    （A）函　　　　　　（B）批复
    （C）通知　　　　　（D）决定

78. 下列句子用语得体的一项是（　　）。
    （A）本人不甚将支票丢失，承蒙您及时送回，不胜感激。明天我将于百忙之中专程前来致谢。届时请等候。
    （B）贵公司刚刚成立，如果在管理方面需要帮助的话，我们将不吝赐教。
    （C）销售科经过调研，写出了《××牌抽油烟机在××市销售情况的调查报告》，文中提出了改进措施，并责成公司领导研究落实。
    （D）奉上拙著一本，鄙人才疏学浅，书中难免有误，敬请斧正。

79. 在公文中不应使用汉字数字的是（　　）。
    （A）成文时间　　　（B）惯用语
    （C）缩略语　　　　（D）发文字号

80. 对文书进行誊抄缮写的工作称为（　　）。
    （A）撰写　　　　　（B）复制
    （C）缮印　　　　　（D）制文

81. 按照来源、时间、内容和形式方面的异同，将形成的档案划分为若干类别的工作是（　　）。
    （A）档案分类　　　（B）档案立卷
    （C）档案整合　　　（D）档案加工

82. 年度分类法是按照（　　）的年度，将档案分成若干类别。
    (A) 文件起草　　　　　　　　(B) 文件形成
    (C) 文件签收　　　　　　　　(D) 文件审核
83. 秘书直接用感官或借助其他工具认识客观事物而获取信息的方法是（　　）。
    (A) 感觉法　　　　　　　　　(B) 认识法
    (C) 观察法　　　　　　　　　(D) 体验法
84. 按照信息存储的顺序逐件登记的形式称为（　　）。
    (A) 个别登记　　　　　　　　(B) 顺序登记
    (C) 总括登记　　　　　　　　(D) 连续登记
85. 表示趋势及比较性信息宜采用（　　）。
    (A) 框图　　　　　　　　　　(B) 饼状图
    (C) 折线图　　　　　　　　　(D) 流程图

二、多项选择题（86—125题，每小题1分，共40分。每题有多个答案正确，请在答题卡上将所选答案的相应字母涂黑。错选、少选、多选，均不得分）

86. 选择恰当的会议地点要综合考虑的因素有（　　）。
    (A) 交通便利
    (B) 会场的大小应与会议规模相符
    (C) 良好的设备配置
    (D) 场地租借的成本合理
87. 在确定会议住宿地点之前，应随意抽查（　　）的设备。
    (A) 一个商务间　　　　　　　(B) 一个双人房间
    (C) 一个单人房间　　　　　　(D) 一个套房
88. 会议组织方在去接待会议的酒店做考察之前，应先具备以下条件（　　）。
    (A) 报价方（酒店）是否接受会议明细表中各项事宜
    (B) 报价方（酒店）是否已接到会议组织方的考察通知
    (C) 报价方（酒店）是否是候选名单中较好的一个，领导是否已审核认可
    (D) 对报价方（酒店）拟订的合同条款能否基本接受
89. 会场的主席台和场内座次一般根据（　　）安排。
    (A) 职务的高低　　　　　　　(B) 代表的性别
    (C) 选举的结果　　　　　　　(D) 是否是正式代表
90. 会场的附属性声像设备包括（　　）。
    (A) 耳机　　　　　　　　　　(B) 电脑控制的多镜头幻灯
    (C) 同声传译　　　　　　　　(D) 立体电视
91. 会议召开前，秘书一般应在会议主席的桌位上放置（　　）。
    (A) 会议会标　　　　　　　　(B) 会议日程
    (C) 会议文件　　　　　　　　(D) 上次会议的记录
92. 会议议题性信息包括（　　）。
    (A) 会务管理文件　　　　　　(B) 预算决算报告
    (C) 各项决议的草案　　　　　(D) 会议典型发言

93. 会议签到时发给与会人员的文件一般有（　　）。
    (A) 工作报告　　　　　　　　(B) 会议议程
    (C) 日程安排　　　　　　　　(D) 会议须知
94. 提供给新闻单位的图片、表格和音像资料要重点审核（　　）。
    (A) 是否已经过一定的技术处理
    (B) 图片和音像资料的成本
    (C) 是否涉及知识产权
    (D) 是否涉及商业秘密
95. 会议安全保卫人员的职责包括（　　）。
    (A) 熟悉地方和国家法律、法规，能够协助公安人员冷静制服滋事者
    (B) 熟知会场的紧急疏散示意图，了解如何在大规模恐慌中维持秩序
    (C) 向领导汇报事故情况
    (D) 监督装卸货，防止与会议有关的财产或展品被盗
96. 影响接待规格的因素有（　　）。
    (A) 对方的要求　　　　　　　(B) 对方与我方的关系
    (C) 突然的变化　　　　　　　(D) 上一次的接待标准
97. 了解来访者的基本情况，应包括其所在单位的全称、（　　）、姓名、性别、身份、民族（国籍）、宗教信仰等。
    (A) 业务范围　　　　　　　　(B) 来访的目的
    (C) 发展态势　　　　　　　　(D) 来访者人数
98. 在拟订接待计划时，要与（　　）沟通情况并报请上司审批。
    (A) 下级单位　　　　　　　　(B) 上级部门
    (C) 来访者　　　　　　　　　(D) 本单位相关部门
99. 就餐时使用筷子有如下忌讳：吸吮筷子、（　　）。
    (A) 用左手　　　　　　　　　(B) 挑挑拣拣
    (C) 用筷子敲打碗碟　　　　　(D) 用自己使用的筷子为客人布菜
100. 参观、娱乐的相关礼节主要有（　　）。
    (A) 不迟到　　　　　　　　　(B) 不大声喧哗
    (C) 必须买节目单　　　　　　(D) 注意着装
101. 健全的公务接洽制度应包括（　　）。
    (A) 岗位责任制度　　　　　　(B) 登记、记录制度
    (C) 安全保卫制度　　　　　　(D) 协调服务制度
102. 值班日志有利于（　　）。
    (A) 下一班值班人员了解情况
    (B) 保持上、下班工作的连续性
    (C) 上司了解、检查、考核值班工作
    (D) 编写情况反映、工作简报、大事记等
103. 零用现金通常是由（　　）批准后由秘书保管和支出。
    (A) 企业领导　　　　　　　　(B) 人力资源总监
    (C) 财务负责人　　　　　　　(D) 会计

104. 办理护照一般应携带（   ）。
    （A）主管部门的出国任务批件　　（B）出国人员政审批件
    （C）所去国有关公司的邀请书　　（D）2寸证件照

105. 上司临时交办事项具有（   ）等特点。
    （A）重要性　　　　　　　　　　（B）临时性
    （C）具体性　　　　　　　　　　（D）紧迫性

106. 以下关于库存保管的叙述，正确的是（   ）。
    （A）各类物品要清楚地贴上标签，标明类别和存放地
    （B）新物品要置于旧物品的上面或前面
    （C）体积大、分量重的物品放在最下面
    （D）小的、常用的物品应放在较大物品的前面

107. 下列关于数码相机的叙述，正确的是（   ）。
    （A）数码相机的图像质量逊于传统相机，达不到传统相机的分辨率
    （B）数码相机的分辨率越高，图像的质量就越高
    （C）ISO值低的相机，适合在光线较弱的场合拍摄
    （D）数码相机的色彩位数越高，图像就越细腻

108. 下列关于扫描仪的叙述，正确的是（   ）。
    （A）扫描仪的色彩位数反映了扫描仪所能识别的颜色范围
    （B）要实现文字识别，必须要安装文字识别软件
    （C）用户应注意升级扫描仪的驱动程序
    （D）最好在计算机打开之前接通扫描仪的电源

109. CD-R刻录机的速度指标有（   ）。
    （A）刻录速度　　　　　　　　　（B）擦写速度
    （C）读取速度　　　　　　　　　（D）转速

110. 下列关于光盘刻录机的叙述，正确的是（   ）。
    （A）CD-R光盘刻录机中只能刻录CD-R光盘
    （B）刻录机的缓存容量越大，刻录的成功率越高
    （C）刻录机在读盘方面的性能与专业的读盘光驱一样好
    （D）在安装内置式刻录机时要把它装在最下面的那个座架上

111. 投影仪带宽过窄容易引起（   ）的现象。
    （A）图像模糊　　　　　　　　　（B）画面分辨率不高
    （C）聚焦不良　　　　　　　　　（D）端口无输入信号

112. 数字摄像机的主要优点有（   ）。
    （A）经多次复制后图像质量基本不会下降
    （B）能够与计算机相连并进行影像处理
    （C）带有自诊断系统，可检测数字处理中的问题
    （D）使用高密度记录方式、数据压缩与处理等新的技术

113. 文章的构成要素是（　　）。
    （A）主题　　　　　　　　　　（B）材料
    （C）结构　　　　　　　　　　（D）语言
114. 下列日常事务文书，开头需写称谓的是（　　）。
    （A）启事　　　　　　　　　　（B）感谢信
    （C）请柬　　　　　　　　　　（D）备忘录
115. 下列可以联合行文的机关是（　　）。
    （A）人事局和财政局　　　　　（B）市人民政府和市人事局
    （C）省委和省政府　　　　　　（D）省教委、省财政厅、市委组织部
116. 意向书的特点是（　　）。
    （A）规范性　　　　　　　　　（B）协商性
    （C）简略性　　　　　　　　　（D）灵活性
117. 简报按其内容分有（　　）。
    （A）专题简报　　　　　　　　（B）工作简报
    （C）会议简报　　　　　　　　（D）动态简报
118. "据预测，生产100万吨牛肉，大体上需在54万平方公里的土地放牧牛群，而生产100万吨单细胞蛋白质只需要1.8平方公里的厂房就足够了"，此段话所用的说明方法有（　　）。
    （A）数字说明　　　　　　　　（B）比较说明
    （C）定义说明　　　　　　　　（D）诠释说明
119. 传阅文书的方法主要有（　　）。
    （A）集中传阅　　　　　　　　（B）分工传阅
    （C）自行传阅　　　　　　　　（D）建立阅文室
120. 档案检索工具有（　　）。
    （A）移交目录　　　　　　　　（B）卡片目录
    （C）分类目录　　　　　　　　（D）归档文件目录
121. 档案鉴定工作的内容包括（　　）。
    （A）判定档案的价值　　　　　（B）分析档案的功能
    （C）确定档案的保管期限　　　（D）剔除无保存价值的档案
122. 信息传递的要素包括（　　）。
    （A）信码　　　　　　　　　　（B）信源
    （C）信号　　　　　　　　　　（D）信宿
123. 信息分类的方法有（　　）。
    （A）主题分类法　　　　　　　（C）逻辑分类法
    （B）时间分类法　　　　　　　（D）标准分类法
124. 信息存储的载体有（　　）。
    （A）软盘　　　　　　　　　　（B）磁带
    （C）光盘　　　　　　　　　　（D）纸张
125. 信息校核的方法有（　　）。
    （A）比较法　　　　　　　　　（C）逻辑法
    （B）技术法　　　　　　　　　（D）网络法

标准答案

题目编号	正确答案	题目编号	正确答案	题目编号	正确答案	题目编号	正确答案
26	C	51	D	76	B	101	AB
27	A	52	B	77	A	102	ABCD
28	B	53	D	78	D	103	AC
29	B	54	C	79	D	104	ABCD
30	C	55	B	80	C	105	BCD
31	B	56	C	81	A	106	ACD
32	D	57	D	82	B	107	ABD
33	C	58	A	83	C	108	ABCD
34	A	59	C	84	A	109	AC
35	A	60	C	85	C	110	AB
36	B	61	A	86	ABCD	111	ABC
37	D	62	D	87	BCD	112	ABCD
38	A	63	C	88	ACD	113	ABCD
39	D	64	A	89	ACD	114	BC
40	B	65	D	90	BD	115	AC
41	D	66	B	91	BCD	116	BCD
42	C	67	A	92	BC	117	BCD
43	D	68	B	93	ABCD	118	AB
44	C	69	B	94	CD	119	AD
45	A	70	C	95	ABCD	120	CD
46	B	71	B	96	BCD	121	ACD
47	C	72	B	97	ABCD	122	BD
48	B	73	C	98	AD	123	AB
49	D	74	C	99	BCD	124	ABCD
50		75	C	100	ABD	125	AC

技能操作
第一部分 案例分析

（第一题20分，第二题30分，共50分）

说明：第一、二两题均为先观看一段录像，然后按要求答题。考试开始，即播放第一题录像；考试开始后30分钟，播放第二题录像。每题录像均连续播放两遍。

一、请看录像，找出录像中秘书行为及工作环境中正确或错误的地方（应至少找出10处）。（录像内容、参考答案及评分标准略）

二、请看录像，找出录像中秘书行为及工作环境中正确或错误的地方（应至少找出15处）。（录像内容详见实训光盘视频）

参考答案及评分标准

一、（20分）（略）

二、（30分）
1. 着装规范（✓）
2. 办公室物品摆放整齐（✓）
3. 能够制订完整的差旅计划（✓）
4. 没能将出差所需的合同和相关资料准备齐全（×）
5. 考虑问题不周全，没有留出足够的去机场的时间（×）
6. 在上司批评提醒后，能及时纠正错误，要求航空公司提前送票（✓）
7. 能为上司出差提前预订宾馆房间（✓）
8. 没有向上司请示，擅自决定超标订房（×）
9. 缺乏安全意识，不应带大量现金出差（×）
10. 不听同事劝告，未将现金寄存前台（×）
11. 没有准备好旅行所需的常备药品（×）
12. 能为上司准备备用名片（✓）
13. 没有准备足够的合同文本（×）
14. 没有选择正确的传递方式传递合同等秘密文件（×）
15. 没能按上司要求购买礼品（将两盒茶叶买成两包）（×）
16. 购买礼品未开正式发票（×）
17. 报销差旅费未经领导签字（✓）

第二部分 工作实务

（第一题15分，第二题15分，第三题20分，共50分）

背景说明：你是宏远公司行政秘书钟苗，下面是行政经理需要你完成的几项工作任务。

一、（15分）

便　　条

钟苗：

在上届科技博览会期间，我公司草签的一些意向书有不少欠规范之处。为此，公司准备在近期举办一次文书写作知识培训，由办公室人员专题讲授意向书的写作要领。请你提供一份意向书结构及其写作方法的说明，明日交我审定。

谢谢。

行政经理　苏明
2007年2月25日

二、（15分）

便　　条

钟苗：

档案分类采用年度分类法比较简单，但要求判定档案文件所属年度，把档案归入相应的年度内。请你写一份关于如何正确判定档案文件所属年度的文字材料发到网上，供大家学习交流。

谢谢。

行政经理　苏明

2007年3月25日

（资料来源：中国就业培训技术指导中心. 秘书国家职业资格考试与实训指南[M]. 中央广播电视大学出版社，2008.11）

三、（20分）

便　　条

钟苗：

公司上周召开了高新技术产品推广会，总经理急欲了解此次会议的社会效果，请你负责完成此项工作，并简要向我说明以下情况。

1. 你准备从哪些渠道获得本次推介会的信息。
2. 怎样才能全面收集相关信息？
3. 如何对信息进行加工？
4. 怎样完成推介会会议文件的立卷归档工作？

谢谢。

行政经理　苏明

2007年2月25日

参考答案及评分标准

一、（15分）

参考答案：

1. 意向书的结构是：标题+正文+尾部
2. 标题

有两种写法：

（1）项目名称+文种，如《关于兴建×××的意向书》；

（2）文种，即意向书。

3. 正文

正文的结构包括导语、主体和结尾3个部分。

（1）导语：写明合作各方当事人的全称，双方接触的简要情况，磋商后达成的意向性意见。然后用"本着×××原则，兴建×××项目"作为导语。

（2）主体：分条款写明达成的意向性意见。可以参照合同或协议的条款排列。

（3）结尾：写明"未尽事宜，在签订正式合同或协议时再予以补充"一语，一边留有余地。

4. 尾部

意向书签订各方单位的名称、代表人姓名并加盖公章、私章及日期。

评分标准：

1. 本题满分为15分。
2. 第1点"意向书的结构"为1分。
3. 第2点"标题"为4分，其中两种写法各2分。
4. 第3点"正文"为9分，3个部分各3分。

5. 第4点"尾部"为1分。
6. 若考生答案与参考答案有距离，只要阐述符合情理，可酌情给1—2分。

二、（15分）
参考答案：
1. 文件上有属于不同年度的几种日期，以最能说明该文件特点的日期作为分类根据。
2. 法规性文件以批准之日为根据。
3. 领导性文件以签署之日为根据。
4. 会议记录以开会日期为根据。
5. 计划、总结以内容针对时间为根据。
6. 文件上没有注明日期，判定和考证文件的准确日期或接近日期。
7. 通过分析文件内容来判定日期。
评分标准：
1. 本题满分为15分。
2. 第1、6点每点3分，第7点1分，其他各点每点2分。
3. 在叙述中出现错字、别字，每字可扣1分，但最多扣除3分。
4. 若阐述合理，可酌情给分，但总分不能超过15分。

三、（20分）
参考答案：
1. 收集信息的重要渠道有以下几种。
（1）通过报纸、杂志、广播电视等相关资料的收集，了解传媒对此次会议的评价与反馈。
（2）从网上收集有关推广会的信息和同类产品的情况。
（3）从有关科研单位了解对此次推广会的评价。
（4）从公司在各地的销售点、代理商、客户等处了解对此次会议的反馈情况。
2. 秘书人员要做到多听、多记、多想、多跑。才能比较全面地收集信息，要深入实际，了解第一手资料。会议信息收集要求全面、真实、及时、适用、重点突出。
3. 对此次会议的信息加工方式可采取以下几种。
（1）综合加工：把各种相关的信息有机地结合在一起的过程。
（2）提炼加工：指从各种信息中摄取所需要信息的深加工过程。
（3）推到加工：根据已知信息，运用逻辑推理得出新结论的加工过程。
4. 立卷归档的主要做法如下。
（1）首先做好会议文件的收集整理工作。确定会议文件的收集范围；选择正确的收集会议文件的渠道；运用多种收集文件的方法，收集文件应严格履行文件登记手续，并认真检查文件是否有缺件、缺页、缺损的情况。如果出现此类情况，应尽快及时采取补救措施。收集整理过程中要注意保密。
（2）会议文件的立卷归档：把会议过程中的一整套材料，及时进行分类，力求完整全面，会议记录和纪要的原件要长期保存。
评分标准：
1. 本题满分为20分。
2. 第1点"收集信息的主要渠道"的4个方面，各占2分，共8分。
3. 第2点的两个方面，各占1分，共2分。
4. 第3点"会议信息的加工方式"的3个方面，各占2分，共6分。
5. 第4点"立卷归档的主要做法"的两个方面，各占2分，共4分。
6. 在第1点和第4点中，若考生答案与参考答案有距离，只要阐述符合情理，每点可酌情给1分。

本章知识归综

表 7-4　秘书的培训和资格认定

我国的秘书教育与培训	我国秘书教育的组织形式	学历教育和考试
		秘书资格考试与培训
	秘书职业资格鉴定的发展	国家职业资格鉴定工作网统一考试远程监控平台已经发挥作用；智能化考试是正在积极探索的一种考试方向和趋势；职业资格鉴定制度的实施廓清了秘书职业的社会定位
我国的秘书职业资格考试	国家人力资源和社会保障部推行的秘书资格鉴定	目前国内规模最大的秘书资格认证考试
	剑桥办公管理国际证书考试	具有国际领先水平的秘书培训考试系统
	LCCIEB 秘书证书考试	其证书有"秘书工作绿卡"之称
	IAAP"特许职业秘书"资格考试（CPS）	业内被称为"博士级"的资格证书

参 考 文 献

[1] 金常德. 秘书职业概论[M]. 北京：中国轻工业出版社，2007.
[2] 赵中利. 现代秘书心理学[M]. 北京：高等教出版社，2004.
[3] 谭一平，李永民. 秘书基础与实务[M]. 北京：清华大学出版社，2007.
[4] 吴欢章. 秘书素养[M]. 上海：上海文化出版社，2007.
[5] 胡亚学，郝懿. 秘书理论与实务[M]. 大连：东北财经大学出版社，2007.
[6] 郭建庆. 秘书导论[M]. 北京：高等教育出版社，2007.
[7] 杨群欢. 秘书理论与实务[M]. 北京：中国财政经济出版社，2005.
[8] 徐可. 秘书语言与交际[M]. 北京：中国财政经济出版社，2005.
[9] 方国雄. 秘书学[M]. 北京：高等教育出版社，2001.
[10] 杨素华. 秘书实务[M]. 北京：北京大学出版社，2008.
[11] 袁维国. 秘书学[M]. 上海：高等教育出版社，1991.
[12] 向国敏. 现代秘书学和秘书实务新编[M]. 上海：华东师范大学出版社，2001.
[13] （美）马丽. A.弗里德斯. 涉外秘书全书[M]. 北京：中信出版社，1999.
[14] 顾孝华. 现代商务秘书[M]. 上海：上海科学技术出版社，1996.
[15] 廖金泽. 怎样做高级秘书[M]. 广州：广东旅游出版社，2001.
[16] 中华征信所. 杰出秘书[M]. 太原：山西经济出版社，1995.
[17] 陈合宜. 秘书学[M]. 广州：暨南大学出版社，2001.
[18] 董继超. 秘书学教程[M]. 北京：中央广播电视大学出版社，2001.
[19] 彭必祥，刘守恒. 社会调查研究方法[M]. 北京：中国人事出版社，1992.
[20] 中国就业培训技术中心. 秘书国家职业资格考试与实训指南[M]. 北京：中央广播电视大学出版社，2007.
[21] 周明辰. 秘书美学[M]. 石家庄：花山文艺出版社，1989.
[22] 陈贤华. 秘书工作论[M]. 成都：四川大学出版社，2000.
[23] 李玉芬. 现代秘书工作的职业特点与发展趋势[J]. 贵阳：贵州师范大学学报，2005（4）.
[24] 陆瑜芳. 秘书学概论[M]. 上海：复旦大学出版社，2004.
[25] 曾湘宜. 秘书基础[M]. 北京：北京工业大学出版社，2006.
[26] 范立荣. 现代秘书学教程[M]. 北京：首都经济贸易大学出版社，2007.
[27] 郭玲，尤冬克. 秘书学导论[M]. 北京：人民出版社，2007.
[28] 王毓玳，杨群欢. 秘书理论与实务教程[M]. 杭州：浙江大学出版社，2006.
[29] 张丽琍. 商务秘书实务[M]. 北京：中国劳动社会保障出版社，2006.
[30] 王革，刘伟. 大学生职业生涯规划[M]. 西安：西北农林科技大学出版社，2008.
[31] 安忻. 秘书工作概论与实务[M]. 北京：中国档案出版社，2000.
[32] 姬瑞环. 秘书学教程[M]. 北京：海洋出版社，2003.
[33] 丁晓昌，冒志祥. 秘书学与秘书工作[M]. 江苏：苏州大学出版社，2002.
[34] 史克学，张喜琴. 沟通人生：现代人际交往艺术[M]. 北京：中国国际广播出版社，2003.
[35] 李卫民. 如何做好企业秘书[M]. 北京：中国经济出版社，2006.
[36] 赵旭东. 公司法[M]. 北京：中国政法大学出版社，2007.

[37] 谭一平. 现代职业秘书实务[M]. 北京：中国人民大学出版社，2007.
[38] 崔建远. 合同法[M]. 北京：法律出版社，2007.
[39] 黄益东. 秘书人员应具备的几种应变能力[J]. 兰州：秘书之友，1990（12）.
[40] 于俊英. 论秘书的能力[J]. 兰州：秘书之友，2006（5）.
[41] 侯典牧. 谈秘书职业生涯发展的特点、类型及趋势[J]. 兰州：秘书之友，2008（5）.